Reise-Taschenbuch

leipzig

Anna-Sylvia Goldammer

Senkrechtstarter

Es muss Sonntag sein – So leergefegt zeigt sich der Leipziger Markt wochentags selten. Hier pulsiert seit Jahrhunderten das Händlerherz der Stadt. Dominiert wird der Platz vom prächtigen Renaissancebau des Alten Rathauses an der Ostseite. Die Gebäude ringsum, ein bunter Architekturmix von Barock über Historismus bis zur Gegenwart, fügen sich zu einem harmonischen Gesamtbild. Und wenn Sie ganz genau hinschauen, erkennen Sie vielleicht das Stadtwappen im Pflaster …

Überflieger

Oho, Rokoko

Gohliser Schlösschen

Nördlicher Auwald

Schützt die Natur!

O du schöne Gründerzeit

Rosental
Ohne Rosenduft

Waldstraßenviertel

Vorsicht! Freilaufende Bullen!

Red Bull Arena

Kunst, Kunst, Kunst!

Hip, hipper, Hippster

Plagwitz

Grillen und Chillen

Karl-Heine-Straße
Die ›Karli‹ des Westens

Clara-Zetkin-Park

Karl-Heine-Kanal

Leipziger Baumwollspinnerei

Paddel-, Ruder- oder Motorboot?

Weiße Elster

Galopprennbahn im Scheibenholz
Ja, wo laufen sie denn?

Schleußig
Sanierter Altbau oder schickes Loft am Wasser? Hauptsache: Kinderzimmer!

Ein bisschen Dschungelfeeling

Südlicher Auwald

Wo sich Luchs und Wildkatze gute Nacht sagen

Wildpark ↘

Leipzig — mal eben drüberfliegen, über alte Messepaläste und Architekturjuwelen, ein großes Waldgebiet und Gewässer, neue Kunsthotspots und Szeneviertel.

»Wem's nicht wohl ist, (der) wohnt in Gohlis.«
Gohlis-Süd

Löwengebrüll
Zoo Leipzig

Döner, Falafel, vegane Bratwurst?
Eisenbahnstraße

Friedliche Revolution!

Flanieren und genießen in Passagen
Innenstadt

Bachkantaten
Nikolaikirche
Thomaskirche
Augustusplatz

Clara oder Robert – wer hatte bei den Schumanns die Hosen an?
Schumann-Haus

Hier spielt die Musik!
Grassimuseum

Schmuckstücke im Art-déco-Bau

Mendelssohn-Haus

Ach Felix, wie romantisch!

Typisch bayerisch? Früher Bahnhof, heute Kneipe!
Bayerischer Bahnhof

Reudnitz-Thonberg
Dunkel? Dreckig? Das war einmal …

Täglich frische Bücher
Deutsche Nationalbibliothek

Mega! Kolossal!

Karl-Liebknecht-Straße
Shoppen auf der ›Karli‹

MDR und Media City
Die Sachsenklinik gibt's nur im Fernsehen …

Völkerschlachtdenkmal

Connewitz
Linkes Szeneviertel

Südfriedhof
Kurt Masur die letzte Ehre erweisen?

Neuseenland
Abtauchen, abkühlen

Kreuz und quer

Fundstücke — kompakt, praktisch und doch vielfältig präsentiert sich die größte Stadt Sachsens mit Messepalästen, mächtigen Industriebauten mit Kunstpotenzial und viel Grün.

Wo ist der Fluss?

So manche Gäste der Stadt standen schon in der Innenstadt und suchten vergeblich nach der Pleiße, an der Leipzig bekanntermaßen liegt. Dieses Flüsschen versteckt sich im Stadtbereich bisweilen unterirdisch oder gut getarnt im Hintergrund. Auf den zweiten Blick bietet Leipzig ein ausgedehntes Geflecht an Fließgewässern, künstlichen wie dem Karl-Heine-Kanal (Abb.) und natürlichen wie der Weißen Elster, dem größten Fluss im westlichen Stadtgebiet.

Handel und Wandel

Der Geschäftssinn ist Leipzig in die DNS geschrieben. Jahrhundertelang hat die Messe das Geschehen in der Stadt definiert. Zunächst als Warenmesse mit turbulentem Markttreiben, dann ab 1900 mit dem neuen Konzept der Mustermesse. Die für die Präsentation der Ausstellungsstücke erbauten Höfe und Passagen machen das besondere Flair der Innenstadt aus.

Gründerzeitperlen

Leipzig beeindruckt mit einer Vielzahl historistischer Wohngebäude aus der Zeit um die Wende zum 19. Jh., in einigen Stadtteilen finden Sie sie in seltener Geschlossenheit.

»Nur Genießer fahren Fahrrad und sind immer schneller da«, sangen die Prinzen schon vor Jahren. Der Spruch hat in ihrer Heimatstadt definitiv seine Berechtigung: flaches Land, meist kurze Wege und ein recht gut ausgebautes Radwegnetz. Bestimmt gelingt den Stadtoberen demnächst auch ein Radkonzept für die Innenstadt! Ein gutes Fahrradschloss gehört allerdings unbedingt mit ins Gepäck.

Kunst kommt von Können

Gelernt haben die Künstlerinnen und Künstler in den Bereichen Malerei und Grafik ihr Handwerk von der Pike auf, die meisten an der hiesigen Hochschule für Grafik und Buchkunst. Doch reicht bloßes Beherrschen des Gewerks aus? Ein wenig gehört immer auch ›Spinnen‹ zu kreativem Schaffen dazu. Irgendwie passend, dass sich der Hotspot der renommierten Künstlerszene auf dem riesigen Gelände der alten Leipziger Baumwollspinnerei etabliert hat. Ganz in der Nähe haben sich mit Westwerk, Tapetenwerk und Kunstkraftwerk weitere Orte von Kunst und Szene angesiedelt.

Friedliche Revolution
Jedes Jahr erinnert sich Leipzig am 9. Oktober mit einem stadteigenen, nicht arbeitsfreien Feiertag an die Geschehnisse im Herbst 1989. Beim Lichtfest stehen die Kerzen in den Händen der Menschen auch heute noch im Mittelpunkt.

Ins Grün oder ans Wasser? Der Auwald und das Neuseenland sind beliebte Wochenendziele.

Immer wieder Bach

An klassischer Musik führt in Leipzig kein Weg vorbei. Heute gilt vielen Musikliebhabern weltweit die von Max Reger stammende Sentenz »Bach ist Anfang und Ende aller Musik« als Credo. Dabei ist der große Johann Sebastian nur der Auftakt eines Reigens berühmter Musiker, die in Leipzig wirkten. Zu ihnen zählen Felix Mendelssohn Bartholdy, Robert Schumann, Gustav Mahler, Edvard Grieg und Albert Lortzing. Clara Schumann und Richard Wagner erblickten hier das Licht der Welt. Für viele Leipziggäste gehört der Besuch eines Konzerts bzw. einer Aufführung im Gewandhaus, in der Oper oder in der Thomaskirche quasi zum Pflichtprogramm eines kulturvollen Aufenthalts.

Ganz im Zeichen Bachs und der Thomaner steht die Thomaskirche.

Inhalt

Vor Ort

Die Innenstadt 34

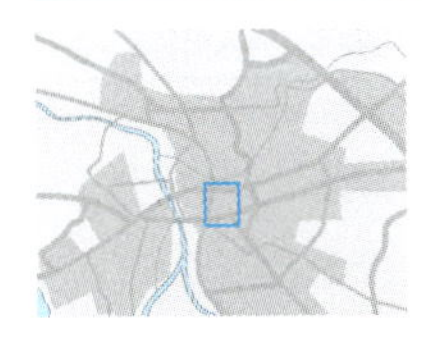

Grafisches Viertel bis Südfriedhof 74

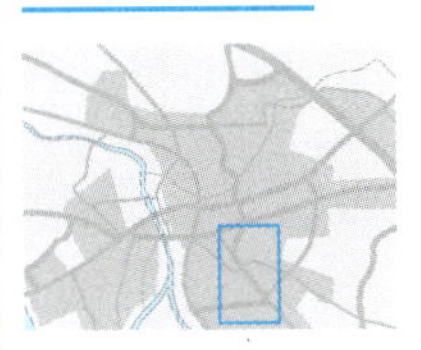

Rund um Musik- und Bachviertel 104

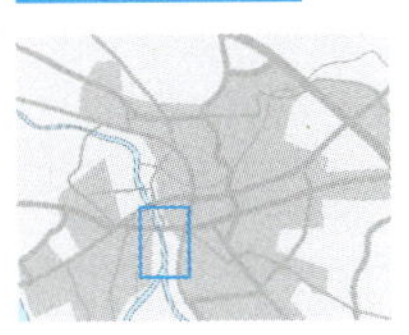

Südvorstadt und Connewitz 124

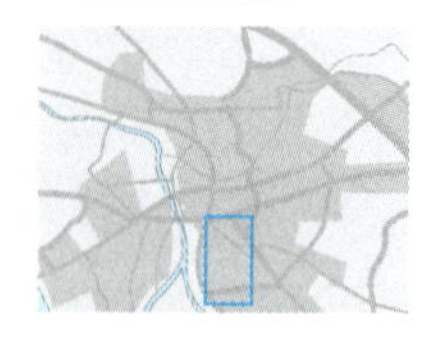

Der Leipziger Westen 146

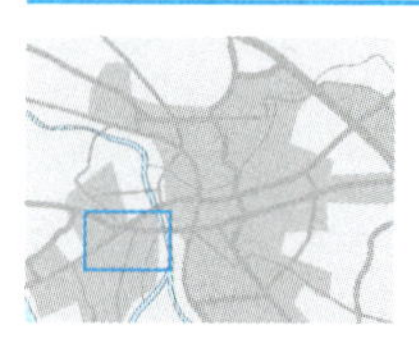

Gohlis-Süd und Zentrum-Nordwest 178

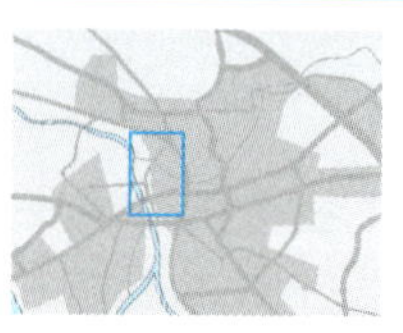

Der Leipziger Auwald 204

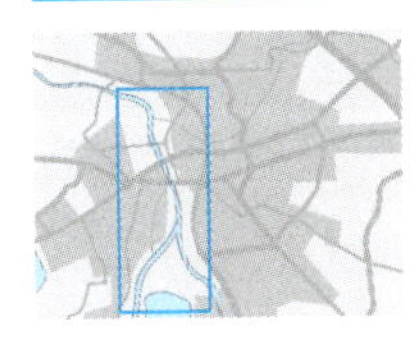

Das Leipziger Umland 220

Das Kleingedruckte

Das Magazin

Stadtlandschaften

Lage, Lage, Lage — Leipzig liegt zentral und geologisch unkompliziert in einer Tieflandbucht. Der Auwald ist Teil der Stadt, das Neuseenland in der Umgebung neu entstanden.

Stadtzentrum

Leipzig war nie Bischofssitz, und den sächsischen Hof wussten die Leipziger gern auf gutem Abstand in Dresden. Burgen, Schlösser, Kathedralkirchen sucht man hier vergebens. Es sind die weltlichen **Paläste der Leipziger Messen,** die die in ihrer alten Struktur erhaltene **Innenstadt** bis heute dominieren. Mit der einzigartigen Stadtkirche **St. Nikolai** und der weltberühmten **Thomaskirche** bietet die Stadt beeindruckende Sakralbauten, die Zeugnis von der lutherischen Tradition der Region ablegen. Die Messe ist inzwischen in den Norden umgezogen, die schönen Ausstellungsgebäude sind geblieben und bieten vielfältigem Einzelhandel und der Gastronomie eine denkbar elegante Szenerie.

Der Osten

Die zahlreichen im 19. Jh. entstandenen Druck- und Verlagshäuser gaben dem **Grafischen Viertel** seinen Namen. Im letzten Krieg schlimm getroffen herrscht auch hier inzwischen Aufbruchstimmung mit regem Baugeschehen. Die sonstigen Stadtteile im Osten wie **Reudnitz-Thonberg** und die Gegend um die **Eisenbahnstraße** weisen noch eine relativ geschlossene Architektur typischer Arbeitervorstädte auf.

Der Süden

Südwestlich des Innenstadtrings finden sich im altehrwürdigen **Musikviertel** städtebauliche Glanzlichter wie das Bundesverwaltungsgericht, die Universitätsbibliothek und weitere Hochschulgebäude. Die **Südvorstadt** gilt als eines der beliebtesten Wohnviertel mit einer geballten Ladung an bunten und alternativen Kulturangeboten. **Connewitz** ist geprägt von einer linksalternativen Szene.

Der Westen

Die einst winzigen Dörfchen im Westen wurden ab Mitte des 19. Jh. zum Schauplatz der industriellen Revolution und um die Jahrhundertwende zu einem der größten und am dichtesten besiedelten Industriegebiete Mitteleuropas. Heute sind **Plagwitz** und **Lindenau** angesagte Szeneviertel mit hippen Kneipen, Loftwohnungen und Künstlerateliers. Das riesige Gelände der Baumwollspinnerei hat als Zentrum für zeitgenössische Kunst längst internationales Renommee.

Der Norden

Nahezu von Kriegszerstörung unversehrt blieb das für die Geschlossenheit seiner historistischen Straßenzüge bekannte **Waldstraßenviertel,** das seinen

Namen vom nahe gelegenen **Rosental** erhielt. Nördlich dieses beliebten Stadtgrüns liegt **Gohlis,** die Gegend mit den nobelsten Villen der Stadt.

Im Norden von Leipzig (s. Kapitel Umland) hat sich ein neues Industrie- und Gewerbegebiet angesiedelt. Bereits in den 1990er-Jahren entstand zunächst der große Glasbau der **Neuen Messe** – logistisch günstig nahe der Autobahn und dem Flughafen in Schkeuditz gelegen. Mit dem **Airhub von DHL** sowie den Autowerken von **Porsche** und **BMW** haben sich dort nach der Jahrtausendwende wichtige Jobmotoren für die Region etabliert.

Der Auwald

Die grüne Lunge der Stadt erstreckt sich auf einer Länge von fast 40 km in Nord-Süd-Richtung einmal quer über das Stadtgebiet westlich des Zentrums. Alte Baumriesen, Eisvögel und andere Naturgeheimnisse lassen sich bequem per Fahrrad – oder per Boot auf einem der kleinen Flüsse – erkunden. Am schönsten ist es im Frühjahr, wenn alles in Blüte steht und der Bärlauch seinen Knoblauchduft entfaltet. Rund um dieses Gebiet erstreckt sich das verzweigte Gewässernetz von Pleiße, Parthe und Weißer Elster.

Das Umland

Quasi nahtlos geht Leipzig im Süden in die gutbürgerliche Kleinstadt Markkleeberg über. Der Leipziger **Südraum** bzw. das heutige **Neuseenland** war jahrzehntelang von Devastierung und Tagebau geprägt. Durch Renaturierung und Flutung der Restlöcher des Braunkohleabbaus ist hier ein willkommenes Naherholungsgebiet entstanden. Im weiteren Umland bieten kleine, geschichtsträchtige **Städte** abwechslungsreiche Ziele auch außerhalb der Stadt.

Essen ist mehr

Essen gehen in Leipzig bedeutet so allerlei – Geselligkeit ist das A und O bei der Wahl der Lokalität. Die wichtigste Mahlzeit eines eingefleischten Sachsen? Kaffeetrinken bei Kuchen und Plausch. Insgesamt sind die Leipziger beim Essen unkompliziert und neugierig, sodass sich eine vielfältige Gastroszene entwickelt hat. Vom Sternerestaurant bis zu Diner und Streetfood aller Couleur: Das kulinarische Angebot ist breit gefächert und bietet für jeden Geldbeutel etwas.

Das Mürbeteiggebäck Leipziger Lerche erinnert in seiner Form an die Körbchen, in denen die echten Lerchen früher gehandelt wurden.

Sächsisch-deftig

Eine typisch sächsische Küche lässt sich kaum von böhmischen, vogtländischen, thüringischen und schlesischen Einflüssen abgrenzen. Wenn Sie es deftig mögen, bekommen Sie in hiesigen Restaurants auch **Thüringer Bratwurst** und **Mutzbraten** (mariniertes, in Birkenholzrauch gegartes Schweinefleisch) gereicht. **Klöße,** in Sachsen immer aus Kartoffeln gemacht, in unterschiedlichen Zubereitungsarten (u. a. grün, d. h. aus 1/3 gekochten und 2/3 rohen Kartoffeln; halb und halb) sind eine beliebte Beilage zu Braten verschiedener Art. Bitte verwechseln Sie Klöße nicht mit **Knödeln,** die in Sachsen ausschließlich die böhmische Variante bezeichnen und die länglich geformte, in Scheiben geschnittene Mehlspeise meinen. Während selbst gemachte Klöße und Knödel eher die Festtagsbeilage darstellen, spielt im Alltag die **Salz-** oder **Pellkartoffel** eine tragende Rolle. Zum sächsischen Suppenrepertoire gehören vor allem **Kartoffelsuppe** und **Zwiebelsuppe,** die in traditioneller Kochart Speck und Fleischbrühe enthalten, heute aber auch vegetarisch angeboten werden.

Mittags, nachmittags, abends

Mittags darf es im Land der Kuchenesser auch gern süß werden: **Quarkkeulchen,** also in der Pfanne gebratene, flachgedrückte Klößchen aus Quark-Kartoffel-Teig mit Rosinen, ergeben mitunter eine vollwertige Hauptspeise, werden aber auch als Nachtisch gereicht. Ebenso beliebt sind **Eierkuchen,**

als satt werden

Genau wie gute Konditoren scheint sie vom Aussterben bedroht: die Leipziger Kaffeeschüssel. Süße Leckereien wie Petit Fours, Eclairs, Schweineöhrchen, Schillerlocken, Leipziger Lerchen und Sahne- oder Cremeschnittchen werden adrett auf einer Platte arrangiert. Wer kann da widerstehen? Was zu einer Leipziger Kaffeeschüssel gehört, ist übrigens nicht exakt festgelegt. Da hat jeder Konditor seine eigenen Vorlieben. Die einzelnen Leckereien sind aber stets klein, sodass Genießer die Chance haben, verschiedene Sorten zu verkosten. Sie können sich natürlich auch kleine Törtchen etc. für zu Hause zusammenstellen lassen. Eine gute Adresse für Leipziger Gebäckstücke ist das Café Corso (s. S. 139).

Die Leipziger Gose verlangt danach, gemixt zu werden: mit Fruchtsirup als ›Sonnenschirm‹, mit Kirschlikör als ›frauenfreundliche‹ Gose, mit dem Kümmellikör Allasch als ›Regenschirm‹.

die in anderen Gegenden Deutschlands als **Pfannkuchen** bezeichnet werden. Dieser Begriff ist hierzulande den in heißem Fett ausgebackenen Krapfen mit Marmeladenfüllung vorbehalten und die gehören auf den nachmittäglichen **Kaffeetisch** (s. auch S. 15). Der ist bei den ›Kaffeesachsen‹ (s. Kasten S. 56) meist reich gedeckt und sehr gehaltvoll: Die Hauptzutaten von Kuchen und sonstigem Backwerk sind ›gute‹ Butter und Quark, denn ›trocken‹ ist ein Fremdwort in der hiesigen Bäckerei. Und dazu gibt's mindestens ein *Scheelchen Heeßen,* also eine Tasse **Kaffee.**

Das **Abendbrot** wird in Sachsen meist seinem Namen gerecht – Brot ist die wichtigste Zutat. Zum **Misch-** oder **Schwarzbrot** gibt es gern eine **Knacker,** also eine im Ofen geräucherte, feste Wurst aus gut gewürztem und gewolftem Rindfleisch und Schweinebauch. Ganz rustikal ist die **Fettbemme,** eine mit Schmalz bestrichene Scheibe Brot, meist mit Gürkchen obendrauf. Wenn **außer Haus** gegessen wird, dann wird aus dem Abendbrot meist ein **Abendessen** und es werden warme Speisen serviert. Beliebtestes Getränk dazu ist in jedem Fall ein **Bier.** Neben der Gose wird in Leipzig vor allem Pils getrunken. Brigitte Nielsen fragte an einer beliebten Leipziger Bar: »Können Sie mir eine regionale Spezialität empfehlen?« Der Barkeeper antwortete: »Ja, ein kleines Bier.«

Wiederbelebte Tradition und neue Trends

Die Zeiten, in denen ganz Ostdeutschland zur kulinarischen No-go-Area erklärt wurde, sind vorbei. **Bockwurst** gibt es höchstens noch an der Tankstelle und der **Broiler** heißt nun Hähnchen. In gutbürgerlichen Restaurants, die vor allem in der Innenstadt zu finden sind, werden traditionelle Gerichte von **Roulade** bis **Leipziger Allerlei** handwerklich ordentlich zubereitet.

Beim Leipziger Allerlei dürfen frischer Spargel und Flusskrebsfleisch nicht fehlen.

Die Stadt wächst und zieht viele junge Leute und damit auch den Trend zur Pop-up-Gastronomie an. Permanent entstehen kleine **Cafés, Diners** und **Bars,** andere verschwinden. Konstanz lässt sich seit einiger Zeit bei einer Tendenz beobachten: Der besondere Draht der DDR nach **Vietnam** bescherte Leipzig zunächst viele kleine, preiswerte asiatische Garküchen, von denen immer mehr den Sprung ins gehobenere Segment schaffen. Die wachsende Nachfrage nach **vegetarischen und veganen Gerichten** beflügelt die Vielfalt der asiatischen Restaurants.

Die abwechslungsreichste **Streetfoodszene** hat sich jüngst im Leipziger Osten rund um die berühmt-berüchtigte Eisenbahnstraße entwickelt, denn hier herrscht auch in der Bevölkerung die größte ethnische Vielfalt. Vor allem **levantinische Gerichte** wie Falafel, Baba Ghanoush, Hummus & Co. können Sie hier original und preiswert genießen.

Guten Appetit – aber wohin zum Essen?*

Auf den Leipziger Kneipenmeilen können Sie auch gut und abwechslungsreich essen. Oft ist der Übergang zwischen Restaurant und Kneipe fließend. Einige Lokale vollziehen im Lauf des Tages einen bemerkenswerten Wandel von der Frühstückslocation bis zur Chill-out-Zone in den frühen Morgenstunden.

Innenstadt ⚲ Karte 3, J 8: Trotz hoher Touristendichte finden sich hier neben gutbürgerlichen Gaststätten einige Glanzlichter, bei denen eine Reservierung auf Nummer sicher gehen lässt.

Drallewatsch ⚲ Karte 3, J 8: Im eher touristisch geprägten ›Bermudadreieck‹ gibt es einen guten Mix gutbürgerlicher Gaststätten, Szenekneipen und Bars, insgesamt ca. 30 an der Zahl.

Gohliser und Menckestraße ⚲ H/J 6: In Gohlis-Süd hat sich das eine oder andere anspruchsvolle Restaurant etabliert.

Gottschedstraße ⚲ H/J 8: Die Gegend um die Schauspielmeile ist schick und bunt. Geboten wird abwechslungsreiche internationale und deutsche Küche in teils ausgefallenem Ambiente.

Karl-Liebknecht-Straße ⚲ J 9–11: Jung, bunt und studentisch bevölkert sind die Restaurants, Cafés und Bars rund um die ›Karli‹. Von vegan über ostalgisch bis asiatisch ist die Vielfalt denkbar groß.

Karl-Heine-Straße ⚲ E/F 9: Hier und in den Nebenstraßen ist im Szeneviertel Plagwitz ein Kneipenhotspot, durchaus mit kulinarischen Highlights, entstanden.

* Wo Sie in den verschiedenen Stadtgegenden gut essen können, steht an Ort und Stelle im Buch.

TYPISCH LEIPZIG

T

Leipziger Allerlei: Wer das echte Leipziger Allerlei kosten möchte, hat keine freie Wahl der Reisezeit. Nur wenn im Mai der Spargel reif ist, kann das Gericht mit Flusskrebsen, Morcheln und frischem Saisongemüse originalgetreu zubereitet werden.
Leipziger Lerchen: Fast ebenso berühmt, aber um einiges süßer sind heute die Leipziger Lerchen. Bis 1876 ernährten sich die Leipziger u. a. von Millionen Singvögeln, gebraten, gekocht und gedünstet. Auch der Geschäftssinn kam nicht zu kurz. Lerchen wurden gerupft und gefüllt in Packungen zu 12 und 24 Stück bis Moskau und Madrid verschickt. Als ein Hagelschlag die Vogelbrut vernichtete und der sächsische König Albert 1876 offiziell die Lerchenjagd untersagte, schufen geschäftstüchtige Konditoren Ersatz aus Mürbeteig und Marzipan.
Gose und Allasch: Die **Gose** (s. auch Kasten S. 199) ist ein obergäriges Bier, das in etwa mit der Berliner Weißen vergleichbar ist und am besten gemixt getrunken wird. Typisch als Zugabe ist der **Allasch,** ein Kümmellikör, den baltische Kaufleute 1830 anlässlich der Leipziger Messe einführten. Dank der späteren Verfeinerung durch Wilhelm Horns Destillateure ist er zum echten Leipziger Original geworden – bekömmlich nach dem Plündern eines Partybüfetts, in Mixdrinks ungewöhnlich gut, allein süß-herzhaft und am besten eisgekühlt getrunken.

Ausgewählt

Gediegen frühstücken

Seite 136
7 **Café Maître:** authentische Kaffeehausatmosphäre, Jugendstilausstattung und die besten Croissants der Stadt. Viele Stammgäste. **J 10**

Seite 227
Brot & Kees: In Markkleeberg bekommen Sie ein Biofrühstück, das den Ausflug wert ist. , Karte 2, **G 15**

Seite 100
4 **Brothers – Café & Bäckerei:** Wer sein Frühstück eher levantinisch mag, ist hier richtig. **L 7**

Levante und Asien

Seite 136
5 **Shady:** orientalische Köstlichkeiten von Shady Elwan aus Nazareth. Für die Gewürze reist er regelmäßig in die Heimat. **H/J 10**

Seite 199
2 **Lá Chè:** Die beliebte vietnamesisch-japanische Küche in nobler Gohliser Umgebung überzeugt. **H 6**

Seite 138
10 **Cà Pháo:** kleines vietnamesisches Lokal mit preiswerten und glutamatfreien Gerichten. Definitiv mehr als eine schlichte Garküche. **J 11**

Sächsisch-köstlich

Seite 65
6 **Auerbachs Keller:** Wahrlich kein Geheimtipp in Leipzig, aber eine Stippvisite gehört dazu. Serviert werden deftig-herzhafte Gerichte der Region. Karte 3, **J 8**

Seite 65
7 **Barthels Hof:** der wohl schönste Freisitz und das wohl sächsischste unter den Lokalen in der Innenstadt. Karte 3, **J 8**

Seite 135
1 **Gasthaus & Gosebrauerei Bayerischer Bahnhof:** schmackhafte Hausmannskost, verschiedene Bierspezialitäten, darunter natürlich auch Gose. Mit Biergarten. **J 9**

Nobel, nobel

Seite 65
5 Max Enk: anspruchsvolle und dabei bezahlbare Fusionküche in ausgefallen-elegantem Ambiente. Karte 3, **J8**

Seite 63
1 Falco: Mit zwei Michelin-Sternen schwebt Peter Maria Schnurrs Lokal fast über den Wolken. **J7**

Vegetarisch, vegan, bio

Seite 65
8 Macis: Zum hübschen Bäckercafé gehört inzwischen auch ein Biorestaurant der Extraklasse. Sogar die Inneneinrichtung besteht den Ökotest. Karte 3, **J8**

Seite 139
12 Zest: Anspruchsvolle vegane Küche finden Sie im Zest in Connewitz. **J12**

Seite 99
1 GreenSoul: Hier tanzt die grüne Seele vegetarisch. Souljanka und vegane Burger. Kinder sind hier sehr willkommen! **K9**

Modern Cooking

Seite 199
4 Frieda: Lisa Angermann ist der aufgehende Kulinarikstar in Leipzig. »Würzig-mineralisch-floral«, »kräftig-rauchig-würzig« etc. Kombinieren Sie Ihr Menü aus Geschmackskomponenten. **H6**

Seite 64
3 Planerts: Asiatisch inspiriert, aber neu interpretiert sind die Speisen in diesem Lokal in einer angenehm ruhigen Ecke der Innenstadt. **D4**

Süßes & Kaltes

Seite 137
8 Eisdiele Pfeifer: Für mich eine Reise in die Kindheit. In diesem Eckladen wurden bei Rezepten und Einrichtung die Traditionen bewahrt. **J10**

Seite 170
10 Café Eigler: vorzügliche Auswahl an Kuchen in bester Leipziger Kaffeehaustradition. **F8**

Lieblinge

Seite 119
1 Barcelona: das Leipziger Tapas-Urgestein. Dazu die schönste Freisitzatmosphäre auf der Gottschedstraße. Karte 3, **H8**

Seite 120
3 Pilot: Exzellente rustikale Gerichte, z. B. Königsberger Klopse, schätzen auch die Mimen des Schauspielhauses. Karte 3, **H8**

Seite 68
17 Moritzbastei: Lockeres Publikum, nicht nur zum Mittagstisch. , Karte 3, **J8**

Seite 170
8 Chinabrenner: authentische chinesische Küche, scharf! **E9/10**

Seite 136
6 Café Grundmann: Wiener Kaffeehaus mit alpenländisch-sächsischen Kaffeespezialitäten und herzhaften k. u. k. Leckereien. Künstler- und Intellektuellentreff. **H10**

Flanieren

An Schaufenstern entlanglaufen — auf Märkten stöbern, das Besondere entdecken …

Schaufenstermeilen

Innenstadt: Karte 3, **J8**
Die Grimmaische und die **Petersstraße** sind die Haupteinkaufsmeilen, vor allem mit Kettenläden. In der **Nikolai-** **und** in der **Hainstraße** finden sich auch nette kleinere Geschäfte. Das eigentliche Erlebnis aber bieten die **Passagen** (s. rechts). S. 51, 59, 37, 54

Karl-Liebknecht-Straße: **J9**
Die Südmeile ›Karli‹ bietet allerlei Mode, Deko, Delikatessen, Spielzeug und Schreibwaren jenseits des Kettenläden-Mainstream. S. 140

Karl-Heine-Straße: **E/F9**
An und um die Plagwitzer Hauptstraße finden sich nette kleine Läden. S. 157

Antik- und Trödelfans zieht es immer wieder in die Hallen und auf das Freigelände des Agra-Messeparks.

P

PASSAGEN

Gerade bei Regen, Wind oder Hitze macht der Schaufensterbummel in der Leipziger Innenstadt Spaß. Die Dichte der Passagen ist so groß, dass Sie sich herrlich von einer in die nächste flüchten können. Gehoben bis luxuriös sind die Läden in der **Mädler-Passage** (s. S. 51), in der **Königshauspassage** (s. S. 54) finden sich noch alteingesessene Geschäfte und **Specks Hof** (s. S. 43) beeindruckt mit anspruchsvollen, inhabergeführten Boutiquen: , Karte 3, **J8.**

Flohmärkte

Antik- und Trödelmarkt Agra-Messepark: Karte 2, **K15**
Das Ex-Messegelände ist der Ort für den professionellsten und größten Trödelmarkt der Region. S. 217

Flohmarkt Feinkost Leipzig: **J10**
Auf dem kunterbunten Gelände der Feinkost findet einmal im Monat ein legendärer Trödelmarkt statt. S. 132

Kiezflohmarkt Plagwitz: **F9**
Ramsch, Nippes, Kitsch und schrille Klamotten etwa alle zwei Wochen im und ums Westwerk. S. 172

&

Fundstücke

Seite 68
1 **Graphikantiquariat Koenitz:** Originalgrafiken, Stadtansichten und Keramiken in großer Vielfalt und verschiedenen Preissegmenten. Karte 3, **J 8**

Seite 101
20 **Grassi Shop:** Museumsshop mit kunstvollen, verspielten bis skurrilen Kleinodien, inspiriert von den Museumsexponaten. , **K 8**

Seite 69
8 **saltoflorale:** Grüner wird's nicht als im Floristikgeschäft im Innenhof des Fregehauses. Karte 3, **J 8**

Seite 141
4 **Südseite Leipzig:** Stylishe Deko, Accessoires und sonstige Alltagsschmuckstücke. **J 10**

Seite 172
6 **Hafen:** Deko, Papeterie, Leckereien, Klim und Bim im Zeitgeist. **F 9**

Seite 200
1 **Steinbach Keramik:** fabelhafte Tierköpfe und Geschirr mit farbigem Fayencedekor. **H 6**

Seite 200
2 **Keramikwerkstatt Gabriela Roth-Budig:** edle Gebrauchskeramik in Weiß. **H 6**

Märkte

Seite 53
23 **Wochenmarkt Marktplatz:** Obst und Gemüse, Kräuter und Blumen, Fleisch und Fisch, alles frisch. Zweimal pro Woche breiten sich die Stände auf dem Marktplatz aus. , Karte 3, **J 8**

Seite 69
6 **Wochenmarkt Richard-Wagner-Platz:** etwas kleinerer Markt direkt vor der ›Bemmbüchse‹. Karte 3, **J 8**

Von Kopf bis Fuß

Seite 68
2 **Schmuckwerk Hübener:** filigraner, edler Schmuck mit farbigen Natursteinen. Karte 3, **J 8**

Seite 69
4 **Eva Son:** märchenhafte Mode für große Mädchen. Karte 3, **J 8**

Seite 69
5 **Marlene:** Kleider mit der Eleganz der 1920er- und 1930er-Jahre. Karte 3, **J 8**

Seite 140
2 **Weikert Studio:** elegante Herrenmode und ausgesuchte Manufakturwaren. **J 10**

Seite 170
2 **Graue Maus:** Alltagstauglich mit urbanem Chic – nicht nur grau, sondern auch knallbunt. **J 10**

stöbern

Diese Museen . . .

Um die 50 Museen und Sammlungen gibt es in Leipzig — aber welche lohnen sich wirklich? Hier eine kleine Auswahl.

Grassimuseum

Das Ensemble im Art-déco-Stil ist ein absoluter Hingucker. Die drei Museen – das Grassi Museum für Angewandte Kunst, das Grassi Museum für Völkerkunde und das Musikinstrumentenmuseum – zählen zur ersten Liga ihrer ›Spielklasse‹. S. 77, 91, **K8**

Zeitgeschichtliches Forum

Wie war das eigentlich mit dem geteilten Deutschland? Eine klug aufbereitete, interaktive Zusammenschau der deutsch-deutschen Geschichte und von dem, was seit der Wiedervereinigung geschah. Nicht nur für Nachgeborene ein interessanter Blick in die Historie. Eintritt frei! S. 61, Karte 3, **J8**

Mendelssohn-Haus

Im originalen Holztreppenhaus atmen Sie einen Hauch des Genius Loci ein und steigen in die Wohnung des großen Musikers hinauf. Mitgereiste Digital Natives werden derweil im Parterre gelegenen Effektorium zu virtuellen Dirigenten. S. 96, Karte 3, **J8/9**

Schumann-Haus

Gleichberechtigung im 19. Jh.? Clara Schumann kam diesem Ideal schon erstaunlich nahe. Die Wohnung, die die Schumanns frischvermählt bezogen, bietet neben originaler Aura museumspädagogisch Originelles. S. 98, **K8**

Schillerhaus

Freude, schönes Bauernhäuschen! Im ehemaligen Dorf Gohlis soll sie in ihrer Urform verfasst worden sein, die »Ode an die Freude«. S. 185, 197, **H6**

MUSEUMSNACHT

An einem Frühjahrswochenende findet gemeinsam mit der Nachbarstadt Halle eine Museumsnacht (www.museumsnacht-halle-leipzig.de) statt. Besondere Führungen u. a. ergänzen die nächtliche Atmosphäre.

Bergbau-Technik-Park

Was in absehbarer Zeit in die Geschichtsbücher gehören wird, können Sie im Leipziger Südraum in raumgreifender Wuchtigkeit anschauen, Erklärungen inklusive: Wie funktioniert so ein Braunkohletagebau? S. 231, Karte 5, **E5**

Deutsches Buch- und Schriftmuseum

Ein Muss für Bibliophile: Die wechselnden Sonder- und Kabinettausstellungen werden in einem Anbau der Deutschen Nationalbibliothek präsentiert, dessen zeitgenössische Architektur als überaus gelungen bezeichnet werden darf. S. 86, 98, **K10**

Kunstkraftwerk

Galerie oder Museum? Multimediale und immersive Kunst als große Lichtshows im alten Heizwerk. S. 163, **E9**

Museum für Druckkunst

Von der Handbuchbinderei über Xylografie bis hin zum Lichtdruck wird die ›schwarze Kunst‹ von ihrer handwerklichen Seite beleuchtet. Achtung: Das Museum ist nicht im Grafischen Viertel, sondern in Plagwitz. S. 167, **F/G9**

Galerie für Zeitgenössische Kunst

Positionswechsel! Alles ist dem permanenten Wandel unterworfen, selbst die Wände sind verschiebbar. Die regelmäßig wechselnden Ausstellungen junger Kunstschaffender fordern heraus, malen Fragezeichen und Ausrufezeichen in die Gesichter. Manchmal auch ein zartes Lächeln oder breites Grinsen. S. 118, **H9**

M

MUSEUMSBESUCHE PLANEN

Ruhetage: Generell sind auch in Leipzig die Museen montags geschlossen. Ausnahmen bilden das Panometer und das Völkerschlachtdenkmal.
Freier Eintritt: in den städtischen Museen am 1. Mi/Monat und stets für alle unter 18 Jahren, in den Museen des Freistaats Sachsen generell unter 17 Jahren, im Bachmuseum am 1. Di/Monat.

... lieben wir!

Nachtschw

Im Leipziger Süden ist das Kulturzentrum naTo ein Highlight.

Leipzigs Szeneleben? Die Stadt im Wandel ist dabei, auch nach Sonnenuntergang, ihr musisches, kreatives, hippes und raues Potenzial auszuloten. Verschlafene Viertel gibt es höchstens ganz an der Peripherie. Zwischen Hochkultur der ersten Liga, todschicken Discos und Rooftop-Bars, groovigen Jazzclubs, alternativen Chill-outs, Spelunken und gemütlichen Freisitzen ist die Auswahl im ganzen Stadtgebiet groß. Die Hotspots finden sich in der **Innenstadt** (kultiviert, schick, touristisch), der **Südvorstadt** (intellektuell bis stylish), in **Plagwitz** (kreativ, alternativ), in **Connewitz** (linksalternativ) und im **Eisenbahnstraßenviertel** (multikulti, jung, wild). Der Versuch, eine **Sperrstunde** zwischen 5 und 6 Uhr morgens (!) zu etablieren, stieß auf massive Gegenwehr bei den Clubbetreibern und wurde längst wieder gekippt. Allerdings ist in den meisten Lokalen – Ausnahmen bestätigen die Regel – gegen 2 oder 3 Uhr dann doch Schluss. Immer mehr nutzt Leipzig in den letzten Jahren sein Potenzial an alten Industriegemäuern, Hallenbädern und Messehallen, um neue Veranstaltungslocations mit eigenem Charme entstehen zu lassen wie das Westbad, das Täubchenthal und den Eventpalast auf der Alten Messe. Da wird sich auch für die legendäre Distillery, den ältesten Technoclub in Ostdeutschland, demnächst eine neue Bleibe finden.

* Wohin am Abend? Bei jedem Viertel sind ausgewählte Adressen und Tipps gelistet.

ärmereien

Da ist nachts was los …

Gottschedstraße
Karte 3, **H/J8**
Freisitze, Kneipenlokale, Bars und natürlich das Schauspielhaus. S. 119

Karl-Liebknecht-Straße/Südplatz **J10**
In der Südvorstadt ist hier die Dichte an Bars, Bistros, Kneipen etc. am größten. S. 130

Sachsenbrücke **G9**
In den wärmeren Monaten ist die Radfahrer- und Fußgängerbrücke der Junge-Leute-Treff. S. 112

Drallewatsch
Karte 3, **J8**
Bermudadreieck der Innenstadt: Große und Kleine Fleischergasse, Barfußgässchen bis Marktplatz, Klostergasse bis Thomaskirchhof und Burgstraße bis Neues Rathaus. S. 56

Karl-Heine-Straße (Plagwitz) **E/F9**
Kneipen, Clubs, Eventlocations und Kinos – die Plagwitzer Hauptpulsader. S. 160

Cocktail & Co. – was trinken

Seite 139
2 **Renkli:** Ausgezeichnet sortierte Weinbar in stylishem Ambiente am Eingang zur Südvorstadt. **J9**

Seite 122
1 **Bar Cabana:** Schnieke Rooftop-Bar des Innside Hotels by Mélia, Wahnsinnsblick über die Innenstadt, auf den Auwald und den Nordwesten. Karte 3, **H8**

Seite 101
1 **Substanz – Biergarten & Pianobar:** Urig und kultig und von bodenständigem Charme ist der Biergarten in Reudnitz. **L8**

›Ohne Bedenken‹ ein kühles Bier genießen

Seite 199
1 **Gosenschenke »Ohne Bedenken«:** Wieder aufgelebt: die Gosentradition von 1899, urgemütlicher Biergarten. **H6**

Seite 70
3 **BarFusz:** hippe Bar im Barfußgässchen. Karte 3, **J8**

B

BUSSE FÜR NACHTSCHWÄRMER

Zwischen 1 und 4 Uhr verkehren statt der Straßen-, S-Bahnen und normalen Busse die LVB-Nightliner (Busse N 1–N 9, Tram N 17). Alle fahren via Hauptbahnhof, Abfahrt 1.11, 2.22, 3.33 Uhr. Da sie möglichst viele Haltepunkte ansteuern, kann die Heimkehr zur nächtlichen Stadtrundfahrt werden.

Tanzen

Seite 70
2 **Spizz:** Der Jazzkeller ist eine Institution. Am Wochenende: Spizz-Disco mit Jazz, Funk, Boogie, Skiffle, Blues, Soul für alle Altersgruppen. Karte 3, **J8**

Seite 176
4 **Täubchenthal:** Beim Täubchentanz geht es ab zu Indie, Electropop, Alltime Favs, 80s & 90s, HipHop & Dance Classic auf zwei Floors. **F10**

Seite 142
12 **Werk 2:** Wenn gerade kein Konzert stattfindet, ist ja heute vielleicht Disco direkt am Connewitzer Kreuz? **J12**

Livemusik

Seite 70
4 **Tonelli's:** Wer als Band groß rauskommen möchte, spielt früher oder später im Tonelli's. Beliebt sind auch die Open-Mic-Veranstaltungen. Karte 3, **J8**

Seite 142
6 **Horns Erben:** Die selbst erklärten Nachfahren der Destillateure brennen keine Spirituosen, sondern holen sich regelmäßig gute Livemusik ins Haus. **J10**

Seite 142
5 **Kulturzentrum naTo:** Internationale Off-Kultur (Musik, Kino, Theater) konnte man hier sogar schon zu DDR-Zeiten erleben. **J10**

Seite 173
1 **Noch Besser Leben:** Der Szeneclub tief im Westen Leipzigs wartet ab und an mit Live-Acts auf. Dazu: tschechisches Bier und Karlsbader Schnitten. **F9**

Seite 217
1 **Haus Auensee:** Still ruht der See? Nicht, wenn in der Kultstätte Konzerte angesagt sind. **D/E5**

Seite 122
5 **Parkbühne:** in der Open-Air-Saison die atmosphärischste Großkulisse Leipzigs für bis zu 3000 Leute mitten im Clara-Zetkin-Park. **H9**

Seite 142
7 **Distillery:** In der ›Tille‹ gibt es seit bald 30 Jahren Techno und House satt, bis auf Weiteres etwas versteckt in der Südvorstadt. **J10**

Kabarett und Varieté

Seite 71
9 **Kabarett Sanftwut:** Thomas Störel als Kultfigur Manni spielt mit Ihren Klischees über den sächsischen Mann par excellence. Karte 3, **J8**

Seite 70
6 **Krystallpalast Varieté:** schillernde internationale Artistik und Akrobatik, feine Gastronomie. Karte 3, **J8**

Kino

Seite 71
11 **Passage Kinos:** In der Jägerhofpassage versteckt sich eines der anspruchsvollen Leipziger Programmkinos. Karte 3, **J8**

Seite 142
8 **Kinobar Prager Frühling:** anspruchsvolles Programmkino mit gemütlicher Wohnzimmeratmosphäre in Connewitz. **J11**

Seite 176
9 **Luru Kino:** Alternativ, trashig, intellektuell ist das Filmprogramm im hauseigenen Minikino der Leipziger Baumwollspinnerei. **E10**

Neben Eigen- zeigt die Leipziger Oper Gastproduktionen, z. B. 2019 die Inszenierung des Nationaltheaters Brno: »Jenůfa« von Leoš Janáček.

Theater, Oper, Klassik

Seite 122
3 Schauspielhaus: größte Sprechbühne Leipzigs. Raum für Gegenwartsdramatik bietet die **Diskothek** 4.
Karte 3, **H8**

Seite 176
7 Theater der Jungen Welt: ältestes professionelles Kinder- und Jugendtheater Deutschlands. **F8**

Seite 47
12 Gewandhaus: Heimat des Gewandhausorchesters, seit 2018 von Andris Nelsons geleitet.
, Karte 3, **J8**

Seite 48
13 Opernhaus: nach Mailand und Hamburg die drittälteste Oper Europas. Gute Akustik, eigenes Ballettensemble.
, Karte 3, **J8**

Seite 176
6 Musikalische Komödie: Spartenhaus der Oper Leipzig für Operetten und Musicals.
F8/9

Seite 57
33 Thomaskirche: Hier singt nicht nur regelmäßig der Thomanerchor Motetten, es gibt auch immer wieder andere klassische Konzerte.
, Karte 3, **J8**

Seite 41
7 Nikolaikirche: Bei Konzerten ertönt meist die Ladegast-Orgel.
, Karte 3, **J8**

AKTUELLE PROGRAMMINFOS

Das Stadtmagazin Kreuzer (www.kreuzer-leipzig.de) und das gratis ausliegende urbanite (www.urbanite.net/de) bieten eine ausführliche Veranstaltungsübersicht. Die Leipziger Volkszeitung präsentiert täglich im Lokalteil eine Auswahl an Veranstaltungen sowie das komplette Kinoprogramm.

Wo du schläfst,

Und dafür bietet Leipzig viele Optionen — ob private Atmosphäre, mal was ganz Neues probieren oder luxuriös wohnen.

Besonders in der Innenstadt sind Hotels in den letzten Jahren wie Pilze aus dem Boden geschossen. Einerseits liegt das wohl am gestiegenen Hipness-Faktor – die New York Times listete Leipzig als einen der »52 places to go in 2020« –, andererseits kommen viele Besucher und Besucherinnen als Messe-, Konferenz- und Festivalgäste in die Stadt. Wenn solche Termine auf ein Wochenende fallen, steigen die Übernachtungspreise enorm und kurzfristig ist kaum etwas zu bekommen. Sind Sie beim Reisetermin hingegen flexibel, finden sich durchaus günstige Angebote auch bei Topadressen.

Eine Grundsatzfrage sollten Sie zuerst klären: Wollen Sie in die **Innenstadt** mit den wichtigsten Sehenswürdigkeiten? Bei Bahn- oder Busanreise eine gute Idee, per Auto schlagen die Parkgebühren spürbar zu Buche. Mehr echtes **Leipziger Wohngefühl** kommt in den Pensionen oder Ferienwohnungen in den bürgerlichen Wohnlagen am Rand der Innenstadt auf. In den **Szenevierteln** wie Plagwitz und Südvorstadt gibt es eine bunte Auswahl an Unterkünften für jeden Geldbeutel und Geschmack. Camping- und Caravanfans werden an den Leipziger Seen fündig.

Gästetaxe: Die Stadt Leipzig erhebt eine Gebühr von 3 €/Tag für Erwachsene, bei Übernachtungskosten bis 30 €/Tag (inklusive Umsatzsteuer) von 1 €. Kinder, Jugendliche, Auszubildende und Studierende bis 25 Jahre sind von der Abgabe befreit. An- und Abreisetag werden zusammen als ein Tag berechnet.

Leipzig-Feeling

Klein und fein

Hotel Fregehaus, Karte 3, **J8:** stilvoll und individuell eingerichtete Zimmer zum grünen Innenhof des denkmalgeschützen Barockpalais hin. Mein Favorit unter den Innenstadthotels. Mit dem Blauen Salon bietet das Fregehaus seinen Gästen sehr viel mehr als die übliche Hotellobby.

Katharinenstr. 11, Innenstadt, T 0341 26 39 31 57, www.hotel-fregehaus.de, S 1–6, Bus 89 Markt, DZ ab 80 €, Wohnung ab 150 €, Frühstück 12 €

Micha, mein Micha

Hotel Michaelis, **J9:** Ganz in der Nähe liegt die Einkaufs- und Kneipenmeile ›Karli‹, dafür herrscht hier erstaunliche Ruhe. Ein stilvoll-klassisch geführtes Haus, das auch Topgastronomie bietet.

Paul-Gruner-Str. 44, Südvorstadt, T 0341 267 80, www.michaelis-leipzig.de, Tram 10, 11 Hohe Str., DZ/ÜF ab 109 €

Mitten in Leipzig

Nicht am Meer

Seaside Park Hotel, Karte 3, **J8:** eines der eleganten, klassischen Hotels der Stadt, gegenüber der Westhalle des Hauptbahnhofs – weder am Meer noch an einem See. Der Name verweist schlicht auf die Hotelkette. Das Haus hat viel vom ursprünglichen Charme bewahrt, die Innenausstattung interpretiert den originalen Art-Déco- und Jugendstil des Park Hotels neu.

Richard-Wagner-Str. 7, Innenstadt, T 0341 985 20, www.parkhotelleipzig.de, Tram 1, 3, 4, 7, 9–16, S 1–6 Hauptbahnhof, DZ ab 100 €, teils inklusive Frühstück, sonst Frühstück 16 €

Mit Promifaktor

Steigenberger Grandhotel Handelshof, Karte 3, **J8:** Zentraler als im Handelshof können Sie in Leipzig nicht unterkommen, und auch kaum exklusiver. Wenn mal Staatsbesuch oder das Team von Bayern München anreist, wird meist das Fünf-Sterne-Hotel gewählt. Zu weniger nachgefragten Terminen sind die Preise durchaus bezahlbar, wenn Sie sich Luxus in Leipzig leisten möchten.

Salzgässchen 6, Innenstadt, T 0341 350 58 10, www.steigenberger.com, Tram 1, 3, 4, 7, 9–16, S 1–6 Hauptbahnhof, DZ ab ca. 120 € ohne Frühstück, DZ/ÜF ab ca. 160 €

Beim Bachmuseum

Vienna Townhouse Bach Leipzig, Karte 3, **J8:** Möchten Sie den Spuren des großen Thomaskantors folgen, können Sie in unmittelbarer Nachbarschaft seiner Wirkstätte Logis nehmen (Abb. S. 28). Schon die individuell und farbenfroh eingerichteten Zimmer inspirieren musikalisch. Sie können zwischen Fuge, Partita, Sonata, Motette etc. wählen. Frühstück wird im hauseigenen Restaurant Bull & Bonito gereicht.

Thomaskirchhof 13/14, Innenstadt, T 0341 49 61 40, www.viennahouse.com/de/townhouse-bach-leipzig, Tram 9 Thomaskirche, DZ ab ca. 80 €, DZ/ÜF ab ca. 125 €

Lebe lieber ungewöhnlich

Unter Künstlern

Meisterzimmer, **E10:** In die Community der Künstler auf dem Gelände der Leipziger Baumwollspinnerei einziehen? Das können Sie in den geräumigen Meisterzimmern, die in einem behutsam renovierten Fabrikgebäude eingerichtet wurden.

Spinnereistr. 7, Lindenau, T 0341 22 70 40 63, www.meisterzimmer.de, Tram 14 S-Bf. Plagwitz, DZ ab 80 € (meist nur ab mindestens 2 Nächten buchbar), kein Frühstück (aber Möglichkeiten auf dem Areal)

bist du zu Hause

Elegante Villa

Gästehaus Leipzig, H 9: Am Eingang zum Musikviertel stehen die prächtigsten Villen, das Gästehaus von 1908 ist eine davon. Sehr elegant und sehr nachgefragt! Wenn Sie langfristig planen, unbedingt einen Versuch wert.

Wächterstr. 32, T 0341 99 99 06 00, www.gaestehaus-leipzig.de, Tram 2, 8, 9 Neues Rathaus, DZ ab 120 €, Frühstück 16,50 €

Nachts im Museum

Hotel Paris Syndrom, H 9: Übernachten im von Jun Yang designten Hotelapartment in der Galerie für Zeitgenössische Kunst (s. Zugabe S. 123). Das zweite Apartment, das **Hotel Volksboutique,** gestaltete Christine Hill.

Karl-Tauchnitz-Str. 11, Musikviertel, T 01511 291 09 09, www.gfzk.de/orte/hotel, Bus 89 Wächterstr., 2 Pers. 120 € plus Mehrwertsteuer, inklusive kostenlosem Parken, kein Frühstück, aber fußläufig Möglichkeiten

Wenn es einfach sein darf

Szenig mit Flair

Hostel & Garten Eden, E 9: Ganz nah dran an Leipzigs Westkultur und in sehr individueller Ausstattung können Sie in diesem Hostel nächtigen. Kein Zimmer ist wie das andere, vom Zwei-Bett- bis Acht-Bett-Ensemble – hier durfte jeweils ein Künstler*innenteam seine Vision von Gastfreundschaft ausleben. Für alle Gäste stehen eine gemeinsame Küche, ein Aufenthaltsraum und der Garten zur Verfügung. Für die Zimmer ohne Bad gibt es Gemeinschaftsbäder.

Demmeringstr. 57, Lindenau, T 0152 25 18 15 44, www.eden-leipzig.de, Tram 8, 15 Lützner/Merseburger Str., S 1 S-Bf. Lindenau, Preisbeispiele: DZ ohne Bad ab 46 €, mit Bad ab 52 €, Bett im Sechs-Bett-Zimmer ab 15 €

Einfach mittendrin

Five Elements Hostel, Karte 3, J 8: für alle, ob Backpacker, Messegäste oder Schulklassen. Ein Hostel quasi auf der Kneipenmeile Drallewatsch – nichts ist so zentral, so preiswert. Sie können in Doppel-, Drei- und Vier-Bett-Zimmern mit eigenem Bad oder Vier- bis Zehn-Bett-Zimmern mit Bad im Zimmer und zusätzlichem Bad auf dem Flur nächtigen. Außerdem gibt es eine Lounge und eine Gästeküche.

Kleine Fleischergasse 8, Innenstadt, T 0341 355 83 196, www.5elementshostel.de/leipzig, S 1–6, Bus 89 Markt, Preisbeispiele: DZ/Bad ca. 40–140 €, Bett im Zehn-Bett-Zimmer ca. 10–20 €, Frühstück 5 €

Jung und unkompliziert

Sleepy Lion Hostel, H 7/8: Erst steppt der Bär, dann schläft der Löwe. Unweit des Leipziger Zoos, also recht zentral, liegt diese unkomplizierte, liebenswerte und kunterbunte Unterkunft für Leute, die auf Luxus verzichten können und auch mal im Doppelstockbett schlafen. Es gibt Zwei- bis Zehn-Bett-Zimmer, alle mit Dusche/WC. Gemeinsam können die Gäste eine Teeküche und die Lounge nutzen.

Jacobstr. 1, Waldstraßenviertel, T 0341 993 94 80, www.hostel-leipzig.de, Tram 3, 4, 7, 9, 15 Goerdelerring, Bett im Mehrbettzimmer (es gibt auch reine Frauen- bzw. Männerzimmer) ab 11 €, Privatzimmer (2 Pers.) ab 38 €, Frühstück 5 €, bis 12 Jahre 2,50 €

Ferien in der Wohnung

Dorf in der Stadt

Flecksches Gut, N 12: Ein denkmalgerecht saniertes Schmuckstück ist das Gut im historischen Ortskern von Probstheida. In dem 1753 erbauten Haus, eines der wenigen, das hier die Völkerschlacht überstand, hat Friederike Fabricius vier Ferienwohnungen und ein Einzelapartment eingerichtet. Originell und liebevoll bis ins Detail umgesetzt ist die Inneneinrichtung der Wohnungen im Stil unterschiedlicher Nationen, die an der Schlacht beteiligt waren – Preußen, Russland, Schweden, Österreich und Frankreich.

Augustinerstr. 18, Leipzig-Südost, T 0174 331 66 67, www.flecksches-gut.de, Tram 15 Prager-/Russenstr., 2 Pers. ab 150 €/Nacht, Aufbettung möglich (Mindestaufenthalt 2 Nächte)

Ruhe im rauen Osten

Ferienwohnung Leipzig, L 7: In der ruhigen Mariannenstraße im Leipziger Osten können Sie sich bei Pit und Nathalie wie zu Hause fühlen. Ihre Ferienwohnung im 2. Stock eines Gründerzeitbaus ist liebevoll und gemütlich eingerichtet.

Mariannenstr. 30, Neustadt, T 0341 23 88 02 80, www.leipzig-gaestewohnung.de, Tram 1, 3, 8, 13 Einertstr., 2 Pers./50 €, Aufbettung 10 €; 2021 eventuell nicht verfügbar

Außerhalb der Stadt

Feriendorf

Seepark Auenhain, Karte 5, E4: Am Markleeberger See bietet das Feriendorf Ferienhäuser für 3–6 Personen sowie sechs Caravanstellplätze. Hier finden Sie in Stadtnähe Ruhe am See. In der Hauptsaison herrscht allerdings Hochbetrieb. Mit Fahrradverleih.

Am Feriendorf 2, Markkleeberg, T 034297 986 80, www.seepark-auenhain.de, S 4–6 S-Bf. Markkleeberg, dann Regionalbus 106 Auenhain, Seepark, Ferienhaus/4 Pers. 1. Nacht 183–226 € (mit Endreinigung), jede weitere Nacht 133–176 €, Bettwäsche und Handtuchpaket 9,50 €/Pers., Frühstück 13,90 €/Pers. (Kinder günstiger), Stellplatz 29 €/Tag

Für jeden etwas am See

Lagovida, Karte 5, E5: 20–30 Autominuten vor den Toren der Stadt ist auf der Halbinsel Magdeborn am Störmthaler See ein modernes Ferienresort entstanden. Das Unterkunftsspektrum reicht vom Hotel über Ferienwohnungen und -häuser (teils mit eigenem Strand, Sauna, Kamin) bis zum Wohnmobilhafen. Unbedingt den eigenen Reisetermin mit dem des Highfield Festivals im Sommer abgleichen, dann herrscht hier Hochbetrieb!

Hafenstr. 1, Großpösna, T 034206 77 50, www.lagovida.de, Anreise mit Pkw erforderlich, DZ ab 90 €, Frühstück 9,90–13,50 €/Pers.

B

DAS PASSENDE BETT SELBST SUCHEN

Direktbuchungen beim Hotel können günstiger sein als über Portale wie www.booking.com oder www.hrs.de.

Eine Übersicht über die Unterkünfte in Leipzig und Umgebung gibt die Website **www.buchung.leipzig.travel** der LTM (Leipzig Tourismus und Marketing GmbH). Hier können Sie auch direkt buchen.

Hostels
www.hostelworld.com

Ferienwohnungen
www.studio44-apartments.de

Vor

Ort

Am Augustusplatz bilden das Neue Augustineum und das Paulinum das Hauptgebäude der Universiät Leipzig. Das Paulinum erinnert an die zu DDR-Zeiten gesprengte Universitätskirche St. Pauli.

Die Innenstadt

Die Kleine in der Großen — Innerhalb des Promenadenrings liegt der historische Kern der Messestadt. Hier tummeln sich nicht nur die Gäste der Stadt, sondern auch die Einheimischen auf Einkaufsbummel und die Studenten.

Seite 41

Nikolaikirche 

Die meisten Spuren der friedlichen Revolution führen zur Nikolaikirche, die zugleich Leipzigs älteste Kirche ist.

Seite 43

Specks Hof

Messepaläste wie Specks Hof aus der Zeit um 1900 prägen das Bild der Innenstadt.

Seite 44

Auf der Notenspur

Eine Tour zu Stätten der Leipziger Musik – vom Richard-Wagner-Platz zum Katharinum.

Großer Bahnhof! Am Hauptbahnhof ankommen und staunen.

Eintauchen

Seite 46

Augustusplatz

Gewandhaus und Oper zeigen, wer in Leipzig die erste Geige spielt!

Seite 50

Städtisches Kaufhaus

Ein Kaufhaus, das nie eines war: Hier begann die Ära der Mustermessen.

Seite 51, 65

Mädler-Passage und Auerbachs Keller

In Auerbachs Keller zechten Faust und Mephisto. Ca. 400 Jahre später entstand die erste echte Leipziger Passage.

Seite 53, 61

Altes Rathaus 

Das Rathaus, heute u. a. Sitz des Stadtgeschichtlichen Museums, gilt als einer der schönsten Renaissancebauten Deutschlands.

Seite 57

Thomaskirche

Eine Stippvisite bei Herrn Bach gefällig? Hier im Chorraum fand er seine letzte Ruhestätte. Apropos Chor: Nicht verpassen sollten Sie Auftritte der Thomaner.

Seite 66

Kaffeehaus-Hopping

Möchten Sie Kaffee(häuser) in allen Variationen erleben? Dann machen Sie doch diese Tour – mit sächsischer ›Gemiedlichgeid‹ (und ohne Pappbecher). Das Zum Arabischen Coffe Baum ist zzt. geschlossen, aber der Optionen sind viele.

Seite 72

Wer ist die Hipste im ganzen Land?

Ob Leipzig oder Dresden die angesagteste Stadt im Freistaat ist, liegt ganz in der persönlichen Betrachtung.

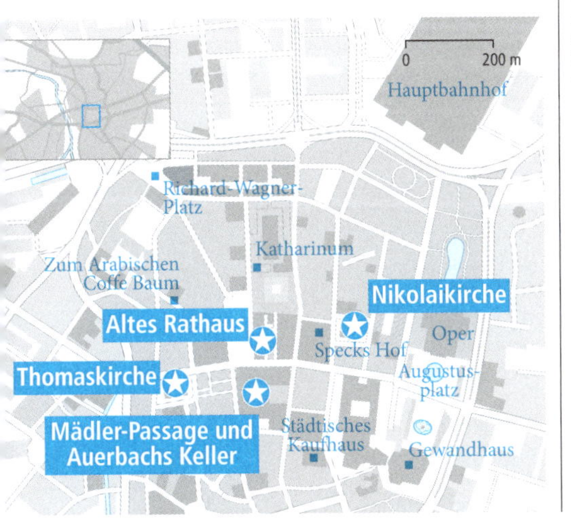

»Ich komme nach Leipzig an einen Ort, wo man die ganze Welt im Kleinen sehen kann.« Gotthold Ephraim Lessing

Nur etwa 1800 Menschen wohnen derzeit in der Innenstadt. Das sind nur 0,3 % der etwa 600 000 Einwohner Leipzigs.

Hinein in die gute Stube

L

Leipzig hat seine eigene Variante der viel zitierten sächsischen Gemütlichkeit. Die Innenstadt in ihrer überschaubaren Größe von gerade einmal knapp 1 km² stellt gewissermaßen das Wohnzimmer der größten Stadt Sachsens dar. Hier trifft man Einheimische beim Einkaufsbummel – mit den Passagen und Einkaufsstraßen schlägt hier das Shoppingherz der Stadt –, hier sind die Studierenden der Universität unterwegs, hier zieht es auch die Gäste zuerst hin. Übrigens spricht kein alteingesessener Leipziger im Alltag von der Altstadt – oder gar der City! Man geht ganz einfach in »de Stadt«. Geschichtlich betrachtet ist das auch vollkommen richtig: Der Verlauf des Promenadenrings markiert in etwa den Verlauf der einstigen Stadtmauer. Sobald Sie also den Ring überquert haben, sind Sie mittendrin im Geschehen.

Die meisten (architektonischen) Spuren hat die Zeit um die Wende zum 19. Jh. hinterlassen, denn in der Gründerzeit war Leipzig schon einmal ›Boomtown‹. Das spiegelt sich noch heute an den Fassaden vieler Gebäude wider, von denen auch viele ältere damals ein historistisches Gesicht bekommen haben. Im Gesamtbild präsentiert sich ein charmanter Mix sämtlicher Architekturepochen seit der Gotik.

O

ORIENTIERUNG

Verkehr: Der Innenstadtbereich ist verkehrsberuhigt. Nur die **Buslinie 89** durchquert die Poller und hält an Reichsstraße, Markt, Thomaskirche. Fast alle **Straßenbahnen** fahren auf dem Ring, passieren Hauptbahnhof und Augustusplatz. Am zentralsten gelegen ist die unterirdische **S-Bahn-Station Markt** (S 1, 2, 3, 4, 5, 5X, 11).
Wichtigste Zugänge zur Stadt: Augustusplatz, Hauptbahnhof, Goerdelerring und Wilhelm-Leuschner-Platz.
Parken: s. S. 249.

Autofreiheit

»Gebt Flaneuren eine Chance!«, war schon Anfang der 1990er-Jahre der Gedanke, als man in Leipzig die »autoarme Innenstadt« konzipierte. Frei nach dem Motto: Man geht ja auch nicht mit Schuhen in die gute Stube. Sobald der Lieferverkehr durch ist und die Poller hochgegangen sind, kommen die Fußgänger und bei warmen Temperaturen die Draußensitzer zu ihrem Recht. Vielleicht gelingt es künftigen Verkehrsplanern auch, die Jahr für Jahr größer werdende Schar von Fahrrädern geregelt zu leiten.

Rund um Hbf. und Brühl

Karte 3, J8

Einen Hauch von Weltstadt …

… verspüren Sie schon, kaum dass Sie den Zug verlassen haben. Die Dimensionen des Leipziger **Hauptbahnhofs** ❶ sind gewaltig: 83 640 m² Grundfläche, umbauter Raum von rund 1,5 Mio. m³, ein 270 m breiter Querbahnsteig. Für viele Lokalpatrioten rechtfertigt das immer noch den Lieblingssuperlativ der Stadt: größter Kopfbahnhof Europas. Auch wenn Neunmalkluge gern darauf verweisen, dass er seit Eröffnung des City-Tunnels 2013 kein reiner Kopfbahnhof mehr ist. Die Gleise 1 und 2 liegen nun eine Etage tiefer und führen unterirdisch in Richtung Innenstadt weiter. Auch das Bahnhofsgebäude, 1915 nach Entwürfen von Hans Max Kühne und William Lossow erbaut, erhielt bereits in den 1990er-Jahren eine Erweiterung in die Tiefe: Im Querbahnsteigbereich bieten die **Promenaden Hauptbahnhof** (www.promenaden-hauptbahnhof-leipzig.de, Mo–Sa 10–21, So 13–18 Uhr) auf drei Ebenen 30 000 m² Verkaufsfläche. Vertreten sind hier die üblichen Läden eines Einkaufszentrums, inklusive eines Discounters sowie Mode- und Genussläden. Ähnlich ist das Angebot in den nicht weit entfernten **Höfen am Brühl** (www.hoefe-am-bruehl.de, Mo–Sa 10–20 Uhr; s. auch Tour S. 44).

Brühl und Nikolaistraße

Allerlei Rau(ch)

Der **Brühl** ist die längste Straße in der Innenstadt und trägt wohl auch einen der ältesten Straßennamen. Er stammt noch aus der slawischen Siedlungszeit und bedeutet Sumpf. An Brühl und Nikolaistraße konzentrierten sich die ehemaligen Geschäftshäuser der – meist jüdischen – Pelzhändler, die Leipzig vor und nach der Jahrhundertwende zu einem europäischen Zentrum für Rauchwaren (s. Kasten S. 40) machten. Einige der einst prächtigen **Pelzhandelshäuser** sind hier heute noch erhalten und anhand ihres Fassadenschmucks leicht zu erkennen. Es werden Pelztiere gezeigt oder Putten, die sich mit Produkten des Kürschnerwesens schmücken, oder auch einfach nur die Länder, mit denen man Pelzhandel trieb.

Steibs Hof ❷ (Nikolaistr. 28–32) erreichen Sie entweder direkt durch den entsprechend beschrifteten Eingang in der **Nikolaistraße** oder aber von der am Brühl gelegenen Rückseite aus. Von dort führt einer der neuesten Durchgänge Leipzigs hinein: Vom **Dussmann-Haus** (Brühl 64–66) gelangen Sie durch die **Dussmann-Passage** in den hinteren Innenhof. Bei der Rekonstruktion dieses

B

BAHNHOF KURIOS

Wo in den Pioniertagen der Eisenbahn ein hölzerner Personeneinsteigeschuppen stand – das Wort Bahnhof bedurfte erst der Erfindung – entstanden bald der Dresdner, der Magdeburger und der Thüringer Bahnhof. Umsteigen war in Leipzig umständlich, wurden die Bahnhöfe doch von verschiedenen Kompagnien betrieben. Um 1900 einigten sich die einstigen Erzfeinde Sachsen und Preußen auf den Neubau eines Zentralbahnhofs an gleicher Stelle, bei dem fein säuberlich in Sachsenseite (Ost, Bahnsteige 14–26) und Preußenseite (West, Bahnsteige 1–13) aufgeteilt wurde. Nur das Heizungssystem hat man sich geteilt. Die Zweiteilung wurde bis 1934 aufrechterhalten!

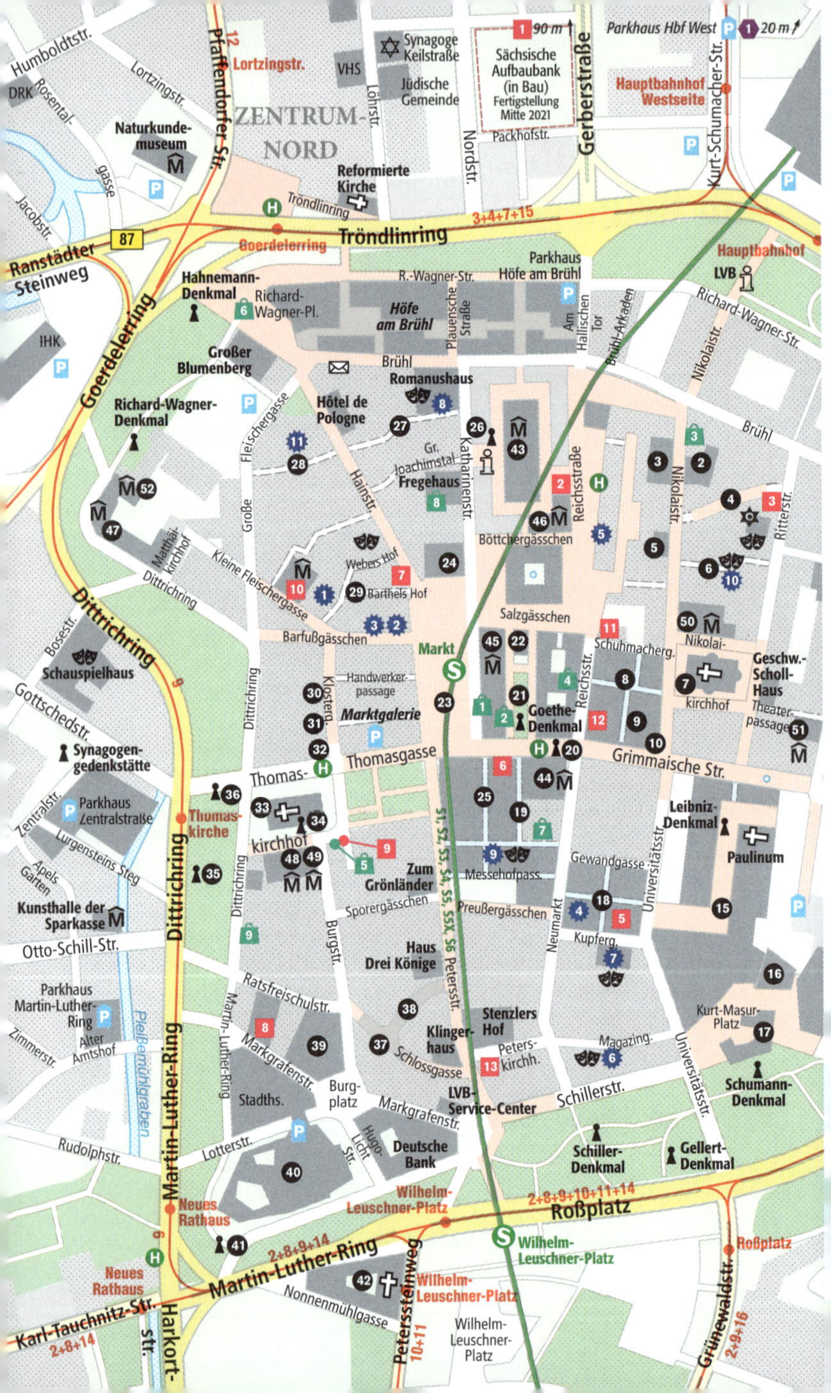

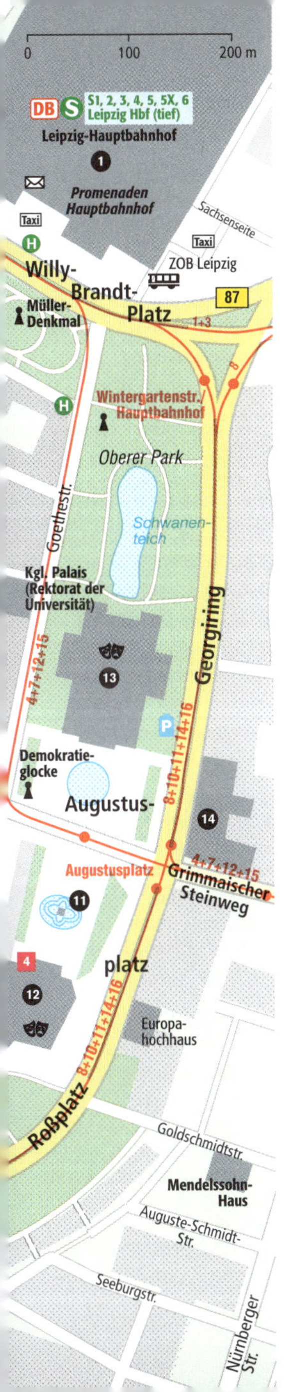

Innenstadt

Ansehen

1. Hauptbahnhof
2. Steibs Hof
3. Selters Haus
4. Oelßner's Hof
5. Zeppelinhaus
6. Strohsackpassage
7. Nikolaikirche
8. Specks Hof
9. Hansa-Haus
10. Fürstenhauserker
11. Mendebrunnen
12. Gewandhaus
13. Opernhaus
14. ehemalige Hauptpost/ Lebendiges Haus/ Restaurant 7010, Felix
15. Universität
16. City-Hochhaus/Panorama Tower ›Plate of Art‹
17. Moritzbastei/Café Barbakane, Fuchsbau, Schwalbennest
18. Städtisches Kaufhaus
19. Mädler-Passage
20. Skulptur »Der Jahrhundertschritt«
21. Naschmarkt
22. Alte Handelsbörse
23. Marktplatz/Wochenmarkt
24. Alte Waage
25. Königshaus(-passage)
26. Beethoven-Skulptur (›Knethoven‹)
27. Kretschmanns Hof
28. Jägerhof
29. Barthels Hof
30. Portal des ehemaligen Hôtel de Saxe mit Gedenktafel/ Umaii Ramenbar
31. Paulanerpalais
32. ehemaliges Kaufhaus Ebert
33. Thomaskirche
34. Neues Bach-Denkmal
35. Altes Bach-Denkmal
36. Mendelssohn-Denkmal
37. Petersbogen- (oder: Burgplatz-)Passage
38. Petersbogen
39. Bauwens-Haus
40. Neues Rathaus
41. Goerdeler-Denkmal
42. Propsteikirche St. Trinitatis
43. Museum der bildenden Künste
44. Zeitgeschichtliches Forum
45. Altes Rathaus/Stadtgeschichtliches Museum
46. Stadtgeschichtliches Museum Haus Böttchergäßchen
47. Museum in der »Runden Ecke«
48. Bach-Museum/ Bach-Archiv/Café Gloria
49. Sächsisches Apothekenmuseum
50. Alte Nikolaischule/ Ausstellung »Der junge Richard Wagner 1813–1834«/ Antikenmuseum

Innenstadt Fortsetzung von Seite 39

51 Ägyptisches Museum der Universität/ Kroch-Hochhaus
52 Schulmuseum – Werkstatt für Schulgeschichte

Essen
1 Falco
2 Indian Crown
3 Planerts
4 Stadtpfeiffer
5 Max Enk
6 Auerbachs Keller
7 Barthels Hof
8 Macis
9 Café Kandler
10 Zum Arabischen Coffe Baum (zzt. geschlossen)
11 Kaffeehaus Riquet
12 Café Central
13 Kaffee Richter

Einkaufen
1 Arkaden des Alten Rathauses
2 Schmuckwerk Hübener
3 Wohnmacher
4 Eva Son
5 Marlene
6 Wochenmarkt Richard-Wagner-Platz
7 Gourmétage
8 saltoflorale
9 GANOS Kaffee-Kontor und Rösterei

Bewegen
1 Zweirad Eckhardt

Ausgehen
1 Drallewatsch (Kneipen- und Gastroviertel)
2 Spizz/Central Kabarett
3 BarFusz
4 Tonelli's
5 Café Apart
6 Krystallpalast Varieté
7 Kupfersaal/academixer
8 Pfeffermühle
9 Kabarett Sanftwut
10 Leipziger Funzel
11 Passage Kinos

1907 von Felix Steib erbauten Messehauses wurde mit blauen und weißen Kacheln eine typische Innenhofgestaltung wiederhergestellt. Um die beiden Höfe gruppierten sich damals Kontore, Lager und Ausstellungsräume von Pelzhandlern. Dank der großen Fenster und der Lichtreflexion der Kacheln konnten Interessenten die Pelze bei Tageslicht begutachten. An der **Schauseite** von Steibs Hof in der Nikolaistraße symbolisieren prächtige Figuren Industrie und Handel – ein Verweis auf die ursprüngliche Bestimmung als Messepalast.

RAUCHWAREN

R

Mit den Pelzwaren ist auch das altertümliche Wort Rauchwaren aus der Mode gekommen. Rauchwaren haben nichts mit Tabak zu tun, vielmehr leitet sich der Ausdruck von rau/rauh im Sinne von zottig/behaart ab. Um 1930 wurde rund um den Brühl ein Drittel des weltweiten Fellhandels abgewickelt; mit 40 % Anteil an den gesamten Einnahmen der Stadt waren die Rauchwarenhändler die stärksten Steuerzahler Leipzigs.

Hauszeichen

An **Selters Haus** 3 (Nikolaistr. 47–51) ist über der Seitentür noch die typische Dekoration eines Pelzhandelshauses erhalten. Ein Puttenrelief führt modischen Fellgebrauch vor: als Muff und Schal, als Mütze und Puschen. Bis 1933 herrschte hier fast mittelalterliches Marktgewirr: Hunderte kleine Händler unterhielten Buden und Geschäfte, gehandelt wurde auch im Freien, englische, jiddische und russische Sprachbrocken mischten sich.

Nebenan liegt, wie an der Fassade zu erkennen, das **Haus Blauer Hecht.** Ursprünglich hatten alle Leipziger Häuser ein solches namensgebendes Hauszeichen – nur wenige sind wie hier erhalten.

Querverbindungen

In **Oelßner's Hof** ❹ (Nikolaistr. 20–26, www.oelssners-hof.de), einem der größten Innenhöfe der Stadt, können Sie Kaffee trinken und bummeln. Er wurde um die Wende zum 20. Jh. als Pelzhandelshaus im neobarocken Stil errichtet, dort, wo im Vorgängerbau die legendäre Neuberin (Friederike Caroline Neuber, 1697–1760) mit ihrer fahrenden Theatertruppe auftrat.

Ein Stockwerk über dem Haupteingang der elegant vor- und zurückschwingenden Fassade des **Zeppelinhauses** ❺ (Nikolaistr. 27–41) erinnert ein Konterfei an die Besuche des weltberühmten Luftschiffers Ferdinand Graf von Zeppelin in der Stadt (1909 und 1913).

Stöbern können Sie auch in der **Strohsackpassage** ❻ (Nikolaistr. 6–10, www.strohsackpassage.de, Läden: Mo–Sa 10–20 Uhr). Hier finden Sie bei Contigo Fair-Trade-Waren oder Läden mit First- und Secondhand-Mode. In dieser ersten nach der Wende gebauten Passage kombinierte der Leipziger Architekt Anuschah Behzadi Elemente der traditionellen Architektur neu: den Wechsel zwischen hoch und niedrig, weit und eng, Biegung im Gang, Rotunde, Pilzsäule.

Rund um die Nikolaikirche

Karte 3, J8

Wendemöglichkeit

Der **Nikolaikirchhof** mit der **Nikolaikirche** ❼ (s. rechts) ist legendär, wurden hier doch im Herbst 1989 die wichtigsten Akzente gesetzt: Montag für Montag versammelten sich hier Zigtausende Leipziger und aus dem Umland Angereiste für die friedlichen Demonstrationen auf dem Ring, Mut im Gepäck und die Kerze in der Hand – der Beginn der Friedlichen Revolution und einer der Startschüsse für die Wiedervereinigung der beiden Teile Deutschlands. Die **Glaskeramiksteine** im Boden des Kirchhofs beginnen abends nacheinander zu leuchten, bis der gesamte Platz durch ihre Lichter gestaltet ist. Damit wird an die seinerzeit langsam, aber stetig wachsende Zahl der Demonstrierenden erinnert.

Die **Replik einer Säule der Nikolaikirche** ruft mit ihren charakteristischen Palmwedeln die Friedhaftigkeit der Revolution in Erinnerung und deutet auf die Bewegung der Menschenmassen hin, hinaus aus dem geschützten Innenraum der Kirche, hinein in die Stadt selbst. Davor ist eine **Bronzetafel** in das Originalpflaster von 1989 eingelassen. Sie nennt den 9. Oktober 1989 als den Tag der Entscheidung, den die Dabeigewesenen so gern als Tag der Deutschen Einheit gesehen hätten.

Mitten auf dem Platz steht auf Höhe der Alten Nikolaischule (s. S. 42) das sprichwörtlich »randvolle Fass«, das vom letzten Tropfen zum Überlaufen gebracht wird – Sinnbild für die Situation der DDR kurz vor ihrem Ende. Zumindest im Sommerhalbjahr schwappt hier das Wasser, später im Jahr wird der **Brunnen,** eine große Granitschale, erst zur Erntekrone und dann zum Adventskranz umdekoriert.

Nikolaikirche

Welttheater

An der **Nikolaikirche** ❼ selbst verweisen auch heute noch einige Zeichen auf die Friedliche Revolution 1989: zum einen die Schilder »Nikolaikirche offen für alle« vor dem romanischen Westwerk, zum andern der Umstand, dass im Innern nach wie vor jeden Montag die Friedensgebete stattfinden. Auch ohne Revolutionsdevotionalien durchweht die Nikolaikirche ein besonderer Geist.

Von außen wirkt die älteste Kirche der Stadt (um 1165) mit ihrem Gemisch romanischer, spätgotischer und barocker Bauteile wuchtig und uneinheitlich. Umso überwältigender ist der geschlossen geformte **Innenraum.** »Was für ein schönes neues Schauspielhaus!«, sollen die frommen Bürger ausgerufen haben, als sie 1797 den von Johann Carl Friedrich Dauthe klassizistisch umgestalteten Kirchenraum erstmals betraten. Hell, heiter und anmutig öffnet sich eine weite und hohe Hallenkirche, deren weiße Säulen sich in hellgrüne Palmwedel auflösen, um in eine altrosa getönte, aufgewölbte Stuckkassettendecke überzugehen. Durch die Emporen wird der Eindruck eines Theaters tatsächlich in starkem Maß evoziert.

Die künstlerische Ausgestaltung des **Chorraums** übernahm Adam Friedrich Oeser, erster Direktor der Zeichnungs-, Mahlerey- und Architecturakademie (s. S. 115) – und Zeichenlehrer Goethes. In den sechs Tafelbildern wird Jesus als Vorbild für den tugendhaften Lebenswandel der Menschen dargestellt. Die langen **Alabasterreliefs** von Felix Pfeiffer unter den **Oeser-Bibel** genannten Gemälden beeindrucken durch ihre erzählerischen Qualitäten. Eines der wenigen nicht klassizistischen Kunstwerke ist das **romanische Kruzifix** an der Nordwand des Chores.

Die **Orgel von Friedrich Ladegast** ist die größte Kirchenorgel in Sachsen und wird häufig zu Konzerten genutzt. Die musikalische Tradition ist ähnlich würdevoll wie die der Thomaskirche: **Bach** führte hier seine ›Bewerbungsmusik‹ für das Kantorenamt an der Thomasschule und in allen vier damaligen Stadtkirchen, die Festmesse zur Erbhuldigung des sächsischen Thronfolgers und die Kantaten zur Wahl der Ratsherren auf. Am 7. April 1724 fand hier während der Karfreitagsvesper auch die Uraufführung seiner großartigen »Johannespassion« statt.

Nikolaikirchhof 3, www.nikolaikirche.de, tgl. 10–18 Uhr

PORSCHE-ORGEL

Der Organist hört's nicht gern, aber bisweilen ist statt von der Ladegast- auch von der Porsche-Orgel die Rede. Der Autobauer hat nicht nur generös für die Sanierung des Instruments gespendet, sondern auch den Spieltisch, von dem aus alle Mechanismen der Orgel gesteuert werden können, designt. Einen Klangeindruck und einen Blick auf die Hightech gibt es freitags bei der um 16.30 Uhr beginnenden **Orgelführung** (Tickets am Büchertisch der Nikolaikirche, 5 €).

Alte Nikolaischule

Kluge Köpfe

Die **Alte Nikolaischule** 50 ist die 1512 gegründete älteste Bürgerschule der Stadt. Hier drückten die Söhne aus besserem Hause die Schulbank. Prominenteste Beispiele sind der Philosoph Gottfried Wilhelm Leibniz, der Philologe Christian Thomasius und der Schriftsteller Johann Gottfried Seume. Auch Richard Wagner lernte hier, ›dank‹ häufigen Schwänzens mit mäßigem Erfolg, etliche Brocken Latein. Die klassizistische **Aula** in der zweiten Etage kann damit als authentischer Wagner-Ort bezeichnet werden.

An der **Außenwand** des Gebäudes rankt einer der beiden stadteigenen Weinstöcke, im alten **Schulraum** finden

Nach der Erkundung von Specks Hof (hinten rechts im Bild) bietet sich eine Rast bei Kaffee und Kuchen im Kaffeehaus Riquet gegenüber an.

sich die Reste lateinischer Inschriften. Das darin eingerichtete **Restaurant und Lesecafé** ist einer der angenehmsten und unprätentiösesten Aufenthaltsorte der Stadt. Außerdem befinden sich im Haus eine **Richard-Wagner-Ausstellung,** das **Antikenmuseum** ⓹⓪ (beide: s. S. 37) und die **Kulturstiftung Leipzig**.

Specks Hof und Hansa-Haus

Kacheln und Kupfer

Specks Hof ❽ (Reichsstr. 4, www.speckshof.de) hat seinen Namen nicht von Speck und Eiern, sondern vom Betreiber des Vorgängerbaus: Maximilian Speck von Sternburg (s. S. 218). 1908–28 wurde anstelle des alten Hauses auch hier ein Messepalast errichtet, nach Plänen von Emil Franz Hänsel. Das prächtige Gebäude gilt als typische Leipziger **Ladenpassage.** Hier finden sich anspruchsvolle Läden, darunter Boutiquen für Kleidung oder Accessoires, Schmuck, Naturseifen, aber auch Bücher.

Architektonisch offenbaren sich drinnen dramatische Kontraste: Wie Höhleneingänge wirken die engen, mit Kupferdecken abgedunkelten **Zugänge,** die sich auf die Innenhöfe öffnen. Die **Innenhöfe** wurden bei der Restaurierung 1993–95 mit Skulpturen, Lichtplastiken, farbiger Keramik und Malerei ausgestaltet. Der neu gebaute **östliche Lichthof** enthält Keramikmedaillons von Johannes Grützke, auf denen Waren nach dem Verkauf dargestellt sind: gebraucht und abgenutzt. Im **mittleren Hof** hat Moritz Götze im Fries ein kleines Welttheater geschaffen: Unten wird gearbeitet, am

TOUR
Die leiseren Töne der Notenspur

Ein Rundgang zu den weniger prominenten Musikstätten

Sie möchten die Notenspur musikalisch live genießen? Dann besuchen Sie doch die Thomaskirche (s. Kasten S. 57), das Gewandhaus (s. S. 47) oder die Leipziger Oper (s. S. 48).

Musik liegt in Leipzig nicht nur allerorten in der Luft. Sie liegt einem sogar zu Füßen: Der Notenspur können Sie visuell und akustisch folgen, indem Sie zunächst nach den Edelstahlintarsien Ausschau halten, die sich auf Fußwegen schlängeln. Die an geschwungene Bänder erinnernden Zeichen führen Sie zu den Stätten, an denen Leipzig Musikgeschichte schrieb oder Musik heute noch den Ton angibt. Blaue Hinweistafeln verraten Ihnen das Wichtigste in Kürze und bieten mit einem QR-Code oder – denen, die weniger ›smart‹ unterwegs sind – mit Telefonnummern die Möglichkeit, ein passendes Musikbeispiel anzuhören.

Beginnen Sie ihre musikalische Tour am **Richard-Wagner-Platz,** auf dem samstags ein **Wochenmarkt** 6 stattfindet. Der Name ist nicht zufällig gewählt. Sie wussten nicht, dass Richard Wagner Leipziger war? Wo sich heute der **›Blech-‹** oder **›Bemmbüchse‹** genannte Teil des Einkaufszentrums **Höfe am Brühl** befindet, stand früher das **Geburtshaus** des Komponisten. Schon im späten 19. Jh. musste es einem ersten Kaufhausbau weichen. Der prosaische Spitzname Bemmbüchse bezieht sich auf die Aluminiumfassade des heutigen Gebäudes, das in Form und Material an die typischen Brotbüchsen meiner Kindertage erinnert (*Bemme* ist sächsisch für ›belegtes Brot‹). Die Idee des Architekten war hingegen musikalisch inspiriert: ein Konzertflügel als gestalterisches Vorbild.

Ein kleiner Abstecher führt zum **Richard-Wagner-Denkmal,** etwas verborgen im Grün der Promenaden am Goerdelerring. Eine seltsame Mischung präsentiert sich: Der Sockel wurde vom großen Max Klinger anlässlich Wagners 100. Geburtstag im Jahr 1913 gestaltet.

Infos

Spaziergang, ca. 1–1,5 Std.

Start: Richard-Wagner-Platz, Karte 3, J 8, Tram 1, 3, 4, 7, 9, 12, 14, 15 Goerdelerring

Infos: www.notenspur-leipzig.de. Der Verein Leipziger Notenspur organisiert auch die Notenspur-Nacht der Hausmusik (s. S. 260).

Die plakative Degradierung des damals unvollendet gebliebenen Werks zum ›Pornowürfel‹ mit Bezug auf die dargestellten, nackt badenden Rheintöchter ist mittlerweile Geschichte: Stephan Balkenhol hat 2013 den jungen Wagner in Lebensgröße obenauf gesetzt. Klein wirkt er, wird dahinter überragt von seinem eigenen Schatten.

Zurück am Brühl lassen sich an der mit viel Glas gestalteten Fassade der Höfe am Brühl einige der Hauszeichen der Vorgängerbauten entdecken. So wird an den **Gasthof zu den drey Schwanen** erinnert. Dort spielte das Gewandhausorchester auf, als es noch Großes Concert hieß. Ein Infokasten hinter Glas erzählt die Geschichte genauer.

Am Brühl, Ecke Katharinenstraße, grüßt am **Romanushaus** freundlich der römische Gott Merkur. Als Gott der Händler ist er in Leipzig ein gern gewählter Patron.

In **Kretschmanns Hof** 27 findet sich eine **Klangdusche:** Durch Drücken verschiedener Knöpfe können Sie in Stadtklänge und passende Musik dreier Epochen eintauchen.

Zurück auf der **Katharinenstraße** lassen Sie Ihre Blicke am besten einfach mal schweifen. Im 18. Jh. *die* angesagte Straße mit etwa 50 Kaffeehäusern, ist von der barocken Pracht nur auf der linken Seite einiges erhalten geblieben. Das barocke **Fregehaus** (Nr. 11) bietet mit seinem begrünten Innenhof einen unerwarteten Rückzugsort. Das Haus gehörte der Bankiersfamilie Frege, die auch musikalische Begabungen hervorbrachte: Livia Frege war eine gepriesene Sopranistin des 19. Jh. Auch der unter seinem bürgerlichen Namen Andreas Frege kaum bekannte Campino, Sänger der Toten Hosen, weiß seine familiären Wurzeln hier.

Gegenüber an der Ecke zum **Böttchergäßchen** erinnert am Neubau des **Katharinums** (Nr. 3) eine Tafel an das einst so prächtige **Zimmermannsche Kaffeehaus,** in dem Bach mit dem Studentischen Collegium Musicum die Kaffeekantate uraufführte. Und hier sind Sie auch schon wieder zurück im Trubel der Stadt, direkt am Marktplatz.

Himmel fliegen die Träume. Auf Meißner Porzellan sind die Vorgängerbauten festgehalten. Im **letzten Hof** befindet sich Bruno Griesels »Psychologie der Zeit«, eine Arbeit, in der er Malerei und Thematik des Jugendstils adaptierte.

Der Intervention der Denkmalschützer und der Einsichtsfähigkeit der Bauherren ist es zu danken, dass der ursprüngliche Plan, nur die Fassade von Specks Hof zu erhalten, den Innenraum aber abzureißen, aufgegeben wurde. So bleiben einzigartige Details wie die Glasmalereien im Treppenhaus oder die Pförtnerloge erhalten.

Kling-Ming

Vom mittleren Hof von Specks Hof aus gelangen Sie durch einen der Passagenarme ins **Hansa-Haus** ❾ (Grimmaische Str. 13–15, www.speckshof.de), wo sich die Einkaufsmöglichkeiten fortsetzen. Bis 1963 spielte in diesem Gebäudeteil die Literatur die Hauptrolle: Hier war u. a. die Buchmesse untergebracht. Heute bildet das Gebäude, 1995–97 mit geschwungenem Dach und riesigem **Lichthof** neu errichtet, den Südteil eines geschlossen wirkenden Passagensystems, zu dem auch Specks Hof gehört. Die Nachbildung einer **Klangschale** aus der chinesischen Ming-Dynastie im Lichthof fordert die Geschicklichkeit der Besucher heraus: Wer gleichmäßig und mit dem richtigen Gefühl die bronzenen Griffe reibt, versetzt die Schale in hörbare und dadurch das darin befindliche Wasser in sichtbare Schwingungen.

An der Ecke Nikolai-/Grimmaische Straße erinnert eine 1986 an einem schlichten Wohnhaus angebrachte Rekonstruktion des **Fürstenhauserkers** ❿ schräg gegenüber dem einstigen Standort an die goldenen Zeiten der Renaissancearchitektur. Das Fürstenhaus, 1589 als einer der schönsten Renaissancebauten der Stadt errichtet, wurde beim Bombenangriff auf Leipzig 1943 zerstört.

Am Augustusplatz

Karte 3, J8

Mächtig gewaltig, August!

Welchen Kontrast bietet der weitläufige **Augustusplatz** mit seinen fast 40 000 m² zur restlichen Innenstadt! Genau genommen befindet er sich vor den Toren der einstigen Stadt, hat aber von seiner einstmaligen Gestaltung fast alles eingebüßt. Benannt ist der Platz übrigens nach Sachsens erstem König Friedrich August I., in dessen Regierungszeit die städtische Erstbebauung fällt (nicht zu verwechseln mit Sachsens legendärem absolutistischem Herrscher – August der Starke war Kurfürst). Heute dominieren Gebäude der DDR-Zeit und der jüngeren Vergangenheit. Verkehrstechnisch ist der Platz ein günstiger Zugang zur Innenstadt mit mehreren Straßenbahn- und Bushaltestellen sowie der größten unterirdischen Tiefgarage der Stadt, auf die die als »Milchtöpfe« bezeichneten Treppenabgänge hindeuten. Einziges Relikt des 19. Jh. ist der neobarocke **Mendebrunnen** ⓫ (1883–86) vor dem (Neuen) Gewandhaus. Von älteren Leipzigern wird er mit gedämpfter Stimme auch »Nuttenbrunnen« genannt. Die Bezeichnung ist eine Reminiszenz an gewisse Freiheiten des investigativen Journalismus. In den 1920er-Jahren hatte der »rasende Reporter« Egon Erwin Kisch in einem Feuilleton den Namen der Stifterin, Marianne Pauline Mende, mit dem der stadtbekannten Bordellbesitzerin Anna Amalia Mende verwechselt. Diese Zueignung gefiel den drastischen Leipzigern einfach besser als die Erinnerung an die untadelige Kaufmannswitwe. Die Brunnenfiguren, die sich um den zentralen, 18 m hohen Obelisken gruppieren, sind übrigens als Allegorie auf die Bedeutung des Wassers für die Menschen zu verstehen.

Gewandhaus und Oper

Gewandte Klänge

Am schönsten sieht das **Gewandhaus** ⓬ bei Nacht aus, wenn in der Pause die Zuhörer auf den Balkonen vor dem erleuchteten Wand- und Deckengemälde promenieren – da glaubt der Passant, ein Feenpanorama zu erblicken. Bei Tag hingegen wirkt das Konzerthaus eher zu wuchtig und wenig musisch. Der Neubau von 1981 ist fest mit dem Namen Kurt Masur verbunden. Er drängte bei Erich Honecker beharrlich darauf, dem weltberühmten und gute Devisen einspielenden Orchester nach Kriegszerstörung des Vorgängerbaus einen akustisch tauglichen Raum zu schaffen.

Hat der Besucher die schweren **Bronzetüren** aufgestoßen, flaniert er im Hauptfoyer an den **Büsten** der Großen vorbei: Beethoven, Schumann, Brahms u. a. Nebenan im Mendelssohn-Foyer erinnert eine Skulptur von Jo Jastram an den berühmtesten Gewandhauskapellmeister: Felix Mendelssohn Bartholdy. Hier befindet sich auch die Konzertkasse.

Dann beginnt vom Hauptfoyer aus der lange Marsch nach oben: über einem die himmelsstürmenden Figuren und Allegorien des 712 m² großen Decken- und Wandgemäldes »Gesang vom Leben«. Der Maler Sighard Gille schuf es, inspiriert von Mahlers »Lied von der Erde«. Der **Große Saal,** wie ein Amphitheater um das Orchesterpodium herumgebaut, fasst 1900 Zuhörer. Kein Gast sitzt weiter als 32 m von den Musikern entfernt, die Akustik ist eine der besten der Welt. Auch die von der Firma Schuke in Potsdam gebaute **Orgel** ist ein Meisterwerk.

Augustusplatz 8, www.gewandhausorchester.de (Infos zum Haus, zum Orchester und

Die Musik spielt und das Wasser fließt auf dem Augustusplatz. Mit dem Gewandhaus besitzt Leipzig eine grandiose Stätte der Musik. Nur der Mendebrunnen erinnert noch an die frühere Platzgestaltung.

B

BOSTON IN LEIPZIG

Der derzeitige Gewandhauskapellmeister ist der Lette Andris Nelsons (geb. 1978), zugleich Chefdirigent des Boston Symphony Orchestra. Damit wird eine Tradition fortgesetzt, die musikalisch beide Städte verbindet. Jedes Jahr im Frühling/Frühsommer findet in Leipzig die **Boston-Woche** mit Musikern aus Übersee statt. Den Abschluss der Gewandhaussaison bildet schließlich ein Konzert auf der großen Festwiese im Rosental – Eintritt frei.

Programm und Ticketkauf), **Foyers:** Mo–Fr 10–18 Uhr, Eintritt frei; **Führungen:** Leipzig Erleben (s. S. 249), 7 €

Opus magnum

Die gegenüberliegende Seite des Augustusplatzes wird vom 1960 eingeweihten **Opernhaus** ⓭ begrenzt. Als erster Neubau eines Theaters in der DDR hatte die Oper eine Menge Repräsentationslast zu tragen. Im **Innern** spiegelt das Haus mit seinem Plüsch- und Messingdekor den Geschmack der 1950er-Jahre wider. Von **außen** präsentiert es sich weit weniger pompös als Zwitter moderner (Rasterstruktur der Außenflächen, Aluminiumfenster) und klassizistischer (Gebäudegliederung, real-sozialistischer Reliefschmuck) Elemente.

Als Institution ist die Leipziger Oper nach Mailand und Hamburg die drittälteste in Europa und besitzt bis heute eines der größten Häuser des Kontinents. Die Akustik des Zuschauerraums mit 1682 Plätzen wie auch die Bühnentechnik sind von bester Qualität. Zur Oper gehören ein eigenes Ballettensemble sowie ein Operettentheater, das in der Musikalischen Komödie in Lindenau zu Hause ist. Die orchestrale Begleitung der Aufführungen übernimmt seit jeher das gegenüber beheimatete Gewandhausorchester.

Augustusplatz 12, www.oper-leipzig.de (Spielplan, Ticketkauf), **Führungen:** Leipzig Erleben (s. S. 249)

Ehemalige Hauptpost und Kroch-Hochhaus

Alter Schalter

Dass man auch in der DDR den Stil der Neuen Sachlichkeit beherrschte, zeigt das Gebäude der **ehemaligen Hauptpost,** das 1964 an der Ostseite des Augustusplatzes errichtet wurde. Wo man früher geduldig auf sein R-Gespräch zu den Verwandten im Westen wartete oder die heiß ersehnten Pakete von ebenda entgegennahm, finden sich heute im **Lebendigen Haus** ⓮ (Augustusplatz 1–3, www.daslebendigehaus.de) u. a. stundenweise anmietbare Büroräume (Co-Working Spaces), Suiten für längere Aufenthalte und in der luftigen Höhe der neu aufgesetzten siebten Etage das **Restaurant 7010** (s. S. 68) sowie eine Event- und Tagungsfläche.

Ä bissel wie Mänhättn

Zugegeben, die ca. 43 m Höhe des **Kroch-Hochhauses,** u. a. Standort des **Ägyptischen Museums der Universität** 51 (s. S. 63), lassen den Betrachter heute kaum vor Ehrfurcht erstarren. 1928 sah das anders aus, als das erste Hochhaus der Stadt von German Bestelmeyer in Stahlbeton als moderne Adaption des Uhrenturms auf dem Markusplatz in Venedig errichtet wurde. Bauherr war der jüdische Bankier Hans Kroch. Da die Nachbarn um die Wirkung eines so hohen Gebäudes auf die restliche Platzgestaltung besorgt waren, wurde zunächst nur eine Baugenehmigung für die unteren Etagen bis ca. 35 m Höhe erteilt. Die oberen Etagen mussten vorerst als Attrappe aufgesetzt werden.

G

GLOCKENMÄNNER

Bei den Glockenmännern auf dem **Kroch-Hochhaus** 51 wurde abgekupfert, in Bronze. Das Vorbild, der Uhrenturm in Venedig, zeigt allerdings nicht die Aufschrift »Omnia vincit labor« – »Die Arbeit besiegt alles«. Da ist man schnell wieder im Deutschland der 1920er-Jahre. In Venedig hätte *amor* ohnehin besser gepasst …

Universität Leipzig

Bildung ganz zentral

Mitten im Herzen der Innenstadt gelegen ist der Campus der zweitältesten **Universität** 15 Deutschlands, an deren 14 Fakultäten mit 460 Professuren 2020 etwa 30 000 Studierende immatrikuliert sind.

Der **Campus Augustusplatz** sticht sofort ins Auge: Naturstein und Glas bestimmen die Fassade des Hauptgebäudekomplexes – bestehend aus **Neuem Augustineum** und **Paulinum** –, der teils an eine Kirche erinnert. Und das nicht ohne Grund:

Der 600. Geburtstag der Universität Leipzig im Jahr 2009 sollte Anlass für eine Neugestaltung des Campus sein. Vor allen Dingen aber sollte die Wunde im Herzen vieler Leipziger geheilt werden, die seit der barbarischen Sprengung der **Universitätskirche St. Pauli** am 30. Mai 1968 klaffte. Die spätgotische Kirche aus der Mitte des 13. Jh., ursprünglich die Kirche des hier damals ansässigen Dominikanerklosters, war 1545 von Martin Luther im Zuge der Reformation zur ersten evangelischen Universitätskirche der Welt geweiht worden. Sie überstand beide Weltkriege unversehrt und wurde dann mutwillig vom DDR-Regime zerstört. Mit in die Luft gesprengt wurde die letzte aus Bachs Zeiten stammende Orgel in Leipzig! Das neben der Kirche befindliche **Augusteum,** das klassizistische Hauptgebäude des Klosters, das bis dahin trotz einiger Kriegsschäden als Hörsaalgebäude genutzt worden war, fiel ebenso der städtebaulichen Neugestaltung zum Opfer. Der funktionale Plattenbau, der damals errichtet wurde, ist längst Geschichte. Nach langem Hin und Her und mit einiger Verspätung wurde 2012 zunächst das Neue Augusteum, Ende 2012 dann das Paulinum eingeweiht. Konzipiert hatte den Komplex der Rotterdamer Architekt Erick van Egeraat.

Die heutige Form greift die der Vorgängerbauten auf. Am **Paulinum** erinnern die asymmetrische Anordnung des gotischen Spitzbogenfensters und der darüber befindlichen Rosette an die Zerstörung zu DDR-Zeiten. Im Inneren des kirchenartigen Baus findet sich im vorderen Gebäudeteil der **Andachtsraum** für die Universitätsgottesdienste. Hier sind gerettete Ausstattungsstücke der Kirche wie der Pauliner-Altar (Schnitzaltar um 1500 mit zwei Wandlungen) und prachtvolle Epitaphien aufgestellt worden. Im hinteren Bereich, durch eine riesige Plexiglaswand abtrennbar, liegt die Aula mit ihren Glas-Lichtsäulen. Beide Gebäudeteile strahlen weiß und haben abstrakte, gotisierende Strukturen.

Augustusplatz 10, **Andachtsraum/Altarbereich:** Di–Fr 11–15, So 10.30–14.30, So bis 13 Uhr im Anschluss an den Unigottesdienst

Weisheitszahn mit Aussicht

Sie möchten sich einen Überblick über Leipzig verschaffen? Dann fahren Sie doch hinauf zur **Aussichtsplattform** (120 m) des **City-Hochhauses** 16 – oder Sie reservieren einen Tisch im direkt darunter gelegenen Restaurant **Panorama Tower ›Plate of Art‹** (s. S. 68).

Wirklich durchgesetzt hat sich die Bezeichnung City-Hochhaus nicht. Bis heute hört man Einheimische noch vom »Uni-Riesen« sprechen. Das als »Turm des Lernens und der Wissenschaft« wie ein aufgeschlagenes Buch gestaltete Hochhaus war mit 142 m das höchste in der DDR errichtete Gebäude und bildete den markantesten Teil des damaligen Unicampus. 2001 wurde es von Peter Kulka unter pragmatischen und ästhetischen Gesichtspunkten umgebaut. Das denkmalgeschützte, nunmehr als Bürohaus genutzte Gebäude verlor damals seine bis dato charakteristische Aluminiumfassade. Es glänzt seitdem in chinesischem Granit und hat in den oberen Stockwerken größere Fenster bekommen. Einer der Hauptnutzer ist die Strombörse European Energy Exchange EEX.

Die Probensäle für das Rundfunksinfonieorchester des MDR in einem vorgelagerten **schwarzen Kubus** bilden durch eine geschlossene Gebäudebrücke im ersten Stock eine praktische wie auch architektonisch elegante Verbindung zum Gewandhaus.

Augustusplatz 9, www.panorama-leipzig.de, Aussichtsplattform: tgl. 9 Uhr bis 30 Min. vor Restaurantschließung, 4 €

Moritzbastei

Unterirdisch

Zwischen Gewandhaus und City-Hochhaus führt ein Durchgang zur **Moritzbastei** ⓱, dem letzten Überbleibsel der ehemaligen Stadtbefestigung. Die Bastei verdankt ihren Namen Kurfürst Moritz von Sachsen, der sie bauen bzw. verstärken ließ. Erhalten geblieben ist die Wehranlage aus dem 16. Jh. nur, weil sie im 19. Jh. der ersten freien Bürgerschule als Fundament diente. Die später hier eingezogene und in den 1920er-Jahren größte deutsche Frauenlehranstalt wurde im Zweiten Weltkrieg dem Erdboden gleichgemacht. Die darunterliegenden Gewölbe der Bastei nutzte man zur Entsorgung des Kriegsschutts vom Augustusplatz.

Erst in den 1970er-Jahren stieß man bei den Schachtarbeiten für den ›Uni-Riesen‹ auf die **Gewölbe,** die in der Folge von den Leipziger Studenten in freiwilliger, unentgeltlicher Arbeit an den Wochenenden freigelegt wurden. 1982 eröffnete die Moritzbastei zunächst als reiner Studentenclub. Heute befinden sich hier beliebte **Lokale** (s. S. 68), die zusätzlich mit zahlreichen kulturellen Veranstaltungen locken. Ehemalige Studierende, die an an der Freilegung mitarbeiteten – wie etwa Angela Merkel –, genießen auf Lebenszeit bei allen Veranstaltungen in der Bastei freien Eintritt.

Zwischen Uni und Markt

Karte 3, J8

Städtisches Kaufhaus

Der Name **Städtisches Kaufhaus** ⓲ (Neumarkt 9, www.staedtisches-kaufhaus.de) führt in die Irre. Der Bau, der das Karree Universitätsstraße–Gewandgasse–Kupfergasse–Neumarkt einnimmt, war nie ein Kaufhaus – auch wenn sich hier heute im Erdgeschoss ein Mix aus Läden und Gastronomie findet.

Das Städtische Kaufhaus entstand im ausgehenden 19. Jh. sozusagen als das Musterhaus der Mustermesse. Mit dem neuen Messepalast wurde nun die Ära der Mustermesse (s. S. 272) eingeläutet. Im Frühjahr 1895 fand hier die erste Mustermesse der Welt – mit einem ebenfalls neu eingeführten System des Zwangsrundgangs (kennt man heute noch von Ikea ...) – statt.

Zuvor befand sich hier ab dem 15. Jh. das **Gewandhaus**, die Niederlassung der Woll- und Tuchhändler. Ab dem 17. Jh. hatte dann im zweiten Stock das Große Concert, das spätere Gewandhausorchester, seinen ersten festen Konzertsaal. Der Saal wurde – ebenso wie das von Mendelssohn initiierte Konservatorium im Innenhof – Ende des 19. Jh. abgerissen: Der Platz wurde für das Städtische Kaufhaus benötigt.

In Erinnerung an die ruhmreiche Messegeschichte der Stadt wurde in einer Fassadennische zur Universitätsstraße hin eine **Bronzestatue Kaiser Maximilians I.** aufgestellt. Schließlich hatte er Leipzig das einträgliche Messeprivileg gewährt. Direkt darunter führt der Weg in einen der schönsten **Innenhöfe** der City. Auf der gegenüberliegenden Seite können Sie den Hof zum Neumarkt hin verlassen und auf der anderen Straßenseite durch einen weiteren Eingang wieder in den Messehof oder die Mädler-Passage eintauchen.

Mädler-Passage und Auerbachs Keller ✪ Karte 3, J8

Teuflisch gut

Die **Grimmaische Straße** mit ihren zahlreichen Geschäften, auch wenn es sich großteils um Kettenläden handelt, ist eine der am meisten frequentierten **Einkaufsmeilen** Leipzigs.

Anders präsentiert sich die **Mädler-Passage** (19) (Grimmaische Str. 2–4, www.maedlerpassage.de), die einen Hauch von Mailänder Flair in ›Klein-Paris‹ bietet. Kein Zufall, denn die Galleria Vittorio Emanuele II diente als Vorbild für das 1914 für den Kofferfabrikanten Anton Mädler errichtete Messehaus. Die Passage beeindruckt durch Höhe, Weite, Licht und den Glanz der **luxuriösen Ladenlokale**

Einmal durch ›Klein-Paris‹ bummeln: die Mädler-Passage.

und gastronomischen Einrichtungen. Das Shoppingangebot reicht von Mode über Schmuck bis zu Feinkost.

In der Rotunde am Angelpunkt der Passage ist ein **Glockenspiel** aus Meißner Porzellan angebracht, das jeweils zur vollen Stunde erklingt. Beim Neubau erhalten blieben die Gewölbe des Vorgängerbaus mit dem weltberühmten Restaurant **Auerbachs Keller** 6 (s. S. 65). Bereits im 16. Jh. hatte Dr. Heinrich Stromer aus Auerbach in der Oberpfalz hier einen Handelshof errichten lassen. Da der Doktor in Leipzig nur nach seinem Heimatort Dr. Auerbach genannt wurde, ging dieser Name auch auf den Hof und den dazugehörigen Weinkeller über.

Zerrissen

Augen zu und durch! Wolfgang Mattheuers **Skulptur »Der Jahrhundert-**

schritt« ⑳ nebenan erinnert an die beiden Diktaturen des 20. Jh., die es schnellstmöglich unversehrt und daher angepasst zu überwinden galt. Den kopflosen Menschen scheint es mit seinem gewaltigen Ausfallschritt zu zerreißen, die rechte Hand zum faschistischen Gruß gereckt, die linke zur proletarischen Faust geballt.

Rund um den Marktplatz

Karte 3, J8

Naschmarkt

Der lauschige **Naschmarkt** ㉑ ist ein kleiner, im Sommer dicht mit Tischen bestandener Platz hinter dem Alten Rathaus. Es gibt verschiedene Herleitungen des Platznamens. Die wohl wahrscheinlichste: Im Mittelalter und noch danach wurden hier vorwiegend Obst und Gemüse verkauft, die bis ins 19. Jh. als Naschereien galten – erzählen Sie das mal Ihren Kindern!

A

NICHTS FÜR ABERGLÄUBISCHE

Es soll Unglück bringen, über das mitten auf dem Marktplatz ins Pflaster eingelassene Stadtwappen zu laufen. Etwa an gleicher Stelle befand sich in früheren Tagen eine der Leipziger Richtstätten … Der letzte Delinquent, der hier öffentlich hingerichtet wurde, war übrigens 1824 Johann Christian Woyzeck, der seine Geliebte meuchlings ermordet hatte und Georg Büchner zu seinem Dramenfragment inspirierte.

Mitten auf dem Platz steht seit 1903 das vom Leipziger Bildhauer Carl Seffner geschaffene **Goethedenkmal.** Der junge Goethe hatte von 1765 bis 1768 in Leipzig Jura studiert, dabei allerdings mehr Poetikvorlesungen beim damals berühmten Christian Fürchtegott Gellert und mehr Zeichenstunden bei Adam Friedrich Oeser (s. S. 115) besucht, als sich seinen eigentlichen Studien zu widmen. Hier traf er in Käthchen Schönkopf seine erste große Liebe und fand in Friederike Oeser eine lebenslange »Freundin seines Geistes«. Beide Damen sind an den Seiten des Denkmalsockels im Porträt verewigt.

Die Leipziger haben ihre eigene Geschichte zu diesem manieristisch etwas ›verschraubten‹ Denkmal: Der Kopf des jungen Goethe ist leicht nach links gewandt, die Fußstellung führt ihn allerdings nach rechts. Daraus machten die Leipziger: »Er schaut zwar zur Universität, geht aber in den Auerbachs Keller.« Sollte es tatsächlich so gewesen sein, verdanken wir dieser Entscheidung immerhin eine Szene in einem der bedeutendsten Dramen der deutschen Literaturgeschichte, »Faust I«!

Noch mehr Kultur

An der gegenüberliegenden Stirnseite des Platzes liegt die **Alte Handelsbörse** ㉒ (Naschmarkt 2), die heute als Veranstaltungsort, z. B. für Lesungen während der Leipziger Buchmesse, genutzt wird. Errichtet wurde das Haus 1678–87 für die Versammlungen der Kaufleute während der Messen.

Vier Plastiken, die als kleines Bildprogramm exemplarisch für die Eckpfeiler der Handelsmetropole Leipzig im 17. Jh. stehen, bekrönen die Gebäudeecken: rechts Merkur als Gott des Handels (und der Diebe!), links Apollo als Gott der Musen und schönen Künste, dahinter Minerva als Göttin der Weisheit (für die Universität) und Venus als Göttin der Liebe.

Leipziger Stadtgeschichte studieren oder unter den Arkaden shoppen und genießen können Sie im Renaissancebau des Alten Rathauses.

Marktplatz

Herz der Stadt

Der **Marktplatz** ㉓ ist historisch wie substanziell und mehr oder weniger sogar räumlich das Herz der Stadt. Jeweils dienstags und freitags wird ein **Wochenmarkt** (9–17 Uhr, ab und an Verlegung auf den Augustusplatz) mit Obst und Gemüse, Fisch und Fleisch, Brot und Blumen von lokalen und regionalen Anbietern abgehalten. Auch für größere Veranstaltungen wie **Stadtfest** oder **Weihnachtsmarkt** ist der Platz als zentraler Punkt beliebt.

Die Erreichbarkeit ist seit Eröffnung eines Haltepunkts für Regionalzüge und S-Bahnen unter dem Marktplatz ausgezeichnet. Es lohnt in jedem Fall, mal mit der Rolltreppe eine Etage tiefer zu fahren. Sehenswert ist der **Südzugang** über die denkmalgeschützte **Treppenanlage** des früheren Untergrundmessehauses mit massiven Natursteinblöcken aus Porphyr und Art-déco-Elementen. **Unten** eröffnet sich ein beeindruckend großer Raum mit – dank der Wandverkleidungen aus Terrakottaplatten – freundlicher Atmosphäre.

Altes Rathaus ✪

Der majestätische Renaissancebau des **Alten Rathauses** dominiert den Platz und ist heute u. a. einer der Standorte des **Stadtgeschichtlichen Museums** ㊺ (s. S. 61). Es wurde 1556/57 in sagenhaft kurzer, nur neunmonatiger Bauzeit unter der Ägide des damaligen Bürgermeisters und Stadtbaurats Hieronymus Lotter errichtet – und überstand als einziges Renaissancegebäude am Markt den Zweiten Weltkrieg (fast) unbeschadet.

Von Anfang an waren in den **Gewölben im Erdgeschoss** Ladenlokale untergebracht und auch heute noch finden sich hier unter den Arkaden **Geschäfte** (s. S. 68) und **Gastrobetriebe.** Nirgend-

L

LOTTERWIRTSCHAFT

Der Begriff Lotterwirtschaft wird in Leipzig gern auf den Bürgermeister Hieronymus Lotter zurückgeführt, da das von ihm errichtete Rathaus schon nach relativ kurzer Zeit wieder renoviert werden musste. Doch ein Loderer, ein Taugenichts und Gaukler, der ein zu lockeres (mittelhochdeutsch: lotter) Leben führt, war der imposante bärtige Herr gewiss nicht.

wo sonst lässt es sich zentraler sitzen, genießen und staunen.

Der **Rathausturm** ist nicht in der Mitte des Gebäudes angesiedelt, sondern folgt den Gesetzen der Asymmetrie und des Goldenen Schnitts, wie für die deutsche Renaissance durchaus typisch.

Damals war's

An der Nordseite des Marktplatzes fällt eine schöne Renaissancefassade ins Auge. Sie gehört zur **Alten Waage** 24 (Markt 4). Wenn in früheren Tagen die Kaufleute zur Warenmesse nach Leipzig kamen, ging es zunächst dorthin. Erst wenn gewogen worden war, was man auf der Messe feilbieten wollte, und die entsprechende Steuer bei der Stadt entrichtet war, durften die Händler ihre Stände beziehen. Apropos Renaissance: Das Gebäude wurde im Zweiten Weltkrieg komplett zerstört, beim Neubau in den 1960er-Jahren wurde lediglich die Südfassade in Anlehnung an den Vorgängerbau gestaltet.

Barock dagegen ist das prächtige sogenannte **Königshaus** 25 (Markt 17) an der Südseite des Marktplatzes, das heute mit seinen Läden (10/11–18/20 Uhr) als **Königshauspassage** zum Shoppingbummel einlädt. Zwar war der sächsische Hof nie Eigentümer, sondern verschiedene Kaufmannsfamilien, doch mietete sich der sächsische Herrscher bei seinen Leipzigaufenthalten hier regelmäßig mitsamt Entourage ein.

An der Hainstraße

Mehr als passabel

Eine der architektonischen Spezialitäten Leipzigs sind die zahlreichen Passagen und Durchgangshöfe. Nirgends ist deren Dichte so hoch wie hier im Zentrum. Bereits im 16. Jh. entstanden aus pragmatischen Gründen die ersten **Messehöfe,** wie etwa der Auerbachs Hof (1912 abgerissen und zur Mädler-Passage 19, s. S. 51, erweitert) als **Durch(gangs)höfe:** Man konnte mit einem Pferdefuhrwerk hineinfahren, die Waren abladen und ohne kompliziertes Wenden wieder hinausfahren. Diese Höfe weisen im Gegensatz zu den später entstandenen Durch(gangs)häusern und überdachten Passagen einen Mix an überdachten und offenen Teilen sowie hohen und niedrigen Durchfahrten auf. Sie verbinden straßenunabhängig verschiedene Gassen, Plätze und Straßen, sind meist eine angenehme Abkürzung und als semi-öffentlicher Raum eine lauschige Abwechslung zum allgemeinen Trubel des innerstädtischen Treibens.

Besichtigenswert sind der **Kretschmanns Hof** 27 (Katharinenstr. 17) mit dem legendären Kabarett **Pfeffermühle** 8 (s. S. 71), der **Jägerhof** 28 (Hainstr. 17–19) mit den **Passage Kinos** 11 (s. S. 71) und der **Barthels Hof.** Die **Hainstraße** selbst zählt zu den belebteren Einkaufsstraßen der Innenstadt.

Durchgängig geöffnet

Barthels Hof 29 ist der letzte noch erhaltene Durchhof aus der Zeit der Warenmesse. Er wurde 1750 von Georg Werner barock umgebaut und ist nach dessen Auftraggeber benannt. Im Barthels Hof können Sie wunderbar in die alte Zeit der Warenmesse eintauchen –

Lieblingsort

Los geht's am ›Knethoven‹

»Ist das Kunst oder kann das weg?« So oder ähnlich fragen mich gelegentlich Gäste beim Start eines Rundgangs. Am Treffpunkt draußen vor der Tourist-Info, direkt vor dem **Museum der bildenden Künste** 43 (s. S. 60), steht, kaum zu ignorieren, die Skulptur des Anstoßes: der **Beethoven** 26 von Markus Lüpertz als kunterbunte Bronzefigur. Merkwürdig, ein Torso ganz ohne Arme. Davor steht ein zweiter, wie abgehauener Kopf mit barockperückigem Haar. Erinnert in Leipzig eher an Bach. Vielleicht ein beabsichtigter Bezug? Von dem hat Beethoven gesagt: »Nicht Bach, sondern Meer sollte er heißen.« Was hat Beethoven überhaupt in Leipzig zu suchen? Sein musikalisches Werk hat er bei Breitkopf und Härtel verlegen lassen. Drinnen im Museum gibt es ein deutlich berühmteres Vorbild von Max Klinger zu bestaunen. Für den Herrn hier draußen stand für uns Gästeführer jedenfalls schnell fest: Das ist der ›**Knethoven**‹.

auch wenn nur wenig original erhalten ist. Man kann sich vorstellen, wie die einzulagernden Waren mittels der heute noch vorhandenen Kranbalken und der daran angebrachten Flaschenzüge nach oben befördert wurden, wie in den Verkaufsgewölben im Erdgeschoss reger Handel mit den herbeigeschafften Waren blühte, wie darüberliegend Büroräume für die Verwaltung, Wohnräume für die reisenden Kaufleute und Festsäle für die Erfolgreichen unter ihnen Platz und passenden Rahmen fanden.

Fliegende Händler und fahrendes Volk sowie eine gastronomische Einrichtung bereicherten den Alltag eines solchen typischen Messehofes so sehr, dass der zugereiste Händler keinen Grund hatte, ihn überhaupt zu verlassen. Daran erinnern heute das **Restaurant Barthels Hof** 7 (s. S. 65), das **Theater fact** (www.theater-fact.de) sowie zahlreiche Geschäfte.

Beeindruckend ist die erhaltene **Renaissancefassade des Vorgängerbaus** (1870/71 nach innen, hofseitig, verlegt) von 1523, die durch ihren Erker mit dem Hauszeichen »Zur goldenen Schlange«, goldenen Inschriften in Latein, Griechisch und Hebräisch sowie dem imposanten Staffelgiebel imponiert.

Haupteingang: Hainstr., **Nebeneingang:** Kleine Fleischergasse, www.barthelshof.de

KAFFEESACHSEN

K

Die Sachsen bezeichnet(e) man spaßeshalber gern als Kaffeesachsen. Dieser Begriff rührt angeblich aus der Zeit des Siebenjährigen Krieges her. Als die Sachsen, von Preußen besiegt, auf deren Seite kämpfen sollten und beim ersten preußischen Heeresfrühstück feststellten, dass es nur Zichorienkaffee, also Kaffee-Ersatz, gab, sollen sie den Dienst mit den Worten »Ohne Gaffee gömmer nich gämpfen!« verweigert haben. Sie sollen sogar noch den Nachsatz »Und ohne Guchen bring mer geen um« angehängt haben.

Einen draufmachen

In der Kleinen Fleischergasse steht eines der ältesten Kaffeehäuser Europas mit der Torbogeninschrift **Zum Arabischen Coffe Baum** 10 (s. Tour S. 66).

Hier sind Sie auch schon im ›Bermudadreieck‹ zwischen **Klostergasse, Barfußgässchen** und **Großer Fleischergasse** – auch die Burgstraße bis zum Neuen Rathaus wird noch dazu gezählt –, in dem der eine oder andere Gast auf seiner Vergnügungstour schon für längere Zeit spurlos verschwunden sein soll … Die Straßenzüge bilden den **Drallewatsch** 1, die innerstädtische Kneipen- und Gastromeile, die auf kleinem Raum eine höhere Lokaldichte bietet als irgendwo sonst in der Stadt. Der Begriff Drallewatsch soll ein ursächsisches Idiom für einen lustig-gemütlichen Kneipenzug sein. Messetradition, Kultur und Gastronomie gehen hier für ein bunt gemixtes Publikum Hand in Hand. Viele der Lokale – Restaurants, Gaststätten, Bars, Szenekneipen – sind in früheren Messehäusern und Passagen untergebracht, einige bieten ihren Besuchern neben der Küche verschiedener Herren Ländern auch Kabarett, (Sommer-)Theater, Livekonzerte und Disco-Veranstaltungen.

Rund um den Thomaskirchhof

Karte 3, J8

Arbeiter und Handwerker

Am Haus Klostergasse 9 befinden sich das rekonstruierte barocke **Portal des**

ehemaligen Hôtel de Saxe (30) und eine **Gedenktafel,** die an die sozialdemokratische Vergangenheit des Hauses als Sitz des Leipziger Arbeiterbildungsvereins erinnert. Heute ist das Portal der Eingang zur **Umaii Ramenbar** (s. S. 24). Gegenüber sind die Eingänge zunächst zur **Handwerkerpassage** und etwas weiter Richtung Thomasgasse zur **Marktgalerie.** Beide locken mit Gastronomie, Geschäften und Galerien und schaffen eine Verbindung zum Marktplatz.

Das Häuserensemble **Paulanerpalais** (31) (Klostergasse 3–5) ist einer der schönsten Barock- bzw. Rokokobauten Leipzigs, in dem allerdings inzwischen nicht mehr der Namensgeber heimisch ist, sondern ein Lokal mit iberischem Flair und ebensolcher Küche: das Café Madrid.

An der Ecke zum Thomaskirchhof beeindruckt das pompös mit reichlich Blattgold dekorierte Jugendstilgebäude des **ehemaligen Kaufhauses Ebert** (32) (Thomaskirchhof 22) – dass sich heute eine Filiale der Commerzbank darin befindet, bleibt selten unkommentiert.

MOTETTEN IN DER THOMASKIRCHE

Neben dem Dresdner Kreuzchor und den Regensburger Domspatzen zählt der **Thomanerchor** (www.thomanerchor.de), sicher auch aufgrund seiner vielen Konzertreisen, zu den berühmtesten Chören Deutschlands. Mit Glück – schauen Sie auf der Website der Kirche oder des Chores nach – können Sie ihn im Rahmen der **Motettenkonzerte** (www.thomaskirche.org, Fr 18, Sa 15 Uhr) oder während eines **Gottesdiensts** in der Thomaskirche erleben. Für die Motettenkonzerte gibt es keine Karten im Vorverkauf, man erwirbt beim Eintritt in die Kirche (ab 45 Min. vor Beginn sind die Kirchentüren gewöhnlich geöffnet) lediglich ein aktuelles Programm für 2 €.

Thomaskirche 

Bachpilgerstätte

Die **Thomaskirche** (33) gilt den meisten als die Bachkirche schlechthin. Genau genommen war Bach als Director musices für vier Kirchen der Stadt zuständig. Doch es gibt gute Gründe, warum Gäste auf seinen Spuren zuallererst hierhin pilgern: Das **Grab Bachs** findet sich seit Mitte des 20. Jh. nach zweimaliger Umbettung im Chorraum der Kirche und der Wohnsitz der Familie (die leider 1902 abgerissene Alte Thomasschule) war direkt nebenan.

Der weltberühmte **Thomanerchor** (s. auch Kasten oben rechts) kann auf eine über 800-jährige Geschichte blicken: 1212 wurde die Thomaskirche durch Dietrich von Meißen als **Klosterkirche** eines Augustiner-Chorherrenstifts gegründet, zu der bereits der Knabenchor gehörte. Seit Martin Luthers Predigt Pfingsten 1539 – ein spektakuläres Ereignis jener Zeit – ist die Kirche evangelisch-lutherisch.

Das **heutige Kirchengebäude** ist in seiner Grundstruktur eine spätgotische Hallenkirche, die gegen Ende des 15. Jh. über den alten Mauern errichtet wurde. Typisch für evangelische Kirchen sind die 1574 von Hieronymus Lotter eingebauten Emporen. Alles an dieser Kirche scheint den Geist des ausgehenden Mittelalters zu atmen und doch sind es vor allem die historisierenden Bemühungen des 19. Jh. (Gestühl, Kanzel, Altar, bleiverglaste Fenster), die diesen Eindruck erwecken. Ihnen ist auch die Entfernung allen barocken Raumschmucks zuzurechnen – die einzige Ausnahme bildet der **Taufstein** aus dem 17. Jh., wo elf von Bachs 20 Kindern getauft wurden. Wirklich mittelalterlich

Die jungen Thomaner in Sopranstimmlage tragen bis zum Stimmbruch die Kieler Bluse, Tenöre und Bässe schwarzen Anzug und Krawatte.

ist hier kaum noch etwas: Allein das wunderschöne Kreuzrippengewölbe konnte in originaler Farbgebung wiederhergestellt werden.

Die **romantische Orgel** der Firma Wilhelm Sauer auf der Westempore stammt von 1885, die **Bachorgel** der Firma Gerald Woehl auf der Nordempore wurde anlässlich der Feierlichkeiten zu Bachs 250. Todestag im Jahr 2000 eingebaut. Sie ermöglicht aufgrund ihrer Bauweise ein authentisches Klangerlebnis Bachscher Musik beispielsweise bei den Motetten oder anderen Barockkonzerten. Der Orgelprospekt wurde dem des mit der Universitätskirche St. Pauli (s. S. 49) gesprengten Instruments nachempfunden.

Thomaskirchhof, www.thomaskirche.org, tgl. 9–18 Uhr (kurzfristige Schließungen wegen Proben, Ton- oder Filmaufnahmen möglich), Eintritt frei, Motettenkonzerte s. Kasten S. 57

Erinnerung an große Musiker

Es hat eine Weile gedauert, bis auch die Stadt Leipzig begriffen hatte: Bach war ein ganz Großer, der auf den Sockel gehört. Das 1908 vom Leipziger Bildhauer Carl Seffner geschaffene **Neue Bach-Denkmal** ❸❹ auf dem Thomaskirchhof zeigt den Komponisten dank anatomischer Studien recht authentisch und ist bei Leipzigern und Gästen ein beliebter Treffpunkt. (Ein paar Schritte entfernt erfahren Sie im **Bach-Museum** ❹❽**,** s. S. 62, mehr über den Komponisten.) Bis dahin hatte lediglich ein wesentlich schlichteres, 1843 von Felix Mendelssohn Bartholdy gestiftetes Denkmal an den weltberühmten Thomaskantor erinnert. Dieses **Alte Bach-Denkmal** ❸❺ steht heute noch in den Grünanlagen des Rings südwestlich der Thomaskirche und erinnert daran, dass die Krönung barocken Musikschaffens vor allem durch die von Mendelssohn initiierte Bachrenaissance wieder ins Bewusstsein einer breiten Öffentlichkeit gelangen konnte.

Auf Höhe des Westportals der Thomaskirche hat auch Felix Mendelssohn Bartholdy seinen Platz gefunden. Das **Mendelssohn-Denkmal** 36 ist eine Replik jenes Denkmals, das der damalige stellvertretende – nationalsozialistische – Bürgermeister Haake am 9. November 1936 wegen Mendelssohns jüdischer Herkunft hatte abreißen lassen.

Rund ums Neue Rathaus

Karte 3, J8

Er ist wieder da

Der **Burgplatz** war über 20 Jahre lang fast verschwunden auf dem Grund einer Baugrube, dem Burgplatzloch. Seit Mitte 2019 ist die Lücke endlich geschlossen und Stück für Stück nehmen auch die Einheimischen zur Kenntnis, dass hier ein verweilenswerter Ort entstanden ist. Die **Petersbogen-** (oder: **Burgplatz-**) **Passage** 37 hat eine Fassade aus Cottaer Sandstein, die über dem Eingang sechs Skulpturen zeigt, fünf davon stellen Teilnehmer der Leipziger Disputation dar, die 1519 in der Pleißenburg stattfand: in der unteren Reihe Martin Luther, sein Gegner Johannes Eck sowie der gastgebende Herzog Georg von Sachsen. In der oberen Reihe wurde als sechste Figur der schweizerische Reformator Johannes Calvin ›dazugemogelt‹, obwohl er damals noch ein Kind war – die Eigentümer des Hauses stammen aus Genf. Die Passage beherbergt Läden, Lokale und ein Hotel.

Die Passage stellt die langersehnte Verbindung zum 2001 entstandenen **Petersbogen** 38 (Petersstr. 36–44, www.petersbogen-leipzig.de) her, der primär eine **Shoppingmall** ist, mit Kino und Kasino, in Teilen aber auch von der Juristischen Fakultät der Uni Leipzig genutzt wird. Er mündet stadteinwärts auf die **Petersstraße,** die nach Norden bis zum Marktplatz verläuft und von Geschäften, darunter viele Kettenläden, gesäumt wird.

Dass ein Bürogebäude der 1990er-Jahre durchaus ansprechend gestaltet sein kann, zeigt das **Bauwens-Haus** 39 (Burgplatz 2) an der Nordseite des Platzes.

Eklektizismus par excellence

Burgartig türmt sich das **Neue Rathaus** 40 auf. Ganz so neu ist es allerdings nicht mehr. 1905 wurde das riesige Gebäude nach Plänen des damaligen Stadtbaumeisters Hugo Licht als eine Art Mustermatrix des eklektizistischen Historismus errichtet. Alle für die Stadt bedeutungsvollen Epochen tauchen hier wieder auf:

Das wehrhafte **Sockelgeschoss** erinnert zum einen an den Vorgängerbau der Pleißenburg, deren **Kasematten** noch erhalten sind, aber auch an die barocke Glanzzeit der Stadt. Damals wusste man dank der ertragreichen Silberminenfunde im Erzgebirge schier nicht mehr, wohin mit all dem Geld. Die zahlreichen **Staffelgiebel** verweisen auf die Renaissance und damit auf die Zeit der Verleihung des Reichsmesseprivilegs und den damit verbundenen Erfolg in der Handelsgeschichte. Bekrönt wird das Ensemble von extrem

KUNST AM BAU

Witzige Details gibt es am **Neuen Rathaus** 40 zu entdecken. Da sitzen Schnecken auf den Türklinken der Eingangstüren. Ein Hinweis auf das Arbeitstempo drinnen? Auf der dem Burgplatz zugewandten Seite können Sie sich plastisch vor Augen führen, wie die Steuerlast den Bürger frisst.

steil aufstrebenden **Dächern,** welche die Formensprache der Gotik zitieren und damit an die Zeit der Stadtgründung erinnern wollen. Auch der Jugendstil, der die eigentliche Entstehungszeit des Rathauses und die damals sich vollziehende Industrialisierung der Stadt und der Wirtschaft repräsentiert, ist, vor allem im Bereich der **Bauplastik** und der **Innengestaltung,** überall gegenwärtig.

Sie können das Neue Rathaus im Rahmen einer Führung oder auf eigene Faust erkunden. Auf jeden Fall lohnt ein Blick in die Untere und die Obere Wandelhalle. Besonderen Reiz haben auch der noch in Betrieb befindliche **Paternoster,** der für alle Kinder ein wahres Abenteuer darstellt, ein Aufstieg auf den 114,70 m hohen **Rathausturm** mit seiner sagenhaften Aussicht auf Stadt und Umland sowie die **Gebäudebrücke,** die das Rathaus mit dem 1912 fertiggestellten Stadthaus verbindet. Architektonisch ist sie der venezianischen Seufzerbrücke nachempfunden – die Leipziger nennen sie funktional-lapidar die »Höhere Beamtenlaufbahn«.

Martin-Luther-Ring 4–6, www.leipzig.de; **Obere und Untere Wandelhalle:** Mo–Do 8–18, Fr 8–15 Uhr, Eintritt frei; **Rathausführung** (mit Kasematten der Pleißenburg und Turmbesteigung): www.leipzigdetails.de, So 11 Uhr, 2 Std., 10/8 € (Treffpunkt vor dem Ratskeller); **Turmbesteigung:** nur mit Führung Mo–Fr 14 Uhr (Treffpunkt: Untere Wandelhalle), 3/1,50 €

Widerstand

Vor der südwestlichen Rathausecke, direkt am Ring, befindet sich das von Jenny Holzer und Martin Glier gestaltete **Goerdeler-Denkmal** ❹❶. Es erinnert an den ehemaligen Bürgermeister Carl Friedrich Goerdeler. Goerdeler war während der Herrschaft der Nationalsozialisten als Bürgermeister zurückgetreten, nachdem 1936 das Felix-Mendelssohn-Bartholdy-Denkmal (s. S. 59) vor dem Gewandhaus in einer Nacht-und-Nebel-Aktion von seinem NS-Stellvertreter entfernt worden war. Goerdeler war später auch am Hitler-Attentat vom 20. Juli 1944 beteiligt und wurde im Februar 1945 in Berlin-Plötzensee hingerichtet.

Katholische Diaspora

Ein wenig kurios ist es schon: Direkt am Martin-Luther-Ring steht die neue katholische Kirche! Die **Propsteikirche St. Trinitatis** ❹❷, der größte Kirchenneubau Ostdeutschlands seit der Wiedervereinigung, wurde 2015 geweiht. Das Architekten-Brüderpaar Ansgar und Benedikt Schulz gehört selbst zur hier in der Diaspora prosperierenden Gemeinde und hat sich auch in der Wahl des Natursteins für die Fassade des Sakralbaus ortsverbunden gezeigt: **Rochlitzer Porphyr** ist ein in der Region seit Jahrhunderten häufig verwendeter, rötlicher Naturstein aus dem Städtchen Rochlitz. Ungewöhnlich ist, dass der komplette Bau mit dem ›sächsischen Marmor‹ verkleidet wurde.

Interessant ist das **Lichtkonzept** im **Kircheninnenraum:** Das Licht fällt indirekt durch ein verdecktes Oberlicht über der Altarwand. Einziges Fenster ist ein großes griechisches Kreuz an der Westwand. Die **liturgischen Orte** wurden vom kubanisch-US-amerikanischen Künstler Jorge Pardo in farbenfroher Ornamentik gestaltet.

Die Gemeinde möchte als Ruhepol in der turbulenten Stadt wahrgenommen werden. Im Gemeindezentrum steht das **Café 3Klang** (Di–Sa 16–18, So 10.30–14 Uhr) Besuchern zur Begegnung offen.

Nonnenmühlgasse, www.propstei-leipzig.de, tgl. 9–18 Uhr sowie zu Gottesdiensten und Veranstaltungen

Museen

Gläserner Kubus

❹❸ Museum der bildenden Künste: Monolithisch ragt das Gebäude von 2004

mit seiner markanten Glasfassade wie ein Diamant aus dem Gebäudeensemble am Sachsenplatz. Der Museumsbau des Architekturbüros Hufnagel, Pütz und Raffaelian bietet einer der bedeutendsten bürgerlichen Kunstsammlungen Deutschlands großzügig Platz, um auf die Besucher zu wirken. Das alte Bildermuseum war im Zweiten Weltkrieg zerstört worden, die Kunstwerke konnten zum Glück beizeiten in Sicherheit gebracht werden. Besondere **Schwerpunkte der Sammlung** sind die Künstler Max Klinger und Max Beckmann. Von Klinger sind u. a. die Plastik »Beethoven«, das 5,50 x 9 m große Monumentalgemälde »Christus im Olymp« sowie die Gemälde »Die Blaue Stunde« und »Die Kreuzigung Christi« Teil der Dauerausstellung. Weitere Schwerpunkte bilden die **Kunst des Goldenen Zeitalters der Niederlande,** die **deutsche Kunst des 19. Jh., Kunst der DDR** sowie die **Neue Leipziger Schule** (zur Leipziger Schule s. Tour S. 116).

Katharinenstr. 10, www.mdbk.de, Di, Do–So 10–18, Mi 12–20 Uhr, 10 €, 1. Mi/Monat Eintritt frei, unter 18 Jahren Eintritt frei

Geteiltes Land

44 Zeitgeschichtliches Forum: Ost und West – wie erkläre ich das der nächsten Generation? Im Zeitgeschichtlichen Forum wird hautnah erlebbar, wie unterschiedlich in den beiden Teilen Deutschlands gelebt, gearbeitet, gefeiert, gewählt und gestritten wurde. Die Dauerausstellung unter dem Titel **»Unsere Geschichte. Diktatur und Demokratie nach 1945«** führt seit einer Runderneuerung bis in die Gegenwart der heutigen Bundesrepublik und präsentiert Ausstellungsstücke wie den originalen Tisch des Politbüros der SED, Teile des Zauns der Prager Botschaft der Bundesrepublik und einen himmelblauen Trabant. Darüber hinaus bietet die Außenstelle vom Bonner Haus der Geschichte meist erlebenswerte Sonderausstellungen.

SEEFEN-KLINGERS MAXE

So wird der Leipziger Maler und Bildhauer **Max Klinger** (1857–1920) in seiner Heimat gern genannt. Der Vater war ein reicher Seifen(Seefen)fabrikant mit eleganter Villa im Westen der Stadt. Gehörte der Vertreter des Symbolismus in seiner Lebenszeit zur High Society Leipzigs und sorgte mit gelegentlichen Skandalen in Schaffen und Lebenswandel für reichlich Gesprächsstoff, bekommt sein Werk erst in jüngerer Vergangenheit wieder mehr Aufmerksamkeit. Der DDR galt dieser Genius des Fin de Siècle als dekadenter Künstler einer bourgeoisen Kaste, im Westen hatte man wenig mehr als Spott übrig.

Grimmaische Str. 6, www.hdg.de/zeitgeschichtliches-forum, Di–Fr 9–18, Sa/So 10–18 Uhr, Eintritt frei

Leipzig komplett ✪

45 Stadtgeschichtliches Museum im Alten Rathaus: Der historische Teil der Sammlung ist schon wegen seiner Location im Alten Rathaus (s. S. 53) unbedingt sehenswert. Besonders schön ist das **Entrée** im ersten Obergeschoss, Hier befinden Sie sich in dem original erhaltenen Festsaal des Hauses. Anhand eines liebevoll restaurierten **Leipzig-Modells** von 1823 können Sie sich ein Bild davon machen, wie die Stadt zur Zeit Mendelssohns und Schumanns ausgesehen hat, bevor die Industrialisierung ihr Antlitz grundlegend veränderte. Die **Dauerausstellung** umfasst Glanzstücke aus der Wittenberger Cranach-Werkstatt, den Trauring der Katharina von Bora, eine Handschrift des Sachsenspiegels mit schönen Initialen von 1461 sowie eine der beiden Versionen des einzigen als authentisch geltenden Port-

Merkur, der römische Gott des Handels, wacht am Romanushaus. Im Hintergrund zu sehen: das Museum der bildenden Künste.

räts Johann Sebastian Bachs. Im **Dachgeschoss** erleben Sie die Stadt in modernen Zeiten, also ab der Industrialisierung. Zusätzlich unterhält das Museum noch einen Neubau, das **Haus Böttchergäßchen** 46 in dem Sonderausstellungen präsentiert werden. Das **Museum Zum Arabischen Coffe Baum** 10 (s. Tour S. 66, zzt. geschlossen) ist zugleich das älteste Kaffeehaus Deutschlands.

www.stadtgeschichtliches-museum-leipzig.de, Di–So 10–18, 3. Do/Monat 12–20 Uhr, 1. Mi/Monat Eintritt frei, unter 18 Jahren Eintritt frei; **Altes Rathaus:** Markt 1, 6 €; **Haus Böttergäßchen:** Böttchergäßchen 3, 5 €

Stasi-Geschichte

47 **Museum in der »Runden Ecke«:** Hier sieht es nicht nur so aus wie zu DDR-Zeiten, auch der Geruch, der aus Tapeten und Fußbodenbelägen strömt, trägt einen zurück in den real existierenden Sozialismus. Das Gebäude war Sitz der Bezirksverwaltung des Ministeriums für Staatssicherheit im Bezirk Leipzig. Der Name Runde Ecke rührt von der Form des Altstadtrings, der hier dem einstigen Burggraben folgt. Das Museum dokumentiert die Totalüberwachung der gesamten Gesellschaft durch die Geheimpolizei der DDR. Die Dauerausstellung **»Stasi – Macht und Banalität«** macht dies bis ins Detail anschaulich. Die Überwachungswut hatte groteske Züge: Mit verwanzten Telefonen wurden Ratsherren abgehört; in Konservengläsern wurden Geruchsproben möglicher Gegner gesammelt zur eventuellen Verfolgung mit Hunden; auf dem Bahnhof wurde in einem eigenen Amtsraum alle aus dem Westen kommende Post geöffnet und untersucht. Fotoserien dokumentieren Observationsvorgänge.

Dittrichring 24, www.runde-ecke-leipzig.de, tgl. 10–18 Uhr, Eintritt frei

In den höchsten Tönen

48 **Bach-Museum:** Es kann nur einen geben? Nicht so bei den Bachs, bei denen sich etliche Familienmitglieder über Jahrhunderte einen guten Ruf als Musiker verdienten. So steht der berühmte Johann Sebastian zwar im Vordergrund, aber es wird die gesamte Familie Bach und ihre Herkunft beleuchtet. Da das Wohnhaus in Leipzig leider abgerissen wurde, befindet sich das Museum in unmittelbarer Nachbarschaft im einstigen Haus der wohlhabenden Kaufmannsfamilie Bose. Das Gebäude ist ein barockes Schmuckstück und beherbergt neben dem Museum auch das **Bach-Archiv** mit den eigentlichen Schätzen, den vielen originalen Manuskripten.

Thomaskirchhof 15/16, www.bachmuseum leipzig.de, Di–So 10–18 Uhr, 8 €, unter 16 Jahren Eintritt frei

In kleinen Dosen

49 **Sächsisches Apothekenmuseum:** Haben Sie Ihre homöopathische

Reiseapotheke im Gepäck? Hier können Sie sehen, wie adrett eine solche im Ursprungsformat aussah. Das Museum befindet sich in der ehemaligen Homöopathischen Central-Apotheke Dr. Willmar Schwabe. Schwabe hatte mit Samuel Hahnemann zusammengearbeitet, der in den 1810er-Jahren in Leipzig das Gebiet der Homöopathie begründete. Darüber hinaus erfahren Sie einiges über die sächsische Pharmaziegeschichte und sehen so interessante Gerätschaften wie einen Pillenvergolder oder eine Mutterkornmühle.

Thomaskirchhof 12, www.apothekenmuseum.de, Di/Mi, Fr–So, Fei 11–17, Do 14–20 Uhr, 4 €

Lehrjahre, keine Herrenjahre

50 **Ausstellung »Der junge Richard Wagner 1813–1834«:** Mystisch-dunkelblau sind die Wände im Untergeschoss der Alten Nikolaischule (s. S. 42) gehalten. Die kleine, aber feine Richard-Wagner-Ausstellung illustriert die Kindheits- und Jugendzeit des Komponisten, die er in Leipzig und Dresden verbrachte. Die Kulturstiftung Leipzig, deren Räumlichkeiten sich oben im Gebäude befinden, hat die Schau eingerichtet. Bei Voranmeldung können Sie auch einen Blick in die klassizistische Aula des Gebäudes werfen.

Alte Nikolaischule, Nikolaikirchhof 2, www.kulturstiftungleipzig.de, Di–Do, Sa/So 12–17 Uhr, 3 €

Akademische Altertümer

50 **Antikenmuseum:** Die Lehr- und Schausammlung der Universität in der Alten Nikolaischule (s. S. 42) genießt vor allem durch die Vielfältigkeit ihrer Exponate – darunter das Alexanderköpfchen (2. Jh. v. Chr.) und der Naukratische Kouros (6. Jh. v. Chr.) – in Fachkreisen hohes Ansehen.

Alte Nikolaischule, Nikolaikirchhof, http://antik.gko.uni-leipzig.de, Di–Do, Sa/So 12–17 Uhr, 3 €

Pharao im Art déco

51 **Ägyptisches Museum der Universität:** Im Kroch-Hochhaus (s. S. 48) untergebracht ist die Schausammlung, die zu den ältesten in Deutschland zählt. Schmuckstück der Sammlung ist der **Sarg des Hedbastiru** (ca. 645/625 v. Chr.) mit seinen detailliert gearbeiteten Hieroglyphen, der bereits 1842 nach Leipzig kam.

Goethestr. 2, www.gko.uni-leipzig.de/aegyptisches-museum, Di–Fr 13–17, Sa/So 10–17 Uhr, 5 €

Ganz schön oldschool

52 **Schulmuseum – Werkstatt für Schulgeschichte:** Für eine Zeitreise in den Schulunterricht der Kaiser- oder DDR-Zeit sind Sie hier genau richtig. Gedacht ist das Museum vor allem für Schulklassen und andere Gruppen. Nach Voranmeldung können diese das unter pädagogischer Anleitung originalgetreu nachgebaute Klassenzimmer mit Leben füllen.

Goerdelerring 20, www.schulmuseum-leipzig.de, Mo 9–18, Di–Fr 9–16 Uhr, Eintritt frei

Essen

Das (!) Restaurant

1 **Falco:** Fast in den Wolken schwebt das Restaurant (Abb. S. 64) und mit ihm Zwei-Michelin-Sterne-Koch Peter Maria Schnurr in der 27. Etage des Hotels The Westin. Der Blick über das gesamte Stadtzentrum ist famos, die Speisen sind es sowieso. 2016 gab es die Auszeichnung Koch des Jahres von Gault&Millaut Deutschland. Zwar ist Schnurr überzeugter Jogginghosenträger, aber Benimm muss schon sein: »Bist Du Knigge?«, heißt das nachgefragte Food-Camp für Teens. Übrigens gibt es dienstags bis samstags an einem speziellen Tisch ein Vier-Gänge-Menü zu 99 € – in legerer Atmosphäre.

Doppelter Genuss: Hoch über Leipzig können Sie im Falco Zwei-Sterne-Küche genießen und dabei den Blick über die Innenstadt schweifen lassen.

Gerberstr. 15, T 0341 988 27 27, www.falco-leipzig.de, Tram 1, 3, 4, 7, 9, 12, 14, 15 Goerdelerring, Di–Sa 19–22 Uhr, Achtung: Winter- und Sommerpause! Hauptgerichte ab 90 €, Sieben-Gänge-Menü ab 229 €

Kronjuwel

2 Indian Crown: elegant eingerichtetes, im Museumswinkel gelegenes Lokal mit traditioneller indischer Küche. Klar, dass hier auch verschiedene vegane und vegetarische Speisen auf der Karte stehen.

Reichsstr. 15, T 0172 869 13 72, www.indian-crown.de, tgl. 11–23 Uhr, Hauptgerichte 13,50–25 €, Mittagstisch 10–12 €

Asiatisch inspiriert

3 Planerts: Dank offener Küche können Sie dem freundlichen Personal beim Kochen zuschauen. Die Karte ist überschaubar, dafür alles sehr exquisit.

Oelßner's Hof, Ritterstr. 23, T 0341 99 99 99 75, www.planerts.com, Di–Sa 11.30–14, 18–23 Uhr, Hauptgerichte 19–28 €, Menüs 53–73 €

Erster Sternefänger

4 Stadtpfeiffer: Für ihre exklusive Gastronomie im Gewandhaus haben Petra und Detlef Schlegel den ersten Michelin-Stern nach Leipzig geholt. Die meisten Zutaten wie Gemüse und Fleisch kommen aus der Gegend. Auch aus Sellerie, Kohlrabi und Rote Bete können wahre Kochkunstwerke entstehen. Auf der Weinkarte finden sich auch feine Tropfen von der Unstrut. Sie sollten unbedingt reservieren!

Augustusplatz 8, T 0341 217 89 20, www.stadtpfeiffer.de, Di–Sa ab 18 Uhr, Achtung: Sommerpause! Hauptgerichte ab 40 €, Menü ab 112 €

Vornehmer Stil

5 **Max Enk:** Das Flair im historischen Speisesaal des Städtischen Kaufhauses hat so gar nichts Nostalgisches. Hier gibt es feinste Speisen im exklusiven Ambiente mit ausgefallener Deko. Das Geheimnis der Küche besteht darin, gängige Klassiker wie Wiener Schnitzel, Steak Tatar oder Guacamole perfekt zuzubereiten. In der Saison bekommen Sie hier auch ein originalgetreues Leipziger Allerlei – heute eine Rarität in der namensgebenden Stadt. Unbedingte Empfehlung!

Neumarkt 9–19, T 0341 99 99 76 38, www.max-enk.de, Mo–Sa 12–24 (Küche bis 22), So 11.30–16 (Küche bis 15) Uhr, Hauptgerichte 22–70 €, Menüs 54–72 €, wöchentlich wechselnder Mittagstisch 12–18,50 € (1–3 Gänge)

Klassisch

6 **Auerbachs Keller:** Ein Besuch gehört einfach dazu. Daher ist eine Reservierung unbedingt ratsam, besonders, wenn Sie wie einst Goethe im gehobeneren Ambiente der Historischen Weinstuben speisen möchten. Die Küche ist gutbürgerlich und die Preise sind absolut akzeptabel, wenn man den Bekanntheitsgrad der Stätte mit einpreist (s. auch Kasten rechts).

Mädler-Passage, Grimmaische Str. 2–4, T 0341 21 61 00, www.auerbachs-keller.de, **Großer Keller** ab 12 Uhr, **Historische Weinstuben** ab 18 Uhr, Hauptgerichte 17–30 €

Alter Messehof

7 **Barthels Hof:** Der familienbetriebene Gasthof mit frischer sächsischer Küche hat wacker einem Brand und Wasserschaden getrotzt und ist endlich wieder geöffnet! Gutbürgerliche Küche, auf der Speisekarte bekommen Sie eine Lektion Sächsisch erteilt: Sie können zwischen den Kategorien »Fleesch aus'm Dieschl«, »bomforzionöser Fisch« und »Mampfe ohne Fleesch« wählen. Im Sommer können Sie den gemütlichen Freisitz im Durchhof genießen.

Hainstr. 1, T 0341 14 13 10, www.barthels-hof.de, Bus 89 Markt, Mo–Sa 11.30–23, So 10–23 (Küche bis 22) Uhr, Hauptgerichte 15–25 €

Schlürfen erlaubt

30 **Umaii Ramenbar:** Im unprätentiösen Ambiente werden leckere japanische Gerichte gereicht, darunter selbstverständlich Ramen-Nudelsuppen (um 10/11 €). Dabei kommen auch Veganer auf ihre Kosten.

Klostergasse 7–9, T 0341 222 25 75, www.umaii.de, Mo–Do So 11.30–22.30, Fr/Sa 11.30–24 Uhr

Alles bio

8 **Macis:** Wer konsequente Bioküche sucht, ist hier an der besten Adresse. Alles von Hand gemacht, elegante Innenausstattung – und das Beste: Biomarkt

RITT ZU FASS

1525 soll der legendäre Schwarzkünstler Heinrich Faust auf einem Weinfass aus dem **Auerbachs Keller** 6 (s. links) hinausgeritten sein, was nach Meinung der Leute nur mit Hilfe des Teufels möglich war. Johann Wolfgang Goethe, der etwa 240 Jahre später in Leipzig studierte und im Keller das Fassritt-Bild des Malers Andreas Brettschneider (hängt heute im sogenannten Goethe-Keller) sah, war von der Geschichte so fasziniert, dass er später das Drama »Faust« schuf, in dem er dem Auerbachs Keller ein bleibendes literarisches Denkmal setzte: »Uns ist ganz kannibalisch wohl, als wie fünfhundert Säuen«, lässt er die Studenten rufen, nachdem sie mit dem Teufel freien Wein aus der Tischplatte getrunken hatten.

TOUR
Kaffeehaus-Hopping mit sächsischer ›Gemiedlichgeid‹

Ein gemütlicher Innenstadtbummel ohne Pappbecher

Wo auch immer der Coffee to go erfunden wurde – in Sachsen war es gewiss nicht. Hier trinkt man sein *Scheelchen Heeßen* – denn richtig heiß sollte er schon sein! – gemütlich sitzend aus Porzellan, im Idealfall echtem Meißner, denn das älteste Hartporzellan der Welt wird in Ehren gehalten. Den Namen Kaffeesachsen (s. Kasten S. 56) verdienen sich die Einheimischen immer noch redlich. Hauptsache, es ist kein *Bliemchengaffee!*

Schon mal eine ›Nase holen‹ können Sie sich bei **GANOS Kaffee-Kontor & Rösterei** 9. Dort wird eine riesige Auswahl – von der Kenia Perlbohne bis zur Leipziger Mischung – frisch geröstet und gemahlen. Allerlei Zubehör für Freizeit-Barristi ist im Kontor ebenfalls erhältlich.

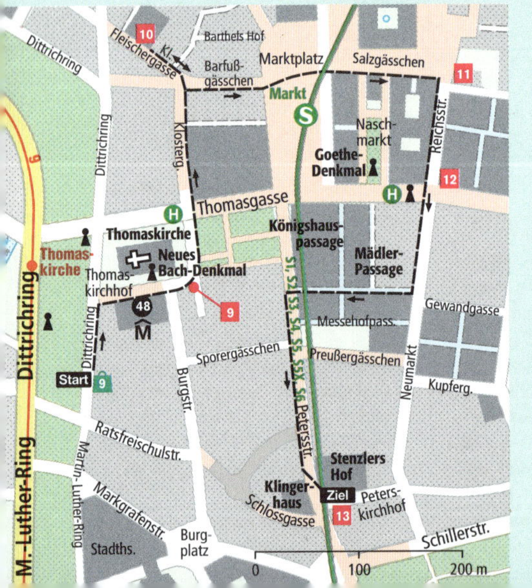

Ein Besuch im Museum ist Ihnen zu trocken? Da gibt es Abhilfe. Im **Bach-Museum** 48 befindet sich das stilvolle **Café Gloria.** Beim Blick hinaus auf den Maestro auf dem Thomaskirchhof schmeckt der Kaffee »Ey! Wie […] süße, lieblicher als tausend Küsse, milder als Muskatenwein.« So wird es in Bachs eigens dem damaligen Modegetränk gewidmeter Kaffeekantate von 1734 besungen.

Infos

Spaziergang, 1,5 Std.–1 Tag

Start: Dittrichring, Karte 3, Tram 9 Thomaskirche

GANOS Kaffee-Kontor & Rösterei 9: Dittrichring 6, www.ganos.de, Mo 12–19, Di–Fr, Sa 10–18 Uhr

Café Gloria: im Bach-Museum 48, s. S. 62, www.cafe-gloria.com, Di–Fr 10–18, Sa/So 9–18 Uhr

Café Kandler 9: Thomaskirchhof 11, www.cafekandler.de, Mo–Fr 10–19, Sa 9–20, So 9–18 Uhr

Zum Arabischen Coffe Baum 10: Kleine Fleischergasse 4, www.stadtgeschichtliches-museum-leipzig.de

Kaffeehaus Riquet 11: Schuhmachergässchen 10, www.riquethaus.de, tgl. 9–19 Uhr

Café Central 12: Reichsstr. 2, www.cafecentral-Leipzig.de, Mo–Sa 9–22, So 9–20 Uhr

Kaffee Richter 13: Petersstr. 43, Mo–Sa 10–20 Uhr

Zum Kaffeegenuss gehört für eine waschechte Sächsin ein Stück Kuchen oder Gebäck. Eine beliebte Wahl ist die Leipziger Lerche (s. Kasten S. 17). Gute Lerchen gibt es im **Café Kandler** 9. Auch die hauseigene Spezialität, der Bachtaler, eine Praline mit Ganache, Mokkanugat und einer Kaffeebohne im Herzen, ist sehr lecker.

Das Haus **Zum Arabischen Coffe Baum** 10 gehört zum Stadtgeschichtlichen Museum (www.stadtgeschichtliches-museum-leipzig.de). Schon über dem Hauseingang zeigt es, wie wichtig uns Sachsen der Kaffee ist. Das barocke Hauszeichen ist von enormer Größe und zeigt einen Orientalen, der auf die Kaffeekanne gelehnt, einem Putto Kaffee kredenzt: das Kulturgeschenk des Orients an den Okzident schlechthin. Einer der bekanntesten Wirte des Kaffeebaums war der sächsische Hofchocolatier Johann Lehmann, dessen Witwe Johanna Elisabeth das Unternehmen nach seinem Tod über 20 Jahre lang allein weiterführte. Ihr verdankt der Kaffeebaum angeblich auch die namenstiftende **Portalplastik.** Wer sie beauftragt und bezahlt hat? Man munkelt, das Relief sei ein Geschenk Augusts des Starken an die Witwe für gemeinsam verlebte Schäferstündchen. Unter den illustren Besuchern vergangener Tage tut sich einer besonders hervor: Robert Schumann war hier Stammgast. Mit dem Superlativ »ältestes kontinuierlich betriebenes Kaffeehaus Europas« aber kann sich der Coffe Baum nicht mehr schmücken: Er ist bis 2022 wegen Renovierung geschlossen.

Asiatisch-jugendstilig ist das Ambiente im **Kaffeehaus Riquet** 11. Das Gebäude, im frühen 20. Jh. eigens als Firmenrepräsentanz der Riquets errichtet, spiegelt den Stolz der Firma auf ihren Ostasienhandel wider: Pagode auf dem Dach, Mosaiken mit Drachen, Geisha und blühenden Kirschzweigen sowie zwei indische Elefantenköpfe über dem Eingang. Passend dazu können Sie drinnen Elefantenkaffee zu köstlichsten Torten schlürfen.

Im **Café Central** 12 gibt es neben Kaffeespezialiäten auch leckere herzhafte Snacks wie Focaccias, Biobrot und Salate. Bei **Kaffee Richter** 13 in der Petersstraße dagegen wird hauptsächlich Kaffee verkauft. Mit etwas Glück ergattern Sie einen der wenigen Sitzplätze und können das wunderschöne Interieur aus dem 19. Jh. genießen. Und erst der Duft!

und Biobäckerei mit Caféecke sind direkt nebenan.

Markgrafenstr. 10, T 0341 22 28 75 20, www.macis-leipzig.de, Mo–Sa 11.30–14.30, 17.30–22.30 Uhr, Hauptgerichte abends 20–40 €, mittags um 15 €, Abendmenüs 48–68 €

Über dem Augustusplatz

⓮ **Restaurant 7010:** Der früheren Hauptpost (s. S. 48) wurde eine Etage obendrauf spendiert. Hier können Sie stilvoll bei sagenhaftem Blick über den Augustusplatz speisen. Das Restaurant 7010 (bis 2020: Felix Restaurant) gehört zum Hotel Felix Suiten, steht aber allen offen. Die bisherige Felix Kantine wird als **Felix** weiterbestehen, aber außer am Wochenende ebenfalls erst am späten Nachmittag öffnen.

Lebendiges Haus, Augustusplatz 1–3, T 0341 21 82 99 10, www.dein-felix.de; **Restaurant 7010:** 7. Stock, Mi–Sa 17–23 Uhr; **Felix:** 5. Stock, voraussichtlich (Stand Anfang 2021) Mo–Fr 16–23, Sa/So 12–23 Uhr; Preise bei Redaktionsschluss noch nicht bekannt

Hoch hinauf

⓰ **Panorama Tower ›Plate of Art‹:** Das Restaurant Panorama Tower hat über sich in 120 m Höhe die luftigste Aussichtsterrasse (4 €; s. S. 49) Mitteldeutschlands. Vielleicht läuten Sie hier den Abend mit einem Glas Prosecco ein und genießen anschließend im darunter gelegenen Lokal eine kreative Küche. Von Fingerfood bis zum Vier-Gänge-Menü ist alles drin. Regelmäßig wird auch zu Sternguckerabenden oder zur Sky Lounge mit Tanz eingeladen.

City-Hochhaus, Augustusplatz 9, T 0341 710 05 90, www.panorama-leipzig.de, Mo–Do, Fei 11.30–23, Fr/Sa 11.30–24, So 9–23 Uhr, Hauptgerichte vegan/vegetarisch um 25 €, sonst um 30 €

Jugend trifft Mittelalter

⓱ **Moritzbastei:** In den unterirdischen Gemäuern kann man sich schon mal verlaufen. Das Schöne: Dabei gelangt man automatisch in die verschiedenen Ecken mit gastronomischem Angebot: oben die Terrasse, unten das Café Barkabane, der Fuchsbau (Cocktails) und ganz hinten das Schwalbennest (Weinbar), wo meine Lieblingskellnerin Antje bedient. Getränkewünsche der Stammgäste hat sie im Kopf. Neben dem Gastrobetrieb finden Lesungen, Ausstellungen, Impro-Theater und regelmäßige Discos statt.

Universitätsstr. 9, T 0341 70 25 90, www.moritzbastei.de, Mo–Fr ab 10, Sa ab 12 Uhr, Gerichte ab ca. 6 €

Kaffeehaus-Hopping

Cafés und Kaffeehäuser: 9–13, s. Tour S. 66.

Einkaufen

Leipzig in allen Variationen

Unter den **Arkaden des Alten Rathauses** 1 finden Sie *die* Spezialisten in Sachen Leipzig. Hier gibt es Souvenirs aus Glas oder Porzellan, aus Stoff, Ansichtskarten, Bücher … Im **Graphikantiquariat Koenitz** (Markt 1, www.graphikantiquariat-Koenitz.de, Mo–Fr 10–19, Sa 10–16 Uhr) können Sie in Künstlergrafiken, topografischen Landkarten, Ortsansichten, bibliophilen Raritäten aus Sachsen, Sachsen-Anhalt und Thüringen etc. stöbern.

Filigran

2 **Schmuckwerk Hübener:** Kunstvoll gearbeitete Schmuckstücke im Laden im Alten Rathaus.

Naschmarkt 1, T 0341 961 52 78, www.schmuckwerk-shop.de, Mo–Fr 11–19.30, Sa 11–18 Uhr

Nice to have

3 **Wohnmacher:** Stylishe Möbel, witzige Deko, originelle Geschenke – bei den Nonnenmachers werden Sie immer etwas entdecken, das Sie spontan unbedingt zum Leben brauchen.

Nikolaistr. 36, www.wohnmacher.de, Mo–Sa 11–18 Uhr

Märchenhafte Mode

4 **Eva Son:** Auch an einem grauen Regentag bekommt frau beim Anblick der entzückend gemusterten, liebevoll gestickten und gestrickten Kleidungsstücke und Accessoires Glücksgefühle und summt den alten Hit »Ich bin so froh, dass ich ein Mädchen bin ...«. Inhaberin Wiebke Mattis berät freundlich und ehrlich.

Im Handelshof, Reichsstr. 1–9, www.eva-son.de, Mo–Do 11–18, Fr/Sa 11–19 Uhr

Feminine Garderobe

5 **Marlene:** Ihnen fehlt das passende Kleid für den Gewandhausbesuch am Abend? Im Lädchen gibt es die elegantesten Röcke, Blusen, Kleider, auch im fabelhaften Retro-Chic der 1920er- und 1930er-Jahre, für die Dame von Welt.

Thomaskirchhof 11, www.marlene-leipzig.de, Mo–Sa 11–19 Uhr

Frisch und regional

In der Innenstadt finden mehrere Wochenmärkte statt, z. B. zweimal wöchentlich auf dem **Marktplatz** 23 oder dem Augustusplatz (s. S. 53). Ähnlich ist das Angebot samstags (10–16 Uhr) auf dem etwas kleineren **Wochenmarkt** auf dem **Richard-Wagner-Platz** 6: Gemüse, Fleisch, Wurst etc. von zumeist regionalen Anbietern, Direktvermarktern, oft auch in Bioqualität.

Delikatessen

7 **Gourmétage:** Das Wasser läuft einem im Mund zusammen beim Anblick all der Leckereien regionaler und internationaler Provenienz. Süßes oder Saures, Pasta oder Wurst, feiner Tabak und Spirituosen – in der Gourmétage bleiben Genusswünsche nicht offen!

Mädler-Passage, Grimmaische Str. 2–4, www.gourmetage.com, Mo–Sa 9.30–20 Uhr

Blumig idyllisch

8 **saltoflorale:** Schon beim Betreten des Innenhofs des Fregehauses aus dem 16. Jh. werden Sie das geschlossene architektonische Ambiente, vor allem aber die fantastischen Blumenarrangements von Birgit Steinhage verzaubern.

Katharinenstr. 11, www.saltoflorale.com, Mo, Do–Sa 10–14 Uhr

Schon mal ›eine Nase holen‹

9 **GANOS Kaffee-Kontor und Rösterei:** s. Tour S. 66.

Bewegen

Knattertour in der Rennpappe

Trabi Erleben: Wollten Sie schon immer mal selbst hinter dem Steuer des DDR-Kultmobils sitzen? Mit einem Guide an der Seite können Sie Ihre eigene Stadtrundfahrt individuell gestalten und dabei selbst schalten und walten. Auch

Frisches und Regionales gibt es auf den Leipziger Wochenmärkten.

für größere Gruppen buchbar, dann wird in Kolonne gefahren.

www.trabi-erleben.de, Preisbeispiel: 1,5-Std.-Stadtrundfahrt/2 Pers. 100 €

Fahrradverleih

In Leipzig gibt es zahlreiche Standorte von **Nextbike** (www.nextbike.de). Eine Alternative für längere Aufenthalte bietet **Swapfiets** (www.swapfiets.de).

1 **Zweirad Eckhardt:** Hier können Sie Cityräder, E-Bikes, Kinder- und Jugendräder, Tandems, Fahrradanhänger, Helme etc. ausleihen. Citybike 8 €/Tag, Kaution 50 €, E-Bike 25 €/Tag, Kaution 100 €.

Parkhaus West, Kurt-Schumacher-Str. 4 (Ausgang Hauptbahnhof Westseite), www.bikeandsport.de, Mo–Fr 8–20, Sa 9–18 Uhr

Ausgehen

Einen draufmachen

1 **Drallewatsch:** Gastro-/Kneipenmeile, s. S. 56. Hier liegen auch das **Spizz** 2 und das **BarFusz** 3.

Keller-Groove

2 **Spizz:** Schickes Café, angesagte In-Kneipe, Kleinkunstbühne für Jazzkonzerte und mehr – all das gibt es im Spizz unter einem Dach. Oben können Sie Tag und Nacht, drinnen wie draußen, Kaffee, Salate etc. bei einem wunderbaren Blick auf den Marktplatz und das Alte Rathaus genießen. Eine Etage darunter bietet der **Jazzkeller** mindestens einmal pro Woche Livemusik, sonst sorgen hauseigene oder Gast-DJs für eine entspannte Atmosphäre, die zu vorgerückter Stunde auch zum Tanzen einlädt. Veranstaltungen s. Website.

König-Albert-Haus, Markt 9, www.spizz.org, tgl. ab 9 (Küche So–Do 9–1, Fr/Sa 9–2) Uhr

Chill-out

3 **BarFusz:** Mitten auf der Kneipenmeile Barfußgässchen gibt es drinnen wie draußen jede Menge gemütliche Sitzgelegenheiten. Gelegentlich legt ein DJ auf oder spielt eine Liveband. Mo–Fr können Sie hier auch lunchen (8,90 €).

Barfußgässchen, Markt 9, www.barfusz.de, Mo–Sa ab 9, So ab 10 Uhr

Livemusik-Kneipe

4 **Tonelli's:** das unbestrittene Urgestein unter den Leipziger Musikkneipen. Hier können Sie gute Livemusik hören und bisweilen echte Geheimtipps entdecken. In der warmen Jahreszeit spielt die Livemusik Fr/Sa draußen (Freisitzmugge), sonst drinnen. Beliebt ist das Open Mic (2. Do/Monat): Eine gute Band steht bereit und wer möchte kann performen.

Neumarkt 9, www.tonellis.de, Mo–Sa ab 18 Uhr

Gay-familiär und regenbogenbunt

5 **Café Apart:** Familiäres Gay-Café mit Bar und Partylounge.

Reichsstr. 16, www.apart.bar, Mo–Sa ab 17, So ab 19 Uhr

Life is a Cabaret

6 **Krystallpalast Varieté:** In den 1990er-Jahren wurde der legendäre, kriegszerstörte Palast an neuer Stelle zurück ins Leben gerufen. Voll etabliert, werden hier faszinierende Shows mit internationalen Artisten, Magiern, Illusionisten, Hypnotiseuren und sonstigen Künstlern, umrahmt von feiner Gastronomie, geboten.

Magazingasse 4, www.krystallpalast.de

Platz für Musik und mehr

7 **Kupfersaal:** Singer-Songwriter, Comedians, Poetry-Slammer, aber auch Klassik- und Crossover-Projekte nutzen den 1912/13 erbauten Saal, der erst jüngst wachgeküsst wurde und schnell seinen Weg in die Herzen der Leipziger fand. Das im Jahr 2000 begründete studentische Orchester der Philharmonie Leipzig hat hier seine neue Spielstätte gefunden. Der Saal ist Teil des Dresdner Hofes, einer der weniger bekannten, aber nicht minder

Die Ausgehmeile des Innenstadtrings: der Drallewatsch. Die gutbürgerlichen Lokale, die Bars und Szenekneipen sind beliebter Anlaufpunkt nicht nur für Touristen.

reizvollen Passagen der Stadt. Im Keller haben die **academixer** ihre Spielstätte (s. u.).
Kupfergasse 2, **Veranstaltungen:** www.kupfersaal.de, www.philharmonie-leipzig.de

Richt'sch scheen sächs'sch

Kabaretts: In Leipzig haben Sie die Qual der Wahl, denn die Stadt gilt als Kabaretthochburg. Zu den Urgesteinen zählen die **academixer** 7 (Kupfergasse 2, www.academixer.com) und die **Pfeffermühle** 8 (Kretschmanns Hof, Katharinenstr. 17, www.kabarett-leipziger-pfeffermuehle.de). Eine Neugründung der Wendezeit ist das **Kabarett Sanftwut** 9 (Mädler-Passage, Grimmaische Str. 2–4, www.kabarett-theater-sanftwut.de) mit seinen inzwischen Kult gewordenen Stars Moni und Manni alias Uta Serwuschok und Thomas Störel. Aus der Betriebsgruppe Baufunzel entstand 1990 unter Thorsten Wolf (Tierpfleger Conny in der Fernsehserie »Tierärztin Dr. Mertens«) die **Leipziger Funzel** 10 (Strohsackpassage, Nikolaistr. 6–10, www.leipziger-funzel.de). Jüngstes Sternchen am lokalen Kabaretthimmel ist das **Central Kabarett** 2 (König-Albert-Haus, Markt 9, www.centralkabarett.de).

Arthouse-Kino

11 **Passage Kinos:** Das traditionsreichste Programmkino Leipzigs besteht seit dem frühen 20. Jh. Viele Filme in Originalfassung.
Jägerhof, Hainstr. 19 a, www.passage-kinos.de

Infos

- **Tourist-Information Leipzig:** s. S. 242.

Zugabe

Wer ist die Hipste im ganzen Land?

Die Strumpfhose macht's!

Eine Frage taucht früher oder später meist auf: Wo ist es denn schöner, angesagter, lebenswerter – in Leipzig oder in Dresden? Ein bisschen wollen meine Gäste damit wohl auch rauskitzeln, ob ich denn auch waschecht bin. Authentisch und mit einer gehörigen Prise Lokalpatriotismus. Den habe ich, gar keine Frage. Allerdings hege ich Heimatgefühle für beide sächsischen Großstädte. Leipzig ist meine Geburtsstadt, in Dresden bin ich aufgewachsen. Meine Standardantwort lautet in etwa so: Sie sind Tourist aus dem Ausland und haben nur einen Tag für Sachsen – besuchen Sie Dresden! Tochter oder Sohn erwägen, wo sie demnächst mit dem Studium anfangen könnten? Da ist Leipzig der Ort der Wahl.

Die Konkurrenz zwischen den beiden Städten wird wohl eher von draußen hineingedeutet, als dass sie von Dresdnern und Leipzigern so empfunden wird. Ähnlichkeiten bestehen bei Äußerlichkeiten wie Größe und Lage. Rein flächenmäßig ist die Landeshauptstadt Dresden etwas geräumiger (328,8 km² gegenüber 297,6 km²), bei der Einwohnerzahl hat die Messestadt Leipzig die Nase vorn (601 668 Einwohner gegenüber 563 011, Stand 31.12.2019). Die Zuständigkeiten sind seit Jahrhunderten aufgeteilt: In Dresden wird regiert und repräsentiert. Dafür braucht man auch etwas mehr Platz, und die prächtige Einbettung ins Elbtal. Dort schaut man gern verzückt in die Vergangenheit und schwelgt in der Erinnerung an die Zeiten mit Kurfürst, König, Kammerzofe. Die Betriebstemperatur der Leipziger ist eine andere. Hier beherrscht seit jeher der Handel das Stadttreiben. Man ist im Hier und Jetzt und mit einem Fuß schon im nächsten Projekt. Geschäftssinn ist eine Grundeigenschaft der Leipziger, bei aller sächsischen Gemütlichkeit, muss das Geschäft flutschen, der Laden laufen. Die Topografie der Stadt strahlt das aus: kompakt gebaut, im Flachland gelegen, ohne die verkehrstechnischen und jahreszeitlichen Hindernisse, die ein Fluss oder eine liebliche Hanglage so mit sich bringen.

Symptomatisch für die Mentalitätsunterschiede zwei Beispiele aus der Architektur: In Dresden hat man die kriegszerstörte Frauenkirche originalgetreu wiedererrichtet – an die in DDR-Zeiten gesprengte Unikirche in Leipzig erinnert ein sehr zeitgenössischer Bau. Die Semper-

»Look, those tights! Solche Strumpfhosen kann man in Dresden (…) nicht tragen.«

oper wurde bereits in den 1980er-Jahren, ähnlich minutiös dem historischen Vorbild folgend, zurück ins Stadtbild gebracht. Der Leipziger Opernbau, ebenfalls Ersatzbau nach dem Krieg, atmet mit jeder Pore den Zeitgeist der späten 1950er-Jahre und ist genau mit dieser Nierentisch-Ästhetik so herrlich funktional-gemütlich.

In Zeiten des Kalten Krieges konnte sich Leipzig auch hinter dem Eisernen Vorhang eine gewisse Weltläufigkeit bewahren, da der zweimal im Jahr Durchlässigkeit zeigte, wenn im Frühjahr und Herbst die ganze Stadt zum Schauplatz für die Mustermesse wurde. Die galt als »Drehscheibe des Ost-West-Handels«. Da bekam man in den Läden Dinge zu Gesicht, die es sonst nur als Bückware unter dem Ladentisch gab, und die Dame von Welt konnte sich in Sachen Mode auf dem Laufenden halten. Man wollte sich ja nicht lumpen lassen, wenn der Westbesuch kam. Ich erinnere mich, wie meine stilsichere Mutter nach dem Umzug nach Dresden klagte, dass sie hier ›in der Provinz‹ ihre schicken, gemusterten West-Strumpfhosen nicht mehr tragen könne. Die Episode schlummerte bei mir irgendwo in einer Gedächtnisschublade. Dann hatte ich amerikanische Damen zum Stadtrundgang, deren Ehepartner für ein Dresdner Unternehmen arbeiten. Die mitgereiste Betreuerin aus Dresden rief beim Anblick einer Passantin aus: »Look, those tights! Solche Strumpfhosen kann man in Dresden einfach nicht tragen, ohne blöd angeschaut zu werden!«

Kurzum, es war kein Zufall, dass ich nach dem Studium in meiner Geburtsstadt geblieben bin, sondern Herzenssache. Mir behagt die Aufgeschlossenheit Neuem gegenüber, der Pragmatismus, der Bürgersinn der Menschen hier. Wobei ich nicht von der Hand weisen möchte, dass das idyllische Dresdner Umland als Altersresidenz seine Reize hat. ■

Auch der Haarschnitt macht's: Hippes Styling, es darf auch mal schräg oder ausgefallen sein, gehört einfach dazu.

Grafisches Viertel bis Südfriedhof

Aufbruchstimmung — Buch- und Musiktraditionen, Architektur und Grün, Völkerschlacht und Tod.

Seite 77, 91

Grassi-museum 

Drei Museen beherbergt das einzigartige Art-déco-Gebäude, darunter das bedeutende Museum für Angewandte Kunst.

Seite 80

Eisenbahnstraße

Die berühmt-berüchtigte Straße hat sich zum internationalsten Kulinarikbrennpunkt gemausert.

Seite 85

Lene-Voigt-Park

Hier chillen und grillen vor allem junge Einheimische und Zugezogene.

Wetten? Sie besitzen vermutlich mehr als ein Buch aus Leipzig.

Seite 85

Russische Gedächtniskirche St. Alexej

Wie aus einem russischen Bilderbuch, formvollendet mit goldener Zwiebel auf dem Turm, aber errichtet aus traurigem Grund – im Gedenken an die Toten der Völkerschlacht.

Seite 86, 98

Deutsche Nationalbibliothek

Hier ist das deutschsprachige Schrifttum ab 1913 in einer Präsenzbibliothek vereint, die sich auch architektonisch sehen lassen kann. Angeschlossen ist das Deutsche Buch- und Schriftmuseum.

Seite 87

Völkerschlacht-denkmal

Gewaltig der erste Eindruck – das größte begehbare Denkmal Europas erinnert an die erste Massenschlacht der Neuzeit.

Seite 88

Straße des 18. Oktober

Per Rad oder zu Fuß auf der Denkmalsachse an Plattenbauten vorbei und über die Alte Messe zum Völkerschlacht-denkmal.

Seite 92

Südfriedhof

Der Südfriedhof ist Freiluftgalerie, Stadtgeschichtsmuseum und Landschaftspark in einem. Die größte Begräbnisstätte Leipzigs beeindruckt mit aufwendigen Grabbauten und Artenreichtum in Flora und Fauna.

Seite 98

Schumann-Haus

Ihre wohl glücklichsten Jahre verbrachten Clara und Robert Schumann in Leipzig. In ihrem Wohnhaus lädt eine interaktive Ausstellung zum Besuch ein.

Im EVA (Max-Planck-Institut für evolutionäre Anthropologie) wurde das Genom des Neandertalers, entschlüsselt.

»Es steht noch nicht im Meyer. Und auch im Brockhaus nicht. Es trat aus meiner Leyer zum ersten Mal ans Licht.« Christian Morgenstern, »Das Nasobēm«

Der Leipziger Osten kommt!

Wenn Sie auf der Suche nach den Ecken der Stadt sind, in denen die jüngsten Jahre die sichtbarsten Veränderungen mit sich gebracht haben, heißt die Bewegungsrichtung aus der Innenstadt: Go East. Zugegeben, ein gewisses Wehmutsgefühl ist bei einem Spaziergang durch das Grafische Viertel vorprogrammiert. Relikte wie der Straßenname Großer Brockhaus oder die Leuchtreklame an einer Hausfassade »Mehr lesen wissen können« unter dem sich nach einem Buch ausstreckenden sogenannten Lesemännchen, rufen in Erinnerung, was früher den Antriebsmotor dieses Stadtteils zwischen Hauptbahnhof, Bayerischem Bahnhof und Lene-Voigt-Park bildete: die Buchproduktion mit all ihren Facetten. Im 19. Jh. waren in Leipzig zahlreiche namhafte deutsche Verlage beheimatet. Hier befanden sich Druckereien, Buchbindereien, Druckmaschinenhersteller, Verlagsbuchhandlungen und Ausbildungsstätten für das Buchgewerbe: Um 1900 gab es in Leipzig mehr als 2000 Unternehmen des Buchgewerbes. Im Grafischen Viertel gründete sich 1825 auch der Börsenverein der Deutschen Buchhändler (seit 1955: Börsenverein des Deutschen Buchhandels). Viel ist davon nicht übrig geblieben, denn die Ostvorstadt gehörte zu den im Zweiten Weltkrieg am schlimmsten zerstörten Quartieren, ca. 80 % der Bausubstanz gingen verloren. Die ersten Sanierungswellen der Nachwendezeit schienen um das Viertel einen Bogen zu machen und die Lückenbebauungen der 1990er-Jahre lassen sich eher unter Allerweltsarchitektur zusammenfassen. Doch seit geraumer Zeit wirkt das Viertel wachgeküsst. Lange unbeachtete bauliche Preziosen haben nun (spät) denkmalgerechte Sanierung erfahren.

Nach Südosten hin schließen sich mit mehreren größeren Parkanlagen viel Stadtgrün und das Areal der ehemaligen Technischen Messe an. Deren architektonisch teils interessante Hallen werden heute zu unterschiedlichen Zwecken genutzt. Ganz in der Nähe türmt sich weithin sichtbar Leipzigs gigantischstes Bauwerk auf: das Völkerschlachtdenkmal.

O

ORIENTIERUNG

Start: Guter Ausgangspunkt für eine Erkundung ist der **Johannisplatz.** Mit den Straßenbahnlinien (Tram) 4, 7, 12, 15 ist er gut von der Innenstadt aus erreichbar.
Gutenbergplatz und Völkerschlachtdenkmal: Tram 15.
Deutscher Platz: Tram 2, 16 Deutsche Nationalbibliothek.

Rund um den Johannisplatz K8

Wo sind sie geblieben?

Wo die Pulsadern Prager und Dresdner Straße zusammentreffen, liegt der **Johannisplatz.** Seine Namensgeberin, die **Johanniskirche,** hat der Platz eingebüßt. Ein **Kreuz** ❶ auf der großen, dreieckigen Wiese erinnert an den einstigen Sakralbau. Und wenn Sie mit offenen Augen an den seitlichen Mäuerchen entlanglaufen, können Sie Hinweistafeln entdecken, die den ursprünglichen Ort des **Bachgrabs** (heute in der Thomaskirche, s. S. 57) am die Kirche umgebenden Teil des Alten Johannisfriedhofs markieren. Am schönsten ist es hier im späten Frühjahr, wenn die japanischen Kirschbäume rosa blühen.

Goldene Ananas ✪

Das **Grassimuseum** ⓴ (s. S. 91) ist das Schmuckkästchen des Leipziger Ostens. Besonders zur Geltung kommen seine Art-déco-Gestaltung und ihr Charme der 1920er-Jahre nach Einbruch der Dunkelheit. Dann wird das Ensemble angestrahlt und die goldene ›Ananas‹ auf dem Dach kunstvoll ausgeleuchtet in Szene gesetzt. Auch wenn Ihnen der Sinn nicht nach einem Museumsbesuch, immerhin drei sind hier versammelt, steht: Ein Spaziergang über das Areal gehört unbedingt auf die To-do-Liste. Die gesamte Anlage des Museumsquartiers beeindruckt durch die harmonische, klar strukturierte Architektur mit ihren Fassaden aus Rochlitzer Porphyr.

Prächtig ausgestaltet mit Reliefs und einer Statue im Jugendstil ist das Familiengrab des Apothekers und Homöopathen Dr. Willmar Schwabe (1839–1917) auf dem Alten Johannisfriedhof.

ZENTRUM-OST
Opernhaus
Augustusplatz
Georgiring
Roßplatz
Grimmaischer Steinweg
Johannispl.
Dresdner Str.
Gerichtsweg
Kreuzstr.
Gr. Brockhaus
Eisenbahnstraße, 550 m
150 m
800 m
0
200
400 m
Kohlgartenstr.
Markuskapelle
Wurzner Straße
Wiebelstr.
Grüne Gasse
Breite Straße
Reudnitz, Köhlerstr.
Täubchenweg
Reichpietschstr.
Lene-Voigt-Park
Eilenburger Str.
Zweinaundorfer Str.
Riebeckstraße
Riebeck-/Oststr.
Oststr.
Mühlstr.
Prager Straße
Europahaus
Goldschmidtstr.
Seeburgstr.
Sternwartenstr.
Gutenbergplatz
Gutenbergpl.
Ostplatz
Ost-pl.
Nürnberger Str.
Liebigstr.
Bayrischer Platz
Bayerischer Bahnhof
Portikus
Universitätskliniken
Paul-List-Str.
Philipp-Rosenthal-Straße
Johannisallee
ZENTRUM-SÜDOST
Friedenspark
Universität Chemie
Physik
Wohnheim
Witzgallstr.
Riebeckstr./Stötteritzer Str.
St. Laurentius
REUDNITZ-THONBERG
Kleingärten
Stötteritzer Straße
S-Bf. Stötteritz
Leipzig-Stötteritz
Technisches Rathaus
Thonbergklinik Notfallzentrum
Erlöserkirche
Semmelweisstr.
Dt. Nationalbibliothek
Straße des 18. Oktober
Schwimmhalle Süd
An den Tierkliniken
Deutscher Platz
Barnet-Licht-Pl.
Altes Messegelände
Westtor
Nordtor
Völkerschlachtdenkmal
Kohlrabizirkus/ Institut für Zukunft
Leipzig MDR
Kurt-Eisner-Str.
Stadtarchiv (ehem. Sowjetischer Pavillon)
Messehalle 11
Messehalle 15
Deutsche Bundesbank
Osttor
Südtor
Naunhofer Str.
Holzhäuser Str.
Medien-Center "media city leipzig"
MDR Fernsehen
Zwickauer Straße
Richard-Lehmann-Straße
R.-Lehmann-/ Zwickauer Str.
Carl-Hampel-Pl.
Park
An der Tabaksmühle
Völkerschlachtdenkmal
1,5 km
CONNEWITZ
Kleingärten
SIEDLUNG AN DER TABAKSMÜHLE
Kapellen- und Feuerbestattungsanlage
Sport-Haus
Arno-Nitzsche-Straße
Meusdorfer Str.
Triftweg
Kleingärten Waldidyll
S1, S3
S2, S4, S5
S1, S2, S3, S4, S5

Grafisches Viertel bis Südfriedhof

Ansehen

1. Kreuz/ehem. Standort Johanniskirche
2. Alter Johannisfriedhof
3. Henriette-Goldschmidt-Schule
4. Hofmeister-Haus
5. Reclam-Carrée
6. Haus des Handwerks
7. Gutenbergschule
8. Haus des Buches – Literaturhaus Leipzig
9. Seemann-Karree
10. Lene-Voigt-Park
11. Botanischer Garten Leipzig
12. Apothekergarten
13. Duft- und Tastgarten
14. Russische Gedächtniskirche St. Alexej
15. Max-Planck-Institut für evolutionäre Anthropologie
16. Bio City
17. Napoleonstein
18. Südfriedhof
19. Hallraum Etzoldsche Sandgrube
20. Grassimuseum: Grassi Museum für Angewandte Kunst, Grassi Museum für Völkerkunde, Musikinstrumentenmuseum der Universität Leipzig
21. Mendelssohn-Haus
22. Edvard-Grieg-Begegnungsstätte
23. Schumann-Haus/ Freie Grundschule Clara Schumann
24. Deutsche Nationalbibliothek/Deutsches Buch- und Schriftmuseum
25. Völkerschlachtdenkmal/ Forum 1813 – Museum zur Völkerschlacht bei Leipzig

Essen

1. GreenSoul
2. Quan Xua
3. Pellorus
4. Brothers – Café & Bäckerei
5. Eisträumerei
6. Kleine Eisträumerei
7. Espresso Zack Zack

Einkaufen

1. HIT-Markt Alte Messe

Bewegen

1. Kohlrabizirkus/ Institut für Zukunft

Ausgehen

1. Substanz – Biergarten & Pianobar
2. Eventpalast

Idyllischer Ruhepol

Unter schattenspendenden Bäumen finden sich auf dem **Alten Johannisfriedhof** 2 – sowohl auf den Rasenflächen als auch an den Mauern – sehenswerte **historische Grabsteine.** Der Friedhof aus dem 16. Jh. ist die älteste Begräbnisstätte der Leipziger, wurde aber bereits 1883 geschlossen und ist heute ein rein musealer Ort. Er ist berühmt für seine **Epitaphien,** darunter einige stark verwitterte Renaissanceplatten und Epigramme auf barocken Grabsteinen. Der Museumsstifter **Franz Dominic Grassi** hat auf diesem Gottesacker seine letzte Ruhestatt gefunden, ebenso **Käthchen Schönkopf,** der Schwarm des jungen Goethe, sowie die **Mutter** und eine **Schwester Richard Wagners.**

Im südöstlichen Teil des Geländes befindet sich heute auch ein **Lapidarium** mit Grabmonumenten des säkularisierten Neuen Johannisfriedhofs, des heutigen Friedensparks (s. S. 79). Hier stößt man auch auf die **Grabstätten** bedeutender Leipziger wie etwa **Anton Philipp Reclams** sowie der Verlegerfamilie **Brockhaus,** berühmter Bürgermeister wie **Wilhelm Otto Koch** und **Carl Bruno Tröndlin** oder von Kämpferinnen der Frauenbewegung wie **Auguste Schmidt** und **Louise Otto-Peters**

TOUR
Die Eisenbahnstraße entlang

Ein kulinarischer Streifzug im wilden Osten

Richtig quirlig-bunt wird es samstags, wenn sich der zentrale Bereich der Eisenbahnstraße in eine Art Wochenmarkt verwandelt. Dann ziehen die arabisch-orientalischen (Lebensmittel-)Läden besonders viel Kundschaft an.

Die **Eisenbahnstraße** hat einen Namen zu verlieren. Einen schlechten. Das Klischee ist einfach skizziert: Bandenkriege, Gewalt und Drogen. Die Dokumentation eines deutschen Privatsenders erkor sie 2013 zur »schlimmsten Straße Deutschlands«. 2018 wurde das Gebiet rund um die Straße im Nordosten Leipzigs zur ersten sächsischen Waffenverbotszone erklärt. Also No-go-Area? Mitnichten! Nirgendwo sonst zeigt Leipzig sich so multikulturell. Wenn Ihnen der Sinn heute nicht nach durchsanierter Gründerzeit und Haute Cuisine, sondern nach Street-Art und levantinischem Streetfood steht, dann gehört die Eisenbahnstraße auf Ihre Liste.

Von der Haltestelle Einertstraße aus geht es nach Westen zum **Vary,** wo Sie Kaffeespezialitäten und kleine Snacks genießen und angesagte Schallplatten durchstöbern können. Der Raum ist im Industrial Style eingerichtet, hinter dem Haus erwartet Sie ein kleiner, urbaner Freisitz.

Danach drehen Sie um und schlendern nun entlang der lang gezogenen, schnurgeraden Straße, die dem ursprünglichen Verlauf der Bahnstrecke nach Dresden folgt, ostwärts. Es wird zusehends belebter, vorbei an **Messer Müller** (Hausnr. 23), einem der Traditionsgeschäfte des Viertels – ausgerechnet, denkt man sich, in

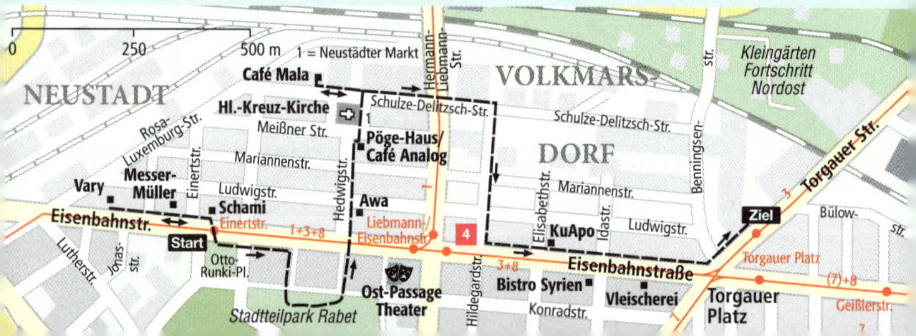

Infos

Gehzeit ca. 30 Min.

Start: L 7, Einertstraße, Tram 3, 8

Ziel: Torgauer Platz, Tram 3, 8

Vary: Eisenbahnstr. 7, www.facebook.com/vary.leipzig, tgl. 12–18 Uhr
Schami: Eisenbahnstr. 29, tgl. ca. 10.30–22 Uhr, 3–9 €
Awa: Hedwigstr. 6, www.facebook.com/awakneipeundeis, tgl. 13–0.15 Uhr
Café Analog: Hedwigstr. 20, www.analogcafebar.metro.bar, Mi–So 13–18 Uhr
Café Mala: Schulze-Delitzsch-Str. 19, https://cafe-mala.business.site, Küche Mo–Fr 17–21.30, Sa/So Frühstück ab 9.30, Küche 12–22 Uhr, Hauptgerichte 8,50–10,50 €
Brothers – Café & Bäckerei 4: s. S. 100
KuApo: Eisenbahnstr. 99, www.kuapo-die-kulturapotheke.eatbu.com, tgl. 14–24 Uhr, Sandwiches ca. 5–7 €, Tagesgerichte (Wochenende) 7,50 €
Bistro Syrien: Eisenbahnstr. 116, auf Facebook, tgl. ca. 10–24 Uhr, 3–9 €
Vleischerei: Eisenbahnstr. 128, www.vleischerei.de, Di–Do 16–22, Fr–So 12–22 Uhr

der Waffenverbotszone! Linker Hand in Nr. 29 lohnt es bei **Schami** hineinzuschnuppern, definitiv einer meiner Tipps unter den vielen arabischen Restaurants. Sie können natürlich drinnen Platz nehmen. Oder Sie lassen sich Fattah oder Falafel einpacken und verzehren die Köstlichkeiten im nahe gelegenen **Stadtteilpark Rabet,** wo die Milieustudie gleich mitgeliefert wird.

Wenn Sie links in die **Hedwigstraße** einbiegen, verlassen Sie vorerst den turbulenten Bereich und gelangen, vorbei am **Awa,** wo es sehr leckeres Eis gibt, zwei Ecken weiter zum **Pöge-Haus** (Hedwigstr. 20, www.pöge-haus.de). Der gleichnamige gemeinnützige Verein bietet kulturellen, künstlerischen und gesellschaftlichen Projekten Raum. Die Hausfassade ist kreativ kunterbunt gestaltet. Integriert ist das **Café Analog,** wo Sie sich unters junge Volk mischen und einen Kaffee trinken können. Vom Freisitz geht der Blick schon auf den am Ende der Straße gelegenen Neustädter Markt mit der neogotischen **Heilig-Kreuz-Kirche.** Wenn Sie den Platz überqueren, links an der Kirche vorbei in die **Schulze-Delitzsch-Straße** einbiegen, gelangen Sie zum **Café Mala,** dessen lauschiger Freisitz im Hof zum Genuss von saisonalen und regionalen Bioleckerbissen einlädt. Beim Durchs-Viertel-Probieren mein Favorit in Sachen heimischer Küche.

Zurück in der **Eisenbahnstraße** gehört das **Brothers – Café & Bäckerei** 4**,** zum Programm: levantinisch, multikulturell – ob zum Frühstück oder für einen Burger. Eine Ecke weiter erwartet Sie eine der Institutionen im Viertel: die **KuApo** (Kulturapotheke) nutzt den Charme eines traditionellen Apothekeninterieurs als Literaturcafé. Und noch mal eine Ecke weiter können Sie sich im **Bistro Syrien** stärken. Ein unauffälliger Laden, aber die Falafel sind unübertroffen! Ein kleines Stück stadtauswärts kommen dann Überzeugungs-Fleischverzichter voll auf ihre Kosten: Die **Vleischerei** bringt vom Vöner (4,90 €) bis zur Currywurst (5,60 €) alles vegan und nicht minder lecker auf den Teller. Wer jetzt noch hungrig ist, ist selber schuld!

Zurück geht es dann mit der Straßenbahn am Torgauer Platz.

sowie von **Karl Erdmann Heine,** dem Gründer des Elster-Saale-Kanal-Vereins und Förderers der Industrialisierung von Leipzig-Plagwitz (s. S. 148).

Johannisplatz 1, tgl. März–Okt. 10–18, Nov.–Febr. 10–16 Uhr

Frauenrechtlerin

Die **Henriette-Goldschmidt-Schule** ❸ beherbergt heute das Berufliche Schulzentrum für Sozialwesen. Hier konnte, dank einer großzügigen Spende des Verlegers Henri Hinrichsen, Henriette Goldschmidt 1911 die erste deutsche Hochschule für Frauen gründen. Goldschmidt hatte schon 1865 mit anderen Frauenrechtlerinnen, wie Auguste Schmidt und Louise Otto-Peters den Allgemeinen Deutschen Frauenverein als erste überregionale, gesamtdeutsche Frauenorganisation gegründet.

Goldschmidtstr. 20, www.goldschmidtschule-leipzig.de

Grafisches Viertel

K8–J/K9

Schnapsidee?

Der Deutsche Fußball-Bund wurde im Jahr 1900 in einer Kneipe in der Ostvorstadt begründet, dem Mariengarten. Das Lokal ist längst Geschichte. Seit 1914 steht hier das ehemalige **Hofmeister-Haus** ❹ (Büttnerstr. 10) des gleichnamigen Musikverlags, der 1807 in Leipzig gegründet wurde und inzwischen im Leipziger Ortsteil Stötteritz ansässig ist. Immerhin erinnert eine Tafel inzwischen an die DFB-Gründung.

Klassiker für jedermann

Wer kennt sie nicht, die Bändchen von Philipp Anton Reclams Universal-Bibliothek, die seit 1867 Weltliteratur zu niedrigen Preisen einer breiten Leserschaft zugänglich macht? Jammerschade, dass der Verlag seinen alten Stammsitz in Leipzig aufgegeben hat. Das **Reclam-Carrée** ❺ (Inselstr. 22) ist das ehemalige Verlagsgebäude, das äußerlich denkmalgetreu restauriert und im Inneren als zeitgemäßes Bürogebäude modernisiert wurde. Verschiedene Firmen sind hier ansässig, so auch die Leipziger Niederlassung der UFA Fiction. Eines ihrer Produkte ist die Fernsehserie »SOKO Leipzig«. Darüber hinaus gibt es im Reclam-Carrée Wohnungen, Gastronomie- und Handelsflächen.

Zünftig, zünftig

Das **Haus des Handwerks** ❻ (Dresdnerstr. 11–13) befindet sich in einem eindrucksvollen Bau mit reichem, bildnerischem Fassadenschmuck, der von der über 500-jährigen Geschichte des Buchdrucks erzählt. Errichtet als Druck- und Verlagsgebäude des Oscar Brandstetter Verlags, hat hier heute die Handwerkskammer zu Leipzig ihren Sitz.

Rund um Gutenberg- und Ostplatz

K9

Gewerke rund ums Buch

In einem markanten 1920er-Jahre-Bau werden auch heutzutage Azubis als Drucker, Buchbinder, Mediengestalter, Buchhändler ausgebildet, an der **Gutenbergschule** ❼ (Gutenbergplatz 8), dem Beruflichen Schulzentrum der Stadt. Architekt des Gebäudes im Stil der Neuen Sachlichkeit war Otto Droge.

Lesen und gelesen werden

Nicht nur im März, wenn während der Buchmesse die ganze Stadt im Lesefieber ist, können Sie Autorinnen und Autoren bei Lesungen hautnah erleben. Wichti-

Auch der Insel Verlag wurde in Leipzig gegründet, am 1. Oktober 1901. Unverkennbar sind die Publikationen der Insel-Bücherei (ab 1912), die heute wie der Verlag selbst von Suhrkamp in Berlin fortgeführt wird.

ger Veranstaltungsort für alles rund um Literatur ist das **Haus des Buches – Literaturhaus Leipzig ❽**. Mitte der 1990er-Jahre eröffnet, steht das Gebäude an einem historisch bedeutenden Ort: Hier befand sich bis zur Kriegszerstörung 1943 die Buchhändlerbörse, der repräsentative Sitz des Börsenvereins der Deutschen Buchhändler (s. S. 76).

Eine **Freitreppe,** die vom im Haus befindlichen **Literaturcafé** in den Garten führt, ist die letzte noch sichtbare historische Spur des einst gewaltigen Neorenaissancegebäudes. Neben zahlreichen Ausstellungen und Veranstaltungen, die die Gäste auch außerhalb der regulären Öffnungszeiten am Abend und nachts anlocken, wird das Haus des Buches dadurch belebt, dass sich hier viele Vereine und Verbände aus dem kulturellen Bereich angesiedelt haben.

Gerichtsweg 28, www.haus-des-buches-leipzig.de, Mo–Fr 9–18 (Café 8–15) Uhr und zu den Veranstaltungen

Kunstvolle Bildbände

Den seltenen Ausnahmefall, dass ein Leipziger Verlag noch in der Stadt (wenn auch inzwischen in einem Gebäude im Musikviertel) anzutreffen ist, bildet der älteste deutsche Kunstverlag, der E. A. Seemann Verlag (heute Teil der Verlagsgruppe Seemann Henschel, die 2017 von Zweitausendeins übernommen wurde). Das alte Verlagsgebäude im Grafischen Viertel überstand den Zweiten Weltkrieg zwar nicht unbeschadet, es ist nur noch in Teilen erhalten, doch an der Fassade erinnert der Bildschmuck an das Büchergewerbe: Reliefputten, die sogenannten Seemännchen, sind mit der Buchherstellung beschäftigt. Heute bildet das Haus

Lieblingsort

Entspannung für alle Sinne

Quadratisch, duftend, gut. Übersichtlich wie ein Spielbrett angelegt ist das kleine Areal am Friedenspark, das zum Botanischen Garten gehört. Der **Duft- und Tastgarten** ⓭ besteht aus 16 viereckigen Flächen, auf denen 78 geometrisch klar strukturierte Hochbeete wie Spielsteine verteilt sind. Hier gibt es um die 500 Pflanzenarten, die durch Riechen, Hören, Tasten erkundet werden wollen, denn der Park ist vor allem für Blinde und Sehbehinderte gedacht. Doch auch für Sehende gilt: Augen zu, einfach die Seele baumeln und die Düfte strömen lassen (Infos s. Botanischer Garten Leipzig, S. 85).

zusammen mit einem ergänzenden Neubau das **Seemann-Karree** ❾ (Prager Str. 13–17) und beherbergt Büro- und Geschäftsräume.

Grünstreifen

Lang gezogen sind die 11 ha an einer längst stillgelegten Bahnstrecke im Stadtteil Reudnitz, die vor einigen Jahren als **Lene-Voigt-Park** ❿ renaturiert wurden. Züge sind auf dem Gelände des ehemaligen Eilenburger Bahnhofs lange schon keine mehr gefahren. Stattdessen rollen hier im neu angelegten Stadtpark Fahrräder, Skater, Kinderwagen und Bälle jeglicher Art. Neben einer Anlage für Volleyball und Basketball gibt es eine Kletterwand, an heißen Tagen bietet die Wasserspielanlage Kindern Abkühlung. Auch zum Chillen und Grillen mit Kind und Kegel bietet sich auf Grünflächen genug Gelegenheit. Der Park ist ein raues urbanes Juwel mit Graffiti- und Stahlrohrästhetik. Lene Voigt, die beliebte Mundartdichterin, würde sicher die Ohren spitzen und sich wundern, wie wenig Sächsisch man den Leuten hier noch ablauschen kann.

Heilsamer Garten

Der **Botanische Garten Leipzig** ⓫ ist ein Kleinod. Schon aus Gründen der Tradition: Mit seinen rund 450 Jahren ist er der älteste Universitätsgarten Deutschlands. Der Garten wird sehr ambitioniert geführt und gestaltet und dient immer noch der Forschung. In den **Gewächshäusern** sind tropische, subtropische und mediterrane Pflanzen zu sehen. Mit **Sonderveranstaltungen** lockt der Garten Besucher von weit her an. Dazu zählt z. B. das Event »Schmetterlingshaus«, bei dem in den Tropenhäusern Schmetterlinge sowie ihre Raupen und Larven zu bestaunen sind.

Nur wenige Schritte entfernt im gegenüberliegenden **Friedenspark** befindet sich der Eingang des zum Botanischen Garten gehörenden **Apothekergartens** ⓬. Ursprünglich waren die meisten Universitätsgärten hauptsächlich dem Anbau von Heil- und Nutzpflanzen gewidmet und mit der Wiedereinrichtung des Instituts für Pharmazie an der Leipziger Universität Anfang der 1990er-Jahre entwickelte sich der Bedarf nach einer Sammlung von Heilpflanzen zur Ausbildung von Pharmazeuten. 2001 wurde folgerichtig der Apothekergarten eingeweiht, der einer Kooperation von Stadt und Universität zu verdanken ist. Besonders interessant ist der **historische Teil** des Gartens direkt hinter dem Eingang Hospitaltor. Dessen Name erinnert an das nahe gelegene frühere Johannishospital.

An den Apothekergarten schließt sich östlich der **Duft- und Tastgarten** ⓭ (s. Lieblingsort S. 84) des Botanischen Gartens an.

Linnéstr. 1, www.bota.uni-leipzig.de, Öffnungszeiten s. Website, Gewächshäuser 4 €, sonst Eintritt frei

Rund um den Deutschen Platz

K 10

Goldener Zwiebelturm

Genau genommen ist auch die **Russische Gedächtniskirche St. Alexej** ⓮ ein Völkerschlachtdenkmal. Die 55 m hohe Kirche wurde nach einem Entwurf des russischen Architekten Wladimir Alexandrowitsch Pokrowski im Nowgoroder Stil als 16-seitige Zeltdachkonstruktion erbaut. Sie besteht aus einer von außen über zwei Freitreppen zugänglichen Ober- und der ebenerdigen Winterkirche. Der nach oben komplett geöffnete, knapp 40 m hohe **Innenraum** beeindruckt durch eine enorme Sogwirkung gen Himmel. Die 18 m hohe **Iko-**

nostase mit 78 Ikonen tut ein Übriges, dieses Streben zum Höchsten durch Bildnisse der Heiligen und viel Gold zu unterstützen.

Die Kirche wurde als Erinnerungsbauwerk im Gedenken an den Sieg des russischen Heeres über Napoleon und an die 22 000 gefallenen russischen Soldaten zum 100. Jahrestag der Völkerschlacht bei Leipzig am 18. Oktober 1913 dem hl. Alexej geweiht. Rechts und links des Eingangs zur Winterkirche erklären zwei **Tafeln** in russischer und deutscher Sprache, wer mit wie viel Mann gegen Napoleon im Feld stand und wie viele Soldaten der jeweiligen Heere in der Schlacht fielen. Das es vor allem um den Sieg über Napoleon geht, untermauern im Kircheninnern mehrfache Darstellungen sowohl des hl. Georg als auch des Erzengels Michael. Beide stehen explizit für den Kampf gegen das Böse, als dessen Personifizierung man Napoleon damals betrachtete:

Die eigentliche **Gedenkstätte** für die Gefallenen befindet sich in einer **Gruftkapelle,** die von der Rückseite der Kirche zugänglich ist. Hier werden Grabdenkmäler und Särge russischer Feldherren und gefallener Soldaten aufbewahrt.

Philipp-Rosenthal-Str. 51 a, www.russische-kirche-l.de, März–Nov. 10–13.15, 14–17, Dez.–Febr. 10–13.15, 14–16 Uhr, Gottesdienst So 10–13 Uhr, Spende 1 €

Gedächtnis der Nation

Über 39 Mio. Publikationen zählten im August 2020 zum Bestand der **Deutschen Nationalbibliothek** ㉔, Zahl kontinuierlich steigend. Die ursprünglich Deutsche Bücherei genannte Institution wurde 1912 durch das Königreich Sachsen und den Börsenverein der Deutschen Buchhändler zu Leipzig begründet. Ihre Aufgabe war es, die gesamte vom 1. Januar 1913 an erscheinende deutsche und fremdsprachige Literatur des Inlands und die deutschsprachige Literatur des Auslands zu sammeln und unentgeltlich zur Verfügung zu stellen. Diesem Ziel wird man auch heute noch gerecht. Sollten Sie promoviert oder anderweitig publiziert haben, werden Sie sich an die einzureichenden Pflichtexemplare erinnern. Eines davon schlummert hier im Regal!

Das **Hauptgebäude** wurde 1914–16 in elegantem Schwung nach Entwürfen von Oskar Pusch am Deutschen Platz errichtet und 1934–36 sowie 1959–63 nach Puschs Entwurfsvorlagen homogen erweitert. Mit dem in den Jahren 1976 bis 1982 errichteten dritten Erweiterungsbau in Form eines **Bücherturms** wich man von diesem ursprünglichen Konzept vollkommen ab. Durch eine 55 m lange Röhre, die eine Büchertransportanlage birgt, wurde der Magazinturm mit dem Hauptgebäude verbunden.

Der **vierte Erweiterungsbau** wurde 2007 nach Entwürfen der Stuttgarter Architektin Gabriele Glöckler gebaut. Seit Fertigstellung sind hier neben zusätzlichen Magazinräumen mit besten konservatorischen Bedingungen vor allem das früher noch im Haupthaus untergebrachte **Deutsche Buch- und Schriftmuseum** ㉔ (s. S. 98) sowie das **Musikarchiv** eingezogen.

Bereits kurz nach dem Kriegsende 1945 wurde in den westlichen Sektoren über die Gründung einer adäquaten Institution für die nicht sowjetisch besetzten Zonen nachgedacht und 1946 denn auch die Deutsche Bibliothek in Frankfurt am Main gegründet. Zeitgleich mit der Wiedervereinigung wurden die beiden Bibliotheken rechtswirksam am 3. Oktober 1990 unter eine gemeinsame Verwaltung mit Sitz in Frankfurt gestellt. Seither teilt man sich die bis dato doppelt geleistete Archivierungsarbeit: In Leipzig werden die Druckerzeugnisse der neuen Bundesländer und Nordrhein-Westfalens katalogisiert und in Frankfurt die aus den übrigen Ländern.

Deutscher Platz 1, www.dnb.de, Hauptlesesäle: Mo–Fr 9–22, Sa 10–18 Uhr

Biotech-Cluster

Das 1997 gegründete **Max-Planck-Institut für evolutionäre Anthropologie** ⓯ (EVA, Deutscher Platz 6, www.eva.mpg.de) betreibt zusammen mit dem Leipziger Zoo das **Pongoland** (s. S. 194) – die größte Menschenaffenanlage der Welt. Dadurch verfügt es über einzigartige Forschungsbedingungen.

Nebenan in der **Bio City** ⓰ (Deutscher Platz 5, www.bio-city-leipzig.de) tummeln sich verschiedene biotechnische und biotechnologische Forschungseinrichtungen und Firmen. Prominentes Beispiel ist das Unternehmen **Vita 34** (www.vita34.de), die größte private Nabelschnurblutbank. Nabelschnurblut ist von besonderem medizinischem Interesse, da es eine hohe Konzentration an Blutstammzellen enthält.

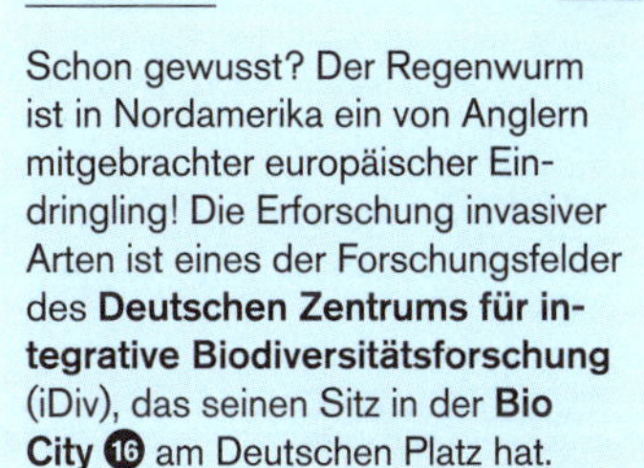
I

INVASION

Schon gewusst? Der Regenwurm ist in Nordamerika ein von Anglern mitgebrachter europäischer Eindringling! Die Erforschung invasiver Arten ist eines der Forschungsfelder des **Deutschen Zentrums für integrative Biodiversitätsforschung** (iDiv), das seinen Sitz in der **Bio City** ⓰ am Deutschen Platz hat.

Völkerschlachtdenkmal

✪ M 10/11

Trutzig

91 m hoch, ca. 300 000 t schwer türmt es sich auf, das **Völkerschlachtdenkmal** ㉕. Nicht unbedingt schön, sondern mächtig und erhaben sollte es wirken. Verstärkt wird der Größeneindruck noch, wenn Sie sich direkt vor das zentrale **Wasserbecken** stellen: Durch die Reflexion im Spiegel der Wasseroberfläche erscheint der Koloss doppelt so groß. Symbolisch soll das Wasser an die Tränen der Mütter erinnern, die ihre Söhne im Gemetzel der Völkerschlacht (mehr zur Schlacht: s. S. 288) verloren haben. Seitlich wird das 4 ha große Gelände durch **Wallanlagen** mit Eingangspylonen begrenzt – ein wenig mutet die gigantische Anlage wie ein Pyramidenkomplex an.

Den schönsten Blick auf Europas größtes begehbares Denkmal haben Sie übrigens am Nachmittag, wenn die Sonne aus dem Südwesten auf die rötliche Natursteinfassade scheint. Dann treten die Figuren der Freiheitswächter an der **Kuppel** sehr viel plastischer hervor und auch der im Jugendstil gehaltene Schriftzug »Gott mit uns« über der Figur des Erzengels St. Michael an der **Vorderfront** lässt sich deutlich entziffern. Hier atmet alles den Zeitgeist der Ära kurz vor Ausbruch des Ersten Weltkriegs.

Auch im **Inneren** setzt sich die Bildsprache der Kaiserzeit fort: Unten findet sich die **Krypta** mit 16 übergroßen ritterartigen Wächterfiguren mit acht riesigen Totenmasken dahinter.

WORTUNGETÜM

Wenn Gäste aus anderen Ländern sich ein wenig an der deutschen Sprache versuchen möchten, empfehle ich ihnen gern das Wort Völkerschlachtdenkmal als Souvenir aus Leipzig. An der stattlichen, fünfsilbigen Zusammensetzung aus drei Substantiven mit den Lauten ö und ch hat sich schon mancher Nicht-Muttersprachler die Zunge verrenkt. Da auch manchem Einheimischen das Wort zu lang ist, wird gern einfach auf Völki verkürzt.

TOUR
Auf der Denkmalsachse

Per Rad oder pedes vom Bayerischen Bahnhof zum Völkerschlachtdenkmal

Infos

Radtour ca. 40 Min., zu Fuß ca. 1,5 Std.

Start: J 9, Bayerischer Bahnhof, Tram 2, 16

Ziel: L/M 11, Völkerschlachtdenkmal, Tram 15

Zu einem monumentalen Bau wie dem **Völkerschlachtdenkmal** 25 gehört ein entsprechendes Umfeld. Schon bei der Planung für den Koloss war klar, dass er weithin sichtbar sein sollte, um seine optische Wirkung entfalten zu können. Die **Straße des 18. Oktober** ist stadtplanerisch so angelegt, dass sie von der Innenstadt kommend – fast – geradewegs auf den Denkmalsbau zuläuft. Es ist die schönste Route, sich dem trutzigen Bau zu nähern.

Starten Sie am **Portikus des Bayerischen Bahnhofs** (s. S. 127). Von diesem klassizistischen Denkmal der Eisenbahngeschichte führt die **Straße des 18. Oktober** durch ein **Plattenbaugebiet** der 1970er-Jahre. Auch wenn die DDR-Architektur gelegentlich als ›Arbeiterlagerregal‹ verunglimpft wird: Dieses Wohnviertel wurde großzügig angelegt. Die Wohnungen waren begehrt, hier lebten Vertreter der Nomenklatura und Leipziger Prominenz. Der Witz, die Straße habe ihren Namen von jenem 18. Oktober 1989 als Erich Honecker – endlich! – zurücktrat, passt hier besonders gut. Tatsächlich war der Entscheidungstag der Völkerschlacht 1813 namensgebend. Auf der linken Straßenseite haben einige der Häuser seit der Sanierung teils farbige Fassadenverkleidungen – sie gehören zu einem großen **Studentenwohnheim** (Hausnr. 23–33) der Universität.

Einen literarischen Einblick in den sogenannten Oktoberbeton in seiner Entstehungszeit wie auch in den DDR-Alltag allgemein gibt das lesenswerte Buch »Es geht seinen Gang« des Leipziger Schriftstellers Erich Loest (1926–2013).

An der Kreuzung zur Semmelweisstraße geht der Blick zunächst nach links. Die **Russische Gedächtniskirche St. Alexej** 14 (s. S. 85) funkelt Ihnen mit ihrem goldenen Zwiebelturm entgegen und lädt zum Verweilen ein.

Weiter geht es über den oval angelegten **Deutschen Platz.** Hier können Sie mit dem Rad eine Ehrenrunde drehen, um nicht nur rechter Hand die Gebäude des renommierten **Max-Planck-Instituts für evolutionäre Anthropologie** 15 (s. S. 87) und der **Bio City** 16 (s. S. 87) in Augenschein zu nehmen, sondern auch

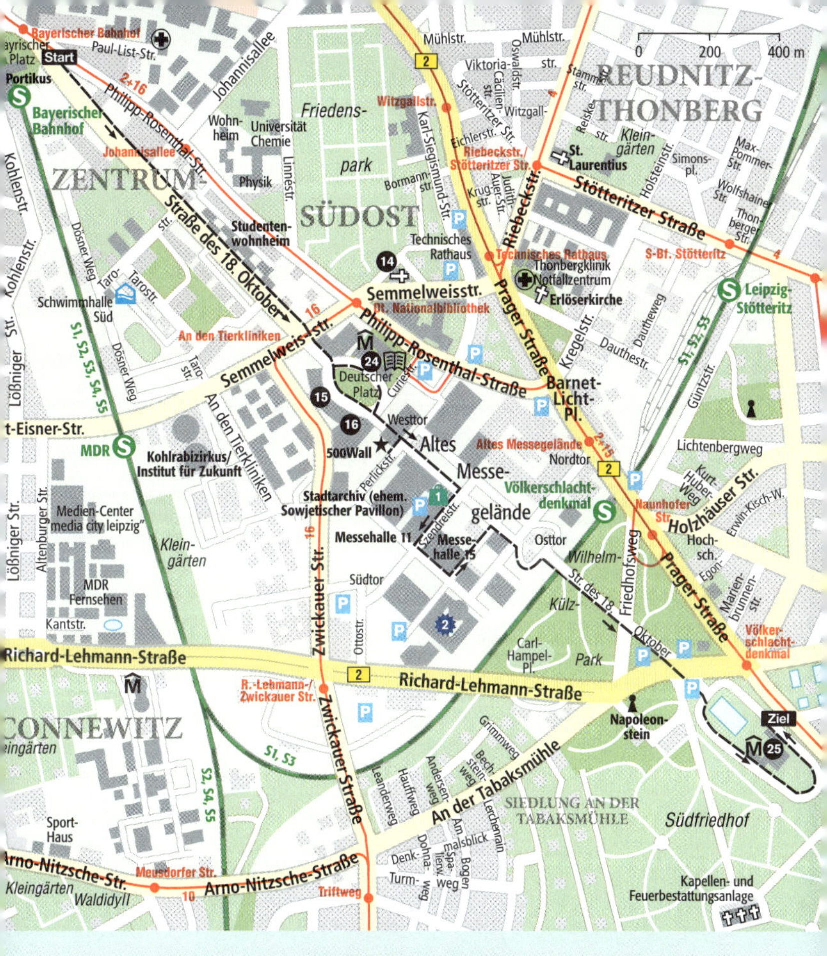

das imposante Gebäude der **Deutschen Nationalbibliothek** ㉔ (s. S. 86). Die Köpfe von Bismarck, Gutenberg und Goethe schauen recht ernst vom Haupteingang herab.

Eine **Durchfahrt** in einem Plattenbau bringt Sie auf das **Gelände der Alten Messe.** Direkt nach der Durchfahrt sollten Sie einen kurzen Schwenk nach rechts machen und einen Blick auf die Rückseite des Gebäuderiegels werfen: Dort springt seit 2013 das knallbunte Riesengraffito **500Wall** ins Auge, das die Künstlerin Claudia Walde alias MadC in nur sieben Tagen sprayte.

Haben Sie sich schon beim Blick aus der Ferne gefragt, welche Bewandtnis es wohl mit der goldenen Turmspitze

Völkerschlacht-denkmal mal zwei

hat? Aus der Nähe ist der rote Sowjetstern, der obenauf prangt, erkennbar. Der **ehemalige Sowjetische Pavillon** war das eigens dem ›großen Bruder‹ zur Verfügung gestellte Ausstellungsgebäude während der Mustermessen. Seit 2019 befindet sich hier das **Stadtarchiv.** Das Eingangsfoyer ist öffentlich zugänglich und bietet wechselnde Kabinettausstellungen. Auch die anderen ehemaligen Messehallen wurden neuen Nutzungen zugeführt. Architektonisch interessant ist die **Messehalle 11** (1924) mit Klinkerfassade und Spitzbogenarkaden, in der sich nun ein **HIT-Markt** 1 (s. S. 77) befindet. Lohnenswert ist auch ein Blick in die benachbarte **Messehalle 15,** die nun ein Fahrradgeschäft beherbergt: Der riesige Raum von 100 m Länge ohne Zwischenstützen ist nur der nach der Kriegszerstörung erhaltene Teil des Gebäudes. Der älteste Bau auf dem Areal ist die 1912/13 von Wilhelm Kreis errichtete **Kuppelhalle,** die ein wenig an das Pantheon erinnert. Heute wird sie unter dem Namen **Eventpalast** 2 (s. S. 101) für Veranstaltungen genutzt.

Nun wird noch mal ordentlich Schwung geholt, denn es geht ein Stück bergan (was man hier im Flachland so als steilen Anstieg betrachtet, ist sicher kein Problem für Hangerprobte!). Seitlich des Treppenaufgangs führt eine fahrradgeeignete Strecke hinauf zur neu erbauten, symbolisch 18,13 m breiten **Brücke** (in Erinnerung an das Jahr der Schlacht, 1813) über die Bahnstrecke. Jetzt haben Sie es fast geschafft. Durch das Grün des **Wilhelm-Külz-Parks** sind es nur noch wenige Meter und Sie stehen direkt vor dem **Völkerschlachtdenkmal** 25 (s. S. 87).

Die darüberliegende **Ruhmeshalle** – die vor allem den Sieg über Napoleon feiern soll – präsentiert gigantische Allegorien der vier ›deutschen Volkstugenden‹: Tapferkeit, Volkskraft, Opferfreudigkeit und Glaubensstärke. In der sich darüber schließenden **Kuppel** symbolisieren 324 fast lebensgroße Reliefreiter die heimkehrenden Krieger.

Versäumen Sie nicht, einen Blick in die **Fundamente** des Denkmals zu werfen. Hier können Sie erkennen, dass nur die Fassade aus Granitporphyr gestaltet wurde. Etwa 90 % hingegen wurden aus einem ganz praktischen Material gefertigt, aus Stampfbeton. Das hatte mehrere Vorteile: Große Teile wie die ins Erdreich ragenden Stützpfeiler konnten direkt vor Ort gegossen werden und man konnte zügig arbeiten. Auch die Gefahren für die Arbeiter waren erheblich geringer, beim Bau des gewaltigen Monuments kam niemand zu Tode. Punktgenau am 18. Oktober 1913, dem 100. Jahrestag des Sieges über Napoleon, wurde es mit kaiserlichem Pomp eingeweiht. Der Kaiser reiste allerdings etwas vergnatzt schon mit dem Abendzug nach Berlin zurück: Der Ideengeber zum Bau, der Leipziger Architekt Clemens Thieme, adressierte in seiner glühenden Rede zwar das deutsche Volk, aber nicht die anwesenden Monarchen, die sich hier ihr letztes großes Stelldichein gaben. Als Architekt verantwortlich zeichnete kein geringerer als Bruno Schmitz, *der* Denkmalbauer der Kaiserzeit schlechthin. Er entwarf auch das Kyffhäuserdenkmal, die Kaiserdenkmäler am Deutschen Eck und an der Porta Westfalica sowie den Bismarckturm in Unna. Am Fuß des Denkmals informiert das **Forum 1813** 25 (s. S. 98) über die Völkerschlacht.

Straße des 18. Oktober 100, www.stadtgeschichtliches-museum-leipzig.de/besuch/unsere-haeuser, tgl. April–Okt. 10–18, Nov.–März 10–16 Uhr, 8/6 €, bis 6 Jahre, Eintritt frei

Verlierergedenken

Das Völkerschlachtdenkmal wurde in unmittelbarer Nähe von Napoleons Befehlsstand an der Quandtschen Tabaksmühle errichtet. An den Verlierer der Schlacht erinnert heute noch der **Napoleonstein** 17. Das steinerne Kissen oben auf dem quaderförmigen Gedenkstein trägt Nachbildungen eines Perspektivs und des typischen Zweispitzes des kleinen Großen. Napoleon soll Fernrohr und Kopfbedeckung bei seinem plötzlichen Aufbruch aus der Stadt zurückgelassen haben.

Wilhelm-Külz-Park, An der Tabaksmühle/Ecke Friedhofsweg, frei zugänglich

Das Schmuckstück im Südosten

Ein Spaziergang über den Südfriedhof 18: s. Tour S. 92.

Verlorener Klang

Hallraum Etzoldsche Sandgrube 19: s. Lieblingsort S. 97.

Museen

Trilogie der Sammlungen

Der Komplex des **Grassimuseums** 20 (Johannisplatz 5–11, Tram 4, 7, 12, 15 Johannisplatz; s. auch S. 77) beherbergt drei Museen, das **Museum für Angewandte Kunst,** das **Museum für Völkerkunde** und das **Musikinstrumentenmuseum der Universität Leipzig.** Jedes hat seine eigene Website, eigene Öffnungszeiten, eigene Eintrittspreise. Ein Kombiticket gibt es nicht.

20 **Grassi Museum für Angewandte Kunst:** Ein Besuch gehört zum unbedingten Pflichtprogramm für jeden designaffinen Leipzigbesucher. Das Museum ist ist eines der renommiertesten seiner Art weltweit. Auf den Rundgängen **»Antike bis Historismus«, »Asiatische Kunst«** und **»Jugendstil bis Gegenwart«** lassen sich erstrangige Exponate der mehr als 90 000 Objekte umfassenden Sammlung

TOUR
Das Schmuckstück im Südosten

Ein Spaziergang über den Südfriedhof

Infos

Spaziergang, ca. 1–1,5 Std.

Start: L 11, Südfriedhof Nordtor, Tram 15 Völkerschlachtdenkmal

Ziel: Südfriedhof Osttor, Tram 15 Südfriedhof

Südfriedhof: April–Sept. 7–21, Okt.–März 8–18 Uhr, **Führungen:** www.leipzig-details.de

Direkt an das Völkerschlachtdenkmal schmiegt sich der größte Parkfriedhof Sachsens. Auf dem **Südfriedhof** 18 beeindrucken die künstlerische Vielfalt der teils opulenten Grabanlagen und die Vielfalt der Pflanzen, nicht zuletzt der Bäume. Am schönsten ist es hier im späten Frühjahr, wenn Tausende Rhododendren in Blüte stehen. An diesem ruhigen Ort fanden (und finden) Buchverleger, Industrielle, Gewandhauskapellmeister, Thomaskantore, Oberbürgermeister, Universitätsprofessoren, Kunstschaffende – kurz die Elite der Stadt – ihre letzte Ruhe.

Originelle Wegearchitektur

Die Grundkonzeption der Wege folgt der Form eines Lindenblatts, was an den slawischen Ursprung des Stadtnamens erinnern soll (s. S. 287). Durch diesen lebendigen Schwung wird der Spaziergang nie langweilig und die verschiedenen Blickachsen stecken voller Überraschungen. Vom **Nordtor** kommend, bewegen Sie sich sozusagen auf dem Blattstängel und folgen dann beim Spaziergang über den Friedhof dem westlichen Blattrand.

Es lohnt sich, nach rechts in die **Abteilung II** abzubiegen. Dort können Sie gezielt ins Leipziger Who's who der jüngeren Vergangenheit eintauchen. Das **Grabmal von Wolfgang Mattheuer** (1927–2004) zieht die Blicke auf sich: die Bronzeplastik »Gesichtzeigen«. Der Maler und Bildhauer Mattheuer, der als einer der Hauptvertreter der Leipziger Schule gilt, schuf sie selbst. Nur einige Schritte weiter gelangen Sie zur **Grabstätte des Gewandhauskapellmeisters Kurt Masur** (1927–2015). Das Grabmal aus korridiertem Stahl (Abb. S. 94) ist als Triptychon konzipiert. Zwei Schrifttafeln mit einem Friedensgebet von Franz von Assisi rahmen die als Relief gestaltete Büste des Musikers.

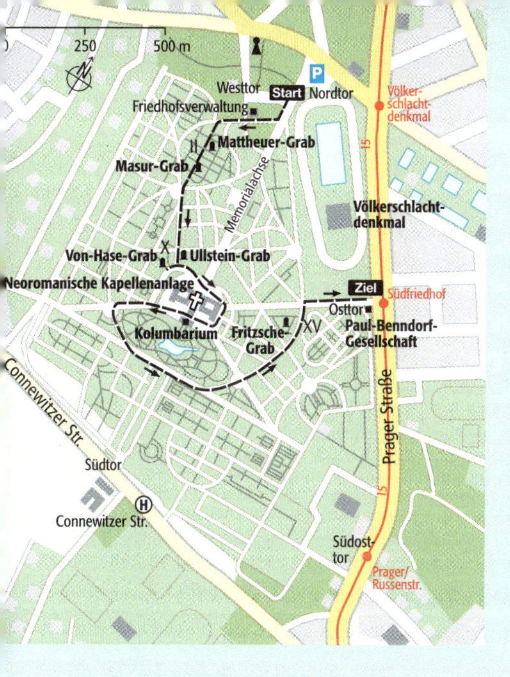

Gräberstadt
In der **Abteilung X** werden die Grabbauten zusehends monumentaler. Spätestens hier wird deutlich, welcher Wohlstand in der Stadt um 1900 herrschte. Sehenswert ist die Pyramide aus Muschelkalk, die sich der Papierfabrikant (und Verlegerneffe) **Ferdinand Eduard Ullstein** (1862–1912) errichten ließ. Wie ein Stück der Akropolis mutet das als Tempelfront gestaltete Grab an, das für einen Mitarbeiter im Musikverlag Breitkopf & Härtel, **Oskar von Hase** (1846–1921), erbaut wurde.

Kolumbarium und Krematorium
Nicht nur bei den Grabanlagen wurde eifrig von historischen Vorbildern abgeschaut. Vielleicht haben Sie sich bereits gefragt, woran Sie die **neoromanische Kapellenanlage** des Friedhofs mit ihrem etwa 60 m hohen **Glockenturm** erinnert: Die Benediktinerabtei Maria Laach in der Eifel stand Patin für das Gebäudeensemble. Vor dem Haupteingang blicken Sie zurück zu Ihrem Ausgangspunkt am Nordtor über die sogenannte **Memorialachse** hinweg, die dem Gedenken an die Opfer des Zweiten Weltkriegs und des Nationalsozialismus gewidmet ist. Schlendern Sie durch die Arkaden einmal um das Gebäude herum. An der Rückseite der Anlage können Sie das sich über zwei Etagen erstreckende **Kolumbarium** (›Taubenhaus‹) erkunden, also kunstvoll angeordnete Wandnischen für die Urnenbeisetzung in römisch-altchristlich-byzantinischem Baustil.

Einen herrlichen Blick auf die Rückfront der gesamten Anlage mit Krematorium und verschiedenen Trauerhallen von Otto Scharenberg bietet sich, wenn Sie auf die andere Seite des kleinen **Teiches** laufen. Hier lässt es sich auch gut auf einer Bank verweilen. Meist hört man Vogelgezwitscher, um die 60 brütende Arten sind auf dem Südfriedhof registriert. Vielleicht begegnen

Zu den zahlreichen bemerkenswerten Pflanzen auf dem Südfriedhof gehören Amberbaum, Mahonie, Zierkirsche, Urweltmammutbaum, Traueresche, Geweihbaum, Ginkgo und verschiedene Lindenarten.

Ihnen Eichhörnchen, Wildkaninchen oder Rehe? Sogar Waschbären stolzieren inzwischen ohne jede Scheu über das Terrain.

https://wo-sie-ruhen.de: Die App liefert Infos zu vielen Friedhöfen, auch zum Südfriedhof mit Erläuterungen zu einzelnen Grabstellen (mit Lageplan).

›Tempelchen‹ im Renaissancestil

Das gewaltigste Grabdenkmal des Friedhofs begegnet Ihnen in der **Abteilung XV.** Der Fabrikant **Ernst Traugott Fritzsche** (1851–1916) gab den Auftrag, sein Mausoleum dem Vorbild des Tempietto von Donato Bramante nachzuempfinden. Bramante schuf diesen Rundtempel im Hof des ehemaligen Klosters San Pietro in Montorio (Rom), dort wo Petrus gekreuzigt worden sein soll. Der Eingang zur Gruft des Fritzsche-Mausoleums entspricht übrigens nicht dem scheinbaren Portal, sondern liegt – nur Eingeweihten bekannt – um einiges vom Grab entfernt.

Von hier aus gelangen Sie in wenigen Schritten zu einer der **Hauptachsen,** die Sie zum Ausgang am **Osttor** führt. Dort befindet sich heute im einstigen Pförtnerhäuschen der Sitz der **Paul-Benndorf-Gesellschaft** (Prager Str. 212 b, www.paul-benndorf-gesellschaft.de, Mo–Fr 13–16 Uhr). Die Gesellschaft hat sich »die Erhaltung und Pflege historischer Friedhofsanlagen mit ihren kunsthistorisch oder stadtgeschichtlich bedeutsamen Grabmälern« zur Aufgabe gemacht. Wenn Sie tiefer in die Geheimnisse der Leipziger Friedhöfe eintauchen wollen, können Sie hier Publikationen aus der Reihe »Die Kunst im Stillen« erwerben. Oder noch besser: Nehmen Sie an einer Führung mit deren Autor, dem Sepulchralhistoriker und Original Alfred E. Otto Paul teil. Aus geplanten zwei Stunden werden gern auch drei bis vier, aber Langeweile kommt garantiert nicht auf!

Unvergessen: Kurt Masur

entdecken. Von der venezianischen Kassettendecke über japanische No-Masken bis zum DDR-Radio können Sie Alltagsgegenstände, Mobiliar und sonstiges Inventar bestaunen.

Architektonischer Glanzpunkt des Hauses ist die imposante **Pfeilerhalle,** benannt nach zwölf im Grundriss dreieckigen Vitrinenpfeilern, die 2006 nach historischen Vorbildern schrillbunt in Zinnoberrot, Ultramarinblau und Gold rekonstruiert wurden und so das apart-extravagante Flair der 1920er-Jahre wieder erstehen lassen. Sie dient für Veranstaltungen wie die 1920 vom damaligen Museumsdirektor Richard Graul ins Leben gerufene **Grassimesse** (www.grassimesse.de). Dabei stellen von einer Jury ausgewählte Designer und Kunsthandwerker aus, teils international anerkannte Künstler, teils Absolventen europäischer Fachschulen und Jungdesigner.

www.grassimak.de, Di–So 10–18 Uhr, 8/5,50 €, unter 19 Jahre und 1. Mi/Monat Eintritt frei

SÄCHSISCHER ITALIENER

Franz Dominic Grassi (1801–80) vermachte der Stadt den stolzen Betrag von 2 327 000 Mark, mit dem mehrere Bauten und Projekte der Stadt umgesetzt werden konnten. Das neue Grassimuseum am Johannisplatz wurde Mitte der 1920er-Jahre mit dem Verkaufserlös für das alte Grassimuseum finanziert, das 1895 von Grassis Geld am heutigen Wilhelm-Leuschner-Platz errichtet wurde und in dem jetzt die Stadtbibliothek untergebracht ist. Grassi entstammte einer seit mehreren Generationen in Leipzig ansässigen italienischen Kaufmannsfamilie und galt als echtes Leipziger Original. Er sprach gepflegtes Sächsisch, hatte eine Vorliebe für Theater und Pferde und half in finanzielle Nöte geratenen Mitbürgern auch mal aus der Patsche. Sein Spitzname war »der Holznutscher«, da er die Angewohnheit hatte, ständig auf einem Zahnstocher herumzukauen.

⑳ Grassi Museum für Völkerkunde:
Hier können auch Kinder zu Entdeckern werden. Wie sieht es in einer mongolischen Jurte und in einem Beduinenzelt aus? Wie kleidet sich ein Schamane und wie trinkt man in Usbekistan Tee? Auf dem Weg durch die **nach Kontinenten gegliederte Sammlung** spielt das Thema **Wohnen und Alltagswelt** vor allem in ländlichen Gebieten immer wieder eine große Rolle. In allen Bereichen sind auch **Objekte zum Mitmachen** wie etwa Trommeln oder Alltagsgegenstände ausgestellt, man hört Klänge von fremdländischer Musik oder authentische Geräuschkulissen der jeweils präsentierten Gegenden.

Die Ethnografische Sammlung des Landes Sachsen ist mit über 200 000 Sammlungsobjekten und dem umfangreichen Foto-, Film- und Dokumentenbestand eine der bedeutendsten Einrichtungen ihrer Art – nicht nur als Museum, sondern auch als Forschungsstätte. Viele seiner kostbaren Bestände verdankt das Museum Freunden des Hauses, Mäzenen und Förderern und dem umsichtigen Handeln seiner Direktoren, so vor allem Hermann Obst und Karl Weule. Berühmte Persönlichkeiten wie Heinrich Schliemann, der Entdecker von Troja, die Verlegerdynastien Brockhaus und Meyer, zu denen auch der Forscher und Erstbesteiger des Kilimandscharo Hans Meyer zählt, waren dem Museum für Völkerkunde zu Leipzig eng verbunden.

https://grassi-voelkerkunde.skd.museum, Di–So 10–18 Uhr, 8/6 €, unter 17 Jahre Eintritt frei

⑳ Musikinstrumentenmuseum der Universität Leipzig: Der älteste **Hammerflügel** der Welt hat schon manchen

Liebhaber des Klavierspiels extra nach Leipzig reisen lassen. Das von Bartolomeo Cristofori (1655–1731) erbaute Instrument gehört zu einer der größten Musikinstrumentensammlungen der Welt, die Ihnen auch weniger vertraute Instrumente wie **Serpent, Rappakai** oder **Theorbe** sowie eine alte **Kinoorgel** präsentiert.

Bei einem Rundgang durch die chronologisch aufgebaute **Dauerausstellung** des Hauses erhalten Sie anhand von europäischen und außereuropäischen Musikinstrumenten einen umfassenden Überblick über die Entwicklung von der Renaissance bis in die Gegenwart. Immer wieder laden einzelne Objekte, vor allem aber das **Klanglabor** zum Ausprobieren, Mitmachen und Musizieren ein. Hier können kleine und große Kinder nach Herzenslust Musik machen oder einfach mal richtig auf die Pauke hauen. Ein 3D-Soundsystem macht die Musik vergangener Jahrhunderte erfahrbar.

https://mfm.uni-leipzig.de, Di–So 10–18 Uhr, 6/3 €

M

MATINEEN À LA MENDELSSOHN

Atmosphärisch reizvoll sind die im Musiksalon des **Mendelssohn-Hauses** ㉑ stattfindenden **Sonntagsmatineen.** Jeweils um 11 Uhr wird, genau wie zu Mendelssohns Lebzeiten, von verschiedenen Interpreten aufgespielt. Das Programm präsentiert vor allem Werke der romantischen Musik: Klänge von Liszt, Brahms, Grieg oder Schumann verzaubern etwa eine Stunde lang den Sonntagmorgen und lassen die Zeiten wieder auferstehen, in denen die Mendelssohns ebenfalls sonntags »nur zu Musik und nichts als Musik« in ihr Haus einluden.

Musisches Multitalent

㉑ **Mendelssohn-Haus:** Japanische Gäste betreten das schöne hölzerne Treppenhaus dieses spätklassizistischen Wohnhauses gern auch mal barfüßig – aus Ehrfurcht vor dem großen Maestro. Hier lebte und arbeitete Felix Mendelssohn Bartholdy die letzten beiden Jahre seiner Leipziger Zeit von 1845 bis zu seinem Tod im November des Jahres 1847. Mittlerweile hat das Gebäude viel von seinem alten Glanz zurückerhalten. In der **Beletage** erleben Sie die **Wohnung** der Familie mit Arbeitszimmer und Musiksalon – teilweise wird originales Mobiliar präsentiert –, erfahren Wissenswertes über Mendelssohns Leipziger Zeit und seine Reisen und lernen ihn als Maler von durchaus sehenswerten Aquarellen kennen. Das **untere Geschoss** bringt die Besucher mit multimedialen und interaktiven Erlebnismöglichkeiten zurück ins 21. Jh. Technisches Highlight ist das **Effektorium,** ein als virtuelles Orchester eingerichteter Raum, bei dem sich jeder als Dirigent ausprobieren kann. Mit Hilfe eines Taktstocks wird über einen Touchscreen ein virtuelles Orchester dirigiert, das aus 13 über den Raum verteilten, die verschiedenen Orchestergruppen repräsentierenden Stelen besteht. Das reizt selbst museumsmuffelige Teenager! Im **Obergeschoss** hat sich 2017 das **Internationale Kurt Masur Institut** (www.masur-institut.de) einquartiert. Dort erfahren Sie Interessantes über Leben und Wirken des berühmten Mendelssohn-Nachfolgers, der sich auch als Retter dieses Hauses einen Namen gemacht hat.

Goldschmidtstr. 12, www.mendelssohn-stiftung.de, Tram 4, 7, 12, 15 Johannisplatz, tgl. 10–18 Uhr, 8/6 €

Musik aus dem Norden

㉒ **Edvard-Grieg-Begegnungsstätte:** Der berühmte norwegische Komponist nahm gerade mal 15-jährig ein Studium in Klavier und Komposition am hiesigen Konservatorium auf. Er kehrte auch in spä-

Lieblingsort

Die Suche nach dem verlorenen Klang

Es ist wie ein Kinderspiel, über den Steinboden inmitten des elliptischen Areals zu schreiten oder noch besser: zu hüpfen. Sobald man die großen Steine betritt, ertönen Geräusche aus dem Untergrund, wo auch die Trümmer der gesprengten Universitätskirche schlummern. Wenn ein Gebäude zerstört wird, verschwindet nicht nur das Gemäuer, sondern auch der Klang eines Raumes auf immer. Das ist die Idee des Klangkünstlers Erwin Stache, die hinter seiner Installation **Hallraum Etzoldsche Sandgrube** ⓳ steckt. Es sind Sprachfetzen, Orgelklänge, Sprenggeräusche, die sich zunächst akustisch aufbauen, um dann recht abrupt so zu verschwinden wie der Kirchenraum 1968. Und plötzlich ist fast Stille auf dem Hügel – einem der wenigen im Stadtgebiet –, fern wirken die Geräusche des städtischen Treibens (Park an der Etzoldschen Sandgrube, Tram 15 Prager Str./Russenstr., frei zugänglich, Klanginstallation: April–Okt. tgl. 9–21 Uhr).

teren Jahren häufig nach Leipzig zurück und nahm dann Logis im Hause seines Verlegers Max Abraham, dem Leiter des Musikverlags C. F. Peters. Ein Besuch lohnt also nicht nur für Grieg-Verehrer, sondern gibt auch Einblick in die Geschichte der renommierten **Edition Peters,** die 2014 ihren deutschen Hauptsitz an den Gründungsort zurückverlegte.

Im **Musiksalon** mit prächtiger hölzerner Kassettendecke finden regelmäßig **Konzerte** statt. Bei schönem Wetter können Sie im kleinen, gepflegten **Garten** verweilen, wo eine Grieg-Büste auf den einstigen Lieblingsgast hinweist. Der Architekt des Gebäudes, Otto Brückwald, entwarf auch das Bayreuther Festspielhaus.

Talstr. 10, www.edvard-grieg.de, Tram 4, 7, 12, 15 Johannisplatz, Di–Fr 14–18, Sa 10–16 Uhr, So bei Konzerten ab 13.30 Uhr und n. V., Eintritt frei

Flitterjahre

㉓ **Schumann-Haus:** Gegen den Willen des Vaters erkämpften Clara und Robert Schumann ihre Eheschließung vor Gericht. Hier in der großzügigen Wohnung in der Beletage eines klassizistischen Wohnhauses verbrachte das Künstlerehepaar die gemeinsamen Leipziger Jahre 1840–44. Die **Dauerausstellung** präsentiert die originalen Räume und wurde anlässlich Claras 200. Geburtstag im Jahr 2019 museumspädagogisch aufgepeppt. Im **Klangraum** lässt eine originelle Installation von Erwin Stache technische Gerätschaften und Haushaltsgeräte des 19. Jh. Töne, Geräusche oder ganze Musikstücke erklingen. Das ist ein wirklich kreativer Spaß nicht nur für die Jüngsten (im Gebäude befindet sich auch die **Freie Grundschule Clara Schumann** mit künstlerisch-musischem Schwerpunkt)! Eine weitere Attraktion stellt die nach einem Gipsabdruck **nachgebildete Hand Clara Schumanns** (ebenfalls Erwin Stache) dar, in die Sie sich im Wortsinn hineinfühlen und selbst musizieren können.

Inselstr. 18, www.Schumann-Haus.de, Tram 4, 7, 12, 15 Johannisplatz, **Museum:** Di–Fr 14–18, Sa/So 10–18, öffentliche Führung So 15 Uhr, 6,50/5 €, bis 16 Jahre in Begleitung der Eltern Eintritt frei; **Klangraum:** Sa/So, in den sächsischen Schulferien auch Di–Fr 10–18 Uhr

Von der Sprache zur Schrift

㉔ **Deutsches Buch- und Schriftmuseum:** Nachrichten, Geschichte(n), Einkaufszettel – die Beweggründe, etwas aufzuschreiben sind vielfältig, und die Erfindung der Schriftzeichen reicht weit in die Vergangenheit zurück. Immer ging und geht es dabei um die Fixierung von Erinnerung, ganz egal, ob die Zeichen aus Bildern, Buchstaben oder Einsen und Nullen bestehen. Das Deutsche Buch- und Schriftmuseum, das der **Deutschen Nationalbibliothek** angeschlossen ist, führt unterhaltsam und leicht verständlich durch eine Jahrtausende währende Entwicklung. Der Bestand ist inzwischen auf mehr als 1 Mio. Einheiten angewachsen und wird sowohl in der Dauerausstellung **»Zeichen – Bücher – Netze: Von der Keilschrift zum Binärcode«** als auch in wechselnden **Sonderausstellungen** sowie **museumspädagogischen Angeboten** vielgestaltig und lebendig präsentiert. Quasi als Schaufenster der Deutschen Nationalbibliothek bietet die neue Dauerausstellung des Museums Einblick in die Jahrtausende alte Mediengeschichte der Menschheit.

Deutscher Platz, www.dnb.de, Tram 2, 6 Deutsche Nationalbibliothek, Di/Mi, Fr–So 10–18, Do 10–20 Uhr, Eintritt frei

Napoleon victus

㉕ **Forum 1813 – Museum zur Völkerschlacht bei Leipzig:** Sächsische Militärgeschichte lässt sich auf einen einfachen Nenner bringen: Man hat (fast) immer aufseiten der Verlierer gekämpft. Das war auch 1813 nicht anders, als Napoleon hier seine erste große Niederlage einstecken musste. Über die Historie der Schlacht

Reenactment: Alljährlich im Oktober stellen militärgeschichtliche Vereine aus ganz Europa bei Leipzig Szenen der Völkerschlacht nach.

und ihre spätere Rezeption bekommen Sie im südlichen Seitenflügel des Völkerschlachtdenkmals detailreich Auskunft. Höhepunkt ist ein 15 m² großes Diorama mit über 3000 vollplastischen Figuren. Es zeigt das damalige Dorf Probstheida am Entscheidungstag der Schlacht.

Straße des 18. Oktober 100, www.stadtgeschichtliches-museum-leipzig.de/besuch/unsere-haeuser, Tram 15 Völkerschlachtdenkmal, tgl. April–Okt. 10–18, Nov.–März 10–16 Uhr, 8/6 €, bis 18 Jahre Eintritt frei

Essen

Fleischlos glücklich

1 GreenSoul: »Noch nie war Fleisch so Wurst« (O-Ton auf der Website). Nach diesem Motto lässt das Restaurant vom Wildkräutersalat über das vegane Schnitzel bis zum Beyond Meat Burger Vegetarier- und Veganerherzen höher schlagen. Hier dürften sich auch Fleischliebhaber überzeugen lassen, dass die vegane Variante klassischer Fleischgerichte lecker schmeckt. Bunte Inneneinrichtung im Shabby-Chic mit Wohnzimmer-Wohlfühlatmosphäre und extra Spielzimmer lassen auch die Familienseele der Betreiber sprechen.

Johannisallee 7, T 0341 35 05 55 91, www.restaurant-greensoul.de, Tram 4, 15 Ostplatz, Di–Sa 17.30–22 Uhr, Hauptgerichte 12–18 €

Viet-Cuisine

2 Quan Xua: Noch recht neu im Südosten ist dieses freundliche vietnamesische Restaurant mit großem Freisitz in einer ruhigen Seitenstraße. Es wurde sofort mit großer Begeisterung angenommen. Leckere Vorspeisen, traditionelle Pho (Reisnudelsuppe), Currys und vieles mehr. Auch diverse vegetarische Gerichte. Ein Muss sind die hausgemachten frischen Säfte.

Kurt-Günther-Str. 3, T 0341 24 72 57 35, www.quanxua.de, Tram 4 Riebeck-/Oststr.,

Di–Fr 11–15, 17–22, Sa/So 11–22 Uhr, Hauptgerichte 7,50–10,50 €

Denkmalsblick am Park

3 Pellorus: Die erste Assoziation beim Namen: Pellorus – Belarus, Weißrussland? Weit gefehlt, Peloros ist eine Gestalt der griechischen Mythologie, ein Riese, passend zum gigantischen Völkerschlachtdenkmal vis-à-vis. Auch das Ambiente im ehemaligen Museums-Glaspavillon, ein denkmalgeschützer Bau von 1963, ist sachlicher und moderner als beim typischen deutschen Griechen. Die Speisekarte bietet eine bunte Mischung mediterraner, griechischer und deutscher Gerichte mit Fleischigem, Fischigem sowie frischem und gegrilltem Gemüse. Ein zusätzliches Plus ist der großzügig angelegte Freisitz, der bei schönem Wetter allabendlich rappelvoll ist.

Zwar heißt die Kaffeebar Zack Zack, aber hier lässt es sich auch gut in Ruhe sitzen und plauschen oder diskutieren.

An der Tabaksmühle 21, T 0341 86 32 78 69, https://pellorus-leipzig.business.site, Tram 15 Völkerschlachtdenkmal, tgl. 11.30–23 Uhr, Hauptgerichte 10,90–21,50 €

Levante in der Eisenbahnstraße

4 Brothers – Café & Bäckerei: Die perfekte Melange aus levantinischer Küche, multikultureller Atmosphäre und trendiger Deko bietet neben verschiedenen Brotsorten vor allem vielfältige Frühstücksspezialitäten und Burger.

Eisenbahnstr. 85, T 0163 605 51 27, www.brothersbackerei.cafelists.com, Tram 8 Hermann-Liebmann-/Eisenbahnstr., Mo–Sa 6–22, So 6–21 Uhr

Dolce Vita

5 Eisträumerei: So ein Eisbecher im familiengeführten Café ersetzt schon mal die Hauptmahlzeit. In der Eisträumerei gibt es auch weniger süße Geschmacksrichtungen wie etwa Gurke-Dill. Das Eis (auch laktosefreie oder vegane Varianten) wird frisch zubereitet und schmeckt sehr natürlich. Falls Sie keinen Sitzplatz ergattern – vis-à-vis gibt es den Straßenverkauf: die **Kleine Eisträumerei 6**.

Riebeckstr. 23, Tram 4 Riebeck-/Stötteritzer Str., T 0341 352 37 54, www.eistraeumerei.de/eiscafe, Mi–So 13–20 Uhr, Eisbecher 5,40–7,50 €; **Kleine Eisträumerei:** Riebeckstr. 32, tgl. 13–18 Uhr

Digitale Boheme

7 Espresso Zack Zack: Da staunten die Anwohner nicht schlecht: Inzwischen hat selbst Reudnitz ein richtiges Hipster-Café! Neben guten italienischen Kaffeespezialitäten (3–4 €) und Fair-Trade-Kakao gibt es selbst gemachte Tartes, Brownies, Muffins, Quiches und Panini. Zack, zack zum Mitnehmen oder aber gemütlich zum Verweilen in intellektuell-spartanischer Arbeitsatmosphäre.

Albert-Schweitzer-Str. 2, www.espressozackzack.de, Tram 4 Riebeck-/ Oststr., Mo–Fr 8–18, Sa/So 9–18 Uhr

Einkaufen

Kunstvolles Design

⑳ **Grassi Shop:** Für Liebhaber*innen des geschmackvollen Designs gibt es hier eine kleine, feine Auswahl an Schmuck, Accessoires, Spielzeug, Geschirr, Postkarten, Bildbänden und Souvenirs. Mein bisher skurrilstes Mitbringsel: ein mongolisches Würfelspiel aus Kamelknochen geschnitzt, mit dem man über die eigene Zukunft orakeln kann.

Johannisplatz 5–11, www.grassi-shop.de, Tram 4, 7, 12, 15 Johannisplatz, Di–Fr 11–18, Sa/So 10–18 Uhr

Lieblingsladen

HIT-Markt Alte Messe: Ein Supermarkt als Einkaufstipp? Allein die 1920er-Jahre-Architektur der alten Messehalle (s. S. 90) macht den Laden besonders. Der Markt ist groß genug, um echte Auswahl zu bieten, aber nicht so riesig, dass der Einkauf zum Halbtagesprogramm ausartet. Die Auswahl an frischem Obst und Gemüse, auch in Bioqualität, kann sich sehen und schmecken lassen. Und wem die frisch zubereiteten Sushi im Markt nicht genügen, der kann frische Antipasti auch beim Feinkoststand von **Troja21** im Eingangsbereich erwerben.

Alte Messe, Messehalle 11, Straße des 18. Oktober 44, www.hit.de/leipzig.html, www.facebook.com/Troja21leipzig, Tram 2, 15 Alte Messe, Mo–Sa 8–22 Uhr

Bewegen

Schlittschuhlaufen

① **Kohlrabizirkus:** Wo früher eher mit Gemüse jongliert wurde, kratzen heute Schlittschuhkufen übers Eis. Erbaut wurde die ehemalige Großmarkthalle mit zwei Kuppeln 1922–29 von Stadtbaurat Hubert Ritter als damals größte Massivkuppel der Welt. Heute befindet sich in der Nordhalle eine Eislaufarena. Hier spielen auch die Icefighters Leipzig Eishockey.

An den Tierkliniken 38, www.leipziger-eisarena.de, Tram 16 An den Tierkliniken, S 1–6 MDR, Öffnungszeiten s. Website, 2 Std. 5/4 €, 4 Std. 8/6 €, Schlittschuhe 3 €

Ausgehen

Urig

① **Substanz – Biergarten & Pianobar:** Seit Anfang der 1990er-Jahre existiert das Urgestein im Herzen von Reudnitz, das sich treu geblieben ist in seinem ehrlichen, bodenständigen Charme – besonders zur Biergartensaison. Ab und an auch Livemusik.

Täubchenweg 67, www.substanz-leipzig.de, Tram 4, 7, 72, 73 Reudnitz Köhlerstr., tgl. ab 18 Uhr

Leipziger Pantheon

② **Eventpalast:** Ob zum Konzert, zur Disco oder nur zum Chillen – das Ambiente unter der Stahlbetonkuppel (s. S. 90) macht den Besuch zum Ereignis. Der Eventpalast ist immer für eine Party gut.

Alte Messe (Messehalle 16), Puschstr. 10, www.eventpalast-leipzig.de, Tram 15 Alte Messe

Techno intellektuell

① **Institut für Zukunft:** Im Kohlrabizirkus-Keller wird die Zukunft herbeigedanced. Für Fans von Electro, Punk und Co. einer der angesagtesten Clubs der Stadt.

An den Tierkliniken 38–40, https://ifz.me, Tram 16 An den Tierkliniken, S 1–6 MDR

Jugendtreff

㉕ **Völkerschlachtdenkmal:** Seit Corona sucht sich die Jugend neue ›Draußenspots‹ wie das Areal rund ums Denkmal (s. S. 87).

Zugabe

Dunkel. Dreckig. Reudnitz.

Prekär, unspektakulär – womöglich genau die Chance, die Reudnitz-Thonberg längst ergriffen hat.

Ein Stadtteil mit schmutzigem Image, der für Leute aus den gehobeneren Vierteln immer noch als eher prekär und gleichzeitig unspektakulär gilt. Lange Zeit bröckelten hier die Fassaden und der Leerstand, der damals noch in einigen Ecken Leipzigs bestand, war in diesem Stadtteil unübersehbar. Irgendjemand hatte die Situation kurz und knackig zusammengefasst und die drei Wörter »Dunkel. Dreckig. Reudnitz.« auf einen Weg im Lene-Voigt-Park gesprüht.

Das fand Martin Meißner (geb. 1987) zutreffend und griffig und startete 2013 seinen inzwischen stadtbekannten gleichnamigen Blog. Der gebürtige Leipziger war in einem anderen Stadtteil aufgewachsen und hielt die Gegend im Osten eher für »Fly-over-Country« (oder besser: »Ride-past-Area?«). In den 1990er-Jahren fuhr Meißner auf dem Weg zur Schule täglich mit der Straßenbahn durch Reudnitz. Nie stieg er aus, bis es ihn dann eher zufällig während seines Studiums hierher verschlug. Der Blog kommt an, weil nichts beschönigt oder gehypt wird. Gerade das Graue, Langweilige, Untrendige wird zum Thema. Es gibt eine Rubrik namens »Dinge, die ein Reudnitzer nicht sagt«, unter der Posterspüche zu lesen sind wie: »Gibt es den Latte auch mit Sojamilch?« Das soll wohl heißen: Die Leute hier sind bodenständig geblieben und man trifft auch noch echte Einheimische.

Sicher eher zufällig, aber irgendwie passend ist, dass sich der Blogname auf DDR abkürzen lässt. Denn selbst wenn der weitaus größte Teil der Bausubstanz typische Arbeitervorstadtbauten aus der Zeit um 1900 sind, so bekam man hier noch bis nach der letzten Jahrtausendwende das Gefühl, dass über dem Stadtteil der Grauschleier des jüngst untergegangenen Staates lag. Einen authentischen literarischen Eindruck von der Gegend in der unmittelbaren Nachwendezeit vermittelt Clemens Meyers Romandebüt »Als wir träumten« (2006), der die Lesenden in den Kosmos einer Gruppe Jugendlicher in Reudnitz eintauchen lässt.

Echte Touristenattraktionen finden sich hier keine, die bedeutsamste ›Kultureinrichtung‹ im erweiterten Sinn ist das Leipziger Brauhaus zu Reudnitz, wo seit einigen Jahren nicht mehr Reudnitzer, sondern unter dem Traditionsnamen Sternburger (s. S. 218) gebraut wird. Bei Bierconnaisseuren verpönt,

Viele junge Leute sind in den letzten Jahren zugezogen, es gibt längst ein paar Hipstercafés …

genießt das ›Sterni‹ regelrechten Kultstatus bei preisbewussten Jugendlichen und passt perfekt zum Image der Gegend.

Dabei muss eines gesagt werden: So schmutzig, wie der Sprayer im Lene-Voigt-Park verkündete, ist es in Reudnitz nicht mehr. Und inzwischen riecht es hier auch besser: Die Brauerei wurde längst mit modernster Brautechnologie ausgestattet, sodass der berüchtigte Maischegestank, der früher durch die Straßen waberte, deutlich unaufdringlicher geworden ist.

In Reudnitz-Thonberg ist es bunter geworden. Viele junge Leute sind in den letzten Jahren zugezogen, es gibt längst ein paar Hipstercafés wie das Espresso Zack Zack (s. S. 100) und den besten Döner der Stadt (Globus Döner, Oststr. 56, seit 1991 im Viertel). Ein grünes Plus bietet der Lene-Voigt-Park (s. S. 85), der auf bzw. rund um das Gelände eines ehemaligen Bahnhofs angelegt wurde. Hier treffen sich alle Generationen, Alteingesessene und Neu-Leipziger. Hier können Sie den Puls von ›Detroitnitz‹ am besten spüren.

Martin Meißner meint, noch vor ein paar Jahren sei Reudnitz Durchgangsstation für viele junge Neu-Leipziger gewesen, die zum Studium in die Stadt kamen, dann aber schnell nach Vor-Ort-Orientierung in die angesagteren Stadtteile umgezogen seien. Inzwischen lässt sich eine Veränderung erkennen: Kinderwagen und das Treiben auf den Spielplätzen verraten, dass inzwischen junge Leute nach ihrer Familiengründung hier bleiben – oder hierher ziehen.

Auch Martin Meißner ist nach dem Studium dageblieben. Inzwischen sitzt er für die Grünen im Stadtrat. Sein Wunsch für den Stadtteil? Dass das Besondere bleibt, dass es nichts Besonderes gibt. ■

Graffiti, Grün und Fernwärmeleitungen: Wo zuvor die baufälligen Reste eines alten Bahnhofs standen, erstreckt sich heute der Lene-Voigt-Park.

Rund um Musik- und Bachviertel

Repräsentative Bauten — schaffen den Rahmen für Musik, Theater, Thomanerchor, Leipziger Schule, Kneipen und Parks.

Seite 119, 122

Kneipenmeile Gottschedstraße

In direkter Nähe zur Innenstadt finden sich im ›Schauspielviertel‹ zahlreiche beliebte Cafés, Kneipen und Lokale wie das Barcelona.

Seite 112

Clara-Zetkin-Park

Nicht nur entlang der Anton-Bruckner-Allee können Sie im Clara-Zetkin-Park lustwandeln, skaten, radeln und einkehren. Der wohl beliebteste Leipziger Park ist die grüne Oase zwischen Musik- und Bachviertel. Bei Schnee im Winter wird hier sogar gerodelt.

Schauspiel, Musik, Malerei – welches Studium darf's sein?

Seite 111

Hochschule für Musik und Theater

Zu der nach Felix Mendelssohn Bartholdy benannten Akademie gehört seit 1992 auch das Schauspielinstitut Hans Otto.

Seite 114, 119

Bundesverwaltungsgericht

Der imposante Bau, früher Sitz des Reichsgerichts, zählt deutschlandweit zu den repräsentativsten der Ära um die Jahrhundertwende. Das Reichsgerichtsmuseum bringt die wechselvolle Geschichte des Gerichts nahe.

Seite 116

Vom MdbK zur HGB

Folgen Sie den Spuren der Künstler der Leipziger Schule vom Museum der bildenden Künste bis zur Galerie der Hochschule für Grafik und Buchkunst, wo alles seinen Anfang nahm.

Seite 118

Forum Thomanum

Das Zuhause des Thomanerchors kann sich auch von außen sehen lassen!

Seite 113, 122

Parkbühne

Ob Theater, Rock- und Popkonzerte, auch von internationalen Größen des Musikbusiness, oder die Pfingsttreffen der Wave- und Gothicfans – eine Veranstaltung auf der Freiluftbühne im Clara-Zetkin-Park ist ein Erlebnis.

Seite 123

Nachts im Museum

Schon mal was vom Paris-Syndrom gehört? Schlafen Sie doch mal in der Interpretation von Jun Yang in der Galerie für Zeitgenössische Kunst.

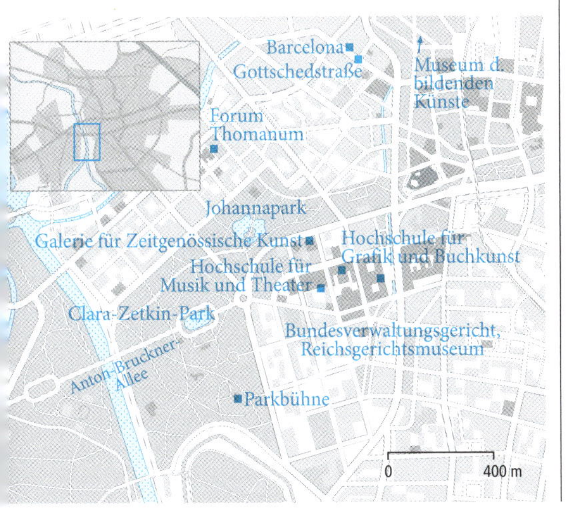

Ein beliebtes Fotomotiv sind die beiden Holzbrücken, die im Johannapark auf die Teichinsel führen. Ganzjährig romantisch!

»Reichtum, Wissenschaft, Talente, Besitzthümer aller Art geben dem Ort eine Fülle, die ein Fremder, wenn er es versteht, sehr wohl genießen und nutzen kann.« Goethe an von Stein

Die Schulbänke der Musen

L

Lassen Sie sich bitte nicht irritieren: Viele Leipziger sprechen vom Musikerviertel und fügen dem Musikviertel eine Extrasilbe hinzu. Gern wird fälschlicherweise angenommen, der Name rühre von der Vielzahl der nach Musikern benannten Straßen her. Tatsächlich namensgebend war das erste Neue Gewandhaus, das hier im ausgehenden 19. Jh. errichtet worden war, aber bedauerlicherweise den Zweiten Weltkrieg nicht überlebte. Der Nachfolgebau steht in der Innenstadt am Augustusplatz, aber es gibt dennoch einen guten Grund, weiterhin vom Musikviertel zu sprechen: Die Hochschule für Musik und Theater »Felix Mendelssohn Bartholdy« hat hier ihren Sitz. In unmittelbarer Nachbarschaft finden sich die Gebäude weiterer Hochschulen wie der Hochschule für Grafik und Buchkunst sowie zur Universität gehörende Institutionen. Dadurch herrscht hier besonders zu Semesterzeiten quirlig-buntes Treiben in städtebaulich gehobenem Ambiente.

Ein paar weitere Lücken hat der Krieg gerissen, was unschwer an den Ersatzgebäuden meist im Plattenbaustil erkennbar ist. Erwähnenswertes Kuriosum: Auch ›Honeckers Gästehaus‹, ein Bau aus den späten 1960er-Jahren, in dem der Staatsratsvorsitzende regelmäßig zu Messezeiten weilte, steht unter Denkmalschutz und harrt in der Schwägrichenstraße nun seiner Sanierung.

Jenseits von Clara-Zetkin- und Johannapark – einer beliebten Grünanlage, die zum Bereich des Leipziger Auwalds gehört –, setzt sich im Bachviertel die großzügige, von der Gründerzeit geprägte Bebauung fort. Hier lässt sich mit dem Forum Thomanum, dem Bildungscampus des Thomanerchors, eine weitere altehrwürdige Bildungsstätte verorten.

Abends ist es die Gegend rund ums Schauspielhaus, die durch die hohe Dichte an Restaurants, Bars und Cafés viele Gäste und Einheimische anlockt.

O

ORIENTIERUNG

Start: Das Neue Rathaus (Tram 1, 2, 8, 14, Bus 89) ist ein guter Ausgangspunkt für eine Erkundung des Gebiets, dessen Teilbereiche ab hier – auch als Rundgang – bequem fußläufig zu erreichen sind.
Musikviertel: Bus 89 Wächterstr., Mozartstr.
Bachviertel: Tram 2, 3, 4, 7, 14, 15 Westplatz, 1, 2, 14 Marschnerstr.

Kolonnaden-viertel

H8

Theater, Theater

Das Kolonnadenviertel wird alternativ auch als Schauspielviertel bezeichnet, da sich hier sowohl das Theater als auch das Gebäude der Hochschule für Musik und Theater befinden, in dem die Schauspielstudenten ausgebildet werden. Architektonisch betrachtet finden Sie rund um die Kolonnadenstraße einen Mix aus Gründerzeitpreziosen und Plattenbauten der 1980er-Jahre.

Jüdische Spuren

140 leere Stühle aus Bronze sollen mahnen: Hier stand einmal die Große Gemeindesynagoge (Der Tempel). Das **Synagogendenkmal** ❶ (Ecke Gottschedstr./Zentralstr.) erinnert an die älteste und bedeutendste der Leipziger Synagogen, die von den Nazis bei den Novemberpogromen 1938 angezündet wurde. Besonders perfide: Den Abriss der Ruine hatte die Israelitische Religionsgemeinde selbst zu bezahlen. Seit 2001 erinnert nun das von den Leipziger Architekten Sebastian Helm und Anna Dilengite gestaltete Mahnmal: Eine Sichtbetonwand mit Gedenkworten in hebräischer, englischer und deutscher Sprache auf Bronzeplatten bildet auf 12 x 12 m den Grundriss des einstigen Gebäudes nach. Im Zentrum stehen auf Betonuntergrund 140 unbesetzte bronzene Stühle, die an den Verlust erinnern. Der Kontrast zwischen den leeren Stühlen und dem quirligen Leben, das meist auf

Stimmen nachdenklich und sind ein Ruhepol an der quirligen Gottschedstraße: die (fast) leeren Bronzestühle des Synagogendenkmals.

Rund um Musik- und Bachviertel

Ansehen

1. Synagogendenkmal
2. Clara-Zetkin-Denkmal
3. Johannapark
4. Clara-Zetkin-Park
5. Galopprennbahn im Scheibenholz
6. Bibliotheca Albertina
7. Rossbachpalais
8. Geisteswissenschaftliches Zentrum der Universität Leipzig
9. Hochschule für Musik und Theater »Felix Mendelssohn Bartholdy«
10. Hochschule für Grafik und Buchkunst (HGB)
11. Deutsches Literaturinstitut Leipzig
12. Thomasschule
13. Thomasalumnat
14. Villa Thomana
15. Lutherkirche
16. Villa Baedeker
17. Käthe-Kollwitz-Str. 82 (Meyer-Villa)
18. Käthe-Kollwitz-Str. 115 (Meyer-Villa)
19. Villa zur Julburg
20. Galerie für Zeitgenössische Kunst/ Café Das Kapital
21. G2 Kunsthalle
22. Kunsthalle der Sparkasse Leipzig
23. Bundesverwaltungs- gericht/Reichsgerichts- museum

Essen

1. Barcelona
2. Vodkaria
3. Pilot
4. Café Luise
5. Glashaus im Clarapark
6. Violino
7. Kowalski
8. ZierlichManierlich

Einkaufen

1. Salumeria da Daniele
2. Backstein

Bewegen

1. Stadthafen
2. Spielplatz Rennbahnweg

Ausgehen

1. Bar Cabana
2. Elsterartig
3. Schauspielhaus (Schauspiel Leipzig)
4. Diskothek (Schauspiel Leipzig)
5. Parkbühne

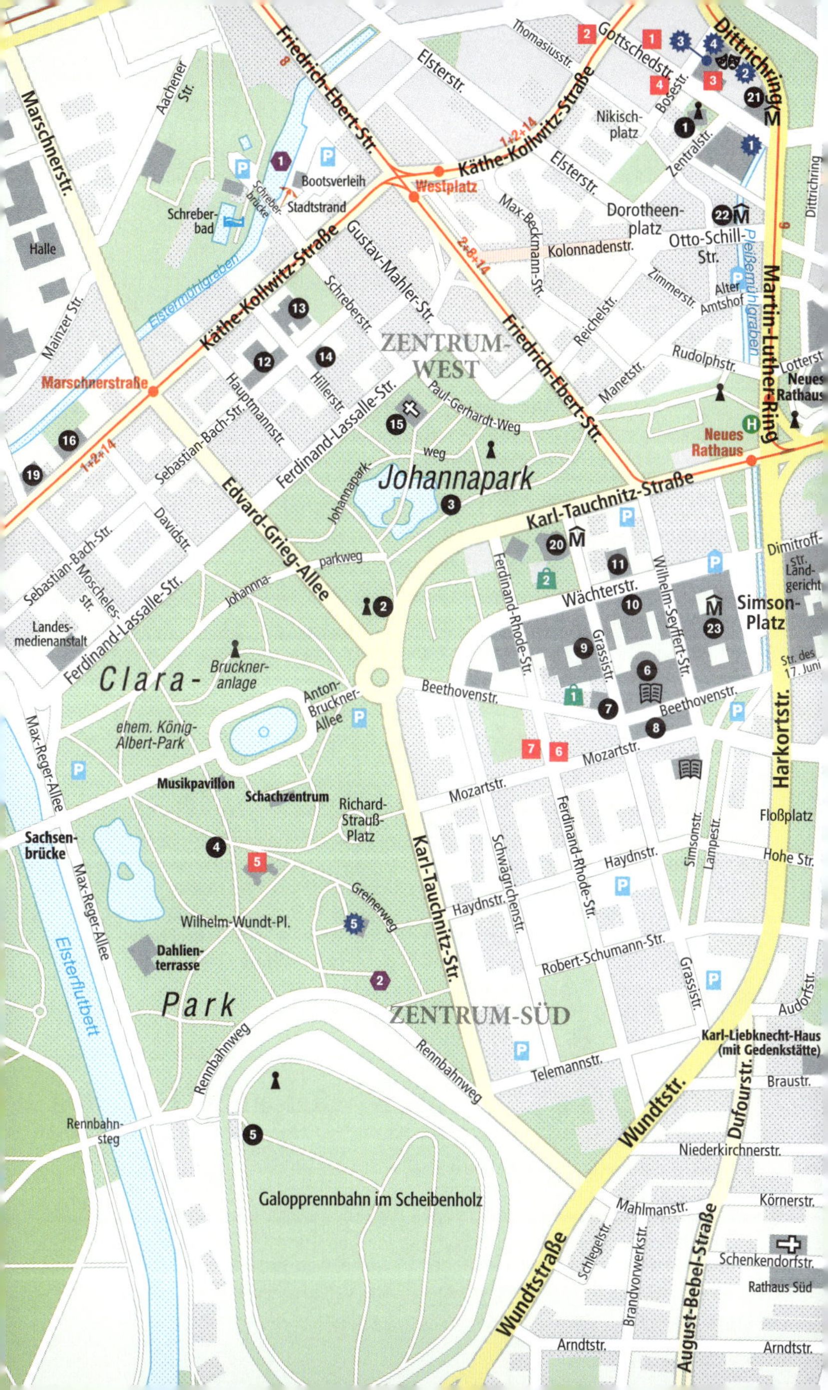

Friedrich-Ebert-Str.
Thomasiusstr.
Gottschedstr.
Dittrichring
Elsterstr.
Bosestr.
Nikisch-platz
Zentralstr.
Käthe-Kollwitz-Straße
Westplatz
Bootsverleih
Stadtstrand
Schreberbrücke
Schreber-bad
Aachener Str.
Marschnerstr.
Halle
Elstermühlgraben
Käthe-Kollwitz-Straße
Gustav-Mahler-Str.
Schreberstr.
Max-Beckmann-Str.
Kolonnadenstr.
Dorotheen-platz
Otto-Schill-Str.
Pleißemühlgraben
Alter Amtshof
Zimmerstr.
Reichelstr.
Martin-Luther-Ring
Dittrichring
ZENTRUM-WEST
Friedrich-Ebert-Str.
Rudolphstr.
Lotterstr.
Neues Rathaus
Manetstr.
Mainzer Str.
Marschnerstraße
Hauptmannstr.
Hillerstr.
Ferdinand-Lassalle-Str.
Paul-Gerhardt-Weg
Sebastian-Bach-Str.
Johannapark
Johannapark-weg
Edvard-Grieg-Allee
Karl-Tauchnitz-Straße
Davidstr.
Sebastian-Bach-Str.
Moscheles-str.
Landes-medienanstalt
Ferdinand-Lassalle-Str.
Johanna-parkweg
Ferdinand-Rhode-Str.
Wächterstr.
Wilhelm-Seyffert-Str.
Simson-Platz
Dimitroff-str.
Land-gericht
Str. des 17. Juni
Clara-Park
Bruckner-anlage
Anton-Bruckner-Allee
Beethovenstr.
Grassistr.
Beethovenstr.
Harkortstr.
ehem. König-Albert-Park
Max-Reger-Allee
Musikpavillon
Schachzentrum
Richard-Strauß-Platz
Mozartstr.
Mozartstr.
Floßplatz
Sachsen-brücke
Max-Reger-Allee
Karl-Tauchnitz-Str.
Schwägrichenstr.
Ferdinand-Rhode-Str.
Haydnstr.
Haydnstr.
Simsonstr.
Lampestr.
Hohe Str.
Greinerweg
Wilhelm-Wundt-Pl.
Dahlien-terrasse
Elsterflutbett
Robert-Schumann-Str.
Grassistr.
Audorfstr.
ZENTRUM-SÜD
Karl-Liebknecht-Haus (mit Gedenkstätte)
Rennbahnweg
Rennbahnweg
Telemannstr.
Braustr.
Dufourstr.
Wundtstr.
Rennbahn-steg
Niederkirchnerstr.
Galopprennbahn im Scheibenholz
Mahlmanstr.
Körnerstr.
Schlegelstr.
Brandvorwerkstr.
August-Bebel-Straße
Schenkendorfstr.
Rathaus Süd
Wundtstraße
Arndtstr.
Arndtstr.

den zahlreichen Freisitzen der beliebten **Kneipenmeile Gottschedstraße** (s. Essen S. 119, Ausgehen S. 122) herrscht, ist sicher bewusst gewählt.

Central

Das **Schauspielhaus** 3 (Bosestr. 1; s. S. 122) hat ein charmantes 1950er-Jahre-Flair, denn das Gebäude ersetzt den kriegszerstörten Vorgängerbau des früheren Centraltheaters.

Ganz in der Nähe, am Dittrichring 21, bildet die Hochschule für Musik und Theater (s. S. 111) im **Schauspielinstitut »Hans Otto«** ihre Schauspielstudierenden aus. Den markanten Gründerzeitbau kennen alte Leipziger noch als **Haus der Deutsch-Sowjetischen Freundschaft.**

Am Clara-Zetkin-Park

G/H9/10

Clara und Johanna

Beliebt bei Groß und Klein ist die Grünanlage von **Clara-Zetkin- und Johannapark,** weitläufig angelegt, mit Gastronomie- und Freizeitangeboten. Beide Parkbereiche sind landschaftsgärtnerisch ansprechend gestaltet und laden zum ausgedehnten Spaziergang ein.

Es ist kurios: Das **Clara-Zetkin-Denkmal** 2 steht direkt am Eingang zum **Johannapark** 3. Zu DDR-Zeiten wurden mehrere benachbarte Parks unter dem Namen der Kommunistin und Frauenrechtlerin Zetkin zusammengefasst. Dabei ignorierte man gänzlich das Vermächtnis des Stifters Wilhelm Theodor Seyfferth. Der hatte den Johannapark nach Entwürfen von Peter Joseph Lenné 1881 im Stil eines englischen Landschaftsgartens für die Öffentlichkeit anlegen lassen und ihn nach seiner jung verstorbenen Tochter benannt. Da spielte wohl väterliche Reue eine Rolle, denn Seyfferth hatte Johanna in eine unglückliche Ehe gedrängt. In seinem Testament stiftete der einflussreiche Bankier den Park der Stadt Leipzig unter der Bedingung, dass »dieses Grundstück für immer der Bebauung entzogen bleibt und seinen jetzigen Namen behält«. Und so trägt heute der der Innenstadt zuwandte Teil wieder seinen alten Namen, der weitläufigere **Clara-Zetkin-Park** 4 (s. Tour S. 112) beginnt jenseits der Edvard-Grieg-Allee.

Wetten?

Die altehrwürdige **Galopprennbahn im Scheibenholz** 5 (Rennbahnweg 2 a, www.scheibenholz.com) geht bereits auf das 19. Jh. zurück. Der traditionelle Termin für den Aufgalopp ist der 1. Mai. Machen Sie sich keine zu großen Sorgen um Ihre Garderobe, Scheibenholz ist nicht Royal Ascot. Ein wenig geht es hier aber schon ums Sehen und Gesehenwerden – und, da ist es dann doch ein bisschen Ascot, besonders die Hutmode kann durchaus mal von den Pferden ablenken. Echte Wettprofis tragen hingegen eher unauffällige Kleidung, habe ich mir erklären lassen. Einer der Stammgäste ist übrigens der Leipziger Schriftsteller Clemens Meyer, selbst bekennender Pferdenarr. Im Sommer finden hier zusätzlich Aufführungen des **Sommertheaters der Schauspielschule** sowie Vorführungen des **Freiluftkinos** statt.

Musikviertel

H9

Neo-Neo-Stil

Für den Laien nicht erkennbar: Die Westseite des palastartigen Neorenaissancebaus der **Bibliotheca Albertina** 6 nach Plänen von Arwed Rossbach ist original erhalten, der im Zweiten Weltkrieg zerstörte Ostflügel wurde erst um die Jahrtausendwende aufwendig rekonstruiert. Auch der majestätische, gläsern überdachte Hauptlesesaal ist komplett neu entstanden. Seither präsentiert sich die Universitätsbibliothek für Geistes- und Sozialwissenschaften wieder ganz in ihrem alten Glanz. Werfen Sie doch einen Blick in das wundervoll ausgemalte Treppenhaus!

Bereits kurz nach der Einführung der Reformation in Sachsen 1543 als Institution gegründet, ist die Albertina die zweitälteste Unibibliothek in Deutschland. Wirkliche Bedeutung erlangte sie jedoch erst durch eine gezielte und konzertierte Ankaufpolitik, zahlreiche großzügige Schenkungen und die Beschäftigung wirklich fähiger Bibliothekare im Lauf des 19. Jh. Mit ihren inzwischen 5,5 Mio. Medieneinheiten, rund 7200 laufenden Zeitschriften, fast 9000 Handschriften, 3600 Inkunabeln, 173 000 Autografen und Sondersammlungen diverser Art bildet sie das geisteswissenschaftliche Herz der Universität.

In unmittelbarer Nachbarschaft der Bibliothek steht ein weiteres Gebäude desselben Architekten: Die opulente Fassade des **Rossbachpalais** ❼ (Beethovenstr. 8) gilt als eine der schönsten der Stadt.

Bibliotheca Albertina: Beethovenstr. 6, www.ub.uni-leipzig.de, Mo–Sa 8–24, So 10–20 Uhr, in der vorlesungsfreien Zeit reduziert

Kubatur des Wissens

Ob das die vielen jungen Leute, die es sich am Mendelssohnufer am wieder geöffneten Pleißemühlgraben (s. Kasten S. 114) gemütlich gemacht haben, wissen? Früher stand an diesem Platz der 1880–84 nach Plänen von Martin Gropius durch Heino Schmieden errichtete Gewandhausbau, der 1944 bei Bombenangriffen weitgehend zerstört wurde. Die Ruine wurde 1968 gesprengt. Doch zumindest erinnert eine Büste an den großen Gewandhauskapellmeister Mendelssohn Bartholdy.

CODEX SINAITICUS

Weltberühmt: Einige Blätter des Codex Sinaiticus, eines Bibelmanuskripts aus dem 4. Jh., gehören zum Bestand der **Bibliotheca Albertina.** Konstantin von Tischendorf hatte diesen Teil von seiner ersten Reise auf die Sinaihalbinsel aus dem Katharinenkloster mitgebracht und dem sächsischen König Friedrich August II. gewidmet. Das Gros des Codex befindet sich im British Museum in London. Stolz sein darf die Albertina auch auf den Besitz der größten medizinischen Handschrift des alten Ägyptens, des **Papyrus Ebers** (1600 v. Chr.).

Seit 2002 bietet an diesem historischen Ort das **Geisteswissenschaftliche Zentrum der Universität Leipzig** ❽ (Beethovenstr. 35) einen denkbar großen architektonischen Kontrast zur Bibliotheca Albertina direkt gegenüber. Das Zentrum besteht aus fünf Würfelbauten und vier teils verglasten Innenhöfen.

Nicht nur konservativ

Mendelssohn Bartholdy war nicht nur ein höchst musikalischer, sondern auch ein klug vorausschauender Mann. Er wusste: Will man gute Musiker im Orchester haben, bildet man sie am besten selbst aus. 1843 begründete er deshalb mit dem Conservatorium der Musik die erste Musikhochschule in Deutschland, deren Nachfolgeinstitution die **Hochschule für Musik und Theater »Felix Mendelssohn Bartholdy«** ❾ (Grassistr. 8, www.hmt-leipzig.de) darstellt.

Ursprünglich im Hofgebäude des Hauses der Gewand- und Tuchmacher untergebracht, in dem auch das Gewandhausorchester logierte, bezog die Hochschule für Musik bereits 1887 den

TOUR
Mit Kind und Kegel

Ein Bummel durch den Clara-Zetkin-Park – mit Aktivstationen

Wenn's im Winter mal Schnee gibt, werden zwei im 19. Jh. künstlich angelegte Hügelchen im Bereich Ferdinand-Lassalle-Straße/Johannaparkweg zum Rodelparadies für Kinder. Die Kleine Warze und die Große Warze werden sie im Volksmund genannt.

Wenn Ihr Herz nach all der Kultur »nach grüner Farb'« verlangt oder sich die Kinder nach Museumsbesuchen austoben sollen, ist das Stadtgrün in Leipzig immer nur einen Katzensprung von der Innenstadt entfernt. Einer der Favoriten ist der **Clara-Zetkin-Park** ❹ (s. auch S. 110) mit seinen gepflegten Blumenrabatten und vielfältigen Freizeitangeboten. Die Hauptachse des Parks ist nicht nur perfekt zum Fahrradfahren, sondern auch zum Inlineskaten geeignet. Auf dieser Route pirschen Sie sich sozusagen von draußen nach drinnen vor und starten im Stadtteil Schleußig. Dort grenzt der Clara-Zetkin-Park an das südlich gelegene alte Waldgebiet der **Nonne,** das seinen Namen noch aus mittelalterlichen Zeiten hat, als das Gebiet zu einem Kloster gehörte.

Von der **Haltestelle Klingerweg** kommend, laufen Sie ein Stück durch etwas dichteren Baumbestand, bevor sich das Areal parkartig lichtet. Rechter Hand hinter dem **BSV AOK e. V. – Zentrum für Gesundheitssport** mit einer allen offenstehenden **Minigolfanlage** befinden sich ein **Trimm-dich-Pfad,** ein kleiner **Fußballplatz** und eine **Skateranlage.**

Weiter der Hauptachse **Anton-Bruckner-Allee** folgend, gelangen Sie zum **Elsterflutbett,** dem künstlich angelegten Bett der Weißen Elster, das den breitesten Flusslauf in Leipzig bildet. Die **Sachsenbrücke,** Fußgängern und Radfahrern vorbehalten, ist ein ganzjährig beliebter Szenetreffpunkt junger Leute und Ort für allerlei Ad-hoc-Konzerte. Bei schönem Wetter stehen hier der **Eiswagen** und mit etwas Glück das **Kaffeefahrrad** von der **Kaffeerösterei RöstGut.**

Auf der anderen Seite des Wassers lohnt sich ein Blick links zum **Glücksbaum,** einer Rosskastanie, an deren Zweige vor allem (aber nicht nur) in der warmen Jahreszeit Zettelchen mit Wünschen, Träumen, Sorgen gehängt werden können. Rechts erreichen Sie den kleinen **Inselteich.** Dort können Sie gemütlich an der Dahlienterrasse verweilen und sommers die Blütenpracht genießen.

Auf der Sachsenbrücke

Zurück auf der Anton-Bruckner-Allee entdecken Sie nach einigen Metern den **Musikpavillon** (www.musikpavillon-leipzig.de). Dieser luftige, achteckige Bau geht auf das Jahr 1912 zurück. Damals hieß der Park noch König-Albert-Park. Hier finden heute noch verschiedene Musikveranstaltungen, inzwischen wieder mit eigenem Salonorchester statt und es gibt einen **Café- und Biergarten.**

In diesem Bereich teilt sich die breite Allee und breitet ihre Arme um das **Bassin Anton-Bruckner-Allee** mit Fontäne aus. Auf der rechten Seite befindet sich hinter einer Grünfläche das **Schachzentrum** (Brahmsplatz), wo mit großen Figuren an der frischen Luft Schach gespielt werden kann. Ein bisschen Expertise ist hilfreich, spielen hier doch auch wahre Könner! Angesagter kulinarischer Treffpunkt ist in der warmen Jahreszeit das **Glashaus** 5 (s. S. 120). Hier stimmt von der Atmosphäre bis zum Essen alles.

Vorbei an der **Parkbühne** 5 (s. S. 122), in der an Sommerabenden großartige Konzerte teils mit Stars von internationalem Rang zu erleben sind – ich selbst durfte hier zweimal Suzanne Vega erleben! –, findet sich mit dem jüngst neu gestalteten **Spielplatz Rennbahnweg** 2 eine der größten Tobemöglichkeiten mit Spielgeräten für Kinder verschiedener Altersgruppen. Hier ist für jeden unermüdlichen Wirbelwind etwas dabei!

Infos

1–3 Std. je nach Verweildauer

Start: G 9, Tram 1, 2 Klingerweg
Ziel: H 10, Bus 89 Telemannstr.

Minigolfanlage: im BSV AOK e. V. – Zentrum für Gesundheitssport, www.bsv-aok.de/index.php/minigolf

Schachzentrum: Brahmsplatz, www.zkinpark.de, wetterabhängig Mi–Mo 14–19 Uhr, 1 €, für Kinder kostenlos

U

NEUE UFER

Bereits in den 1980er-Jahren forderten Umweltgruppen: »Pleiße ans Licht!«. Für viele damals nahezu unvorstellbar, denn nicht ohne Grund hatte man den Wasserlauf in der frühen DDR-Zeit im innerstädtischen Verlauf unterirdisch kanalisiert. Die Pleiße glich damals einer Kloake: Industriebetriebe leiteten Abwässer in den Fluss, u. a. Schwermetalle aus der Äthylverarbeitung und Schwebstaub aus der Braunkohleveredelung wurden eingeleitet, berühmt-berüchtigt waren die gelben Schaumkronen. Nach der Wende wurden die Leipziger Gewässer wieder sauberer und das Projekt Neue Ufer brachte u. a. den **Pleißemühlgraben** – zumindest abschnittsweise – wieder zurück ins Stadtbild.

von Hugo Licht errichteten Konservatoriumsbau in unmittelbarer Nachbarschaft zum Neuen Concerthaus (Altes Gewandhaus 1884). Die räumliche wie auch strukturelle Nähe zum Gewandhaus Leipzig und seinem Orchester ist dabei schon immer ausdrücklich gewünscht. Viele Gewandhausmusiker unterrichteten und unterrichten an der Hochschule, viele Absolventen der Hochschule fanden und finden Lohn und Aufgabe im Gewandhausorchester. Diese enge Verzahnung von Aufführungspraxis und Lehre gilt als einer der Gründe für den besonderen und eigenen Klang des weltberühmten Leipziger Orchesters.

1992 wurden Teile der damals gerade aufgelösten Theaterhochschule Hans Otto integriert und dadurch neue Studienzweige wie Jazz, Popularmusik, Musical, Dramaturgie und Schauspiel hinzugewonnen.

Seit 2001 ist der neue **Große Saal** für die Konzertpraxis der Hochschule in Betrieb. Der **Neubau** erfüllt nicht nur alle akustischen Ansprüche an ein solches Gebäude, er ist auch in architektonischer Hinsicht ausgesprochen interessant, was 2004 mit einem Preis vom Bund Deutscher Architekten belohnt wurde. Die interessierte Öffentlichkeit ist zu Konzerten und Aufführungen der Studentenschaft eingeladen.

Höchste Instanz

Ein Kommentar über das mächtige Neorenaissancegebäude, in dem heute das **Bundesverwaltungsgericht** residiert, ist häufig zu hören: Es erinnert ein bisschen an den Reichstag. Ikonologisch interessant: Die bekrönende **Kuppel** wird nicht etwa von Justitia belebt – nein, über allem reckt Veritas, die Göttin der Wahrheit, ihre erhellende Fackel in den Himmel. Justitia spielt trotzdem die ihr zustehende Rolle am Gebäude und hat ihren Platz im zentralen Giebelfeld über dem dem Platz zugewandten **Hauptportal** eingenommen. Im Inneren können Sie die **Kuppelhalle,** die **Haupttreppe,** die **Galerie** und den **Großen Sitzungssaal** sowie das **Reichsgerichtsmuseum** ㉓ (s. S. 119) besichtigen.

Es ähnelt dem Reichstag? Das ist kein Zufall, war doch das **Reichsgericht** eine der wichtigsten Institutionen im Deutschen (Kaiser-)Reich. Sein Präsident war nach Kaiser und Kanzler der dritte Mann im Staat. Auch in der Zeit der Weimarer Republik und teils noch in der Hitlerzeit (bis der Volksgerichtshof bestimmte Aufgaben übernahm) war es das höchste Straf- und Zivilgericht des Landes.

1888–95 wurde die repräsentative Hülle des obersten Gerichts nach den Entwürfen der beiden seinerzeitigen Nobodys der Architektur, Ludwig Hoffmann und Peter Dybwad, gebaut. Seit 2002 residiert die höchste richterliche Instanz der deutschen Administration in Leipzig. Alle bundesweit relevanten Verwaltungsfragen werden hier letztinstanzlich geklärt. Das Bundesverwaltungsgericht ist in einen der schönsten Justizpaläste Europas eingezogen, dessen politische, gesellschaftliche und juristische Geschichte sich teilweise spannend wie ein Krimi gestaltete. Bis heute im kollektiven Gedächtnis ist das Reichsgericht vor allem durch den Reichstagsbrandprozess, in dem der niederländische Kommunist Marinus van der Lubbe rechtswidrig zum Tode verurteilt wurde, alle übrigen Angeklagten aber durch Freispruch der nationalsozialistischen Gerichtsbarkeit entkamen.

Simsonplatz 1, www.bverwg.de, Mo–Fr 8–16 Uhr, Eintritt frei, Führungen buchbar

Zeichenkunst

Wussten Sie, dass Goethe auch zeichnen konnte? Zumindest nahm er in seiner Leipziger Studentenzeit Zeichenunterricht bei Adam Friedrich Oeser, dem damals berühmten Maler und Direktor der 1764 gegründeten **Zeichnungs-, Mahlerey- und Architecturakademie** auf der Pleißenburg. Aus dieser Institution ging die heutige **Hochschule für Grafik und Buchkunst** ⑩ (HGB) hervor, die 1890 in ihr Gebäude in der Wächterstraße umzog.

Die Hochschule ist eine der ältesten deutschen Kunsthochschulen überhaupt, seit Jahrhunderten wird hier größter Wert auf eine fachlich fundierte Ausbildung gelegt. Im 20. Jh. machte die Schule vor allem durch die drei großen Namensträger der DDR-Kunst **Werner Tübke, Bernhard Heisig** und **Wolfgang Mattheuer** von sich reden. Dabei ist wiederum bezeichnend, dass alle drei hier nicht nur studiert haben, sondern später selbst als Professoren bzw. Rektoren das Wesen der Hochschule entscheidend mitgeprägt haben. Diese Tradition hat sich bis heute fortgesetzt, was auch für die Öffentlichkeit in der seit 1979 eingerichteten **Galerie der HGB** (s. Tour S. 116) in wechselnden Ausstellungen direkt im Haupthaus dargestellt wird.

Wächterstr. 11, www.hgb-leipzig.de, Galerie der HGB: Di–Fr 11–18, Sa 10–14 Uhr

Graduierte Schriftsteller

Die Frage, ob sich das Schriftstellersein tatsächlich wie ein Handwerk erlernen lässt, wird wohl nie ohne Kontroverse zu beantworten sein. Fakt ist, dass einige erfolgreiche Autorinnen und Autoren zu den Absolventen des **Deutschen Literaturinstituts Leipzig** ⑪ (Wächterstr. 34, www.deutsches-literaturinstitut.de) zählen. Das 1955 gegründete Institut erhielt 1958 den Rang einer Hochschule. Ein Jahr später wurde es nach dem damaligen Kultusminister der DDR in Johannes-R.-Becher-Institut umbenannt.

Von den einen als Kaderschmiede DDR-konformer Journalisten und Schriftsteller, als »Rotes Kloster«, beschimpft, hielten andere der drohenden Schließung im Jahr 1990 entgegen, dass die Schule immer ein Ort des freien Denkens und der freien Meinungsäußerung und somit eine »Schule der Dissidenten« (Bernd Rump) gewesen sei. Mitte der 1990er-Jahre wurde das Institut unter seinem jetzigen Namen als Teil der Universität Leipzig neu eröffnet und bietet neben einem Studiengang der Universität Hildesheim derzeit die einzige Möglichkeit in Deutschland, Schriftsteller mit akademischer Ausbildung zu werden.

Bachviertel

H8–G/H9

Boyzone

Die **Sebastian-Bach-Straße** verläuft zentral durch das ebenfalls von herrschaftlicher gründerzeitlicher Bebauung

TOUR
Kunstwandeln

Die Leipziger Schule und ihr Generationswechsel

Infos

Fußweg ca. 2,5 km (von/bis Busstopps), ca. 2,5–4 Std. je nach Verweildauer

Start: J 8, Museum der bildenden Künste, Bus 89 Reichsstr.

Ziel: H 9, Hochschule für Grafik und Buchkunst, Bus 89 Wächterstr.

G2 Kunsthalle: Dittrichring 13, www.g2-leipzig.de/kunsthalle, Tram 9, Bus 89 Thomaskirche, Mi 15–20, Sa 12–17, Führungen (Anmeldung via Website) Mo 11, Do/Fr, So 15 Uhr, 5/3 €, unter 14 Jahren Eintritt frei

Kunsthalle der Sparkasse Leipzig: Otto-Schill-Str. 4 a, Bus s. G2, www.kunsthalle-sparkasse.de, Mi 12–20, Do–So, Fei 10–18 Uhr, 5/2,50 €

Galerie der HGB: Di–Fr 14–18, Sa 12–16 Uhr, Spende erbeten

Seit einiger Zeit ist die **Leipziger Schule** in aller Munde. Der Begriff beschreibt allerdings keine Künstlergemeinschaft im herkömmlichen Sinn, sondern steht vielmehr in der eigentlichen Bedeutung des Wortes Schule für das Werden und Wirken aus der Leipziger Hochschule für Grafik und Buchkunst heraus. Inzwischen wird längst fein säuberlich differenziert zwischen der **Alten** und der **Neuen Leipziger Schule.** Wobei Sie sich vom Begriff ›alt‹ nicht in die Irre führen lassen sollten. Gemeint ist die Zeit der 1970er- und 1980er-Jahre, als unter dem Dreigestirn der DDR-Malerei – Werner Tübke, Wolfgang Mattheuer und Bernhard Heisig – die Leipziger **Hochschule für Grafik und Buchkunst** ⑩ (HGB; s. S. 115) ihren heutigen Weltruhm begründete. In der damaligen Zeit gelegentlich belächelt oder ignoriert vom westlichen Kunstmarkt, der sich mehr auf abstraktes Gestalten à la Joseph Beuys fokussierte, machte die Alte gemeinsam mit der Neuen Leipziger Schule um die Jahrtausendwende Furore, als der Stern von Neo Rauch am internationalen Kunsthimmel aufging. Wenn man denn eine Gemeinsamkeit der unterschiedlichen Maler herausarbeiten wollte, dann ist es wohl das Festhalten an der gegenständlichen, figurativen Malerei.

Gehen Sie gleich in medias res und starten Sie im **Museum der bildenden Künste** (MdbK; s. S. 60) in der Innenstadt. Die Leipziger Schule ist ein Sammlungsschwerpunkt dieses Hauses. Stilbildende Werke der Nachkriegszeit aus Ost- und West-Deutschland werden hier einander gegenübergestellt, auch die jüngeren Entwicklungen in der Leipziger Malerei können Sie an ausgewählten Beispielen studieren. Die Altmeister **Tübke** (1929–2004), **Mattheuer** (1927–2004) und **Heisig** (1925–2011) sind ebenso vertreten wie **Gerhard Altenbourg** (1926–89) oder **Evelyn Richter** (geb. 1930). **Arno Rink** (1940–2017), **Sighard Gille** (geb. 1941) oder **Annette Schröter** (geb. 1956) repräsentieren die mittlere Generation. Last not least sind auch Arbeiten der

aktuellen Stars **Neo Rauch** (geb. 1960), **Tilo Baumgärtel** (geb. 1972) oder **Matthias Weischer** (geb. 1973) zu sehen.

Die **G2 Kunsthalle** ㉑ ist das großartige Resultat eines Luxusproblems eines leidenschaftlichen Sammlers: Seit 2015 stellt der Wahl-Leipziger Steffen Hildebrand Werke seiner Privatsammlung mit dem Fokus »junge Kunst aus Leipzig« dauerhaft öffentlich aus, da die eigenen Wände einfach nicht genug Platz boten. Inzwischen hat die G2 einen eigenen Kunstpreis für Meisterschüler der Hochschule für Grafik und Buchkunst ausgeschrieben.

Ganz in der Nähe, am Pleißemühlgraben gelegen, finden Sie die **Kunsthalle der Sparkasse Leipzig** ㉒. Sie zeigt Teile der seit 1993 systematisch aufgebauten Sammlung, die es sich zum Ziel gesetzt hat, bildende Kunst der Region zu fördern, zu sammeln und zu präsentieren. Wechselnde »Blicke in die Sammlung« bieten die zeitlich begrenzten Dauerausstellungen, in denen immer wieder andere Arbeiten aus der inzwischen etwa 3000 Werke umfassenden Sammlung zu sehen sind.

Die **Galerie für Zeitgenössische Kunst** ⑳ (s. S. 118) bietet nicht nur Einblicke in ganz aktuelle Positionen der bildenden Kunst, sondern mit ihrem alle drei Jahre von einem Künstler neu gestalteten Café eine wunderbare Gelegenheit zur Kunstpause. Auch der Name wechselt, aktuell heißt das **Café Das Kapital** (Mo–Sa 10–24, So 10–19 Uhr) und wurde vom Leipziger Designer Markus Dreßen konzipiert. Versäumen Sie nicht, dem **Gartenbereich** der Galerie einen Besuch abzustatten. Dort erwartet Sie ein giftgrünes Labyrinth, das Olaf Nicolai aus Pariser Straßenbesen gestaltet hat.

Um den rechten Genius Loci einzuatmen, schauen Sie zum Abschluss in der Hochschule selbst vorbei. Es lohnt sich, in der **Galerie der HGB** ⑩ die aktuelle Kunst der heutigen Studenten, aber auch die ihrer Lehrmeister in Augenschein zu nehmen. Hier finden regelmäßig wechselnde Ausstellungen und Präsentationen statt.

F

FILMTIPP

Ein Blick hinter die Türen des **Thomasalumnats** gefällig? Anlässlich des 800-jährigen Bestehens des Knabenchors entstand 2012 der Dokumentarfilm **»Die Thomaner – Herz und Mund und Tat und Leben«** von Paul Smaczny und Günter Atteln, der einen guten Eindruck vom Alltag als Thomaner mit Heimweh, Leistungsdruck und besonderen Freundschaften vermittelt.

geprägte, nach ihr benannte Bachviertel (auch Bachstraßenviertel). Dabei ist der Name gleichzeitig Programm: Hier befindet sich der Bildungscampus **Forum Thomanum** (www.forum-thomanum.de). Dazu gehören u. a.die **Thomasschule** ⓬ (Hillerstr. 7; heute ein städtisches Gymnasium mit ca. 700 Schülern, davon ca. 100 Thomaner), das **Thomasalumnat** ⓭ (Hillerstr. 8–10), von den Chorknaben liebevoll als der »Kasten« bezeichnet, und die **Villa Thomana** ⓮ (Sebastian-Bach-Str. 3), ein prachtvoller historistischer Bau, der als Probenzentrum und Dienstsitz des Thomaskantors genutzt wird. Das Alumnat bietet 110 Schülern Platz. Es gibt Unterrichts- und Probenräume, eine Mensa etc. Inzwischen wird auch die neugotische **Lutherkirche** ⓯ (Ferdinand-Lassalle-Str. 25) am Johannapark weniger als gottesdienstlicher Raum denn als Proben- und Aufnahmeraum des Chores genutzt.

Traumhafte Villen

Einige der um 1900 entstandenen prächtigen Stadthäuser im Bachviertel gehörten damals Buchverlegern: Die **Villa Baedeker** ⓰ (Käthe-Kollwitz-Str. 64) wurde 1874 für Fritz Baedeker errichtet. **Herrmann Julius Meyer,** Sohn des Begründers des Verlags Bibliographisches Institut, ließ sich gleich **zwei Stadtvillen** in der heutigen Käthe-Kollwitz-Straße errichten, **Nr. 82** ⓱ und **115** ⓲. Letztere wurde 1885/86 vom bekannten Leipziger Architekten Max Pommer im Stil eines Palazzos der Hochrenaissance gebaut und ist ein echter Hingucker mit roter Klinkerfassade und umlaufendem Fries in Sgraffitotechnik.

Ein weiteres Juwel ist die im neogotischen Stil errichtete **Villa Zur Julburg** ⓳ (Käthe-Kollwitz-Str. 70), die der Architekt Oskar Mothes selbst entwarf und nach seiner Frau benannte. Es ist gewiss nicht anmaßend, hier von einem der schönsten Bauwerke des Historismus zu sprechen.

Museen

Künstlerische Avantgarde

⓴ Galerie für Zeitgenössische Kunst: Direkt gegenüber vom Johannapark liegt die repräsentative frühere Herfurthsche Villa, in der seit dem mehrfach prämierten Umbau durch Peter Kulka im Jahr 1998 die Galerie für Zeitgenössische Kunst untergebracht ist. Hier werden Positionen moderner sowie zeitgenössischer Künstlerinnen und Künstler präsentiert, die in der DDR kaum ein angemessenes Forum hatten. Außerdem bietet der 2004 eingeweihte Neubau durch verschiebbare Wände flexibel anpassbaren Raum für internationale Neuproduktionen in wechselnden Ausstellungen; s. auch Tour S. 116.

Karl-Tauchnitz-Str. 9–11, www.gfzk.de, Tram 1, 2, 8, 9, 14 Neues Rathaus, Di–Fr 14–19, Sa/So 12–18 Uhr, 5/3 € ein Haus, beide Häuser 8/4 €, Mi Eintritt frei

Kunstwandeln

G2 Kunsthalle ㉑, Kunsthalle der Sparkasse Leipzig ㉒: s. Tour S. 116.

Gerichtsgeschichte

㉓ **Reichsgerichtsmuseum:** Das Museum im Gebäude des Bundesverwaltungsgerichts (s. S. 114) informiert über die Geschichte des Hauses und seiner Gerichtsbarkeit unter den verschiedenen Gesellschaftssystemen.

Simsonplatz 1, www.bverwg.de, Tram 1, 2, 8, 9, 14 Neues Rathaus, Mo–Fr 8–16 Uhr, Eintritt frei

Essen

An der **Gastro- und Kneipenmeile Gottschedstraße** reihen sich die Essens- und Ausgehadressen. So finden sich hier das **Barcelona** 1 und die **Vodkaria** 2 oder die **Bar Cabana** 1 (s. S. 122).

¡Viva Catalunya!

1 **Barcelona:** Die beliebte lang gestreckte Tapasbar ist oft proppenvoll. Lassen Sie sich nicht gleich abschrecken, falls Sie nicht reserviert haben: In der warmen Jahreszeit wird der überraschend große Garten zum Idyll. Wenn nur die Qual der Wahl bei den Tapas nicht wäre! Die *albondigas,* also Fleischklößchen, sind unbedingt zu empfehlen.

Gottschedstr. 12, T 0341 212 61 28, www.facebook.com/BarcelonaLeipzigCrew, Tram 1, 14 Gottschedstr., tgl. ab 17 Uhr, Tapasmix ab 10 €

Tausend Wässerchen

2 **Vodkaria:** Ist es nun eine Bar? Ein Restaurant? Eine Kneipe? Am liebsten ist es dem Wirt, wenn Sie sich ganz zu Hause wie im Wohnzimmer fühlen. Es gibt um die 600 Sorten Wodka, unterstützt von einer teilweise recht deftigen Küche und uriger Atmosphäre. »Hier wird aufgegessen«, lautet das Motto über dem Eingang.

Gottschedstr. 15, T 0341 442 88 68, www.vodkaria.de, Tram 1, 14 Gottschedstr., Esszimmer tgl. ab 17, Wohnzimmer Di–Sa ab 19 Uhr, Hauptgerichte 10–18 €

Ruhe vor dem Gästeansturm: Wer im Barcelona Tapas schlemmen möchte, sollte reservieren – oder findet mit Glück im Garten Platz.

Kneipe meets Theater

3 **Pilot:** Ins Pilot im Schauspielhaus gelangen Sie von der Gottschedstraße aus. Das Lokal ist mehr als nur Hausbar und Künstlertreff. Der Raum versprüht den eleganten Charme der 1950er-Jahre, die Speisekarte führt rustikale Klassiker wie Soljanka, Königsberger Klopse und Broiler – alles hervorragend zubereitet und saisonal passend. Hier habe ich sogar mal mein Lieblingsresteessen zur Weihnachtszeit auf der Karte entdeckt: in Butter gebratene Kloßscheiben. Ein Gedicht!

Schauspielhaus, Eingang Gottschedstr., T 0341 96 28 95 50, www.pilot-leipzig.de, Tram 1, 14 Gottschedstr., tgl. ab 12 Uhr, Hauptgerichte ab 8 €

Eckcafé

4 **Café Luise:** Das Urgestein unter den Cafés im Bereich der Gottschedstraße ist vor allem als Frühstückstreff beliebt. Der Zeitrahmen dafür ist großzügig gehalten, Frühstück wird bis 15 Uhr serviert! Auch abends ist der große, gemütliche Gastraum samt Bar meist gut studentisch bevölkert.

Bosestr. 4, T 0341 961 14 88, www.luise-leipzig.de, Tram 1, 14 Gottschedstr., tgl. ab 9, Küche bis 22 Uhr, Frühstück ab 6 €, Gerichte ca. 7–17 €

Luftig

5 **Glashaus im Clarapark:** Der leicht geschwungene Bau entfaltet einen ganz eigenen lichten Charme. Ein buntes Publikum von jungen Familien und eingeschworenen Cliquen bis zu verliebten Pärchen beim Tête-à-Tête tummelt sich hier und macht es zu einem der beliebtesten Sommerausgehorte der Leipziger. Hier bekommen Sie neben Kuchen und Eis auch ambitionierte Pasta- und Fleischgerichte. Interessant sind die saisonalen Küchenaktionen, z. B. zur Pfifferlingszeit.

Clara-Zetkin-Park, Karl-Tauchnitz-Str. 26, T 0341 14 99 00 04, www.glashaus-leipzig.de, Bus 89 Mozartstr., dann 500 m zu Fuß, Mo–Sa 9–22, Frühstücksbüfett 9–12, So Brunch 10–14 Uhr, am Wochenende öffnet je nach Wetter der Biergarten (Bratwurst, Bier etc.), Hauptgerichte ca. 11–20 €

Cucina italiana

6 **Violino:** einfach wunderbare, klassisch italienische Küche und sehr aufmerksames, freundliches Personal. Heben Sie sich unbedingt einen kleinen Resthunger für den Nachtisch auf! Das Restaurant ist eher klein und unscheinbar, hat sein Stammpublikum, also ist Reservieren eine gute Idee.

Mozartstr. 4, T 0341 212 62 77, www.violino-leipzig.de, Bus 89 Mozartstr., tgl. 11.45–14.30, 17.45–23.30 Uhr, Pizza 7–12 €, Hauptgerichte 17,50–26,50 €

Fusionküche vor Bücherwand

7 **Kowalski:** für mich eine langjährige Liebesbeziehung. Das Kowalski ist sich treu geblieben mit seiner wunderbaren Melange aus behaglicher Atmosphäre mit Sofa und Sessel vorm Bücherregal, sommers lauschigem Freisitz im Hinterhof und leckerem Für-jeden-was-dabei-Essen vom Curry bis zum Bauernfrühstück. Lecker auch die selbst gemachten Limonaden und die heißen Säfte. Ruhig gelegen mitten im Musikviertel. Frühstück gibt's von 9 bis 12 Uhr, Sa/So ist bis 18 Uhr ein Pancake-Frühstück im Angebot. Ab 11.30 Uhr gilt auch die restliche Speisekarte.

Ferdinand-Rhode-Str. 12, T 0341 212 60 20, www.das-kowalski.de, Bus 89 Mozartstr., tgl. 9–22.30 Uhr, Hauptgerichte ca. 10–15 €

Kunstcafé

20 **Café Das Kapital:** s. Tour S. 117.

Einkaufen

Deli & Enoteca

1 **Salumeria da Daniele:** kleiner, feiner Laden mit exquisitem Angebot an italienischen Wurst-, Fleisch- und Käsedelikatessen. Auch ein winziges Restaurant lädt zum Vor-Ort-Schlemmen ein.

Lieblingsort

Apfelgrüner Zirkuswagen

Imbissbude? Das wäre nun wirklich eine Beleidigung für den charmanten ausrangierten Zirkuswagen. Alles an diesem Gefährt sieht adrett und appetitlich aus. Poetischer drückt das der Name des Minicafés aus: **ZierlichManierlich** 8. In der warmen Jahreszeit steht der Wagen im **Richard-Wagner-Hain** (s. S. 166) und bietet Radfahrern, Familien, Paaren, Feierabendgenießern und Sonnenuntergangsbetrachtern ein Freiluftcafé mit schier unbegrenzten Sitzgelegenheiten. Auf der Wiese findet sich für alle ein Plätzchen, am besten mit Picknickdecke und Kissen im Gepäck. Von hier aus lässt sich das bunte Treiben auf dem und am Elsterbecken wunderbar beobachten. Das Glück ist nahezu perfekt, wenn dazu noch ein frischer Kaffee, Chai oder ein hausgemachter Smoothie verköstigt wird. Auch frisch gebackene Kuchen, Quiche und andere Snacks bekommen die Gäste aus diesem adrett hergerichteten Fahrzeug serviert (Am Elsterwehr, www.zierlichmanierlich.de, Tram 1, 2, 14 Klingerweg, 3, 7, 8, 15 Sportforum Süd, dann jeweils 550 m zu Fuß, April–Okt. tgl. 10–20 Uhr, bei schlechtem Wetter bleibt die Luke zu).

Beethovenstr. 12, www.salumificio-leipzig.de, T 0341 149 97 97, Bus 89 Mozartstr., Mo–Fr 11–14.30, 17–23, Sa 18–23 Uhr

Täglich Brot

Backstein: Im Garten der Galerie für Zeitgenössische Kunst arbeiten Brotkünstler. Handwerklich mit Sauerteig gebacken, gibt es hier von Monte Rosa (Roggenschrotbrot) bis Deep Purple (Weizenmischbrot mit Walnüssen und Feigen) die verschiedensten Geschmacksnuancen des Lieblingsgrundnahrungsmittels der Deutschen.

Grassistr. 4, www.backstein.pm, Bus 89 Wächterstr., Di–Fr 11–19 Uhr

Bewegen

Kanu, Kajak oder Kanadier?

1 **Stadthafen:** Eine noch recht junge, innenstadtnahe Möglichkeit, Leipzig vom Wasser aus zu erleben, bietet der am Elstermühlgraben gelegene Stadthafen. Hier können Sie Touren in den Westen zum Karl-Heine-Kanal und zur Elster, aber auch in den Süden zu den Seen starten. Neben den üblichen Bootstypen liegt ein Drachenboot (8–21 Pers., 75 Min./140 €) bereit. Auch Beachvolleyballfelder (10 €/Std.) können Sie buchen und Räder mieten.

Schreberstr. 20, www.stadthafen-leipzig.com, T 0341 59 40 26 19, Tram 1, 2, 14 Westplatz, Kanus ab 7 €/Std., SUP 9 €/Std., Citybike 10 €/Tag, E-Bike 30 €/Tag

Große und kleine Kinder

2 **Spielplatz Rennbahnweg:** s. Tour S. 112.

Ausgehen

Rooftop

1 **Bar Cabana:** Direkt am Promenadenring mit fantastischem Blick über die Innenstadt und über das westliche Stadtgebiet mit Auwald und Fußballstadion liegt diese Dachterrasse. Sie gehört zum Hotel Innside by Meliá am Beginn der **Gottschedstraße,** steht aber allen offen. Einzige Einschränkung: Es muss Ihnen gelingen, einen der besonders bei Sommerwetter begehrten Plätze auf stylishen Sofas und Sesseln zu ergattern. Reservieren ist einen Versuch wert. Neben Drinks werden kleine Snacks wie Sandwiches gereicht.

Gottschedstr. 1, www.syndeo-leipzig.de/dachterrasse-bar-cabana, T 0341 393 76 70, Tram 1, 14 Gottschedstr., Tram 9 Thomaskirche, Mai–Okt. tgl. ab 16.30, letzte Runde Mo–Sa ca. 23, So ca. 22, Nov.–April Di–Sa ab 17.30, letzte Runde ca. 23 Uhr

Angesagt

2 **Elsterartig:** Die Betreiber selbst tun sich schwer damit, ihre Location zu beschreiben: »Bar, Grill, Lounge oder Club stimmt alles und trifft es trotzdem nicht so richtig.« Livemusik und Elstertanz rocken den Ring.

Dittrichring 17, www.elsterartig.de, Tram 9 Thomaskirche, Do–Sa ab 19 Uhr, Programm s. Website

Der Klassiker

3 **Schauspielhaus:** Hier ist mit dem **Schauspiel Leipzig** die größte Sprechbühne der Stadt zu Hause, die seit 2013 von Intendant Enrico Lübbe geleitet wird. Stücke der Gegenwartsdramatik werden auf einer kleinen Bühne an der Ecke zum Dittrichring in der **Diskothek** 4 zur Aufführung gebracht.

Bosestr. 1, www.schauspiel-leipzig.de, Tram 9 Thomaskirche

Open Air

5 **Parkbühne:** Die Bühne im Clara-Zetkin-Park (s. Tour S. 112) ist ein beliebter Ort für Theater, Freiluftkino und vor allem Rock- und Popkonzerte.

Karl-Tauchnitz-Str. 28, www.parkbuehne-leipzig.de, Bus 89 Telemannstr., Tram 1, 14 Marschnerstr.

Zugabe

Nachts im Museum

In der Galerie für Zeitgenössische Kunst werden Sie selbst Teil der Ausstellung.

Fiktion und Wirklichkeit, Nachahmung und Original – Sie müssen schon genau hinschauen im Hotel Paris Syndrom.

Kennen Sie das? Bei Ihren Vorerwartungen an die Schönheit, Besonderheit, Authentizität eines berühmten Ortes haben Sie die Messlatte so hoch gelegt, dass sie von der Realität einfach nur noch gerissen werden kann. Japaner nennen dieses Phänomen Paris-Syndrom, *Pari shôkôgun*. Besonders von jungen Japanerinnen wird berichtet, dass sie in der französischen Metropole einen derartigen Clash zwischen Vorerwartung und Vor-Ort-Erfahrung empfinden, dass sie unter psychosomatischen Symptomen wie Schwindel, Herzrasen und sogar Halluzinationen leiden. In Klein-Paris wurde von solchen Symptomen bislang noch nicht berichtet. Viel eher taucht da der gegenteilige Hatte-es-gar-nicht-so-schön-erwartet-Effekt auf.

Das Leipziger Hotel Paris Syndrom (www.gfzk.de/2011/das-hotel-jun-yang-paris-syndrom) gehört zur Galerie für Zeitgenössische Kunst und ist ein von dem aus der VR China stammenden Künstler Jun Yang 2011 gestaltetes Hotelapartment. Heute lebt Yang in Wien, Taipeh und Yokohama. Sein Geburtsland aber kann bereits als selbstironisches Statement gelesen werden, unterstellen wir in Europa doch gerade dem *Made in China* gern per se Plagiarismus. Dabei erschließt sich erst bei sorgfältiger Beschäftigung mit den Einrichtungsgegenständen, was hier Fake ist: Das Sofa trägt den Schriftzug »Louis Viutton Paris«, den Buchstabendreher überliest man auf den ersten Blick. Ein Bild an der Wand zeigt den Eiffelturm. Den in Shenzhen, VR China. Liebevoll gestaltetete Landkarten aus der DDR-Zeit, die an die eigene Schulzeit erinnern und dem Raum einen gewissen Retrochic geben, bilden eine längst abhandengekommene Welt ab. Selbst für die Hygieneartikel im Badezimmer gilt: Das ist alles nur geklaut. Aus anderen Hotels in weiter Ferne.

Das ist alles nur geklaut.

Sie können hier quasi selbst zum Ausstellungsexponat werden und die Nacht im Museum verbringen (s. S. 127). Vielleicht ein Anlass zur Selbstreflexion: Was ist echt an mir? Und was ist Täuschung? ■

Südvorstadt und Connewitz

Nachts um die Häuser ziehen — gepflegt-liberal in der Südvorstadt oder linksautonom in Connewitz.

Seite 127, 135

Bayerischer Bahnhof

Im ältesten erhaltenen Kopfbahnhof der Welt wird heute frisch gebrautes Bier getrunken. Die Züge verkehren heute eine Etage tiefer durch den City-Tunnel.

Seite 130, 140

Karl-Liebknecht-Straße ✪

Die Hauptschlagader des Leipziger Südens wird meist schlicht ›Karli‹ genannt. Hier finden sich neben abwechslungsreichen Läden (ein Einkaufsbummel lohnt sich) und internationaler Gastronomie auch die drei großen Kulturzentren der Kreativszene.

Ein Käffchen genießen und die Farben der Südvorstadt studieren

Eintauchen

Seite 130

Kulturzentrum naTo

Seit den 1980er-Jahren ist die naTo eine Kultinstitution der alternativen Leipziger Szene. Ein besonderer Kulturmix macht das Zentrum noch heute zum buntesten kulturellen Highlight im Süden der Stadt.

Seite 133

HTWK

Die Hochschule für Technik, Wirtschaft und Kultur ist hier in mehreren Gebäuden zu Hause, u. a. im Geutebrück-Bau und im architekturhistorisch interessanten Lipsius-Bau aus den 1920er-Jahren.

Seite 134, 138, 142

Werk 2

Eines der größten soziokulturellen Zentren Sachsens mit verschiedenen Werkstätten, kulturellen Veranstaltungen und gastronomischen Angeboten.

Seite 132

Media City und MDR

Der MDR ist das erfolgreichste Dritte Programm der ARD. Bei einer Führung blicken Sie auch hinter die Kulissen der Media City.

Seite 134

Panometer

Tauchen Sie ein in den großen Raum eines alten Gasometers und erleben Sie ein 360°-Panoramabild von Yadegar Asisi aus unterschiedlichen Perspektiven. Alle paar Jahre ist hier ein anderes beeindruckendes Panorama zu bewundern.

Seite 137

Eisdiele Pfeifer

Eine Reise in die Kindheit mit Vanille-, Himbeer- oder Schokogeschmack erleben Sie in dem Eckladen mit Tradition.

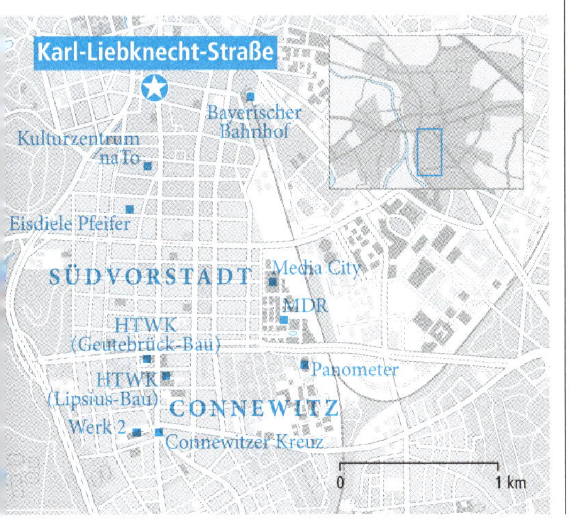

Das berühmt-berüchtigte Connewitzer Kreuz ist ein Weichbildzeichen am südlichen Stadtrand. Vor Ort in Kopie, original im Museum (s. S. 144).

Goethes geflügelt-geprügeltes Wort vom »Klein-Paris« kommt mir am ehesten in der Südvorstadt in den Sinn, wo manches Haus elegant sein Gesicht nach zwei Seiten wendet.

Szene, Shopping und Kultur

S

Studentenviertel? Das war einmal. Inzwischen ist die Südvorstadt so gut wie durchsaniert und die Studenten sind in die preiswerteren Quartiere gen Osten abgewandert. Aber aller Gentrifizierung zum Trotz ist das Szenemäßige geblieben, vielleicht ein bisschen erwachsener geworden. Der Süden ist offen für alle: Alteingesessene, Lebenskünstler, Kleinunternehmer aller Branchen, Medienschaffende und Familien. Wer hier lebt, schätzt den bunten Mix, die kulturelle und ethnische Vielfalt, die das Viertel bietet, und die Freiheiten, die in Mode, Lebensgestaltung und Wohnkultur durch diese Mischung entstanden sind. Alternative Ideen haben Platz neben wertbeständigen Evergreens. Das gilt auch und besonders für die rege Nacht- und Kneipenszene, die hier wie überall in der Stadt von der fehlenden Sperrstunde profitiert.

Im Süden von Leipzig liegt der Stadtteil Connewitz, der als Viertel der linken Szene gilt. Zur touristischen Hauptattraktion hat sich in den letzten Jahren das alte Gaswerk gemausert, das nun unter dem Namen Panometer firmiert. Connewitz ist auch legendär als Ursprungsort des ältesten Technoclubs Distillery und für den bekannten Indieclub Conne Island. Das einzige erhaltene Weichbildzeichen Leipzigs ist das Connewitzer Kreuz, das am belebtesten Straßenbereich der Gegend zu finden ist.

Der Leipziger Süden und die Südvorstadt bilden den Übergang in das Gebiet der neu entstandenen Seenplatte und der lieblichen Landschaften des südlichen Auwalds. Hier hat sich der Mitteldeutsche Rundfunk (MDR) mit seiner Fernsehzentrale auf dem ehemaligen Gelände des Städtischen Vieh- und Schlachthofs niedergelassen. Von dort aus strahlt der MDR das Regionalprogramm in die drei Länder Sachsen, Sachsen-Anhalt und Thüringen aus. Ferner gibt es viele kleinere Gewerbe- und Dienstleistungsunternehmen, vor allem im Medienbereich, die das Viertel stark prägen.

ORIENTIERUNG O

Start: Gute Ausgangspunkte zur Erkundung des Leipziger Südens sind der **Bayerische Bahnhof,** erreichbar mit Tram 2, 9, 16, sowie mitten in der Südvorstadt der **Südplatz** (Tram 10, 11), die weiter nach **Connewitz** verkehren. Von der Innenstadt können Sie auch zu Fuß vom **Wilhelm-Leuschner-Platz** in den **Peterssteinweg** hineinlaufen.

Südvorstadt

Bayerischer Bahnhof und Peterskirche

J9

Um südwärts mit der Eisenbahn reisen zu können, durchs Zwickauer und Altenburger Land ins Königreich Bayern, begab man sich im 19. Jh. in den Süden Leipzigs, in den 1842 eigens dafür errichteten **Bayerischen Bahnhof.** Er gilt heute als ältester erhaltener Kopfbahnhof der Welt, wobei das alte Bahnhofsgebäude selbst als (gleichnamige) **Gaststätte** 1 (s. S. 135) genutzt wird. Die Züge verkehren eine Etage tiefer durch den **City-Tunnel,** der hier eine seiner vier Stationen hat. Es lohnt, mal zum Bahnsteig hinunterzuschauen: Die Gestaltung ist farbenfroh im Eingangsbereich und mystisch blau an den Wänden in der Tiefe. Der 2800 t schwere **Portikus des Bayerischen Bahnhofs** ❶ wurde für die Bohrarbeiten des City-Tunnels 2006 abgesägt und auf Gleitlagern um ca. 30 m vom Bahnhofsgebäude weg verschoben. Und als der Tunnel in diesem Bereich im Rohbau fertig war, ging es drei Jahre später retour. Schlappe 24 Mio. € kostete dieses Einmal-hin-und-einmal-Her insgesamt!

Kathedralartig

Den mit 88 m höchsten Kirchturm der Stadt hat die neogotische **Peterskirche** ❷ am Gaudigplatz. Auch im Innern beeindruckt der 1885 geweihte dreischiffige Bau schon durch die schiere Größe. Immerhin 2500 Menschen finden in der

Unterirdisch muss es nicht trist sein: Alle Leipzig ansteuernden S-Bahn-Linien passieren den 2013 eingeweihten City-Tunnel.

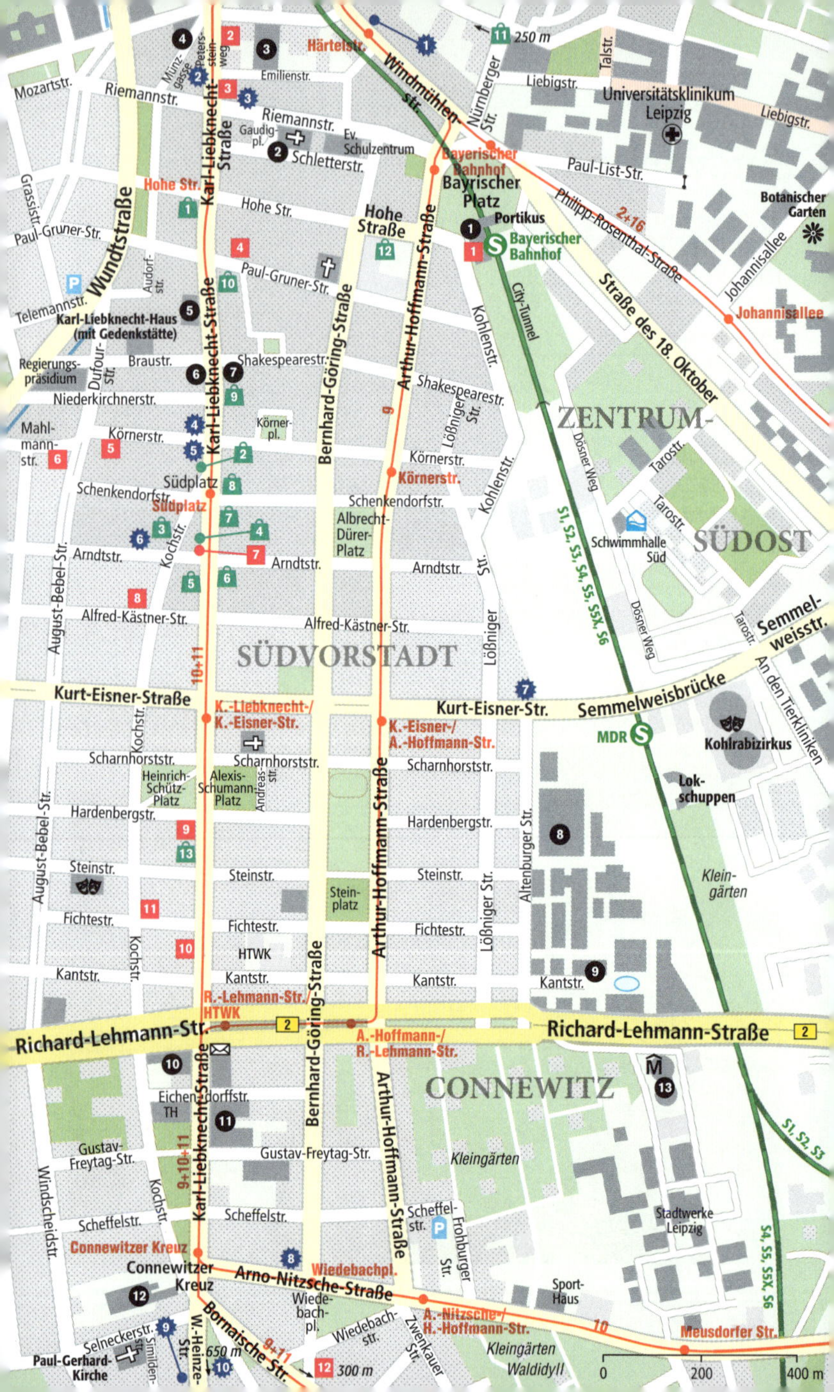

Härtelstr.
Windmühlenstr.
250 m
Talstr.
Liebigstr.
Universitätsklinikum Leipzig
Mozartstr.
Riemannstr.
Münzgasse
Peterssteinweg
Emilienstr.
Karl-Liebknecht-Straße
Gaudigpl.
Ev. Schulzentrum
Schletterstr.
Nürnberger Str.
Bayerischer Bahnhof
Bayrischer Platz
Paul-List-Str.
Philipp-Rosenthal-Straße
Botanischer Garten
Johannisallee
Grassistr.
Hohe Str.
Hohe Straße
Portikus
Paul-Gruner-Str.
Wundtstraße
Audorfstr.
Telemannstr.
Karl-Liebknecht-Haus (mit Gedenkstätte)
Bernhard-Göring-Straße
Arthur-Hoffmann-Straße
Kohlenstr.
City-Tunnel
Straße des 18. Oktober
Regierungspräsidium
Dufourstr.
Braustr.
Shakespearestr.
Niederkirchnerstr.
Lößniger Str.
ZENTRUM-SÜDOST
Mahlmannstr.
Körnerstr.
Körnerpl.
Tarostr.
Dösner Weg
Südplatz
Schenkendorfstr.
Albrecht-Dürer-Platz
Schwimmhalle Süd
S1, S2, S3, S4, S5, S5X, S6
Kochstr.
Arndtstr.
August-Bebel-Str.
Alfred-Kästner-Str.
Semmelweisstr.
SÜDVORSTADT
An den Tierkliniken
Kurt-Eisner-Straße
Kurt-Eisner-Str.
Semmelweisbrücke
K.-Liebknecht-/K.-Eisner-Str.
K.-Eisner-/A.-Hoffmann-Str.
MDR
Kohlrabizirkus
Scharnhorststr.
Lokschuppen
Heinrich-Schütz-Platz
Alexis-Schumann-Platz
Andreasstr.
Hardenbergstr.
Altenburger Str.
Steinstr.
Steinplatz
Kleingärten
Fichtestr.
HTWK
Kantstr.
R.-Lehmann-Str./HTWK
Richard-Lehmann-Str.
Richard-Lehmann-Straße
A.-Hoffmann-/R.-Lehmann-Str.
CONNEWITZ
Eichendorffstr.
TH
Gustav-Freytag-Str.
Windscheidstr.
S1, S2, S3
Scheffelstr.
Frohburger Str.
Stadtwerke Leipzig
S4, S5, S5X, S6
Connewitzer Kreuz
Wiedebachpl.
Arno-Nitzsche-Straße
Sport-Haus
A.-Nitzsche-/H.-Hoffmann-Str.
Meusdorfer Str.
Wiedebachstr.
Zwenkauer Str.
Selneckerstr.
Simildenstr.
Paul-Gerhard-Kirche
W.-Heinze-Str.
Bornaische Str.
650 m
300 m
Kleingärten Waldidyll
0
200
400 m

Südvorstadt und Connewitz

Ansehen

1. Bayerischer Bahnhof
2. Peterskirche
3. LVZ-Gebäude
4. KPMG-Gebäude
5. Volkshaus/Restaurant im Volkshaus/Spielerei
6. Feinkost Leipzig/ Mrs. Hippie
7. Karl-Liebknecht-Str. 43
8. Media City
9. Sendezentrale des MDR-Fernsehens
10. Geutebrück-Bau (Hauptgebäude) der HTWK
11. Lipsius-Bau der HTWK
12. Werk 2/ConnSTANZE/ Cammerspiele
13. Panometer

Essen

1. Gasthaus & Gosebrauerei Bayerischer Bahnhof
2. China White
3. Ǎn Chay
4. Restaurant Michaelis
5. Shady
6. Café Grundmann
7. Café Maître
8. Eisdiele Pfeifer
9. Fela
10. Cà Pháo
11. Mein liebes Frollein
12. Zest

Einkaufen

1. Kunstgriff
2. Weikert Studio/ pussyGALORE
3. Einfach Unverpackt
4. Röseling/Südseite Leipzig
5. Vielfach
6. Tranquillo
7. Mangiare
8. Midsommar
9. Perlentaucher
10. BioMare
11. Café Corso
12. röskant Die Manufaktur
13. Tee Contor

Ausgehen

1. Café Cantona
2. Renkli
3. Flowerpower
4. Killiwilly
5. Kulturzentrum naTo/ Cinémathèque Leipzig
6. Horns Erben
7. Distillery
8. Tanzcafé Ilses Erika/ Kinobar Prager Frühling
9. UT Connewitz
10. Conne Island

Kirche Platz. Daher finden hier häufig Konzerte statt.

Peterssteinweg J9

Gelungene Neubauten

Der Begriff Zeitung bedeutete ursprünglich Nachricht – das erklärt den etwas sperrigen Namen der 1650 in Leipzig erschienenen ersten Tageszeitung der Welt: Einkommende Zeitungen. Die heute leider einzige täglich erscheinende Zeitung in der Region ist die Leipziger Volkszeitung (LVZ). Sie zählt zu den ältesten deutschen Tageszeitungen und war ursprünglich ein sozialdemokratisches Blatt.

S

FREIE SCHULE

Im **Evangelischen Schulzentrum** neben der **Peterskirche** 2 begann übrigens die Leipzig-Karriere des amtierenden Oberbürgermeisters Burkhard Jung, der als Gründungsschulleiter 1991 in die Messestadt kam und bis 1999 die Geschicke einer der ersten freien Schulen der Stadt lenkte. Der Aufbau solcher von der DDR-Staatsideologie freien Schulen war ein ganz wesentliches Anliegen der Bürgerrechtsbewegung, die häufig mit den christlichen Kirchen assoziiert war.

HELD DER SÜDVORSTADT

Seit 2011 gibt es eine Theatertruppe namens **Adolf Südknecht** (www.toi-toi-toi.de/adolf-sud knecht), die mit ihren Improshows rund um die Schauspieler Armin Zarbock, Claudius Bruns und August Geyler die fiktive Figur zum Leben erweckt und Weltgeschichte ins Wohnzimmer bringt.

Das **LVZ-Gebäude** ❸ (Peterssteinweg 19, www.lvz.de) ist ein in den 1990er-Jahren architektonisch aufgepeppter, glasüberkuppelter Nachkriegsbau. Das Foyer steht Gästen zum Reinschnuppern offen. Mit dem **Café Satz** (www.cafe-satz-leipzig.de) gibt es sogar die Möglichkeit zum Kaffeeklatsch zwischen Mitarbeitern, Lesern und anderen Passanten.

Eines der Beispiele für einen gelungenen Neubau der Nachwendezeit können Sie vis-à-vis sehen: Die spitzwinklig herausragende Glasfassade des **KPMG-Gebäudes** ❹ (Münzgasse 2, Ecke Straße des 17. Juni) stellt einen interessanten Kontrast zur umgebenden Gründerzeitbebauung dar. Es wurde 1998 für die Wirtschaftsprüfungsgesellschaft errichtet und erhielt im Folgejahr den Architekturpreis der Stadt.

Karl-Liebknecht-Straße

Arbeiterbewegt

Die von der Innenstadt in Richtung Süden ausfallende Straße ändert in Höhe Riemannstraße ihren Namen: Aus dem Peterssteinweg wird die **Karl-Liebknecht-Straße.** Diese ist die Hauptpulsader der Südvorstadt. Längst hat sich für die belebte **Einkaufs- und Kneipenmeile** eher der liebevolle Kosename ›**Karli**‹ durchgesetzt, gelegentlich ist auch von der Südmeile die Rede. Im nördlichen Bereich dominieren die netten kleinen Läden (s. Tour S. 140), ab dem **Südplatz** nimmt die **Kneipendichte** zu.

Schon der Name der Straße schreibt eine eigene Geschichte. Ursprünglich hieß die Karl-Liebknecht-Straße Südstraße, da sie den direkten Weg aus der Stadt nach Süden wies. 1933 wurde aus ihr die Adolf-Hitler-Straße. Als die Amerikaner Anfang Mai 1945 Leipzig befreit hatten, gaben sie der Straße den alten Namen zurück, doch schon im August wurde sie von der neuen Stadtverwaltung – nun unter sowjetischer Besatzung – nach dem KPD-Mitbegründer Karl Liebknecht benannt. Liebknecht kam 1871 hier im Viertel zur Welt. Der dreifache Namenswechsel innerhalb nur eines Jahres war manchem Leipziger zu bunt und bescherte der Straße den Spitznamen Adolf-Südknecht-Straße.

Der Name Liebknecht (neben Karl wirkte auch sein Vater Wilhelm in Leipzig) passt immer noch gut zur ›Karli‹, denn mit dem **Volkshaus** ❺ (Hausnr. 30–32) findet sich hier eine weitere Spur der Arbeiterbewegung. Etwa 40 Arbeiterverbände und die SPD hatten sich um die vorletzte Jahrhundertwende zusammengeschlossen, um ein gemeinsames Gewerkschaftshaus zu errichten, heute ist die Eigentümerin und Hauptnutzerin die **Gewerkschaft ver.di.**

Unangepasst

Das **Kulturzentrum naTo** ❺ (Karl-Liebknecht-Str. 46; s. auch S. 24) hat eine kurios-bewegte Geschichte. Heute legendär: Der allererste Auftritt der Metal-Band Rammstein fand hier im April 1994 vor 15 Leuten statt! Ihr ganz eigener Kulturmix macht die naTo auch heute zum buntesten kulturellen Highlight des Leipziger Südens.

Lieblingsort

Geht Ihnen ein Licht auf?

Da gibt's keine Suppenkasperei: Mit bewundernswerter Ausdauer sitzen Mutter, Vater, Tochter und Sohn nun schon seit 1973 am Halbrund eines Esstischs und löffeln ihre Suppe. Dabei werden hier, obwohl noch so kunstvoll beworben, schon lange keine Delikatessen mehr produziert. In knallbunt und 2D an der Fassade des ehemaligen **VEB Feinkost,** heute **Feinkost Leipzig ❻**, erstrahlt die Leuchtreklame inzwischen nicht mehr in Neonlicht, sondern LED-illuminiert. Die **Löffelfamilie** hat viele Fans, einen eigenen Verein und eine eigene Website mit Webcam, die unter www.loeffelfamilie.de zu finden ist. Noch besser: Sie können die vier selbst zum Leuchten bringen. Das Projekt läuft inzwischen spendenfinanziert: Eine SMS an 811 90 mit dem Text LOEFFELFAMILIE oder ein Anruf an 0900LOEFFEL (0900 563 33 35) kostet 3 € – dafür erleben Sie eine Minute lang ein Minihörspiel und danach drei Minuten Licht.

Errichtet wurde das Gebäude in der Nachkriegszeit für die Nationale Front für Einheit und gerechten Frieden (NaFro), dem von der SED gelenkten Zusammenschluss aller Parteien der DDR. Trotz SED-Kontrolle und Stasibespitzelung mauserte sich die Institution ab den 1980er-Jahren zum Szenetreff unangepasster, junger Kreativköpfe mit Verbindungen in die ganze DDR und nach Westberlin. Vielleicht erklärt das, wie aus der NaFro die naTo wurde? Nach 1989 war die naTo denn auch einer der ersten Veranstaltungsorte in Leipzig, die den welthungrigen Menschen französische oder japanische Theatergruppen, Musiker aus Brasilien oder der Schweiz boten.

Jetzt wird's bunt

Auf dem Gelände des **ehemaligen VEB Feinkost** hat sich mit **Feinkost Leipzig** ❻ (Karl-Liebknecht-Str. 36, www.feinkostgenossenschaft.de; s. auch Lieblingsort S. 131) eine bunte, alternative Szene mit verschiedenen genossenschaftlich betriebenen Läden und Projekten entwickelt. Es gibt regelmäßig **Floh-** und **Streetfood-Märkte** und sommers **Kino- und Theatervorführungen** auf dem als Freilichtbühne genutzten Innenhof.

Vis-à-vis geht es nicht minder farbenfroh zu: Die von **Michael Fischer-Art** gestaltete **Fassade am Haus Karl-Liebknecht-Str. 43** ❼ ist ein Hingucker. In seiner markanten Pop-Art-Manier hat sich der Künstler, der sein Atelier inzwischen in Borna betreibt, hier 2004 verewigt. »Marktwirtschaftlichen Realismus« nennt er seine Stilrichtung selbst.

August-Bebel-Straße

H 10/11

Prachtbauten

Die westlich parallel verlaufende **August-Bebel-Straße** ist die feine Schwester der Karl-Liebknecht-Straße. Alles ist ein bisschen vornehmer, gediegener, prunkvoller. Besonders augenfällig wird dies bei der Architektur, die hier in Form des bürgerlichen Wohnhausbaus des ausgehenden 19. Jh. gehörig auftrumpft. Übrigens: Je weiter stadtauswärts Sie vordringen, desto ausgefallener und aufwendiger werden die kreativen Einfälle der Bauherren. Aber auch die Nutzung ist hier gänzlich anders als in der ›Karli‹. Es finden sich kaum Ladenlokale, ab und an taucht eine Arzt- oder Physiotherapiepraxis auf und es gibt wenige, handverlesene, gastronomische Angebote, deren renommiertestes das legendäre **Café Grundmann** 6 (s. S. 136) ist.

Media City und MDR J/K 11

Bin ich jetzt im Fernsehen?

Eigentlich hat die mehrseitige Kammbebauung der **Media City** ❽ mit gelber Klinkerfassade unaufgeregt-funktionale Architektur, die um die letzte Jahrtausendwende entstanden ist. Gelegentlich ist von Gästen aber der spontan-emotionale Ausruf »Die Sachsenklinik!« zu vernehmen, wenn die Stadtrundfahrt obligatorisch am Komplex vorbeiführt: Seit 2001 (ab Episode 125) wird hier die erfolgreiche ARD-Krankenhausserie »In aller Freundschaft« produziert und für die Aufnahmen wird bisweilen auch der Außenbereich in der Steinstraße, wo sich alle vier Studios befinden, in Szene gesetzt.

Insgesamt nutzen ca. 90 Unternehmen und Dienstleister der Film- und Fernsehbranche, des Hörfunks sowie der Web- und Printmedien die Gebäude. Es gibt einen eigenen Fundus, Kulissenwerkstätten und als besonderes architektonisches wie auch infrastrukturelles Zentrum der Anlage den als Studio nutzbaren gläsernen **Mediengarten.**

K

BLICK HINTER DIE KULISSEN

Die MDR-Studiotour über das Gelände des Mitteldeutschen Rundfunks gibt Ihnen die Möglichkeit, einmal hinter die Kulissen des Fernsehmachens zu schauen. Bei einem kleinen Zwischenstopp in der 13. Etage des Sendehochhauses sind ganz Leipzig und der Südraum zu überblicken. Bei diesem Rundgang wird nicht nur der **MDR ❾** selbst mit Studios, Werkstätten und den Lagerhallen des Fundus vorgestellt, sondern auch die verschiedenen Einrichtungen der benachbarten **Media City Leipzig ❽** sind einbezogen. Damit das alles nicht nur graue Theorie bleibt, gibt es die Gelegenheit, aktiv mitzumachen und zumindest einmal im Leben vor der Kamera zu stehen (nur n. V., T 0341 35 00 25 00 oder www.mdr-die-studiotour.de, 12,90/9,90 €).

Logistisch günstig: Das Gelände der **Sendezentrale des MDR-Fernsehens ❾** grenzt direkt an die Media City an. Früher befand sich auf dem Areal der Schlachthof, von dem einige Gebäude übernommen wurden, als Ende der 1990er-Jahre der Mitteldeutsche Rundfunk sich hier etablierte. Der markanteste Bau entstand neu: ein 13-stöckiges, 65 m hohes Bürohochhaus für die Sendezentrale. Seine der Richard-Lehmann-Straße zugewandte Fassade ist glasverkleidet und konkav gewölbt und erinnert so an einen Fernsehbildschirm klassischen Typs. Zusätzlich zu ihrem Leipziger Standort unterhält die Dreiländeranstalt noch drei Landesfunkhäuser in den jeweiligen Landeshauptstädten Erfurt, Magdeburg und Dresden. Darüber hinaus betreibt der MDR in Erfurt den KiKa für ARD und ZDF. Die Zentrale des Hörfunks sitzt im nahe gelegenen Halle an der Saale.

Studioführungen: s. Kasten; **Media City:** Altenburger Str. 3–15, www.media-city-leipzig.de; **MDR:** Kantstr. 71–73, www.mdr.de

Connewitz

HTWK

J11

Neben der Universität Leipzig ist die **Hochschule für Technik, Wirtschaft und Kultur** (HTWK), zu der mehrere, über das Stadtgebiet verteilte Gebäude gehören, eine weitere wichtige Ausbildungsstätte, an der aktuell etwas mehr als 6000 Studentinnen und Studenten eingeschrieben sind.

Polytechnisch

Das **Hauptgebäude der HTWK,** der **Geutebrück-Bau ❿,** liegt an der Ecke Karl-Liebknecht-/Richard-Lehmann-Straße. Es wurde 1913 als Königlich-Sächsische Bauschule fertiggestellt und weist architektonisch sowohl Elemente des Jugendstils als auch des Historismus auf. Die bereits 1838 von Albert Geutebrück initiierte Vorgängerinstitution, die Baugewerkeschule, war bis dato in der Pleißenburg am Ort des heutigen Neuen Rathauses (s. S. 59) untergebracht.

Die HTWK ist längst keine reine Baufachschule mehr, neben den Fachbereichen Architektur und Bauwesen gibt es Studiengänge im Bereich Medien, Elektro- und Informationstechnik, Sozialwesen, Informatik, Mathematik und Naturwissenschaften, Maschinen- und Energietechnik sowie Wirtschaftswissenschaften. Im Bereich Medien kann man hier Bibliotheks- und Informationswissenschaften, Buch- und Verlagswirtschaft, Druck- und Verpackungstechnik,

Museologie, Medientechnik und Verlagsherstellung studieren.

Ein weiterer markanter Bau der **HTWK** ist der **Lipsius-Bau** ⓫ (Karl-Liebknecht-Str. 145). Dieses ursprünglich 1926 als Oberpostdirektion eingeweihte Bauwerk von Willibald Seckt gehört zu den wenigen Beispielen expressionistischer Geschäftshausarchitektur in Leipzig. Besonders auffällig ist der siebenachsige, auskragende Mittelrisalith mit seiner starkfarbigen Gestaltung und den wuchtigen eingestellten Säulen, die ungewöhnliche Zackenkapitelle aufweisen.

Connewitzer Kreuz J11/12

Neue Werkstoffe

Wie bunt Connewitz ist, erleben Sie direkt am Connewitzer Kreuz (s. S. 144): **Werk 2** ⓬ (Kochstr. 132, www.werk-2.de; s. auch S. 142) – nur der kurze Name ist geblieben vom VEB Werkstoffprüfmaschinen. Heute findet sich auf dem Fabrikareal eines der größten soziokulturellen Zentren Sachsens mit **Werkstätten, kulturellen Veranstaltungen** und **gastronomischen Angeboten.** Auf knapp 8000 m² sind Vereine, kleine Kreativfirmen und Künstler mit ihren Büroräumen, Werkstätten und Ateliers aktiv. Zielsetzung ist neben kreativen und sozialen Angeboten vor allem die kulturelle und integrative Arbeit in Stadtteil, Stadt und Region. Das Werk 2 hat mit **Workshops und Kursen** zu Töpfern, Filzen, Glasblasen und Drucken, mit Computerkursen für Senioren sowie mit Konzerten, Theater und Kabarett ein vielfältiges Angebot, das für jeden Kunst-, Kultur- und sozial Interessierten etwas bietet. In der werkseigenen Gastronomie **ConnSTANZE** (s. S. 138) stimmen Atmosphäre, Geschmack und Preis.

O

VOM SÄCHSISCHEN ORIGINAL BETRACHTET

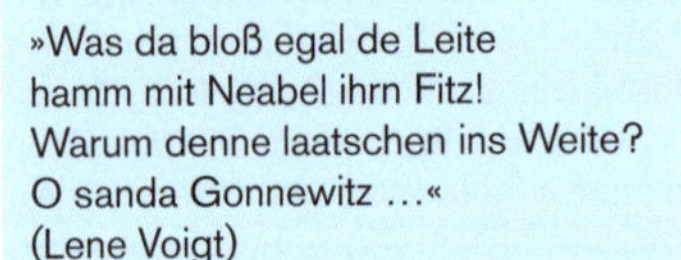

»Was da bloß egal de Leite
hamm mit Neabel ihrn Fitz!
Warum denne laatschen ins Weite?
O sanda Gonnewitz …«
(Lene Voigt)

Museen

Alter Gasspeicher

⓭ **Panometer:** Die Idee, alte ausgediente Gasometer zur Schau von Riesenpanoramen im Innenrund (Panometer ist eine Wortschöpfung aus Gasometer und Panorama) zu nutzen, konnte Yadegar Asisi zuerst in Leipzig verwirklichen. Das geschah mit bahnbrechendem Erfolg 2003 mit dem Panorama »8848Everest360°«, das einen atemberaubenden Einblick in die Welt des Himalaya bot, ganz ohne Sauerstoffgerät. Seither waren die Besucher im Alten Rom, Amazonien, dem alten Leipzig zur Zeit der Völkerschlacht und auf der Titanic zu Gast. Immer wieder vermag Asisi mit technischer und künstlerischer Raffinesse in 360° zu beeindrucken. Das sind schon Dimensionen! 110 m lang und 32 m hoch ist das Panorama, das von einer 15 m hohen Besucherplattform aus betrachtet werden kann. Perspektivisch ist das so gestaltet, dass Sie auf die Größe eines Insekts schrumpfen! Bis zum 20. Juni 2021 war mit »Carolas Garten« die Makroaufnahme des Leipziger Vorstadtgartens einer 2015 verstorbenen Mitarbeiterin aus Asisis Team zu bestaunen. Ab Juli 2021 soll es dann heißen »New York 9/11«, Manhattan unmittelbar vor dem Terroranschlag vom 11. September 2001.

Richard-Lehmann-Str. 114, www.panometer.de, Tram 9 Arthur-Hoffmann-/Richard-Lehmann-Str., Bus 70 Altenburger Str., kostenfreies Parken, Mo–Fr 10–16, Sa/So 10–17 Uhr, 11,50/10/6 €

Zwei Jahre lang nahm Yadegar Asisi die Besucherinnen und Besucher des Panometers mit auf einen Tauchgang. Im Maßstab 1:1 ließ er sie das Wrack der untergegangenen RMS Titanic erleben.

Essen

Biergenuss mit Gleisanschluss

1 Gasthaus & Gosebrauerei Bayerischer Bahnhof: Schaffner, Kuppler, Heizer – hier können Sie neben der Gose weitere vor Ort gebraute Bierspezialitäten verkosten. Dazu gibt es solide Hausmannskost, die nicht nur satt macht, sondern auch schmeckt. Das historische Bahnhofsgebäude bietet reichlich Platz und in den verschiedenen Bereichen von Schalterhalle bis Gosestube ganz unterschiedliches Ambiente. In der warmen Jahreszeit lädt der Biergarten zum Draußensitzen ein.

Bayrischer Platz 1, Südvorstadt, T 0341 124 57 60, www.bayerischer-bahnhof.de, Tram 2, 9, 16 Bayrischer Bahnhof, tgl. 12–22 Uhr, Hauptgerichte 8,50–19,50 €

Fernöstlich-köstlich

2 China White: Wo China draufsteht, ist zusätzlich ein bisschen Vietnam, Thailand, Malaysia und Indonesien drin: Die Karte bietet klassische Spezialitäten aus Fernost, sehr gut zubereitet. Küchenchef Vincent Lee widmet sich vor allem den unterschiedlichsten Zubereitungsvarianten von Ente, aber auch Rinderfilet, Riesengarnelen und Tofugerichte fehlen nicht auf der Karte. Das Ambiente des Restaurants am Tor zur Südvorstadt ist elegant-modern.

Peterssteinweg 17, Südvorstadt, T 0341 149 19 66, www.chinawhite-leipzig.de, Di–So 11.30–14, 17.30–22 Uhr, Hauptgerichte mittags 6,50–11,90 €, abends 9,90–25,90 €

Vegan Diner

3 Ăn Chay: Kleine Vietnamesisch-Lektion – *ăn chay* bedeutet vegan leben.

Damit ist auch schon das Wichtigste auf den Punkt gebracht. Wenn Tofu, Sojabohnen und Reispapierrollen Ihre Lieblingszutaten für asiatische Snacks sind, ist dieses Diner der perfekte Pausen- und Magenfüller für Ihren Einkaufsbummel auf der ›Karli‹. Appetitanregend sind schon die poetischen Namen der Speisen: »Wie alles begann« oder »Gedämpfte Herrlichkeit« – lassen Sie sich überraschen!

Karl-Liebknecht-Str. 1, Südvorstadt, T 0341 97 85 61 41, www.an-chay.de, Tram 10, 11 Münzgasse, tgl. 11.30–22 Uhr, Hauptgerichte ca. 9–10 €

Im Hotel

4 **Restaurant Michaelis:** Im gleichnamigen Hotel Michaelis in einer Seitenstraße der belebten ›Karli‹ findet sich eines der gastronomisch anspruchsvolleren Lokale im Viertel. Regional und saisonal sind die wichtigsten Attribute für die kreativ zusammengestellten und dekorierten Speisen. Im Sommer können Sie lauschig auf der Hofterrasse sitzen.

Paul-Gruner-Str. 44, Südvorstadt, T 0341 2678-0, www.michaelis-leipzig.de, Tram 10, 11 Hohe Str., Mo–Sa 18–24 (Küche bis 22) Uhr, Hauptgerichte 23–28 €

Nachtigallenruf

5 **Shady:** ›Nachtigall‹ oder ›Gesang der Nachtigall‹ bedeutet der arabische Name des Restaurants und seines Betreibers. Die mediterran-orientalische Küche ist würzig, süß und ein bisschen geheimnisvoll. Das klingt nach 1001 Nacht und schmeckt nach der Heimat des Hausherrn: Nazareth im Norden Israels. Dahin reist er regelmäßig und besorgt die authentischen Gewürze. Die Karte ist komplett alkoholfrei. Dafür bietet Shady überraschend viele nullprozentige, aber geschmacksintensive Alternativen an Cocktails, Säften sowie Kaffeespezialitäten.

Körnerstr. 2, Südvorstadt, T 0341 462 69 95, www.shady-leipzig.de, Tram 10, 11 Südplatz, Mai–Sept. Di–Sa ab 17–ca. 23, So 15–22, Okt.–April Di–Sa ab 17–ca. 23, So 10–21 Uhr, Hauptgerichte ca. 13,50–24,50 €

Art déco mit Wiener Schmäh

6 **Café Grundmann:** Schon der Freisitz vor dem Lokal versprüht ein ganz eigenes Flair. Die Atmosphäre: ein Gemisch aus Kaffeekränzchengemütlichkeit, wirtschaftlicher Bodenständigkeit und intellektueller Kaffeehaustradition. Hier trifft sich das Bürgertum zum Frühstück, gern gesehene Stammgäste sind u. a. der Kabarettist Bernd-Lutz Lange und der Lyriker Andreas Reimann. Und so gibt es hier nur eines: Lassen Sie sich ein, tauchen Sie ganz und gar ein in die Art-déco-Einrichtung dieser alteingesessenen Institution und genießen Sie bei Frühstück, Timelunch, Kaffee und Kuchen oder zum Abend den Raum und die ganz besondere Stimmung.

August-Bebel-Str. 2, Südvorstadt, T 0341 222 89 62, www.cafe-grundmann.de, Tram 10, 11 Südplatz, Mo–Fr 8–21, Sa/So 9–18 Uhr, Tagesgericht 8,50–9,50 €, Hauptgerichte ca. 10–15 €

Draußen viel Platz

5 **Restaurant im Volkshaus:** Die Innenausstattung hat vor geraumer Zeit den Sprung von rustikal-volksnah zu freundlich-elegant gemacht. Die Karte bietet eine runde Melange von Frühstücksvarianten über Königsberger Klopse bis zum veganen Curry. Auf den beiden großen Freisitzterrassen im Hof und zur Straße hin findet sich bei schönem Wetter fast immer ein Plätzchen.

Karl-Liebknecht-Str. 30–32, Südvorstadt, T 0341 212 72 22, www.volkshaus-leipzig.de, Tram 10, 11 Südplatz, tgl. Frühstück 10–12, Küche 12–22 Uhr, Hauptgerichte 9–15 €

Art nouveau mit Niveau

7 **Café Maître:** Die originale Jugendstilausstattung und die leckersten Croissants der Stadt aus der hauseigenen Patisserie nebenan machen das Maître für mich zum unangefochtenen Favoriten in der ›Karli‹.

Lieblingsort

Vanille oder Schoko?

Nach der Wende wurde das Angebot in vielen Läden bunter und besser. Zwei Ausnahmen musste ich schnell bemerken: Bäcker und Eisläden. Die guten waren selbst in DDR-Zeiten privatbetrieben und verstanden ihr Handwerk. Eine solche Institution, die die Zeiten überdauert hat, ist die **Eisdiele Pfeifer** 8. Die älteste Eisdiele der Stadt bietet eine Reise in die Kindheit. Ob der Eckladen geöffnet hat, ist nicht nur an der Eisfahne am Eingang erkennbar, sondern auch an der eishungrigen Warteschlange davor. Gut Ding will Weile haben. Im Eckladen angekommen, sieht auch fast alles noch so aus wie früher. Das ist nicht retro, die Einrichtung ist weitestgehend original. Der Deckenleuchter ist von 1953, als Herr Pfeifer senior den Laden eröffnete. Die Stühle und Tische kamen Ende der 1970er-Jahre ins Haus und sein Sohn Hans-Peter übernahm mit Ehefrau Petra den Eislöffel. Der ›Eisheilige‹ wachte mit Akribie über die Pflege der Tradition. Ob die Originalrezepturen in einem Safe schlummern? Ein Glücksfall für die Pfeifers: Architektin Melanie Mehlitz, die den Laden heute mit Mutter und Bruder führt, weiß, dass wahre Gaumenfreude eine ernste Sache ist (Kochstr. 20, Tram 10, 11 Südplatz, Mo–Fr 12–18, Sa/So 13–18 Uhr).

Entspannen vor, nach oder als Pause beim Bummel auf der ›Karli‹ können Sie im Café Maître.

Ich selbst gehe hier am liebsten frühstücken, doch auch die Karte ab 11 Uhr bietet Speisen, die sich am besten als ›Rustikales edel zubereitet‹ beschreiben lassen.

Karl-Liebknecht-Str. 62, Südvorstadt, T 0341 30 32 89 24, www.cafe-maitre.de, Tram 10, 11 Südplatz, Mo–Fr 8–24, Sa 9–24, So 9–18 Uhr, Frühstück ab 7,50 €, Gerichte ca. 9–18 €

Delikat am Abend

9 **Fela:** Das Fela ist zwar von außen unscheinbar, dafür innen sehr angenehm. Serviert werden köstliche Speisen – auch für den etwas feinsinnigeren Gaumen. Dazu gibt es eine große Getränkeauswahl, nicht zuletzt an Weinen im offenen Ausschank. Das Personal leistet ein Übriges, um den Besuch perfekt zu machen. Montags gilt die normale Speisekarte nicht, dann können Sie sich Minigerichte in Schalen à 3 € bestellen oder kleine Speisen (um 13 €).

Karl-Liebknecht-Str. 92, Südvorstadt, T 0341 225 35 09, www.fela-in-leipzig.de, Tram 9, 10, 11 Kurt-Eisner-Str., tgl. 17–1, Küche Mo 17–23, Di–Sa 18–23, So Brunch 9.30–15 Uhr (18,50 €), Hauptgerichte 18–28 €

Njam, njam!

10 **Cà Pháo:** Das kleine, liebevoll eingerichtete vietnamesische Lokal bietet eine vielfältige Auswahl leckerer Gerichte. Die Palette geht deutlich über knusprige Ente oder Huhn mit Reis hinaus und beinhaltet auch vegetarisch-vegane Speisen. Alles ist glutamatfrei und dazu preiswert. Damit sticht das Lokal aus der Vielzahl dieser Garküchen in Leipzig heraus.

Karl-Liebknecht-Str. 114, Südvorstadt, T 0341 65 87 48 21, www.caphao.eatbu.com, Tram 9, 10, 11 HTWK, Mo–Fr 11.30–22.30, Sa/So 12–22.30 Uhr, Hauptgerichte meist 7,50–9,50 €

Mid-Century-Style

11 **Mein liebes Frollein:** Sicher, das Café mit Insta-Wand und veganen Leckereien ist eher für Millennials gedacht. Ich traue mich auch ohne Frollein Tochter hierher, genieße Frühstück mit gutem Kaffee und frisch gebackenem Kuchen. Der Cheesecake ist so lecker, da verzichtet selbst die Sächsin ausnahmsweise auf echte Eierschecke. Grundentspannt ist die Lage in einer Nebenstraße der Südvorstadt.

Fichtestr. 15, Südvorstadt, T 0341 67 92 84 21, www.meinliebesfrollein.de, Tram 9, 10, 11 Richard-Lehmann-Str., Di–So 9–18 Uhr, Frühstück 6,90–10,90 €

Szenig rustikal

12 **ConnSTANZE:** Die ConnSTANZE ist die hauseigene Kneipe in der Kulturfabrik Connewitz Werk 2. Die Atmosphäre ist urig, gemütlich. Publikum und Bedienung sind freundlich und locker, die Karte ist überschaubar, aber das Essen dafür umso leckerer. Sonntags gibt es Mittagstisch.

Werk 2, Kochstr. 132, Connewitz, T 0341 391 57 94, www.connstanze.de, Tram 9, 10,

11 Connewitzer Kreuz, Mo–Sa ab 17, So ab 12, ab 17 Uhr, Hauptgerichte ca. 10–19 €

Vegan-vegetarisch

12 **Zest:** Wenn es um anspruchsvolle, fleischfreie Küche geht, ist das Zest obligatorisch. Ebenso wie die Reservierung vorab, wenn Sie einen Platz bekommen wollen. Kleine gedankliche Kostprobe: Gurken-Minz-Salat und Spitzkohl, marinierter Fenchel an Granatapfel-Vinaigrette mit Avocadoöl oder Mizuna (japanisches Senfgrün). Und lassen Sie sich auf keinen Fall das Dessert entgehen!

Bornaische Str. 54, Connewitz, T 0341 231 91 26, www.zest-leipzig.de, Tram 9, 11 Pfeffinger Str., Mi–Mo 11–23 Uhr, Hauptgerichte ca. 14–19 €

Einkaufen

Flohmarkt

6 **Feinkost Leipzig:** s. S. 132.

Einkaufsbummel auf der ›Karli‹

1–10 Eine Tour auf der Karl-Liebknecht-Straße in der Südvorstadt, abseits der großen Ladenketten: s. S. 140.

Beste Lerchen

11 **Café Corso:** Das Corso ist legendär, auch wenn das historische Kaffeehaus nicht mehr existiert. Die feine Konditoreitradition wird nur einen Katzensprung vom Innenstadtring entfernt fortgeführt. Wenn Sie Lerchen oder in der Weihnachtszeit Christstollen aus Leipzig mitbringen möchten, ist das Corso mein Tipp. Und warum nicht vor Ort im Café noch ein Stück Torte und ein *Scheelchen Heeßen* genießen?

Brüderstr. 6, Seeburgviertel, www.corsoela.de, Tram 2, 9, 16 Roßplatz, Mo–Fr 8–18, Sa 10–17 Uhr

Frische Bohnen

12 **röskant Die Manufaktur:** Kaffeespezialitäten aus aller Welt, Tees, Trinkschokoladen und eine kleine Weinauswahl werden hier mit Liebe behandelt und weitergegeben.

Hohe Str. 9–13, Südvorstadt, www.roeskant.com, Tram 10, 11 Hohe Str., Di 9–18, Mi 13–18, Sa 10–14 Uhr

Wie das duftet!

13 **Tee Contor:** Vom schwarzen, grünen und kräuterigen Klassiker bis zum lokalen Original gibt's hier wunderbare Tees und freundliche Beratung.

Karl-Liebknecht-Str. 100, Südvorstadt, www.teecontor-leipzig.com, Tram 10, 11 Kurt-Eisner-Str., Mo–Fr 11–18, Sa 10–14 Uhr

Ausgehen

Fußball intellektuell

1 **Café Cantona:** Wenn für Sie die Begriffe Fußball und intellektuell nicht so recht zusammenpassen wollen, dann kennen Sie das nach dem französischen Fußballer Éric Cantona benannte Lokal noch nicht. Café, Restaurant oder Kneipe? Egal, die Atmosphäre und das Personal sind unkompliziert. Vom Frühstück übers Mittagsgericht bis zum abendlichen Barfood werden hier alle satt und glücklich. An Abenden zum ›Rudelglotzen‹ wichtiger Fußballspiele sollte man sich beizeiten ein Plätzchen suchen. Gelegentliche Lesungen bieten auch etwas für Literaturfans. Der Freisitz auf dem breiten Fußweg unter gestreiften Markisen ist bei schönem Wetter belebt.

Windmühlenstr. 29, Südvorstadt, www.facebook.com/cafecantona, Tram 2, 9, 16 Härtelstr., Mo 9–22, Di–Do 10–22, Fr/Sa 10–2, So 10–20 Uhr

Weinbar

2 **Renkli:** Im Renkli können Sie den Tag bei einem guten Glas Wein ausklingen lassen. Dabei bekommen Sie mehr Auswahl als ein lapidares »Rot oder weiß?« geboten. Barfood, gepflegtes Ambiente und Gastfreundschaft gibt es obendrein.

TOUR
Einkaufsbummel auf der ›Karli‹

Eine Tour auf der Karl-Liebknecht-Straße, abseits der großen Ladenketten

Am schönsten ist es, Sie schlendern von der Innenstadt durch den Peterssteinweg in die ›Karli‹ hinein. Bleiben Sie für den ersten Teil des Rundgangs auf der westlichen Straßenseite, um dann auf der östlichen zurückzukehren.

Unweit der Straßenbahnhaltestelle Hohe Straße finden Sie auf der ›Karli‹ im **Kunstgriff** 1 (›Karli‹ 16, www.kunstgriff-leipzig.de) echte Kunst für den kleineren Geldbeutel nebst passender Rahmung, Postkarten und hübsche Papeterie. Eines der Urgesteine unter den Geschäften, auf die schon seit den 1990er-Jahren Verlass ist. Wenn Sie südwärts weiterlaufen, gelangen Sie zum **Volkshaus** 5 (s. S. 130), wo es in der **Spielerei** (www.spielerei-leipzig.de) das gibt, was der Name vermuten lässt: erlesenes Spielzeug mit pädagogischem Anspruch.

Auf dem Gelände des **ehemaligen VEB Feinkost** 6 (s. S. 132) können Sie einige alternative Angebote entdecken. Genannt sei der Kultklassiker für blumig-bunte Textilien **Mrs. Hippie** (www.mrs.hippie.de), den Sie seit 1995 im Innenhof des Geländes finden.

Im **Weikert Studio** 2 (›Karli‹ 52, www.weikertstudio.com) werden auch die anspruchsvollen Herren fündig. Stephan Weikert bietet feine Manufakturwaren an, von Bekleidung über Lederwaren und Schmuck bis zu Pflegeprodukten. Solides Handwerk und langlebige Qualität sind das Credo des Betreibers. Gleich nebenan im selben Gebäude gibt es bei **pussyGALORE** 2 (www.pussy-galore.biz) Mode für die selbstbewusste Frau, nicht nur für James-Bond-Gespielinnen, wie der Name vermuten ließe. Von schrill und bunt bis klassisch-elegant mit fairen Preisen ist für jede etwas dabei.

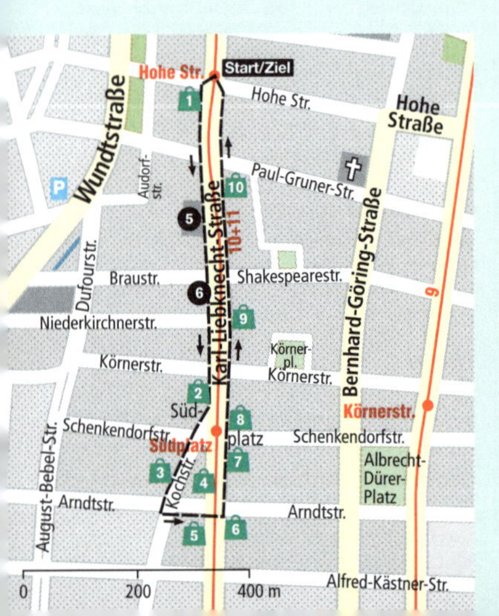

Ein kleiner Abstecher lohnt sich, um bei **Einfach Unverpackt** 3 (Kochstr. 6, www.einfach-unverpackt.de) zu sehen, wie vegetarische Lebensmittel, Pflege- und Drogerieprodukte ohne umweltschädliches Plastik-Drumherum auskommen.

Infos

gut 2 km, reine Laufzeit 30–40 Min.

Start/Ziel:
J 9, Haltestelle Hohe Str., Tram 10, 11

Kunstgriff 1: Mo–Fr 10–18.30, Sa 10–14 Uhr
Spielerei 5: Mo–Fr 10–18, Sa 10–13 Uhr
Mrs. Hippie 6: Mo–Fr 10–19.30, Sa 10–18 Uhr
Weikert Studio 2: Mo–Fr 10–18, Sa 10–16 Uhr
pussyGALORE 2: Mo–Fr–11–19.30, Sa 11–18 Uhr
Einfach Unverpackt 3: Mo–Fr 9–19, Sa 9–16 Uhr
Röseling 4: Mo–Sa 11–20 Uhr
Südseite Leipzig 4: Mo–Fr 11–18, Sa 11–16 Uhr
Vielfach 5: Mo–Fr 11–19, Sa 11–16 Uhr
Tranquillo 6: Mo–Fr 10–19, Sa 10–18 Uhr
Mangiare 7: Mo–Fr 10–19, Sa 10–13 Uhr
Midsommar 8: Mo–Fr 11–19, Sa 11–16 Uhr
Perlentaucher 9: Mo–Fr 11–19, Sa 11–15 Uhr
BioMare 10: Mo–Sa 9–20 Uhr

Zurück in der ›Karli‹ gibt es bei **Röseling** 4 (›Karli‹ 58, www.roeseling-leipzig.de) Feinkost – mit feinster Auswahl an regionalen, überregionalen und internationalen Köstlichkeiten. Hier können Sie auch eine kulinarische Pause einlegen. Nebenan (im selben Haus) kommen Sie zur **Südseite Leipzig** 4 (www.suedseite-leipzig.de), einem trendigen Laden für angesagtes Interieur, Pflanzen, Schmuck und sonstige Lieblingsstücke.

Noch mehr und doch wieder andersartige Deko, Schmuck, Keramik, Grafiken etc. gibt es im **Vielfach** 5 (›Karli‹ 66, www.vielfach-leipzig.de). Dabei ist der Name wörtlich gemeint: Die Regalfächer werden von unterschiedlichen Labels und Designern zur Präsentation ihrer Kreationen genutzt.

An der nächsten Kreuzung wechseln Sie nun auf die östliche Straßenseite für die Re-Tour. An der Ecke bei **Tranquillo** 6 (›Karli‹ 91, www.tranquillo-shop.de) gibt es ökologische Mode, Accessoires und Kleinmöbel. Das Label aus der Dresdner Neustadt hat schon seit Jahren diesen Laden in der Südvorstadt.

Feinkost aus Italien gibt es im **Mangiare** 7 (›Karli‹ 73, www.mangiare-leipzig.de), das bereits seit 1998 die Gaumen der Leipziger erfreut. Allein beim Anblick der Antipasti fließt einem das Wasser im Mund zusammen!

Original italienisch ist auch der Espresso im **Midsommar** 8 (›Karli‹ 67, www.midsommar-in-leipzig.de). Vor allem aber geht es um feminine Mode und Lingerie, farblich oft mit skandinavischem Touch – obwohl die Labels aus verschiedenen europäischen Ländern stammen.

Ihnen fehlt jetzt noch ein knallbuntes Accessoire? Im **Perlentaucher** 9 (›Karli‹ 51, www.perlentaucher-leipzig.net) gibt es eine schier unglaubliche Vielfalt an Schmuckperlen verschiedenster Farben, Formen und Muster. Hier können Sie direkt vor Ort selbst kreativ werden.

Wenn Sie zum Abschluss Ihres Bummels noch Lebensmittel erwerben möchten: Mit dem **BioMare** 10 (›Karli‹ 27, www.bio-mare.com) steht Ihnen in dem zurückversetzten und markanten DDR-Flachbau ein Biosupermarkt mit denkbar großer Auswahl zur Verfügung.

Karl-Liebknecht-Str. 2, Südvorstadt, www.facebook.com/renkli.weinundangst, Tram 10, 11 Münzgasse, Mo–Sa ab 18 Uhr

Kultig-blumig

3 **Flowerpower:** Der Trip mit Blumen im Haar nach San Francisco wird heute zu weit? Hier kommen Sie bei Livemusik, Karaoke und Partys in lässiger Atmosphäre bestimmt in Hippiestimmung. Eine der inzwischen traditionellen Kneipen im Süden in Innenstadtnähe.

Riemannstr. 42, Südvorstadt, www.flower-power.de, Tram 10, 11 Münzgasse, tgl. ab 20 Uhr

Der irische Klassiker

4 **Killiwilly:** der irischste aller Pubs in Leipzig. Ein typisch irischer, langer Tresen, rustikale Tische, und einen Raucherraum gibt es auch. Neben allein 13 Fassbieren können Sie Wein, Cocktails und jede Menge Whiskeys probieren. Regelmäßig treten Sänger oder kleinere Gruppen auf: Die Livekonzerte im Pub sind ein Erlebnis!

Karl-Liebknecht-Str. 44, Südvorstadt, www.facebook.com/Killiwilly, Tram 10, 11 Südplatz, Mo–Do 12–2, Fr 12–5, Sa 11–5, So 11–2 Uhr

Kultkultur

5 **Kulturzentrum naTo:** In dieser Institution des Kulturlebens treffen sich Leute aller Altersklassen, die auf der Suche nach guter Musik von Jazz bis Weltmusik sind. Es finden Lesungen, Diskussionen und Theateraufführungen statt. Auch eine Kneipe gehört dazu. Im Kino **Cinémathèque Leipzig** wird vom Independentfilm über Dokus bis zum Klassiker Cineasten viel geboten, in Originalsprache, versteht sich.

Karl-Liebknecht-Str. 46, Südvorstadt, www.nato-leipzig.de, www.cinematheque-leipzig.de, Tram 10, 11 Südplatz, Kneipe tgl. ab 18.30 Uhr

Mehr als nur Spirituosen

6 **Horns Erben:** Kennen Sie noch Hornano? Den Wermut von Wilhelm Horn gab's zu DDR-Zeiten in der damaligen Weinstube des Leipziger Spirituosenfabrikanten. Heute verstehen sich die Betreiber auch ohne verwandtschaftliche Bande als die Erben der einstigen Stätte, die sich in kürzester Zeit zur angesagten Eventlocation gemausert hat. Die stilvolle Art-déco-Fassade wurde originalgetreu restauriert. Selbstverständlich gibt es eine Bar, an der nicht nur Spirituosen wie Allasch und Gin ausgeschenkt werden.

Arndtstr. 33, Südvorstadt, www.horns-erben.de, Tram 10, 11 Südplatz, Mi–Sa ab 19 Uhr

Techno und House

7 **Distillery:** Jeden Freitag und Samstag ist hier Party. Als ältester House- und Technoclub Ostdeutschlands ist die Distillery der erste Anlaufpunkt, wenn es um anspruchsvolle elektronische Musik geht. Entstanden in Connewitz, aktuell in der Südvorstadt beheimatet, steht in den nächsten Jahren ein erneuter Wechsel der Szenerie bevor.

Kurt-Eisner-Str. 108 a, Südvorstadt, www.distillery.de, Bus 74 Lößniger Str.

Club Dancing und Kino

8 **Tanzcafé Ilses Erika und Kinobar Prager Frühling:** Das Haus der Demokratie beherbergt verschiedene Vereine für Umwelt, Politik, Bildung und Kultur. Letztere wird vor allem durch zwei stadtbekannte Institutionen vertreten. Das **Tanzcafé Ilses Erika** verspricht niveauvolle Comedy und entspanntes Abtanzen zu Pop und Indie. Außerdem gehört ein Biergarten auf dem Hof dazu. Im **Prager Frühling** wird anspruchsvolles Programmkino in Wohnzimmeratmosphäre geboten.

Bernhard-Göring-Str. 152, Südvorstadt, www.ilseserika.de, www.kinobar-leipzig.de, Tram 10, 11 Connewitzer Kreuz

Direkt am Kreuz

12 **Werk 2:** In der ehemaligen Fabrik (s. S. 134) ist Platz für Konzerte und Discos. Absolute Szenelocation im links-

Gehören zur ›Karli‹ und zu Leipzig: das Kulturzentrum naTo und die Cinémathèque. Musik hören, Diskussionen erleben, Theater gucken – oder eben Filme schauen …

alternativen Connewitz. Hier sind auch die **Cammerspiele** zu Hause, die in intimer Atmosphäre mit Performances und Improtheater, Lesungen und Gastspielen aufwarten.

Kochstr. 132, www.werk-2.de, Connewitz, www.cammerspiele.de, Tram 10, 11 Connewitzer Kreuz

Altehrwürdig

9 UT Connewitz: Mit romantisch-morbidem Charme besticht der Saal weitgehend im Originalzustand von 1912. Die Bühnenöffnung wirkt wie der Eingang zu einem griechischen Tempel: gerahmt von Pilastern und von einem Dreiecksgiebel bekrönt. Im ältesten noch erhaltenen Lichtspieltheater Leipzigs finden neben Kinovorführungen auch Vorträge, Konzerte und andere Veranstaltungen statt.

Wolfgang-Heinze-Str. 12 a, Connewitz, www.utconnewitz.de, Tram 10, 11 Connewitzer Kreuz

Szene pur

10 Conne Island: Das Conne Island ist eine Legende. Die Eigendefinition lautet: »Zentrum von und für Linke, Jugend-, Pop- und Subkulturen«. Schon in den späten 1980er-Jahren fanden hier – im damals noch Eiskeller genannten Gebäude – regelmäßig Veranstaltungen vor allem der musikalischen Untergrundszene statt. Heute ist das Conne Island nicht nur ein Veranstaltungsort für heftige und laute Musik, hier wird auch ein Café betrieben. Das Freigelände wird für Basketball, Fußball, Tischtennis, Volleyball u. Ä. genutzt.

Koburger Str. 3, www.conne-island.de, Bus 70 Koburger Brücke, Di–Fr ab 18, Sa–Mo 1 Std. vor Veranstaltung, Do Brunch ab 10.30 Uhr

Zugabe

Krawall und Graffiti am Connewitzer Kreuz

Hort der Linksalternativen

Alle Jahre wieder zu Silvester fragen sich Sabine und Otto Normal-Leipziger: »Ob es heute Nacht wieder kracht am Kreuz?« Wenn in Leipzig vom Kreuz die Rede ist, ist klar, es geht ums Connewitzer Kreuz. So bezeichnet man den Bereich, an dem die Karl-Liebknecht-Straße sich in die Bornaische Straße und die Wolfgang-Heinze Straße gabelt. Es ist kein Platz im eigentlichen Sinn, aber das zentralste Areal im Stadtteil. Doch woher kommt der Name?

Auf dem kleinen Wiesendreieck dazwischen, verkehrsumtost, steht eine etwa 5 m hohe Säule aus Porphyrtuff mit einer Sandsteinplatte. Darauf ist in Richtung stadteinwärts ein Andreaskreuz mit der Jahreszahl 1536 abgebildet, auf der anderen Seite ein Kruzifix mit Stadtwappen und Totenkopf. Das Connewitzer Kreuz ist das einzige erhaltene Weichbildzeichen der Stadt, also eine Markierung, die im Mittelalter den Geltungsbereich der städtischen Gerichtsbarkeit anzeigte.

Vermutlich kümmert weder die historische noch die heutige Jurisdiktion die gewaltbereiten Chaoten, die sich hier regelmäßig mit der Polizei oder anderen Gruppierungen des jeweils entgegengesetzten Lagers offene Straßenkämpfe liefern. Außer dem Jahreswechsel gibt es gelegentlich weitere, meist quasi-politisch motivierte Anlässe, zu denen es auf dem Kreuzungsbereich knallt. Mülltonnen und Barrikaden brennen, es fliegen auch mal Pflastersteine. Mancher Ladenbetreiber hat dann schon vorsorglich die Schaufenster mit Brettern vernagelt.

Doch warum kommt es immer wieder zu diesen Zwischenfällen? Das fragt sich die Mehrzahl der Connewitzer. Sicher, schon seit den 1990er-Jahren, als sich im Viertel in leer stehenden Altbauten rings um die damals stadtbekannte Stockartstraße eine Hausbesetzerszene etablierte, hat Connewitz den Ruf, ein linksalternatives Viertel zu sein. Heute sind die meisten Gebäude saniert, steigende Mieten und Immobilienspekulation bewegen die Gemüter der Anwohner. Die Dichte an Graffiti an den Fassaden ist höher als anderswo, das gehört dazu und neben den üblichen Schmierereien ist

»Wenn man sich da nicht auskennt! Schon die Farbe der Schnürsenkel kann eine Bedeutung haben.«

Kunstvolles zu entdecken. Bei Wahlen erzielt die Linke im Leipziger Süden gewöhnlich die besten Ergebnisse in Sachsen. Doch das alles erklärt nicht die gelegentlichen Gewaltausbrüche, von denen sich die meisten Linken distanzieren. Offensichtlich hat sich Connewitz über die Jahre zu einem Hotspot für Krawalltouristen entwickelt, die zu den Demos aus allen Himmelsrichtungen anreisen. Die Meinungen in der Stadtpolitik gehen weit auseinander: Ist die erhöhte Polizeipräsenz bei solchen Anlässen förderlich oder wirkt sie eher brandbeschleunigend. Andere werfen den Stadtoberhäuptern vor, zu lange auf dem linken Auge blind gewesen zu sein. Im November 2019 wurde in Sachsen eine Sonderkommission Linksextremismus mit 20 Beamten gegründet – parallel zur bereits existierenden SoKo Rex. Im Unterschied zu der ist die SoKo LinX konkret auf Leipzig ausgerichtet. Das sorgt bei einigen vor Ort für Unmut. Den Erfolg muss die Zeit zeigen.

Ein Bekannter von mir wohnt in Connewitz. Aus Überzeugung, weil er selbst eher links tickt, weil das Leben an all den anderen Tagen hier schön, herrlich bunt und weltoffen ist. Weil hier Jung und Alt, Familien, Singles, Aussteiger und andere meist recht harmonisch miteinander leben. Friedlichen Gegendemos zu Aufmärschen rechter Gruppierungen, die allein aus Gründen der Provokation auch gern das Territorium okkupieren, schließt er sich gelegentlich an. Man müsse allerdings aufpassen, wem man da so begegne: »Wenn man sich da nicht auskennt! Schon die Farbe der Schnürsenkel kann eine Bedeutung haben. Und ob nun links oder rechts – die extremen Typen laufen ja alle in Schwarz gekleidet rum.«

Nun möchte man meinen, es ist schon ein Kreuz mit dem Kreuz. Aber schön ist es in Connewitz trotzdem. ■

Die Stadt ließ diese Graffiti übertünchen und das Basketballfeld in der Nähe des Connewitzer Kreuzes von der Polizei überwachen.

Der Leipziger Westen

Szenedörfer — Schleußig, Plagwitz, Lindenau. Die ehemaligen Leipziger Industrievororte haben sich zu einer der jüngsten, buntesten und kreativsten Gegenden der Stadt entwickelt. Kunst und Kultur haben sich in alten Fabriken eingerichtet.

Seite 154

Von der Tabor- zur Philippuskirche

Interessiert an Kirchenbauten des 19. und beginnenden 20. Jh.? Dann lohnt sich der Weg von Kleinzschocher via die Bethanien- und die Liebfrauenkirche zur Plagwitzer Philippuskirche, heute ein Inklusionshotel.

Seite 152

Ehemalige Buntgarnwerke

Das riesige Industriedenkmal der Kaiserzeit beherbergt heute Lofts, Ateliers und Büros in fotogener Lage an der Weißen Elster.

Statt Schornsteinqualm: Gemälde von Neo Rauch!

Eintauchen

Seite 158

Karl Heines Gleisnetz in Plagwitz

Auf einem autofreien Wegenetz folgen Sie dem früheren Verlauf der von Karl Heine konzipierten Bahntrassen durch den Stadtteilpark Plagwitz zum ehemaligen Güter- und heutigen Bürgerbahnhof Plagwitz.

Seite 157

Karl-Heine-Straße

Die Plagwitzer Hauptpulsader, die ›Karli des Westens‹, lädt zu Einkaufs- und Kneipenbummel ein. Den Einstieg aber bilden mondäne Villen.

Seite 160

Leipziger Baumwollspinnerei ✪

Galerien, Ateliers … – mit dem Slogan »From Cotton to Culture« lockt die Spinnerei Kunstinteressierte an.

Seite 162

Vom Tapetenwerk zum Kunstkraftwerk

Kunst- und Kulturhotspots in alten Industriebauten: Tapeten- und Westwerk, Spinnerei und Kunstkraftwerk.

Seite 163

Kunstkraftwerk

Tauchen Sie in einem ehemaligen Heizkraftwerk ein in raffinierte Kunstprojektionen, die ein altes Gemäuer zu neuem Leben erwecken. Immersive Lichtshows, Videoinstallationen, Ausstellungen digitaler Kunst – hier tun sich neue Perspektiven auf.

Seite 174

Unterwegs auf Wasserwegen

Vom Wasser aus zeigt sich Leipzigs Westen noch einmal von einer anderen Seite. Eine Paddeltour von der Weißen Elster durch den Karl-Heine-Kanal zum Lindenauer Hafen, zum Elsterflutbett und zum Stadthafen.

Jahnallee 61, Lindenau: Hier schoss Robert Capa sein berühmtes Foto »The Last Man to Die« (s. S. 177).

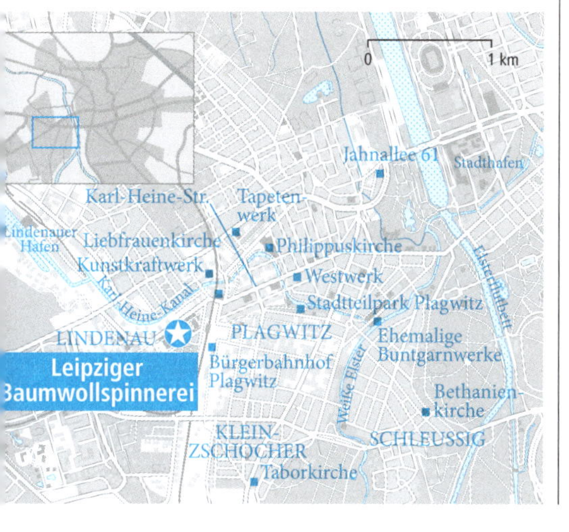

Wenn Sie kunstaffin sind: am besten den Termin Ihrer Reise mit den Rundgängen in der Leipziger Baumwollspinnerei abstimmen!

Vom Arbeiterviertel zum In-Quartier

V

Vor allem junge Leute fühlen sich vom urbanen Umfeld der alten Industriebauten und ihrem spannungsvollen Mix aus neu aufpoliert und immer noch ein wenig marode angezogen. Der Anteil der 25–40-Jährigen liegt in Plagwitz und Lindenau deutlich über dem Leipziger Durchschnitt. Deutlich gutbürgerlicher präsentiert sich der von Flussläufen umgebene Stadtteil Schleußig, wo viele Familien mitKindern zu Hause sind und der höchste Akademikeranteil der Leipziger Bevölkerung besteht.

Mitte des 19. Jh. wurden klitzekleine Dörfer im Leipziger Westen zum Schauplatz der Industrialisierung. Eine zentrale Rolle spielte dabei der Industriepionier und Visionär Dr. Karl Erdmann Heine (1819–88). Er kaufte im Auwald Areale auf und ließ sie weitgehend trockenlegen. Ein genialer Coup gelang ihm mit der Erschließung des bis dato unbedeutenden Weilers Plagwitz. Heine erwarb Land und Höfe, ließ Wohnhäuser bauen, Straßen anlegen und 14 Brücken über die Weiße Elster konstruieren. Die Ansiedlung von Industriebetrieben ließ nicht lange auf sich warten. Schon 1895 hatte das Plagwitzer Industriegebiet mit 30 % einen erheblichen Anteil an der städtischen Industrie.

O

ORIENTIERUNG

Start: Ein guter Startpunkt in den Leipziger Westen ist das **Karl-Heine-Denkmal** an der Klingerbrücke (Tram 1, 2 Klingerweg), wo Schleußig, Plagwitz und Lindenau (fast) aneinandergrenzen.
Verkehr: Empfehlenswert ist es, die Gegend per **Fahrrad** zu erkunden, **Pkw-Parkplätze** sind rar. Zurück in die Innenstadt geht es mit Tram 14 oder S 1 vom S-Bf. Plagwitz.

Nach der Wiedervereinigung gab es in diesem Industrieviertel ein enormes soziales Konfliktpotenzial. Allein in den Jahren 1989 bis 1991 wurden über 16 000 in der Produktion Beschäftigte freigestellt. Doch inzwischen kann sich das, was die Stadt und das Engagement einzelner Bürger aus dem ruinösen Plagwitz der Vorwendezeit gemacht haben, sehen lassen. Vor allem die Kunst schafft sich in den früheren Produktionshallen und Konsumgalerien neue, ungewöhnliche Räume.

Nahtlos geht das alte Industriegebiet in den Ortsteil Lindenau über. Dort steht mit der ehemaligen Baumwollspinnerei das größte Industriedenkmal Deutschlands, heute der Hotspot der Leipziger Kreativszene mit Galerien und Ateliers namhafter Künstlerinnen und Künstler.

An der Weißen Elster

G9–F/G10

Pionierarbeit

An der Kreuzung von Klingerweg, Käthe-Kollwitz- und Karl-Heine-Straße steht das **Karl-Heine-Denkmal ❶**, das den »Erschließer des Leipziger Westens« würdigt. Es wurde ursprünglich vom Leipziger Bildkünstler Carl Seffner geschaffen, der auch das Neue Bach-Denkmal (s. S. 58) am Thomaskirchhof und die Plastik des jungen Goethe (s. S. 52) auf dem Naschmarkt gestaltete. Allerdings handelt es sich um eine Nachbildung – das ursprüngliche Denkmal wurde für die Rüstungsproduktion im Zweiten Weltkrieg eingeschmolzen! Dass Heine (1818–88) einer war, der auch mal selbst anpackte, sieht man an der Spitzhacke in seiner Hand.

Ein gutes Beispiel für seine Entschlossenheit ist von hier aus zu sehen: Für einen ersten Brückenschlag von Plagwitz über die Weiße Elster in Richtung Leipzig erhielt Heine keine Genehmigung vom Leipziger Rat. Er wies dennoch seine Arbeiter an, eine Holzbrücke zu errichten und eine Schneise durch das Ratsholz zu schlagen. Die Strafzahlungen nahm er in Kauf – und schon 1869 wurde die Brücke durch einen massiven Bau ersetzt: die heutige **Plagwitzer Brücke ❷**. Aber aufgepasst: Die Weiße Elster ist das kleine Flüsschen südwestlich des Denkmals. Beim breiteren Flussverlauf in Richtung Innenstadt handelt es sich um das künstlich angelegte Elsterflutbett bzw. das Elsterbecken.

Auch im Leipziger Westen steht Kanufahren hoch im Kurs: hier an der Könneritzbrücke auf der Weißen Elster.

Leipziger Westen

Ansehen

1. Karl-Heine-Denkmal
2. Plagwitzer Brücke
3. Karl-Heine-Villa
4. Könneritzbrücke
5. Firmensitz Mey & Edlich
6. ehem. Buntgarnwerke
7. Heilandskirche
8. Ratskeller Plagwitz
9. ehem. Rathaus Plagwitz
10. früheres Post- und Telegrafenamt
11. Kulturhafen Riverboat
12. Elisabethbrücke
13. Stadtteilpark Plagwitz
14. Karl-Heine-Bogen
15. Stelzenhaus
16. Konsumzentrale
17. Klinger-Villa
18. Villa Sack/ 5. Strafsenat des BGH
19. Wagner-Nietzsche-Villa
20. Westwerk/WKR
21. VDI-GaraGe
22. Leipziger Baumwollspinnerei
23. Niemeyer Sphere
24. Kunstkraftwerk
25. Tapetenwerk
26. Westbad
27. Palmengarten
28. Richard-Wagner-Hain
29. Leipziger Kleinmesse
30. Museum für Druckkunst
31. UNIKATUM Kinder- und Jugendmuseum
32. Da Capo Oldtimermuseum

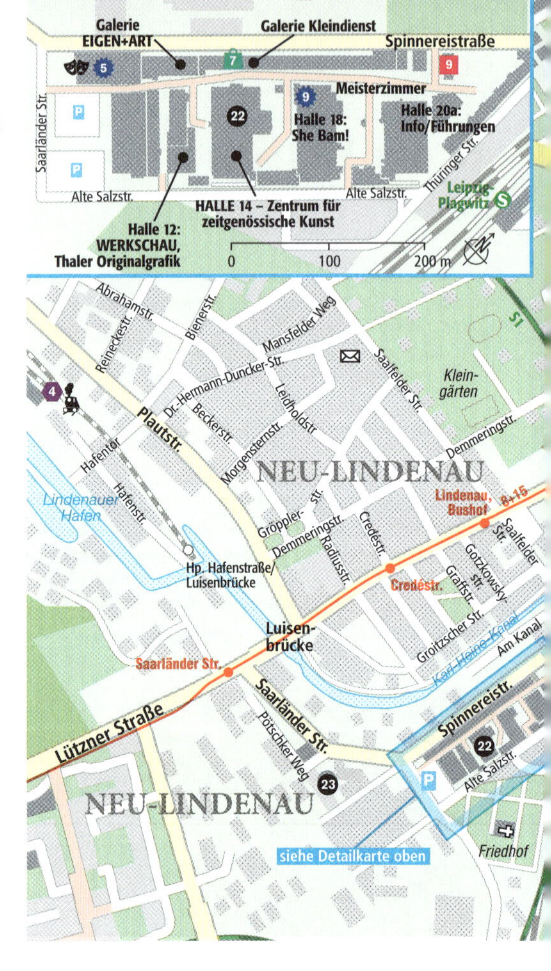

Essen

1. Tonis handmade organic icecream
2. Jimmy Orpheus
3. Thiseas
4. Restaurant Da Vito
5. Casablanca Salon
6. Akko Hummus Bar
7. Kaiserbad
8. Chinabrenner
9. Café Mule
10. Café Eigler

Einkaufen

1. La Chocolaterie
2. Graue Maus
3. Vogt instruments – passion in brass
4. Kaffeerösterei Brühbar
5. Di Pasquale

6 Hafen
7 Graphisches Atelier

Bewegen

1 Bootsverleih Klingerweg (Bootshaus Sturmvogel)
2 Bootsherold
3 ASB – Die Fahrradwerkstatt
4 Museumsfeldbahn Leipzig-Lindenau
5 Jump House

Ausgehen

1 Noch Besser Leben
2 Felsenkeller
3 Schaubühne Lindenfels
4 Täubchenthal
5 LOFFT
6 Musikalische Komödie
7 Theater der Jungen Welt
8 Cineding
9 Luru Kino

Beliebt und belebt

Zwischen dem Verlauf der beiden Wasserarme liegt der Ortsteil **Schleußig.** Der lebendige Stadtteil erfreut sich nicht nur bei jungen Familien großer Beliebtheit. Der Klingerweg verläuft zunächst ein Stück entlang des Waldgebiets **Die Nonne** (s. Tour S. 112). Dann erreichen Sie – vorbei am historischen **Bootshaus Sturmvogel,** heute der **Bootsverleih Klingerweg** 1 (s. S. 173) – die zentrale Straße des Viertels, die **Könneritzstraße.** An der ›Kö‹ gibt es viele nette **Läden, Bistros** und **Cafés.**

›Pionierbauten‹

Dr. Heine ließ sich 1874 eine prächtige Stadtvilla im Stil des Historismus errichten, die **Karl-Heine-Villa** 3 (Könneritzstr. 1). Direkt nebenan spannt sich die **Könneritzbrücke** 4, ein Kleinod der Ingenieurskunst, über die Weiße Elster. Die 1869 u. a. mit dem Holz der abgerissenen alten Plagwitzer Brücke gebaute und in ihrer heutigen Form 1899 erneuerte Stahlfachwerkbrücke wurde 2002 aufwendig saniert. Dabei wurde die gesamte Konstruktion mit einem Spezialkran herausgehoben, an anderer Stelle überarbeitet und danach wieder per Kran eingesetzt.

Wozu Papier auch gut sein kann

Rechts und links der über die Brücke verlaufenden Ernst-Mey-Straße erstreckt sich auf auf Plagwitzer Seite bis über die Nonnenstraße hinaus das **ehemalige Gelände der Firma Mey & Edlich** (Nonnenstr. 5–7). Heute dient ein Großteil der sanierten bzw. neu errichteten Bauten als **Wohngebäude,** aber auch das **Grünflächenamt,** ein **Eiscafé,** ein **Kindergarten,** ein **Spielplatz** und sogar ein städtisches **Umspannwerk** sind hier ansässig. Der **Firmensitz** 5 befindet sich quasi gegenüber in der **Ernst-Mey-Straße 1 a,** unübersehbar ist der Schriftzug Mey & Edlich.

1870 verlegte der Fabrikant Ernst Mey seinen Firmensitz (Ernst Mey & Co.) von Paris hierher. Seit 1868 war sein Jugendfreund Bernhard Edlich Teilhaber und so entstand 1870 das Unternehmen Mey & Edlich. Was sie anfangs herstellten? Papierkragen und Papiermanschetten für Herrenoberhemden. Nur sechs Jahre später stieg man in das Versandgeschäft mit Stoffwäsche (Wäsche aus Papier mit einem leinenähnlichen Bezug aus Stoff) ein und gab 1886 einen illustrierten Warenkatalog heraus. Ernst Mey gilt daher als der Begründer des Versandhandels in Deutschland. 1903 nahm die Firma sogar weltweit den Spitzenplatz der Versandhandelsgeschäfte ein. Längst war die Angebotspalette erweitert worden.

Nach den großflächigen Zerstörungen des Zweiten Weltkriegs und der Enteignung durch die Sowjets 1945 wurde der Firmensitz nach München verlegt, wo das Unternehmen bis 2005 ansässig war. Heute ist der traditionsreiche Herrenausstatter (www.mey-edlich.de) wieder in Leipzig zu Hause und ganz zeitgemäß unter seinem Namen rund um die Uhr und die Welt online zu erreichen.

Fabrikschloss umgenutzt

Deutschlands größtes Industriedenkmal der Kaiserzeit ist das Gebäudeensemble der **ehemaligen Buntgarnwerke** 6 (Holbeinstr. 14–16). Nach der Wende galt es, für diese riesige Industrieimmobilie ein neues Nutzungskonzept zu entwickeln. Aufgrund der Lichtverhältnisse in den Hallen der beiden größten Gebäude war das ein ausgesprochen kniffliges Unterfangen. Am Ende wurden hier sowohl beim Gebäude an der Holbeinstraße 14 als auch an der Nonnenstraße 21 Lichthöfe ins Innere des Baukörpers geschnitten. Die enormen Raumhöhen sind durch den Einbau von zweigeschossigen **Loftwohnungen mit Galerieaufgang** attraktiv genutzt. Auf dem Areal tummelt sich ein bunter **Nutzungsmix** aus **Schulamt, Post, Supermarkt, Tante-Emma-Laden, Büdchen, Ärztehaus** und **Apotheke,** verschiedenen **Firmen** und **Vereinen, Restaurants** und **Kneipen,** einem kleinen **Spielplatz, Bootsanlegern** und den erwähnten Wohnungen samt Parkhäusern im Souterrain. Den schönsten Blick auf die Buntgarnwerke erleben Sie vom Wasser aus (s. Tour S. 174).

Der Komplex mit markanter roter **Klinkerfassade** erstreckt sich beiderseits der Weißen Elster in Schleußig und der Nonnenstraße 17–21 in Plagwitz, verbunden durch einen zweigeschossigen Gebäudeteil. Ursprünglich als Färberei und Kammgarnspinnerei der Herren Tittel & Krüger fast zeitgleich mit dem Unternehmen Mey & Edlich gegründet, wurde das Ensemble über einen Zeitraum von etwa einem halben Jahrhundert immer weiter im gleichen Baustil erweitert. Wenn man heutige Industriezweckbauten vor Augen hat, beeindruckt die aufwendige, mit Türmen, Dachaufbauten, Kuppeln und Reliefs geschmückte Architektur umso mehr.

Das alte Plagwitz

F9

Einstiger Dorfanger

Das alte Zentrum des bis ins Jahr 1891 eigenständigen Ortes gruppiert sich um den früheren Dorfanger herum. Die imposante, im neogotischen Stil gehaltene **Heilandskirche** ❼ (1886–88; Weißenfelser Str. 16) entwarf der Berliner Architekt Johannes Otzen. An der Weißenfelser Straße sticht heute auch der gelungen restaurierte **Ratskeller Plagwitz** ❽ (Weißenfelser Str. 10) ins Auge. Auch die **Polizeistation** (Weißenfelser Str. 7) wurde charmant saniert.

An der Alten Straße steht das **ehemalige Rathaus Plagwitz** ❾ (Hausnr. 22) von 1884. Mit ihm hatte sich erstmals eine Leipziger Vorortgemeinde Leipzigs einen repräsentativen Verwaltungsbau geschaffen. Heute befinden sich hier Wohnungen. Das **frühere Post- und Telegrafenamt** ❿ (Hausnr. 23) wurde nach der Sanierung zum schlichten Büro- und Geschäftshaus umfunktioniert.

Karl-Heine-Kanal

F/D9/10

Der Unvollendete

Direkt südwestlich der Buntgarnwerke auf Plagwitzer Seite beginnt der Karl-Heine-Kanal, der sich nicht zuletzt für Kanutouren (s. Tour S. 174) anbietet. Ursprünglich von Karl Heine als Elster-Saale-Verbindungskanal konzipiert, trägt dieses erste Teilstück inzwischen schon lange den Namen seines Initiators. Die schiffbare Verbindung zwischen Elster und Alster via Saale und Elbe, wie sie sich Heine einst erträumte, ist jedoch bis dato nicht vollendet worden.

Bahn trifft Boot

Kurz hinter dem Kanaleinstich erhielt eine alte **Eisenbahnbrücke** 2005 einen Aufbau in Schiffsform. Ursprünglich als Fernsehstudio **Riverboat** für den MDR errichtet, wurde die beliebte Freitagabend-Talkshow nur drei Jahre lang von hier aus gesendet. Inzwischen ist sie in der Media City (s. S. 132) beheimatet. Heute wird der **Kulturhafen Riverboat** ⓫ (www.kulturhafen-riverboat.de) gemeinsam mit der Musifa, einer Tanz- und Musikschule in der benachbarten Casa Rossa, betrieben.

TOUR
Sakral total

Auf Stippvisite in Kirchenbauten – für Architekturinteressierte

Kennste eine, kennste alle? Keinesfalls trifft das auf die Kirchen im Leipziger Westen zu. Hier herrscht architektonische Vielfalt, die es sich lohnt zu entdecken.

Etwa 11 % der Leipziger sind evangelisch-lutherisch, etwas über 4 % römisch-katholisch. 40 Jahre antireligiöse DDR-Staatsdoktrin haben ihre Spuren hinterlassen. In Ostdeutschland einer Kirche anzugehören, ist in den meisten Fällen eine bewusste Entscheidung.

Es gibt diesen typischen Kirchenbau, der um die vorletzte Jahrhundertwende das Bild der Städte vor allem in lutherischen Gegenden dominierte. Sicher steht Ihnen sofort ein Bild vor Augen. Warum ist das so? Das Eisenacher Regulativ von 1861 hatte ziemlich genaue Vorschriften für die Architektur evangelischer Kirchen aufgestellt. So war die Gotik das Maß aller Dinge, allein der romanische Baustil war ebenfalls zulässig. Schnörkeliges Rokoko oder sonstiger neumodischer Firlefanz waren strikt tabu.

Fein nach Regelwerk, aber doch außergewöhnlich ist die **Taborkirche** im Stadtteil **Kleinzschocher** in ihrer in hiesigen Breiten ungewohnt konsequenten Neoromanik. Mächtig sind die beiden 52 m hohen Türme am Südgiebel der einzigen doppeltürmigen Kirche Leipzigs. Geweiht wurde sie 1904, benannt ist sie nach dem Berg Tabor, dem Ort der Verklärung Christi. Auch der Innenraum des von Arwed Roßbach (1844–1902) entworfenen Baus folgt streng der Architektur der Romanik.

Im benachbarten Stadtteil **Schleußig** erleben Sie mit der **Bethanienkirche** einen Bau im Stil der Neuen Sachlichkeit. Der Rundturm versteckt sich mit seiner Höhe von 38,60 m fast im Wohngebiet und erinnert durch den oberen Abschluss an eine Zitronenpresse. Der Fassadenschmuck beschränkt sich auf ein schlichtes, indirekt beleuchtetes Kreuz aus Beton. Spätestens der Innenraum bringt Sie ästhetisch direkt in die 1930er-Jahre, als man sich wieder von allzu strengen Bauvorschriften gelöst hatte. Ein Glasgemäldefenster als

Infos

2–3 Std. per Straßenbahn, Bus und zu Fuß

Start: E 11, Taborkirche
Ziel: E 9, Philippuskirche

Kirchenöffnung: zu den Gottesdiensten – oder Sie kontaktieren die Kanzleien (Pfarrbüros).

Taborkirche: Windorfer Str. 45 a, www.taborkirche.de, Tram 3 Schwartzestr., Büro Mo 10–12, Do 15–18 Uhr

Bethanienkirche: Stieglitzstr. 42, www.bethanienkirche-leipzig.de, Tram 3 Adler, dann Tram 1, 2 Stieglitzstr., Büro Mo, Mi 14–18, Fr 9–12 Uhr

Liebfrauenkirche: Karl-Heine-Str. 110, Bus 74 Felsenkeller, dann Tram 14 S-Bf. Plagwitz oder Tram 1 Adler, dann Bus 60 S-Bf. Plagwitz, Büro Mo, Do 13–18, Di 13–16, Mi 9–16 Uhr

Philippuskirche: Aurelienstr. 54, www.philippus-leipzig.de, Tram 14 Karl-Heine-/Merseburger Str. oder zu Fuß ab Liebfrauenkirche, geöffnet zu Gottesdiensten und Veranstaltungen, s. Website

Altarbild zeigt den eintretenden Christus, die beiden Bilder rechts und links zeigen die Schwestern Maria und Martha und ihren auferweckten Bruder Lazarus – der Bezug zum biblischen Ort Bethanien bei Jerusalem. Bemerkenswert ist die fast hallfreie Akustik.

Eine der ersten katholischen Kirchen Leipzigs war die **Liebfrauenkirche** in **Lindenau.** Sie wurde 1908 errichtet, als durch die Industrialisierung viele Arbeiter auch aus Schlesien und Bayern ins lutherische Sachsen gezogen waren. Wieder dominiert die Romanik am Bau, der mit drei Türmen aufwartet, die beiden am Westwerk 33,50 m, der Hauptturm 45,50 m hoch. Interessant die pyramidenförmigen Dächer und die farbenfrohen Fenster.

Die **Philippuskirche** in **Plagwitz** kommt von außen dem ›Prototypen‹ einer historistischen Kirche schon recht nahe, allein die überdimensionale Turmuhr springt sofort ins Auge. Aber halleluja, die Innenausgestaltung kommt dann doch als Überraschung daher: feinster Jugendstil in Reinkultur, der Deckenleuchter das Glanzstück. Das Gestühl ist im Halbkreis um den ebenerdigen Altar, die Kanzel und die Orgel angeordnet. Damit pfiffen die Erbauer auf die in Eisenach beschlossenen Regularien und gestalteten freier nach dem Wiesbadener Programm. So ist die Kirche auch nicht nach Osten ausgerichtet und das ehemalige Pfarrhaus wurde direkt an die Kirche gebaut.

Doch im 21. Jh. stellt sich auch in Sachsen die Gretchenfrage: Was tun mit all den schönen Kirchenbauten in Zeiten von Kirchenaustritten? Eine kluge Antwort darauf hat das Projekt **PHILIPPUS** in **Lindenau** gefunden. Das Pfarrhaus wird heute als **Inklusionshotel** genutzt und von Menschen mit Handicap betreut. Die evangelische Philippuskirche selbst hat keine Gemeinde mehr und verzichtet auf klassische Sonntagsgottesdienste zugunsten von alternativen christlichen Angeboten wie der »Atempause« als Mittagsgebet in Stille (Di 12 Uhr), dem Abendmahl zur Wochenmitte (Mi 8 Uhr) und anspruchsvollen Konzerten. Und wenn das nicht Ihre spirituelle Ader trifft: Warum nicht an einem lauschigen Sommerabend vorbeischauen. Dann hat der **Biergarten** (T 0341 42 06 69-0, www.philippus-leipzig.de/hotel/biergarten, bei gutem Wetter Do/Fr 16–21, Sa/So 14–21 Uhr) direkt oberhalb des Kanals geöffnet.

Aktiv unter Brücken

An der **Elisabethbrücke** ⓬ beginnt am Nordufer des Kanals seit Mitte der 1990er-Jahre ein gut 3 km langer **Rad- und Fußweg**. Da der Kanal, der zu DDR-Zeiten als Abwasserkanal herhalten musste, inzwischen umfassend gereinigt und saniert wurde, können Sie hier trefflich flanieren oder radeln. Dabei sind 15 Brücken zu unterqueren, die bis auf zwei noch aus der Zeit Karl Heines stammen und auch von ihm initiiert wurden.

Expo-Projekte

Auf der Südseite des Karl-Heine-Kanals erstreckt sich der **Stadtteilpark Plagwitz** ⓭. Er entstand im Zuge der hannoverschen Expo 2000 und erinnert gestalterisch an seine Vergangenheit als Verladestation. Früher befand sich hier das Zentrum von Karl Heines **Industriegleisnetz** (s. Tour S. 158) mit vielen zusammenlaufenden Gleisen und einer **Verladestation** für kleinere Unternehmen. So wurden **Wegeinfassungen** und **Handläufe der Treppen** aus ehemaligen Schienen gestaltet, die **Treppenstufen** aus den Schwellen. Das Gebäude der Verladestation ist heute Heimstatt des Vereins **Wasser-Stadt Leipzig e. V.**, der sich für eine Verbindung des Karl-Heine-Kanals mit dem Elster-Saale-Kanal und der Saale stark macht und dadurch die Vision des Anschlusses Leipzigs an die Weltmeere zu realisieren sucht.

Plagwitz fungierte während der Expo 2000 als dezentraler Standort, ein Umstand, dem der Stadtteil wichtige Impulse zu verdanken hat. Vormals von Industrie geprägt, glich Plagwitz nach der Wende einer maroden Geisterstadt. Nachdem das Licht in den meisten Betrieben erloschen war und der Wind bald durch die Hallen blies, es kaum Aussicht auf Lohn und Brot gab, kehrten viele der Gegend den Rücken. Es brauchte dringend kreative Ideen, um den Leipziger Westen wieder attraktiv zu machen – die Expo bot die Chance.

Überm Wasser

Der **Karl-Heine-Bogen** ⓮ ist eine Brückenkonstruktion aus Hochleistungsbeton, die Fußgängern und Radfahrern vorbehalten ist. Von hier haben Sie den besten Blick auf ein markantes Gebäude, das über dem Wasser zu schweben scheint. Tatsächlich ist das **Stelzenhaus** ⓯ auf etwa 100 Betonpfeilern gelagert. Heute findet sich in der umfunktionierten **ehemaligen Verzinkerei Grohmann & Frosch** ein bunter Mix aus **Wohnen, Arbeiten** und **Gastronomie.**

Kooperative

Wer in der DDR aufgewachsen ist, erinnert sich – für den Einkauf von Lebensmitteln gab es die Alternative: HO oder Konsum? Und Letzterer wird schön auf der ersten Silbe betont, das ›u‹ der zweiten kurz. Doch die Geschichte solcher Kooperativen beginnt schon vor dem Krieg.

An der Industriestraße, die den Stadtteilpark nach Süden begrenzt, erhebt sich die eindrucksvoll horizontal gegliederte Fassade der **Konsumzentrale** ⓰ (Industriestr. 85–95). 1929–32 von Fritz Höger entworfen und gebaut, ist sie der einzige Industriebau in Plagwitz, der von einem heute noch über die Stadtgrenzen hinaus bekannten Architekten geplant wurde. Höger war vor allem durch seine expressiven Bauten in Hamburg wie das Chilehaus oder den Sprinkenhof bekannt geworden. Für die Konsumgenossenschaft schuf er ein Gebäude, das sich durch die Verwendung von nahezu lückenlos aneinandergereihten Schüsselglasfenstern und simsartigen Bändern zwischen den Geschossen endlos in die Länge zu ziehen scheint. Das Gebäude wird in Teilen auch heute noch von der Konsumgenossenschaft als Verwaltungssitz genutzt, seine Bedeutung als Lagerzentrale für die gesamte Region aber hat es verloren.

Wenn Sie Muße und Neugier auf noch mehr Industriearchitektur und deren heutige **Umnutzung** haben, dann lohnt ein Blick in Parallelstraßen wie **Naumburger Straße** oder **Markranstädter Straße.** Dort finden sich zahlreiche Sanierungs- und Umnutzungsmodelle für die früheren Arbeitshallen, die heute **Kunst, Kommerz, Start-up-Büros, städtische Verwaltung** und **Gewerbehöfe** beherbergen.

Karl-Heine-Straße

E/G 9

Westmeile

Wenn Sie von der Innenstadt kommend den Kanal erst mal wortwörtlich links liegen lassen, führt Sie die Plagwitzer Brücke direkt auf die Karl-Heine-Straße. Diese hat inzwischen längst den Status einer ›Karli des Westens‹ erlangt und sich als Ausgeh- und Kneipenmeile etabliert.

Mondäner Auftakt

Zunächst startet die Straße mit mehreren mondänen Villen wie der **Klinger-Villa** ⓱, der **Villa Sack** ⓲ (Hausnr. 12), die den **5. Strafsenat des Bundesgerichtshofs** beherbergt, sowie der **Wagner-Nietzsche-Villa** ⓳ (Hausnr. 24 b), die mit Zarathustra-Zitaten an der Fassade an die beiden großen Geister mit Leipzig-Verbindung erinnert. Die **Klinger-Villa** ⓱, das Elternhaus von Max Klinger (1857–1920), hat als einziger Lebensort des berühmten Leipziger Künstlers den Zweiten Weltkrieg überdauert. Nach langem Dornröschenschlaf ist es heute Sitz des Klinger Forums e. V.

Auch das ist die Karl-Heine-Straße: Die von jungen Leuten gerne in Beschlag genommene Industriebrache Jahrtausendfeld auf der Lindenauer Seite gegenüber der VDI-GaraGe.

TOUR
Karl Heines Gleisnetz in Plagwitz

Entlang der alten Fabrikgleise

Der studierte Jurist Karl (auch: Carl) Erdmann Heine (1819–88) war auch sächsischer Landtags- und Reichstagsabgeordneter. Ferner engagierte er sich unter dem Motto »Von der Elster an die Saale« für die Schaffung einer schiffbaren Verbindung zwischen diesen beiden Flüssen. Heute fehlen nur noch knapp 2 km.

Starten Sie die Tour auf der belebten **Zschocherschen Straße** im Stadtteil Plagwitz. Ein Torbogen führt durch das **Haus Nr. 56** aus dem Verkehrslärm in einen weitaus ruhigeren Bereich, der nur zu Fuß oder per Fahrrad zugänglich ist: den **Stadtteilpark Plagwitz** ⓭. Die alten Gleise auf den Wegen sind Relikte aus den Zeiten der Industrialisierung und waren eine geniale Idee Karl Heines: Er ließ nicht nur Straßen und den Kanal, sondern auch ein flächendeckendes Gleisnetz bauen und sorgte als Stadtverordneter persönlich dafür, dass Plagwitz 1873 einen eigenen Bahnhof an der Strecke Leipzig–Zeitz bekam. In direkter Nachbarschaft zu diesem Haltepunkt ließ er den ersten reinen Industriebahnhof Europas anlegen und durch Gleise mit beinahe jedem Grundstück in Plagwitz verbinden. An zentralen Punkten wurden öffentliche Verladestationen für kleinere Firmen errichtet, von denen aus die Fracht verschickt werden konnte. Eine solche **Verladestation** (s. S. 156) ist im Park noch erhalten.

Rechts neben sich sehen Sie nun den **Karl-Heine-Kanal.** Ein guter Blick auf das Wasser und das imposant an einer Kanalbiegung gelegene **Stelzenhaus** ⓯ (s. S. 156) bietet sich Ihnen vom **Karl-Heine-Bogen** ⓮ (s. S. 156) aus, einer schmalen Brücke, die hier über den Kanal führt. Auf der anderen Seite des Parks fällt an der Industriestraße die **Konsumzentrale** ⓰ (s. S. 156) mit ihrer eleganten Klinkerarchitektur ins Auge.

Infos

ca. 2 km,
zu Fuß 1 Std.

Start: F 9,
Zschochersche Str.
56, Tram 3, Bus 74
Elster-Passage

Ziel: E 10,
Bürgerbahnhof
Plagwitz (Engertstr.
36), Tram 14 S-Bf.
Plagwitz

Upper West:
Gießerstr. 12,
T 0341 68 41 75
23, www.upper-west.
business.site,
Di–Fr 17–23,
Sa 10–24, So 9.30–
23 Uhr, Gerichte
ca. 10–20 €

Bürgerbahnhof:
Röckener Str. 44,
www.buergerbahn
hof-plagwitz.de;
Westbesuch, Termine auf www.west
besuch.com; **Heiter
bis Wolkig,** Mi–So,
Zeiten variieren

Tipp:
Die Tour lässt sich
auch mit der Tour zu
den Kunstquartieren
(s. S. 162) kombinieren, dann leihen
Sie sich am besten
ein Fahrrad, z. B. bei
ASB – Die Fahrradwerkstatt 3,
s. S. 173.

Der Stadtteilpark endet im Westen an der **Gießerstraße,** benannt nach den früher hier ansässigen Gießereien der Landmaschinenfabrik Sack. Ein kleiner Abstecher nach rechts zur **Gießerstraße 12** lohnt sich, um sich im Hof der **Kunst- und Gewerbehöfe** umzuschauen. Große Fabriken wurden direkt bis an die Gleise gebaut und ihre rückwärtigen Fassaden mit Laderampen in Höhe der Güterwaggons versehen. Sowohl Schienen als auch Rampen sind teilweise noch vorhanden. Falls Ihnen hier elegant gekleidete Menschen begegnen, sind die vermutlich auf dem Weg in die beliebte Tanzschule Jörgens, die in der Gießerstraße 12 eine Filiale betreibt. In der warmen Jahreszeit öffnet das Restaurant **Upper West** im Hof seinen Freisitz. Und was macht das Flugzeug rechts oben auf dem Dach? Es ist ein Exponat des **Da Capo Oldtimermuseums** 32 (s. S. 127).

Zurück auf der ursprünglichen Route wurden jenseits des Stadtteilparks die alten Gleise weitgehend entfernt, aber der Verlauf des straßenunabhängigen Wegenetzes durch das Quartier folgt den einstigen Gleistrassen. Hier wird es graffitibunt, denn beiderseits des Weges werden **Sprayer** akzeptiert.

An der nächsten Kreuzung haben Sie dann das Gelände des **ehemaligen Heineschen Güterbahnhofs** erreicht, den Endpunkt dieser Tour. Schon ein erster Blick auf das weitflächige Areal genügt, um zu ermessen, welche wirtschaftliche Bedeutung dieser Umschlagpunkt einst hatte. Inzwischen wurden die Bahnhofsgebäude saniert und in schicke Wohnungen unterteilt. Auf dem Areal, das heute als **Bürgerbahnhof Plagwitz** firmiert, gibt es Spielbereiche, Garten- und ganz im Süden an der Antonienbrücke die **Graffiti Wall of Fame.** Das gesamte riesige Gelände wird für die legendären, mehrmals im Jahr stattfindenden **Stadtteilfeste** namens **Westbesuch** genutzt. Wenn Sie bei schönem Wetter kommen, können Sie außerdem im alternativen Outdoor-Café **Heiter bis Wolkig** gemütlich einen Kaffee, Tee oder eine Limonade genießen und dabei den Kindern auf dem **Bauspielplatz Wilder Westen** zusehen. So viel kreatives Werkeln hätte sicher auch Karl Heine imponiert.

Der Verein lädt zu Ausstellungen, Musikveranstaltungen und Lesungen ein. Der **Felsenkeller** 2 (s. S. 173) mit seiner markanten neobarocken Kuppel wurde als Ballhaus und Lokal errichtet. Seit 2014 wird er parallel zum Veranstaltungsbetrieb saniert.

Klinger-Villa: Karl-Heine-Str. 2, www.facebook.com/KlingerForum, während Ausstellungen Fr 14–18, Sa/So 10–18 Uhr, Eintritt frei

›Karli des Westens‹

Ab hier wird die Karl-Heine-Straße belebter und von netten **Läden, Cafés** und **Restaurants** mit Freisitzen gesäumt. Ein Stück weiter stadtauswärts gelangen Sie zur **Schaubühne Lindenfels** 3 (s. S. 176). Bezaubernd schön ist dieser Bau von Emil Hänsel: Die Schauseite mit Terrasse und Freitreppe ist vom Jugendstil inspiriert, eine riesige Uhr balanciert auf dem Dach.

In Kanalnähe mehren sich die einstigen Industriebauten, die heute vielfältige Formen der Nachnutzung erfahren. Eine Perle der Ostmoderne ist hier das heutige Kunstquartier **Westwerk** 20 (s. Tour S. 162).

Technik begeistert

Jenseits des Kanals bietet das Technologiezentrum **VDI-GaraGe** 21 auf über 5000 m² einen wunderbaren Überblick über Maschinen und Unternehmen aus der Zeit der Industrialisierung in Plagwitz und anderswo. Wegen der offenen Gestaltung in Form einer großen Garage, wegen der vielen medialen Informationsmöglichkeiten und wegen der integrierten Aktivbereiche, in denen Sie alte und neue Technologien auch selbst ausprobieren dürfen, ist es besonders bei Kindern und Jugendlichen sehr beliebt. Zu den Highlights zählen die Porsche-Werkstatt, die Offsetdruckerei und das Tonstudio. Die GaraGe steht prinzipiell Besuchern offen, eine Voranmeldung ist aber sinnvoll, vor allem, wenn Sie an konkreten Kursen und Projekten teilnehmen möchten.

Karl-Heine-Str. 97, www.g-a-r-a-g-e.com, Tram 14 Karl-Heine-Str./Gießerstr., Mo–Fr 8–17 Uhr, Eintritt frei, Preise für Kurse und Projekte auf Anfrage

Lindenau und Altlindenau

Leipziger Baumwollspinnerei ★ D/E10

Wie eine autarke Stadt vor der Stadt mutet das etwa 10 ha große Areal der ehemaligen **Leipziger Baumwollspinnerei** 22 (s. a. Detailkarte S. 150) am Rand des Stadtteils Lindenau an. Hier, so finden einige, offenbart Leipzig sein wahres Gesicht. Ein Gesicht, das nach vorn den leicht ruinösen Charme ehemaliger Fabrikhallen, von Geschichte und Wandel zeigt, nach hinten aber eine unerwartete Lebendigkeit und Kreativität versprüht. Eine Kreativität, die weit über den üblichen Kulturrummel von traditionellem Bachfest, historischer Buchmesse-Stadt und den Ausstellungen in Museen hinausgeht.

Hotspot der Kunstszene

Seit 1992 wird die Spinnerei vorwiegend kreativ genutzt. Mittlerweile haben über 100 Künstlerinnen und Künstler ihre **Ateliers** in der Spinnerei. Zu den Pionieren der Wiederbelebung gehörten internationale Größen wie **Neo Rauch, Rosa Loy, Michael Triegel** und **Tilo Baumgärtel,** die nach wie vor hier arbeiten. So hat sich die Spinnerei zum heißesten Spot der Leipziger Kunstszene entwickelt, der selbst mit Weltmaßstab gemessen auf den vorderen Plätzen rangiert.

Die Spinnerei, also die Leipziger Baumwollspinnerei, ist nicht nur Hotspot der bildenden Künste. Hier trifft man sich, hier wird gefeiert und der Musik gelauscht.

Zu den Galerien, die sich auf dem Gelände angesiedelt haben, gehören so namhafte wie die **Galerie EIGEN+ ART** (www.eigen-art.com, Di–Sa 11–18 Uhr) des legendären Hausherrn und Neo-Rauch-Entdeckers Gerd Harry ›Judy‹ Lybke und die **Galerie Kleindienst** (www.galeriekleindienst.de, Di–Fr 13–18, Sa 11–15 Uhr) von Matthias Kleindienst.

Eine der jüngeren Gründungen ist die Galerie **She BAM!** (Halle 18, Eingang I, www.shebam.art) der Französin Laetitia Gorsy, die jungen Künstlerinnen im Sinne des »Empowering women in the Arts« Raum und Plattform bietet.

Ganz auf originale druckgrafische Arbeiten spezialisiert ist die Galerie **Thaler Originalgrafik** (Halle 18, Eingang 1, www.thaler-originalgrafik.de, Mi–Fr 13–17, Sa 11–15 Uhr und n. V.). Hier gewinnen Sie einen guten Überblick über das grafische Werk zeitgenössischer Leipziger Künstlerinnen und Künstler in der gesamten Bandbreite von Linolschnitt, Lithografie, Radierung bis zum Siebdruck.

Wichtiger Anlaufpunkt rund ums Jahr ist **HALLE 14 – Zentrum für zeitgenössische Kunst** (www.halle14.org, T 0341 492 42 02, Mai–Okt. Di–So 11–18, Nov.–April Di–Sa 11–18 Uhr, 4/2 €, Mi Eintritt frei). Hier bieten 2400 m² Präsentationsfläche Platz für wechselnde Ausstellungen internationaler zeitgenössischer Kunst. Auch eine **Präsenzbibliothek** mit 25 000 Publikationen steht Kunstinteressierten und Bibliophilen ohne Voranmeldung zur Verfügung.

Ebenfalls besichtigenswert ist der Bereich der ehemaligen Nadelsetzerei und Sattlerei, die mit 900 m² oberlichtdurchfluteter Hallenfläche der **WERK-**

TOUR
Bewegte und bewegende Bilder

Zu Galerien und Ateliers in alten Industriebauten

Wenn Sie sich einen intensiven Eindruck davon verschaffen möchten, was mit Immersion (also ›Abtauchen‹) in der Kunst von Gianfranco Iannuzzi gemeint ist, schauen Sie auf seine Website: www.gianfranco-iannuzzi.com.

Die Kreativszene des Leipziger Westens boomt und ist in permanenter Entwicklung. Den nötigen Platz zur Entfaltung neuer Kunstformen bieten die zahlreichen, oft großflächigen Bauten, die die Industrie zurückließ, als sie sich mit dem Fall der Mauer fast vollständig aus dem Leipziger Westen zurückzog. Wenn Sie mehr Zeit und Kraft vor Ort haben möchten, um sich ausgiebiger umzuschauen, leihen Sie sich doch ein Fahrrad (s. S. 173).

Das 4400 m² große Gelände des **Tapetenwerks** ㉕ ist heute ›Produktionsstätte‹ für Kunstschaffende, Designer und Architekten. Die heutigen Besitzer der ehemaligen Tapetenfabrik, Jana Reichenbach-Behnisch und Heiko Behnisch, haben für dieses von gründerzeitlicher Industriearchitektur geprägte Areal Mieter gesucht, die das Konzept einer Kunst-, Wohn- und Arbeitsgemeinschaft mittragen. Während **Ateliers, Kunsträume** und **Werkstätten** nur zu bestimmten Anlässen wie den **Tapetenwerkfesten** mit Frühjahrs- und Herbstrundgang öffnen, können Sie die **Freiluftgalerie** ganzjährig besichtigen. Interessante Einblicke sind aber immer zu erhaschen! Außerdem finden rund ums Jahr in **Halle C01 Ausstellungen** statt. Informieren Sie sich am besten vorab. Das Tapetenwerk ist inzwischen eine der bekanntesten Kunstlocations im Leipziger Westen.

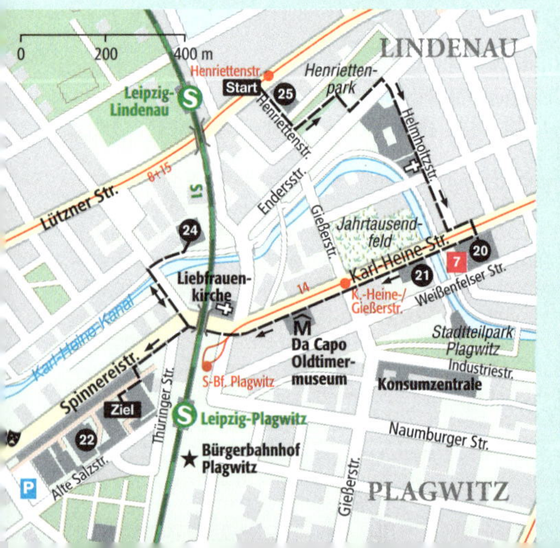

Verlassen Sie das Gelände an der rückwärtigen Seite zum **Henriettenpark** und schlendern Sie von dort hinüber nach Plagwitz. Der kürzeste Weg zum **Westwerk** ⑳ führt dabei über die Helm-

»Bach Experience« (2019) im Kunstkraftwerk

holtzstraße, der Sie bis zur Karl-Heine-Straße folgen. Dieses Kunstquartier, das sich in den Hallen eines ehemaligen Industriearmaturenwerks etabliert hat, fällt mit 16 000 m² noch eine Nummer größer aus. Einen großen Bereich zur Straßenseite hin nimmt eine **Konsum-Filiale** ein, die stimmig in die Architektur eingepasst wurde. Einige der **Galerien** und **Läden** sind wochentags geöffnet. Schauen Sie einfach über das Gelände, es gibt immer etwas zu entdecken. Stärken können Sie sich im **Kaiserbad** 7 (s. S. 170), dem im Westhof am Kanal gelegenen Restaurant.

Weiter geht es die Karl-Heine-Straße stadtauswärts. Sie passieren die riesige Industriebrache **Jahrtausendfeld** und das Technologiezentrum **VDI-GaraGe** ㉑ (s. S. 160) und unterqueren die Eisenbahnbrücke. An der Gabelung Spinnereistraße/Saalfelder Straße haben Sie die Qual der Wahl: Möchten Sie zuerst die legendäre **Leipziger Baumwollspinnerei** ㉒ (s. S. 160 u. Detailkarte S. 150) erkunden oder bevorzugen Sie das Kunstkraftwerk? Die ehemalige Spinnerei ist eine wahre Stadt der Kunst mit Ateliers, Werkstätten und zahlreichen Galerien und einen ausgiebigen Besuch wert. Achtung: Sonntags und montags ist hier – außer bei Veranstaltungen – alles zu.

Das **Kunstkraftwerk** ㉔ schließlich bietet wechselnde **multimediale und immersive Ausstellungen**, die die alten Hallen durch Projektionen zahlreicher Projektoren in magisch animierte Räume verzaubern. Schwer vorstellbar? Das müssen Sie erleben! Die Installationen/Projektionen wechseln in unterschiedlichen Rhythmen. 2020 waren u. a. die Lichtshows »Invisible«, eine multimediale, immersive 360°-Videoinstallation, inspiriert von Italo Calvinos Buch »Die unsichtbaren Städte«, und die »Van Gogh experience« zu sehen. Letztere realisierte Gianfranco Iannuzzi. Im Rahmen des Programms »Space for Young Artists« werden Arbeiten in den Bereichen Fotografie, Konzeptkunst, Videokunst etc. präsentiert. Events, ob Konzerte, Ballett oder Performances aller Art, ergänzen das mutige Spektrum des Kunstkraftwerks.

Infos

ca. 1 Std. reine Laufzeit

Start: E 9, Tapetenwerk
Ziel: E 9/10, Kunstkraftwerk/Leipziger Baumwollspinnerei

Tapetenwerk ㉕: Lützner Str. 91, www.tapetenwerk.de, Tram 8,15 Henriettenstr., individuelle Führungen s. Website (80 €/ca. 1 Std.)
Westwerk ⑳: Karl-Heine-Str. 85–93, www.westwerk-leipzig.de, Tram 14 Karl-Heine-/Merseburger Str.
Kunstkraftwerk ㉔: Saalfelder Str. 8 b, www.kunstkraftwerk-leipzig.com, Tram 14 S-Bf. Plagwitz

SCHAU (Halle 12, www.spinnerei.de/werkschau.html) Raum bietet für wechselnde eigene und Gastausstellungen.

Die Galerien, Werkstätten und Ateliers bilden mit Kleingewerbe, Büros, Gastronomien, Programmkino einen bunten Mix. Mit den **Meisterzimmern** (s. S. 29) bietet die Spinnerei sogar Gelegenheit, sich als Gast hier einzuquartieren. Die Jahreshöhepunkte zum Hineinschnuppern in den Kosmos der Spinnerei sind die **Galerierundgänge,** die an drei Wochenenden im Jahr stattfinden. Dann erwacht das gesamte Gelände zu besonderem Leben und es wimmelt von kunstinteressierten Besuchern.

Spindeln und Wohnungen

1884 wurde die später einmal größte Baumwollspinnerei des europäischen Kontinents gegründet. Zunächst wurden nur fünf Spinnmaschinen aufgestellt, aber schon im März des darauffolgenden Jahres startete die Garnproduktion mit 30 000 Selfaktorspindeln durch. In kürzester Zeit stieg die Spinnerei, zu DDR-Zeiten im Volksmund »die Spinne« genannt, zum direkten Konkurrenten der Unternehmen in England und der Schweiz auf. Innerhalb eines Vierteljahrhunderts entstanden 20 Gebäude für Produktion und Verwaltung, dazu ein werkseigener Kindergarten, Wohnhäuser und eine Kleingartensiedlung für die Fabrikarbeiter und ihre Familien sowie eine Villa für die Besitzer. Bis zu 4000 Menschen arbeiteten hier im Dreischichtbetrieb, bis die Produktion nach der Wiedervereinigung heruntergefahren und schließlich komplett eingestellt wurde.

Spinnereistr. 7, Neulindenau, www.spinnerei.de, Tram 14 S-Bf. Plagwitz, Di–Sa 11–18, Fr 12–16, Sa 11–16 Uhr stündlich Führungen, Start: archiv massiv, Haus 20 a, 11/8 €, Anmeldung ratsam: T 0341 498 02 22

NOCH MEHR KUNST OFF THE BEATEN TRACK

K

In Lindenau und Plagwitz gibt es zahlreiche kleine Kunsträume und Galerien wie den D21 Kunstraum (Demmeringstr. 21, www.d21-leipzig.de) oder Ortloff (Jahnallee 73, www.ortloff.org), die immer wieder auch gemeinsame Ausstellungstage organisieren. Infos hierzu auf der Website www.lindenow.org.

Noch mehr Umnutzungen

Keinen Kilometer entfernt steht ein früheres Heizkraftwerk heute als **Kunstkraftwerk** 24 (Neulindenau) ganz im Zeichen digitaler Kunst. Im **Tapetenwerk** 25 (Lindenau; beide: s. Tour S. 162) haben sich Künstler, Ateliers, kleinere Werkstätten und Gastronomie angesiedelt.

Nur wenige Schritte vom Lindenauer Markt entfernt steht das **Westbad** 26 (Odermannstr. 15, www.westbad-leipzig.de, www.wasserwelt-westbad.de), ein markanter Klinkerbau mit kubischem Uhrenturm, der deutlich die Formensprache der Bauhauszeit zeigt. Die große ehemalige Schwimmhalle wird, elegant saniert und von Michael Fischer-Art mit Wasser-Wandkunst verziert, für Veranstaltungen genutzt. In der Spielzeit 2019/20 war das Westbad Ausweichspielstätte der Musikalischen Komödie. Nur noch das Lehrschwimmbecken wird vom ebenfalls im Komplex untergebrachten Gesundheitszentrum genutzt.

Palmengarten und Richard-Wagner-Hain

E/F8/9, G8

Keine Tropenbäume

Der Name **Palmengarten** 27 für den sich dahinter am westlichen Ufer des Elster-

Lieblingsort

Blick aus der Glaskugel

Ist da ein Ufo auf dem Industriegebäude gelandet? Die Kugelkonstruktion aus Glas und Beton sitzt direkt an der Vorderecke des Kantinengebäudes und misst 12 m im Durchmesser. Ludwig Koehne, dem Chef der Kirow Ardelt GmbH und Gründer von Techne Sphere, ist da ein echter Coup gelungen: Der brasilianische Stararchitekt Oscar Niemeyer konzipierte die **Niemeyer Sphere** ㉓ 2011 im biblischen Alter von 103 Jahren. 2020 wurde die Kugel als eines seiner letzten Projekte posthum verwirklicht (Techne Sphere, Spinnereistr. 13, www.technesphere.de, zu besichtigen während Ausstellungen in Halle 9, Fr 13.30–17.30, Sa 15–17 Uhr, und im Rahmen von Werksführungen bei Kirow und HeiterBlick, s. Website).

beckens erstreckenden Park erscheint irreführend. Hier stehen keine Palmen, dafür eine Reihe anderer wertvoller Gehölze. Sie stammen zu großen Teilen aus der bis 1960 in Liebertwolkwitz gelegenen Baumschule des Botanischen Gartens.

Doch woher rührt dann der Name Palmengarten? Er geht auf eine der größten Leipziger Freizeitattraktionen des späten 19. und frühen 20. Jh. zurück. 1893 wurde nach dem Vorbild anderer europäischer Städte ein Park mit einem großzügig angelegten, verglasten Gesellschafts- und Konzerthaus, mit riesigen Gewächshäusern – darunter das über 1000 m^2 große Palmenhaus –, Gondelteichen, Pavillons, Wasserspielen und anderen Zerstreuungen angelegt. Im Gesellschaftshaus spielten mehrmals in der Woche Musiker zum Tanz auf und auch andere unterhaltsame Vorstellungen lockten jährlich Tausende Besucher vor die Tore der Stadt.

Die wunderbaren Anlagen des Palmengartens fielen in den späten 1930er-Jahren leider zum größten Teil der nationalsozialistischen Aufräumwut zum Opfer. Auf Veranlassung von Adolf Hitler wurde das Gesellschaftshaus nebst allen Gewächshäusern beseitigt, denn an dieser Stelle sollte auf seinen Wunsch eine gigantische Gutenberg-Gedächtnishalle in der »deutschen Buchstadt« entstehen. Doch aus diesem Projekt wurde nach Ausbruch des Zweiten Weltkriegs nichts mehr. Nach dem Krieg wurde der Park – ohne die großen Bauwerke – wieder hergerichtet und so gut es ging instand gehalten. Erhalten geblieben ist der gusseiserne Pavillon am Ostufer des großen Teiches.

Das **Palmengartenwehr,** 1913–17 erbaut, trennt die zum Hochwasserschutz in Leipzig geschaffenen Wasserläufe Elsterbecken und Elsterflutbett voneinander. Man sollte die Flüsschen nicht unterschätzen! Ein Defekt am Wehr hatte im Juli 1954 nach starken Niederschlägen zur Überflutung großer Teile der Westvorstadt und des Waldstraßenviertels geführt. Glücklicherweise entging Leipzig diesem Szenario im Juni 2013, als die Weiße Elster zum bisher letzten Mal Hochwasser führte – und das, obwohl die Wassermassen 1,5-mal größer waren als 1954. Das Palmengartenwehr erfüllte seinen Zweck.

Lützner Str., Altlindenau, Tram 1, 2, 14 Klingerweg, dann 5 Min. zu Fuß durch den Klingerhain, immer zugänglich, Eintritt frei

Führers Liebling

An den Palmengarten grenzt im Osten der **Richard-Wagner-Hain** ㉘**,** der sich jenseits des Elsterbeckens, also auf der Innenstadtseite, fortsetzt. Die Anlage ist geometrisch und terrassenartig angelegt. Beide ab dem Frühjahr liebevoll bepflanzte Bereiche sind gern genutzte Picknickplätze. Auf Lindenauer Seite gibt es eine lang gezogene Pergola und ein Wasserbassin, vor dem eine große **Freitreppe** direkt hinunter ans Elsterbecken führt. Auf der Innenstadtseite findet jedes Jahr der **Leipziger Hörspielsommer** (https://hoerspielsommer.de) statt, dessen Gäste sich gemütlich sitzend oder liegend auf dem Areal verteilen. Dort steht von April bis Oktober auch der Zirkuswagen mit dem Minicafé **ZierlichManierlich** (s. Lieblingsort S. 121).

Die Parkanlage war ursprünglich als landschaftlicher Rahmen für ein Richard-Wagner-Nationaldenkmal konzipiert worden. Nach der Machtergreifung griffen die Nationalsozialisten diesen Gedanken auf und Adolf Hitler selbst legte 1934 den Grundstein für das Monument. Doch zur Ausführung sollte es nie kommen ... Nach Kriegsende verzichtete die Stadt auf die Realisierung des nun ideologisch belasteten Denkmals.

Zwischen Am Elsterwehr und Jahnallee, **Altlindenauer Seite:** wie Palmengarten, **Innenstadtseite:** wie Palmengarten, dann 550 m zu Fuß, Tram 3, 7, 8, 15, 19 Sportforum Süd, dann 200 m zu Fuß

Kleinmessegelände

F/G8

Vom Messerummel zum Rummel

Traditionsgemäß findet im Frühjahr (um Ostern) und im Herbst (Aug./Sept.), seit 1992 auch – etwas kleiner – im November, die **Leipziger Kleinmesse** 29 auf dem **Kleinmessegelände** am Cottaweg (Altlindenau) statt. Der Name Kleinmesse mag Ortsfremde irritieren, handelt es sich doch um keine Handelsmesse, sondern um einen waschechten Jahrmarkt. Mit Karussells, Schießbuden und Autoscooter, mit Losverkäufern, Achterbahn und immer neuen Aufregungen wie einem Freefall-Tower lockt die Kleinmesse zahlreiche Ortsansässige und Gäste an. Besonders beliebt sind die Familientage am Mittwoch, an denen der ganze Spaß billiger ist, und die Samstagabende, an denen beeindruckende Feuerwerke stattfinden.

Wie der Rummel zu seinem Namen kam? Fast 500 Jahre lang war Leipzig von seinen großen Messen geprägt. Wen wundert es da, dass die Volksfeste, die parallel dazu zum Vergnügen der Bürger und Handelsleute abgehalten wurden, den Namen Kleinmesse erhielten? Die Tradition des ›fahrenden Volks‹ von Gauklern, Seiltänzern, Bärenführern ist so alt wie die Messe selbst. Im 19. Jh. wurde den Schaustellern ein eigener Platz im innerstädtischen Bereich zugewiesen. Im April 1907 fand dann die erste völlig eigenständige Kleinmesse am Cottaweg statt, seit 1936 hat sie dort ihren festen Veranstaltungsort.

Der rote Bulle, den Sie aus der Ferne hinter diesem Areal erspähen können, weist übrigens auf den Standort der RB-Akademie, das Nachwuchsleistungszentrum des Fußballbundesligisten RB Leipzig, hin.

Cottaweg 5, www.leipziger-kleinmesse.net, Tram 3, 7, 8, 14, 15, 18, 19 Angerbrücke, Termine s. Website

LEIPZIGER ORIGINAL

Neben den üblichen Vergnügungen erfüllte die **Kleinmesse** früher auch die Funktion der Versorgung der Bevölkerung mit Waren des täglichen Bedarfs. Dabei fiel besonders ein Leipziger Original durch seine humorvollen Verkaufssprüche in derbem Sächsisch auf, Oscar Seifert (genannt Seiferts Oscar, 1861–1932): »Gindersch, gooft Gämme, 's gomm laus'sche Zeiden!« (»Kinder, kauft Kämme, es kommen lausige Zeiten!«).

Museen

Galerien und Kunstquartiere

Leipziger Baumwollspinnerei 22**:** s. S. 160.

Westwerk 20**, Kunstkraftwerk** 24**, Tapetenwerk** 25**:** s. Tour S. 162.

Von Bleisatz bis DTP

30 **Museum für Druckkunst:** Schon am Geruch im Haus ist erkennbar, worum es hier geht: Öl, Schmiere und Druckfarbe. Wie der Name des Trägers, Stiftung Werkstattmuseum für Druckkunst Leipzig, schon andeutet, ist das Haus viel mehr als ein schlichtes Museum. Alle hier vorgeführten Geräte, Werkzeuge, Hilfsmittel und Maschinen des Druckgewerbes sind voll funktionsfähig und werden nicht nur still und stumm präsentiert, sondern auf Wunsch auch vorgeführt – Mitmachen inklusive. Wen wundert es da noch, dass sich das Druckkunst-Museum besonders bei Kindern und Jugendlichen großer Beliebtheit erfreut? Im Museumsshop sind neben hier hergestellten Glückwunschkarten und Geschenkpapieren auch besondere Bücher und Kunstdrucke zu erstehen.

Nonnenstr. 38, www.druckkunst-museum.de, Tram 1, 2 Holbeinstr., 14 Nonnenstr., Mo–Fr 10–17, So 11–17 Uhr, 6/3/1,50 €

Interaktiv

㉛ UNIKATUM Kinder- und Jugendmuseum: »Spielerisch die Welt entdecken«, so lautet das Motto des Museums, das seit 2010 junge Menschen und Junggebliebene nach Plagwitz lockt. Gezeigt werden wechselnde Mitmachausstellungen, die gesellschaftliche Themen aufgreifen wie die »Schlaraffenwelt«, »Wenn ich Bürgermeister wär …« oder die »Klima-Rallye«. Wenn Sie mit Kindern anreisen, lohnt es sich, vorab aktuelle Angebote für die jeweiligen Tage zu prüfen. Eine tolle Oase zum Verweilen ist das Museumscafé.

Zschochersche Str. 26, www.kindermuseum-unikatum.de, Tram 3, 14 Felsenkeller, Di–Fr 14–18, Sa/So 10–18 Uhr, 6 €, Rabatt ab 2 Pers.

Vintage

㉜ Da Capo Oldtimermuseum: Das größte Ausstellungsstück begrüßt Sie schon von Weitem: eine alte Iljuschin 18 steht auf dem Dach eines Flachbaus. Das im Gebäude untergebrachte Oldtimermuseum präsentiert ein illustre Sammlung glänzender Oldtimer aus über 100 Jahren Automobilgeschichte. Bekannte und unbekannte Automobilmarken aus England, Amerika, Tschechien und Deutschland werden hier zusammen mit stilechter Mode aus den 1920er- bis 1950er-Jahren präsentiert. Auch ein (leuchtend blauer) Renault EF, Baujahr 1914, ist zu sehen. Ein solcher Wagen hat Hollywood-Karriere gemacht: In ihm fand die legendäre Liebesszene von Kate Winslet und Leonardo DiCaprio auf der Titanic statt. Einige der ausgestellten Oldtimer können angemietet werden, auf Wunsch sogar mit Chauffeur. Die Ausstellung ist an den beliebten Eventraum Da Capo angegliedert.

Karl-Heine-Str. 105, www.michaelis-leipzig.de/de/wir-betreiben/da-capo-oldtimermuseum-und-eventhalle, Tram 14 Karl-Heine-/Gießerstr., Mi–So 10–16 Uhr, 3/2 €

Essen

Eiskalt

1 Tonis handmade organic icecream: Haben Sie schon mal die Geschmacksrichtung Japanische Rose gekostet? Solche Eiskreationen, ebenso wie Eisklassiker, gibt es bei Toni, alles in bio, vorwiegend vegan und nicht zu süß. Das leckere Eis können Sie genüsslich auf den Bänken vor dem Laden schlecken und dabei das Treiben in der ›Kö‹ beobachten.

Könneritzstr. 21, T 0341 288 35 70, www.tonis-icecream.com, Tram 1, 2 Holbeinstr., Di–So 14–18 Uhr, Kugel Eis 2 €

Hauslimo & Zimtschnecke

2 Jimmy Orpheus: Das angesagte Hipster-Eckcafé in entschleunigter Lage an einer der schönsten Straßen in Schleußig ist perfekt für den Kaffee oder die Mangolassi zwischendurch, dazu gibt's kleine Snacks, Suppen und frisch gebackenen Kuchen. Gut gelegen für eine Pause bei der Erkundung des Leipziger Westens oder zum gemütlichen Frühstück.

Industriestr. 18, www.facebook.com/JimmyOrpheus, T 0341 49 29 39 91, Tram 1, 2 Stieglitzstr., Mo–Fr 10–18, Sa/So 12–18 Uhr

In Schleußig

3 Thiseas: Ein Grieche mit moderner Inneneinrichtung, ganz ohne Götterdämmerung vom Olymp. Auch die Speisekarte ist aufgeräumt, bietet neben Fisch, z. B. Seebarsch in Salzkruste gebacken, Bifteki oder Gyros auch Roulade von der Hähnchenbrust und als Vorspeise gegrillten Oktopus. Im Sommer dient eine nachgebaute Bireme, ein antikes griechisches Kriegsruderboot, auf der Weißen Elster als Terrasse.

Holbeinstr. 28 a, T 0341 477 15 70, www.thiseas.de, Mo–Sa 11.30–14.30, 17.30–23.30 Uhr, Hauptgerichte 12–22 €

Dolce Vita bei Da Vito

4 **Restaurant Da Vito:** Durch eine imposante Toreinfahrt gelangen Sie in einen ersten Hinterhof mit einem flacher gehaltenen ehemaligen Gewerbegebäude. Wenn Sie durch die zweite Durchfahrt gehen, betreten Sie den zweiten, diesmal komplett umschlossenen Innenhof und den Freisitz, der zum italienischen Restaurant Da Vito gehört. Das Da Vito serviert nicht nur eine hervorragende italienische Küche und bietet eine Weinkarte, die sich sehen lassen kann. Nein, die Italienwehgeplagten und hoffnungslosen Romantiker unter uns können hier auch eine echte Gondeltour beginnen (s. S. 173).

Nonnenstr. 11 b, T 0341 480 26 26, www.da-vito-leipzig.de, Tram 1, 2 Holbeinstr., 14 Nonnenstr., tgl. 11.30–23, Freisitz an der Elster bis 22 Uhr, Pasta 8,50–16,50 €, Hauptgerichte 19,50–28 €

Minztee statt Bier

5 **Casablanca Salon:** Im orientalisch anmutenden Ambiente können Sie bei Janet und Redouane Miladi marokkanische Gerichte aus der Tajine, Couscous und Baklava genießen. Und wenn Sie die hervorragende Küche zum Selbstkochen inspiriert hat, bietet der Lebensmittelmarkt nebenan die Zutaten: von Obst, Gemüse, Gewürzen bis Fleisch in frischer Vielfalt.

Karl-Heine-Str. 47, T 0341 253 46 14, Tram 3, 14 Felsenkeller, Di–Sa 11–22 Uhr, Hauptgerichte ab 7 €; **Markt:** Mo–Fr 9–20, Sa 9–16 Uhr

Gut Mus feil!

6 **Akko Hummus Bar:** Wer sich nicht satt essen kann an diesem himm-

Tafeln mit Familie oder Freunden an einem großen, runden Tisch: Im Chinabrenner bekommen Sie exzellente Küche, primär aus der südwestchinesischen Provinz Sichuan.

lischen Kichererbsenpüree mit Sesamöl, der kann sich an dieser unkomplizierten, jungen Adresse durchschlaraffen. Dazu gegrilltes und eingelegtes orientalisches Gemüse in verschiedenen Variationen. So lässt sich der Abend in Plagwitz hervorragend beginnen.

Walter-Heinze-Str. 3, T 0176 61 56 78 70, www.akkohummusbar.eatbu.com, nicht ganz festgelegte Zeiten, ca. Mo–Do 11.30–14.30, 17.30–22, Fr 11.30–14.30, Sa 17.30–22, So 17.30–22 Uhr, Hauptgerichte ca. 6,50–11 €

Am Kanal

7 **Kaiserbad:** mitten in der Industriekultur und direkt über dem Wasser gelegen mit großem Freisitz, der Sie die Plagwitz-Atmosphäre tief einatmen lässt. Im Kaiserbad können Sie bequem Pause machen – vom Frühstück über Kaffee und einem bunt gemixten Angebot von Hauptgerichten bis zum abendlichen Absacker finden Sie hier zu (fast) jeder Tageszeit etwas.

Karl-Heine-Str. 93, T 0341 39 28 08 94, www.kaiserbad-leipzig.de, tgl. 10–22 Uhr, Tram 14 Karl-Heine-/Merseburger Str., Pasta/Burger/Hauptgerichte ca. 8–20 €

Chinesisch schlemmen

8 **Chinabrenner:** In den Chinabrenner (Abb. S. 169) gehen Sie am besten mit so vielen Leuten wie möglich, denn so haben Sie die Möglichkeit – genau wie in China – möglichst viele Gerichte parallel zu bestellen und gemeinsam zu kosten, zu genießen und zu verspeisen. Die Atmosphäre ist stimmig, das Ambiente angenehm zurückhaltend und das Essen tendenziell scharf (Sichuan-Küche), aber einfach fantastisch. Wenn Sie mit einer größeren Gruppe kommen, sitzen Sie an runden Tischen mit drehbarem Mittelteil, was das Durchprobieren der verschiedenen Schüsselinhalte erleichtert. Unbedingt empfehlenswert: Der Jasmintee ist die perfekte Ergänzung zu den würzigen Speisen und schmeckt himmlisch.

Gießerstr. 18, T 0341 240 91 02, www.chinabrenner.de, Tram 14 Karl-Heine-/Gießerstr., Mo 12–15, Di–Fr 12–15, 17–23, Sa 17–23 Uhr, Hauptgerichte 12–22 €

Künstlercafé in der Spinnerei

9 **Café Mule:** Zukünftig wird der Betreiber des Café Grundmann (s. S. 136) hier zusätzlich zur bereits offenen Bäckerei (Mo–Fr 8–18, Sa 9–18 Uhr) noch ein Café-Restaurant mit Garten eröffnen.

Spinnereistr. 7, T 0341 351 37 75, www.mule-spinnerei.de, Tram 14 S-Bf. Plagwitz

Sächsisches im Capa-Haus

10 **Café Eigler:** In urgemütlicher Atmosphäre können Sie hier leckeren sächsischen Kuchen genießen – und in die Geschichte des Hauses bzw. der letzten Tage des Zweiten Weltkriegs eintauchen (s. Zugabe S. 177).

Jahnallee 61, T 0341 877 27 33, www.cafeeigler.de, Tram 3, 7, 8, 15 Angerbrücke, Mi–Fr 14–18, Sa/So 8–11, 14–18 Uhr

Einkaufen

Zuckerbäcker-Workshop

1 **La Chocolaterie:** Die beiden französischen Inhaberinnen Isabelle Léonard und Alexandra Picouays offerieren feine Leckereien aus hauseigener Produktion. Sie können bei der Herstellung zuschauen oder bei einem Workshop selbst zum Zuckerbäcker werden.

Könneritzstr. 3, www.la-chocolaterie.de, Tram 1, 2 Holbeinstr., Mi–So 12–18 Uhr, Fei geschlossen

Urbane Lässigkeit

2 **Graue Maus:** Nicht nur in unterschiedlichen Grauschattierungen, auch mit Glitzer und in knallbunt näht Modedesignerin Maria Schenke stadtalltagstaugliche Bekleidung aus regionalen Stoffen nichttierischen Ursprungs. Für die angesagte Klamotte made in Leipzig

Lieblingsort

Blechbläsers Leidenschaft

Was für ein Glanz in dieser Hütte! »Heilig's Blechle« möchte man ausrufen, auch wenn man kein Schwabe ist. Im Geschäft von Matthias Vogt, **Vogt instruments – passion in brass** 3, begrüßt Sie eine stattliche Wand voller hochglänzend polierter Blechblasinstrumente. Vor allem die Tuba, der gemütliche dicke Onkel von Posaune und Trompete, hat es dem sympathischen Instrumentenbauer angetan und wurde zu seinem Meisterstück. Man muss kein Musiker sein, um in dem Laden mit offener Werkstatt beim Anblick von vollendeter handwerklicher Fertigkeit selbst vor Begeisterung zu strahlen (Zschochersche Str. 28, www.vogt-instruments.com, Tram 14 Felsenkeller, Mo, Mi–Fr 10–18, Di 10–19 Uhr).

ist der Eckladen in Schleußig eine Topadresse.

Industriestr. 19, www.graue-maus.de, Tram 1, 2 Stieglitzstr., Mo–Fr 12–17 Uhr, Sa n. V.

Blechbläsers Leidenschaft

3 **Vogt instruments – passion in brass:** s. Lieblingort S. 149.

Gebrüht, nicht gepresst

4 **Kaffeerösterei Brühbar:** Nach schlimmen Jugendgeschmackserfahrungen mit Kaffee aus der Filtermaschine selbst zur ›Espressonistin‹ geworden, habe ich hier erleben dürfen, wie gut das schwarze Getränk aus Handfilter, Siphon, Aeropress und Stempelkanne schmecken kann. Aus sortenreinen Qualitätsrohkaffees werden nach skandinavischem Vorbild durch einen vorwiegend hellen Röstgrad eher fruchtige und süßliche Aromen gezaubert. Es gibt auch ein paar gemütliche Sitzplätze zum Vor-Ort-Kosten und für die gediegene Kaffeeplauderei.

Weißenfelser Str. 24, www.bruehbar.de, Tram 3, 14 Felsenkeller, Mo, Mi–Fr 12–18, Sa 9.30–14 Uhr

Italienische Feinkost

5 **Di Pasquale:** Am besten setzen Sie sich erst einmal ins Bistro, genießen ein Tässchen des exzellenten italienischen Kaffees und studieren nebenbei schon die Auslagen feiner Wurst, Käse, Antipasti, Pasta, Saucen, Süßigkeiten, Öl und Wein aus dem Piemont, Umbrien, Latium und Sizilien. Sie können hier auch hervorragend speisen, sommers auf dem Freisitz.

Karl-Heine-Str. 63, www.dipasquale.de, Tram 14 Karl-Heine-/Merseburger Str., Mo 12–20, Di–Do 10–20, Fr/Sa 10–22, So 12–18 Uhr

Designaffin

6 **Hafen:** Der japanisch inspirierte Wellengang an der Fassade ist sicher mehr ein ästhetisches als ein maritimes Statement. Von der stylishen Trinkflasche über das hochwertige Schreibgerät bis hin zur regionalen Spirituose oder dem schicken Dekostück gibt es allerlei Trendiges und dennoch Werthaltiges in diesem Concept Store zu entdecken.

Karl-Heine-Str. 75, www.hafen-leipzig.de, Tram 14 Karl-Heine-/Merseburger Str., Mo–Fr 11–19, Sa 11–18 Uhr

Alte Industrieobjekte

20 **WKR:** Die Initialen stehen für Wolf Konrad Roscher, der im Westwerk seine Galerie als »Arbeits-, Kunst-, Verkaufs- und Lebensraum« präsentiert. Vor allem liebevoll restaurierte industrielle Lampen & Co. sind hier zu bewundern und erwerben.

Meisterhalle, Westwerk, Karl-Heine-Str. 85–93, www.konradroscher.de, Tram 14 Karl-Heine-/Merseburger Str., Mi–Fr 10–15 Uhr und n. V.

Flohmarkt

20 **Kiezflohmarkt Plagwitz:** Im und ums Westwerk finden etwa im Zweiwochenrhythmus samstags oder sonntags von 10 bis 16 Uhr die beliebten Kiezflohmärkte statt. Termine s. Website, Neuware ist hier nicht erwünscht.

Karl-Heine-Str. 85–93, www.kiezflohmarkt-plagwitz.de, Tram 14 Karl-Heine-/Merseburger Str.

Auf dem Spinnereigelände

7 **Graphisches Atelier:** Zwischen den berühmten Galerien der ›ganz großen‹ Kunst in der Spinnerei bietet Grafikdesignerin und Buchbinderin Katja Zwirnmann eine erlesene Auswahl an originalgrafischen Büchern, Post- und Spielkarten und handgebundenen Schreibbüchern.

Baumwollspinnerei, Gebäude 3, Tor 13, Spinnereistr. 7, www.graphisches-atelier.de, Tram 14 S-Bf. Plagwitz, Mo–Fr, Sa (14-tägig) 8.30–14.30 Uhr

Bewegen

Bootsverleih und Rundfahrten 1

1 Bootsverleih Klingerweg: Verleih von Kajaks, Kanus und Ruderbooten (Mindestalter: 18 Jahre) im ehemaligen Bootshaus Sturmvogel. Auch geführte Kanutouren und 70-minütige Rundfahrten per Motorboot werden angeboten.

Klingerweg 2, https://bootsverleih.scdhfk.de, Tram 1, 2 Klingerweg, April–Nov. tgl. 10–19 Uhr, 6–12 €/Std., 36–60 €/Tag, geführte Kanutouren ab 16 €, Rundfahrten tgl. ab 10 Uhr, 14 €, unter 12 Jahren 7 €

Bootsverleih und Rundfahrten 2

2 Bootsherold: Verleih von Ruderbooten, Kajaks und Kanus. Auch etwa 70-minütige Motorbootrundfahrten werden von Bootsherold durchgeführt; s. auch Tour S. 174.

Antonienstr. 2, www.bootsverleih-herold.de, Tram 1, 2 Rödelstr., Ostern–Ende Okt. tgl. 10–18 Uhr, 5–12 €/Std., Rundfahrt (Anmeldung: tgl. 10–18 Uhr, T 0341 480 11 24) 14 €

›Klein-Venedig‹-Gefühl

4 Restaurant Da Vito: Am Anlegesteg des italienischen Restaurants liegen zwei original venezianische Gondeln, die mitsamt Gondoliere zur Rundfahrt auf Flüssen und Kanälen in Plagwitz bereitstehen.

s. S. 169, bis 5 Pers. 85 € (ca. 1 Std.)

Fahrradverleih

3 ASB – Die Fahrradwerkstatt: Wenn Sie den Leipziger Westen per Rad erkunden möchten, können Sie hier Räder ab 10 €/Tag ausleihen. Tandems kosten ab 22 €/Tag, E-Bikes ab 30 €/Tag.

Zschochersche Str. 61, www.asb-diefahrradwerkstatt.de, Tram 3, Bus 74 Elster-Passage, Mo, Mi, Fr 10–18, Di, Do 12–18, Sa 10–14 Uhr

Für Bahnfans

4 Museumsfeldbahn Leipzig-Lindenau: Einen Heidenspaß für Kinder und Junggebliebene bietet die Feldbahn auf dem Gelände des Lindenauer Hafens mit Blick auf die bizarr verfallenen Speichergebäude. Hier werden die alten Kiesgrubenbahnen und -wagen aufbewahrt, gepflegt und genutzt. Wenn Sie die Anlage besuchen und/oder mitfahren möchten, beachten Sie bitte die Angaben zu den ›Fahrtagen‹ auf der Website – nur dann ist das Areal zugänglich.

Hafengelände an der Plautstr./Ecke Lyonerstr., www.museumsfeldbahn.de, Bus 80 Plauthstr./Schomburgkstr., 4 €, 7–14 Jahre 2 €

Sprunghaft

5 Jump House: Trampoline so weit das Auge reicht! Hier können Sie nach Herzenslust und gelenkeschonend Glückshormone beim Hüpfen ausschütten oder den kulturmüden Nachwuchs sich austoben lassen.

Markranstädter Str. 8 a, www.jumphouse.de/leipzig, Tram 3 Markranstädter Str., Di–Fr 14–19, Sa 10–19, So 10–18.30 Uhr, 13,90 €/Std., 19,90 €/1,5 Std., 25,90 €/2 Std., zuzüglich 3 € für Sprungsocken

Ausgehen

Szenebar

1 Noch Besser Leben: Wenn Sie sich jung und trinkfest genug fühlen, sich so richtig ins Leipziger Szeneleben zu stürzen, dann ist das NBL der Tipp für nächtliche Barbesuche bei preiswertem Bier, Karlsbader Schnitten und gelegentlicher Livemusik.

Merseburger Str. 25, www.nochbesserleben.com, Tram 14 Karl-Heine-/Merseburger Str., tgl. ab 16.30 Uhr

Kultig

2 Felsenkeller: Eine bunte Melange an Veranstaltungen von Konzerten, Lesungen

TOUR
Unterwegs auf Wasserwegen

Eine Kanufahrt auf der Weißen Elster und dem Karl-Heine-Kanal

Infos

Paddeltour, hin/zurück Lindenauer Hafen ca. 10 km, Abstecher Elsterflutbecken hin/zurück plus ca. 3 km, von dort zum Stadthafen hin/zurück plus ca. 2 km, komplette Strecke 4–5 Std.

Start/Ziel:
F 11, **Bootsherold 2**, s. S. 173

Vom Wasser aus erlebt, scheint jede Stadt noch mal so schön. Auch wenn der große Fluss im Stadtpanorama fehlt – auf den zweiten Blick ist Leipzig durchaus eine Wasserstadt. Als sogenannter Gewässerknoten liegt sie im Gebiet des Zusammenflusses von Weißer Elster, Pleiße und Parthe. Mit den kleineren Flüssen, Bächen und Gräben kommen allein im Stadtgebiet beachtliche 176,40 km Fließgewässer zusammen. Große Seen wie der Cospudener oder der Kulkwitzer See und kleine Teiche und Tümpel in den zahlreichen Parks der Stadt mit einer Wasserfläche von 85 ha sowie die insgesamt 284 Brücken ergänzen das Bild eines ›Klein-Venedig‹.

Unsere Wassertour startet beim Klassiker unter den Bootsverleihern, bei **Bootsherold** 2 in Schleußig. Von dort aus erkunden Sie zunächst den Lauf der **Weißen Elster.** Behalten Sie bitte im Hinterkopf: Der Ausgangspunkt der Tour ist gleichzeitig ihr Endpunkt – Sie müssen also die gepaddelte oder geruderte Strecke auch wieder zurück! Nach ca. 1 km auf dem Fluss erreichen Sie einen schmalen Abzweig, der den **Einstich** des **Karl-Heine-Kanals** markiert.

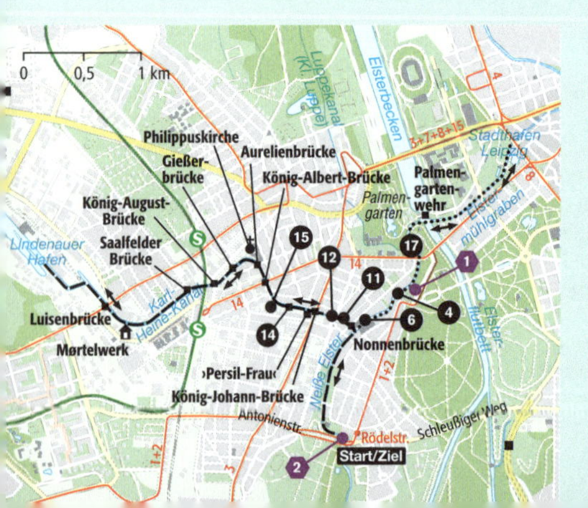

Hier biegen Sie nach links ab, direkt in den Kanal. Nun paddeln Sie unter der **Nonnenbrücke,** dann unter dem **Kulturhafen Riverboat** 11 (s. S. 153) hindurch und an der **Casa Rossa** mit Anlegesteg vorbei den Kanal entlang. Haben Sie die **Elisabethbrücke** 12 (s. S. 156) und die **König-Johann-Brücke** passiert, sollten Sie sich einmal umdrehen. Wenn Sie dabei nach rechts hoch Richtung Brücke schauen, könn-

Die Gebäudebrücke über die Weiße Elster verbindet die beiden Komplexe der ehemaligen Buntgarnwerke.

ten Sie der ›**Persil-Frau**‹ zuwinken, einer hausgroßen originalgetreu restaurierten Fassadenreklame.

Hinter der nächsten Brücke, dem **Karl-Heine-Bogen** ⓮, steht links am bzw. im Kanal das beeindruckende **Stelzenhaus** ⓯ (s. S. 156) auf seinen etwa 100 Betonpfeilern. Vielleicht hat inzwischen das 2020 geschlossene Restaurant wieder geöffnet?

Im nächsten Abschnitt schlängelt sich der Kanal und Sie unterqueren weitere Brücken. An der dritten, Fußgängern vorbehaltenen **Aurelienbrücke** sehen Sie rechts den 62 m hohen Turm der **Philippuskirche** (s. Tour S. 154).

Der **Lindenauer Hafen** (Plautstr. 88) ist ca. 5 km vom Startpunkt entfernt. Die Anbindung an dieses in den 1930er-Jahren angelegte Hafenbecken erfolgte erst 2015. Für die Vollendung von Heines Kanal-Plan »Von der Elster an die Alster« fehlt immer noch ein Teilstück zur Anbindung an die Saale. Rund um das Hafengelände entsteht derzeit ein komplett neuer Stadtteil.

Stärkung gefällig? Richtung Lindenauer Hafen liegt das **Mørtelwerk** (Am Kanal 28, www.facebook.com/moertelwerk), das von Ostern bis September/Oktober einen Biergarten bietet. Auch am **Stadthafen Leipzig** (www.stadthafen-leipzig.com/index.php/gastronomie-1) gibt es im Sommer ein gastronomisches Angebot.

Nun heißt es, zurück zur Weißen Elster paddeln. Wenn Sie Lust und Kraft haben, sollten Sie nun nach links abbiegen und deren Lauf ein Stück nach Norden folgen. Zunächst paddeln Sie unter der Brücke zwischen den Komplexen der **ehemaligen Buntgarnwerke** ❻ (s. S. 152) hindurch. Nachdem Sie dann die beeindruckende Bogenkonstruktion der **Könneritzbrücke** ❹ (s. S. 152) unterquert haben, tauchen rechter Hand das alte **Bootshaus Sturmvogel** mit dem **Bootsverleih Klingerweg** 1 und schließlich links die **Klinger-Villa** ⓱ (s. S. 157) auf. Kurz darauf gabelt sich der Wasserlauf. Sie haben den **Luppekanal** (auch: Kleine oder Neue Luppe) erreicht. Nach rechts paddelnd gelangen Sie zum **Elsterflutbett.** Achten Sie hier unbedingt darauf dem **Palmengartenwehr** nicht zu nahe zu kommen.

Am Wehr vorbei können Sie in den **Elstermühlgraben** bis zum Gelände des Leipziger **Stadthafens** paddeln. Behalten Sie bitte auch jetzt im Hinterkopf, dass Sie die Strecke noch retour bewältigen müssen.

und Tanzveranstaltungen bis zu Theaterproduktionen, Varietéshows, Märkten und Bällen findet in diesen feierlichen, zart sanierten Hallen (s. S. 160) statt.
Karl-Heine-Str. 32, www.felsenkeller-leipzig.com, Tram 3, 14 Felsenkeller

Anspruchsvolle Off-Kultur

3 **Schaubühne Lindenfels:** eine weitere beliebte Leipziger Kultureinrichtung. Der hübsche Bau (s. S. 160) bietet ein breites Programmspektrum. Es gibt Tanzperformances, Theaterprojekte, Konzerte, Filmvorführungen (Autorenkino) etc.
Karl-Heine-Str. 50, www.schaubuehne.com, Tram 3, 14 Felsenkeller

In-Location

4 **Täubchenthal:** Die Schreibweise mit ›th‹ gaukelt Altes vor. Dabei ist der Name der Location so jung und bezaubernd, wie die Atmosphäre hier. Absolute Glanzlichter sind die beiden Deckenleuchter im Ballsaal, der atmosphärisch die 1920er-Jahre in die Jetztzeit beamt. Das riesige Außengelände bietet auch für Open-Air-Veranstaltungen Platz mitten im Herzen von Plagwitz.
Wachsmuthstr. 3, www.taeubchenthal.com, Tram 1, 2 Adler, 3 Markranstädter Str.

Off-Theater

5 **LOFFT:** Produktionen in zeitgenössischem Tanz, postdramatisches Theater und Performance Art können Sie in diesem Projekttheater erleben. Es verfügt über kein eigenes Ensemble und arbeitet mit freischaffenden Nachwuchskünstlern aus ganz Europa. Jedes Jahr treten im LOFFT ca. 450 Künstler aus 15 Ländern auf. Regelmäßig finden Festivals statt, u. a. Open! Now!, Tanzoffensive und Luxival.
Halle 7, Baumwollspinnerei, Spinnereistr. 7, www.lofft.de, Tram 14 S-Bf. Plagwitz

Heitere Muse

6 **Musikalische Komödie:** Das Haus Drei Linden ist die Heimat der Leipziger Operette. Als eine der drei Sparten der Oper Leipzig verfügt die MuKo über ein eigenes Ensemble mit Solisten, Chor, Ballettgruppe und Orchester. Und eine eigene, jüngst sanierte Spielstätte mit elegantem Flair für Operetten- und Musicalaufführungen.
Dreilindenstr. 30, www.oper-leipzig.de, Tram 3, 4, 7, 11, 15 Angerbrücke

Forever young

7 **Theater der Jungen Welt:** Mit Erich Kästners »Emil und die Detektive« nahm das TdJW 1946 den Spielbetrieb auf und ist damit das älteste professionelle Kinder- und Jugendtheater Deutschlands. Nach bewegten Zeiten und Spielstättenwechsel sitzt das mehrfach ausgezeichnete Theater heute am Lindenauer Markt in einem eleganten Gründerzeitbau mit zwei technisch state-of-the-art ausgerüsteten Bühnen sowie bespielbarem Großem Foyer. Gerade die Inszenierungen für Jugendliche und Gastspiele werden nicht nur von Teenagern gefeiert. Im Theaterlokal PAN finden auch Abendveranstaltungen statt.
Lindenauer Markt 21, www.theaterderjungenweltleipzig.de, Tram 7, 8, 15 Lindenauer Markt

Flimmerstunde

8 **Cineding:** Das familiäre Programmkino mit Bar ist ein Urgestein der Plagwitzer Szene, die meisten Filme werden OmU gezeigt.
Karl-Heine-Str. 83, www.cineding-leipzig.de, Tram 3, 14 Felsenkeller

Wohnzimmeratmosphäre

9 **Luru Kino:** Auf dem Gelände der Baumwollspinnerei darf das urige Mini-Programmkino nicht fehlen, am schönsten als Sommerkino vor der Tür. Dieses Kino können Sie sogar mieten und Ihren Lieblingsfilm spielen lassen! Es muss nicht immer »Dirty Dancing« sein …
Leipziger Baumwollspinnerei, Spinnereistr. 7, www.luru-kino.de, Tram 14 S-Bf. Plagwitz

Zugabe
»The Last Man to Die«

Eine alte Fotografie rettet ein Haus.

17. April 2016: Lehman Riggs (Mitte) wohnt der Enthüllung des neuen Straßenschilds zu Ehren seines Kameraden Bowman bei.

Das Haus Jahnallee 61 in Leipzig-Lindenau steht an einer viel befahrenen Straßenkreuzung. Das hätte um ein Haar sein Todesurteil bedeutet, denn als es in Leipzig noch Wohnungsleerstand gab, fand sich lange kein Investor, der das verfallene Gebäude sanieren wollte. Als es dann auch noch in einer Silvesternacht gebrannt hatte, schien sein Schicksal besiegelt. Trotz denkmalgeschützter Fassade war die Abrissgenehmigung bereits erteilt.

Es war der stadtbekannte Kabarettist Meigl Hofmann, der hier einen historischen Schauplatz verortete. Der ungarisch-amerikanische Kriegsfotograf Robert Capa beobachtete den letzten Widerstand, den deutsche Soldaten am 18. April 1945 beim Anrücken der 2. Infanteriedivision der US Army am Kreuzungsbereich leisteten. Vergeblich, wie eigentlich hätte klar sein müssen, aber leider nicht ohne Todesopfer. Capas Foto des getöteten amerikanischen Soldaten Raymond J. Bowman (2.4.1924–18.4.1945) mit Blick aus dem Gebäude ging unter dem Titel »The Last Man to Die« um die Welt. Jahrzehnte später sollte die Geschichte dieses Fotos dann das Gebäude im Leipziger Westen retten. Heute heißt das schmuck sanierte Haus Capa-Haus und ist wieder ein Hingucker. Das Café Eigler im Erdgeschoss hat einen kleinen Ausstellungsraum eingerichtet, der die ganze Story aus den letzten Kriegstagen erzählt.

> »Robert Capa beobachtete den letzten Widerstand …«

2016 gab es übrigens ein anrührendes Ereignis: Bowmans ehemaliger Kamerad, der Kriegsveteran Lehman Riggs, war ausfindig gemacht worden und reiste im hohen Alter von 96 Jahren aus den USA an. Er wurde Zeuge der Umbenennung des Teilstücks der Lützner Straße (Höhe Capa-Haus bis Zschochersche Str.) in Bowmanstraße. Am 17. Januar 2020 konnte Lehman Riggs seinen 100. Geburtstag in seiner Heimat Putnam County, Tennessee begehen. ■

Gohlis-Süd und Zentrum-Nordwest

Oh du schöne Gründerzeit — Villen, jüdisches Leben und weites Grün in Gohlis, im Waldstraßenviertel und Rosental.

Seite 181

Michaeliskirche

Die beeindruckende Jugendstilkirche steht auf dem als Ensemble denkmalgeschützten Nordplatz. Der Platz bildet die Grenze zwischen den Stadtteilen Innenstadt und Gohlis.

Seite 184

Gohliser Schlösschen

Kein Adliger, sondern ein wohlhabender Leipziger Kaufmann erfüllte sich mit diesem zauberhaften Rokokoensemble im 18. Jh. seinen Traum. Das Haus sah illustre Gäste wie Johann Wolfgang Goethe und Friedrich Schiller.

Viele jüdische Spuren führen ins Waldstraßenviertel.

Seite 185, 197

Schillerhaus

Leipzig-Gohlis oder Dresden-Loschwitz? Wo hat Friedrich Schiller denn nun die berühmten Zeilen seiner »Ode an die Freude« verfasst?

Seite 186

Vom Partheufer ins Waldstraßenviertel

Jüdisches Leben in Leipzig: Wandeln Sie auf den Spuren der Geschichte der Israelitischen Gemeinde vom Gedenkstein am Partheufer bis zum Kultur- und Begegnungszentrum Ariowitsch-Haus im Waldstraßenviertel.

Seite 189, 190

Rosental

Joggen, radeln, spazieren … Der Park ist ein beliebtes Naherholungsgebiet. Hier können Sie auch den Lustschlossplänen Augusts des Starken nachspüren.

Seite 193

Zoo Leipzig

In teils spektakulären Habitaten wie der weltgrößten Menschenaffenanlage Pongoland und dem tropischen Gondwanaland sollen Tiere artgerecht leben.

Seite 199

Gosenschenke »Ohne Bedenken«

Die Leipziger Gose (die ursprünglich aus Goslar stammt) ist über die Stadtgrenzen hinaus berühmt-berüchtigt für ihre ›durchschlagende‹ Wirkung. In diesem Traditionslokal können Sie sie testen.

Seite 194

Rund ums Sportforum

Mit der Red Bull Arena und der Sportwissenschaftlichen Fakultät der Universität Leipzig spiegelt sich hier die Bedeutung des Sports in Leipzig wider.

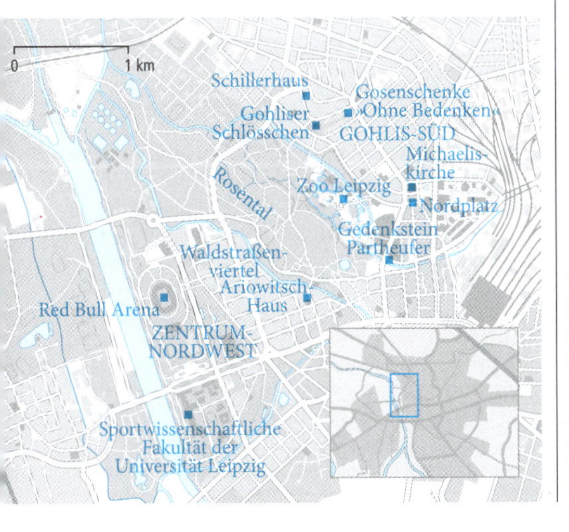

Das Gewandhausorchester beschließt seine Saison mit zwei Konzerten im Rosental, kostenlos für alle beim Picknicken zu erleben.

»Grünet wohl, ihr bunten Matten, (…) Rosental, du sehr gegrüßt, (…) Und du dreibeströmte Stadt, / Die mich wohl bewirtet hat …« Paul Flemig studierte 1628–33 in Leipzig.

Noble Wohngegenden im Nordwesten

G

Goethe mal wieder. Der junge Student der Rechte attestierte dem damaligen Dörfchen Gohlis in den Pleißeauen nördlich der Stadt, ein gutes Fleckchen für die Sommerfrische zu sein: »Wem nicht wohl ist, der geh' nach Gohlis!«, schrieb er in einem Brief. Der wohlmeinende Hinweis galt all jenen, die in der stickigen Enge der Stadt ihre Gesundheit aufs Spiel setzten oder aber sie schon verloren hatten. 1890 wurde das kleine Gassendorf eingemeindet. Die Bauernhäuser wichen zusehends eleganten Stadtvillen, und auch der Spruch klingt heute ein wenig anders: »Wem's zu wohl ist, der wohnt in Gohlis.«

Wie das zu verstehen ist, erklärt sich spätestens beim Blick in den Mietspiegel. Die Lage direkt am Rosental, einem städtischen Park- und Waldgebiet von ca. 70 ha Größe, trägt wesentlich zur Exklusivität von Gohlis-Süd bei, dem Bereich des ehemaligen Dörfchens.

Auch auf der anderen Seite dieser zum Gebiet des Leipziger Auwalds gehörenden Oase wohnt man sehr gediegen. Im Waldstraßenviertel lebt man in einer Art Open-Air-Museum. Wo sonst hat ein Gründerzeitviertel mit prächtigen Häuserzeilen in derartiger architektonischer Geschlossenheit die beiden Weltkriege unbeschadet überlebt? Heute genießt das Stadtgebiet als Flächenarchitekturdenkmal besonderen Schutz und ist eine der besten Wohngegenden der Stadt. Touristische Highlights gibt es hier wenige – fast jedes Haus ist eine Sehenswürdigkeit an sich. Im Südosten des Rosentals schließt sich innenstadtnah der traditionsreiche Leipziger Zoo an, der als einer der schönsten und artenreichsten Tiergärten Europas gilt.

Einen Kontrapunkt setzt die Gegend rund ums Sportforum nahe dem Elsterbecken. Das großzügig angelegte Gelände rund um die Festwiese und das Fußballstadion Red Bull Arena illustriert, welchen Stellenwert die körperliche Ertüchtigung in der Sportstadt Leipzig besitzt.

O

ORIENTIERUNG

Nordplatz und Gohlis-Süd: Tram 12. Von den Höfen am Brühl sind es ca. 1,5 km bis zum Nordplatz.
Rosental/Zoo: Tram 12 Zoo.
Waldstraßenviertel: Tram 3, 4, 7, 15 Leibnizstraße.
Sportforum: Tram 3, 7, 8, 15.
Sportforum Süd: Tram 3, 4, 7, 8, 15 Waldplatz.

Der Nordplatz J7

Denkmalgeschützt

Der **Nordplatz** ❶ steht als geschlossenes, fast vollständig erhaltenes architektonisches **Historismus- und Jugendstilensemble** unter Denkmalschutz. Er ist als kleine, parkartige **Grünanlage** gestaltet und bildet den nördlichen Abschluss der Nord-Süd-Achse des Stadtzentrums. In der Südwestecke steht der **Apelstein Nr. 37**, einer von 44 Marksteinen, die im Raum Leipzig an bedeutende Verbände oder Militärs der Völkerschlacht erinnern. Finanziert hatte sie der Leipziger Schriftsteller Theodor Apel (1811–67).

Eingenordete Kirche

Dominiert aber wird der Platz von der **Michaeliskirche** ❷ (www.michaelis-frieden.de), im Volksmund auch als Nordkirche bezeichnet. Das trifft in zweierlei Hinsicht zu: Sie steht am Nordende des Nordplatzes und wurde überdies in Nord-Süd-Richtung gebaut. Gewöhnlich weist der Chorraum einer Kirche nach Osten, hier wurde er aus städtebaulichen Gründen genordet und die Haupteingangsfront mit dem 70 m hohen Turm, welche sonst nach Westen ausgerichtet ist, zeigt nach Süden.

Die 1904 geweihte Kirche stellt eine interessante Verbindung von spätem Historismus mit Elementen des Jugendstils dar. Die Architekten Alfred Rust und Heinrich Müller gestalteten sie überreich mit bauplastischen Elementen aus. Bis auf die Fenster im Kirchenschiff ist das Bauwerk vollständig erhalten und nur sehr behutsam verändert worden. Der **Innenraum** ist im Jugendstil gestaltet, das Gehäuse der **Sauerorgel** von

Sie dominiert den Nordplatz: Die Michaeliskirche verbindet Elemente des Historismus und des Jugendstils.

Gohlis-Süd und Zentrum-Nordwest

Ansehen

1. Nordplatz
2. Michaeliskirche
3. Gohliser Schlösschen
4. Menckestraße 19
5. Mediencampus Villa Ida
6. ehem. Schokoladenfabrik Felsche
7. Ariowitsch-Haus/ Zentrum jüdischer Kultur
8. Ephraim-Carlebach-Haus/Deutsches Zentrum für barrierefreies Lesen
9. Rosentalgasse
10. Rosental (Große Wiese)
11. Zoo Leipzig
12. Quarterback Immobilien Arena
13. Red Bull Arena
14. Sportwissenschaftliche Fakultät der Universität/ ehemalige Deutsche Hochschule für Körperkultur
15. Bronzerelief »Aufbruch«
16. HHL Leipzig Graduate School of Management
17. Galerie Schwind/ Sammlung Fritz P. Mayer – Leipziger Schule/Tübke Stiftung Leipzig
18. Schillerhaus
19. Naturkundemuseum
20. Deutsches Kleingärtnermuseum/Schrebers

Essen

1. La Mirabelle
2. Lá Chè
3. Gosenschenke »Ohne Bedenken«
4. Frieda
5. Münsters
6. Schaarschmidts Restaurant
7. Mückenschlösschen
8. Trattoria N° 1
9. Dankbar Kaffee Leipzig
10. Kiwara-Lodge

Einkaufen

1. Steinbach Keramik
2. Keramikwerkstatt Gabriela Roth-Budig
3. Salumeria Italiana
4. Werkstatt für florale Objekte

Ausgehen

1. Stadtbad Leipzig
2. Budde-Haus

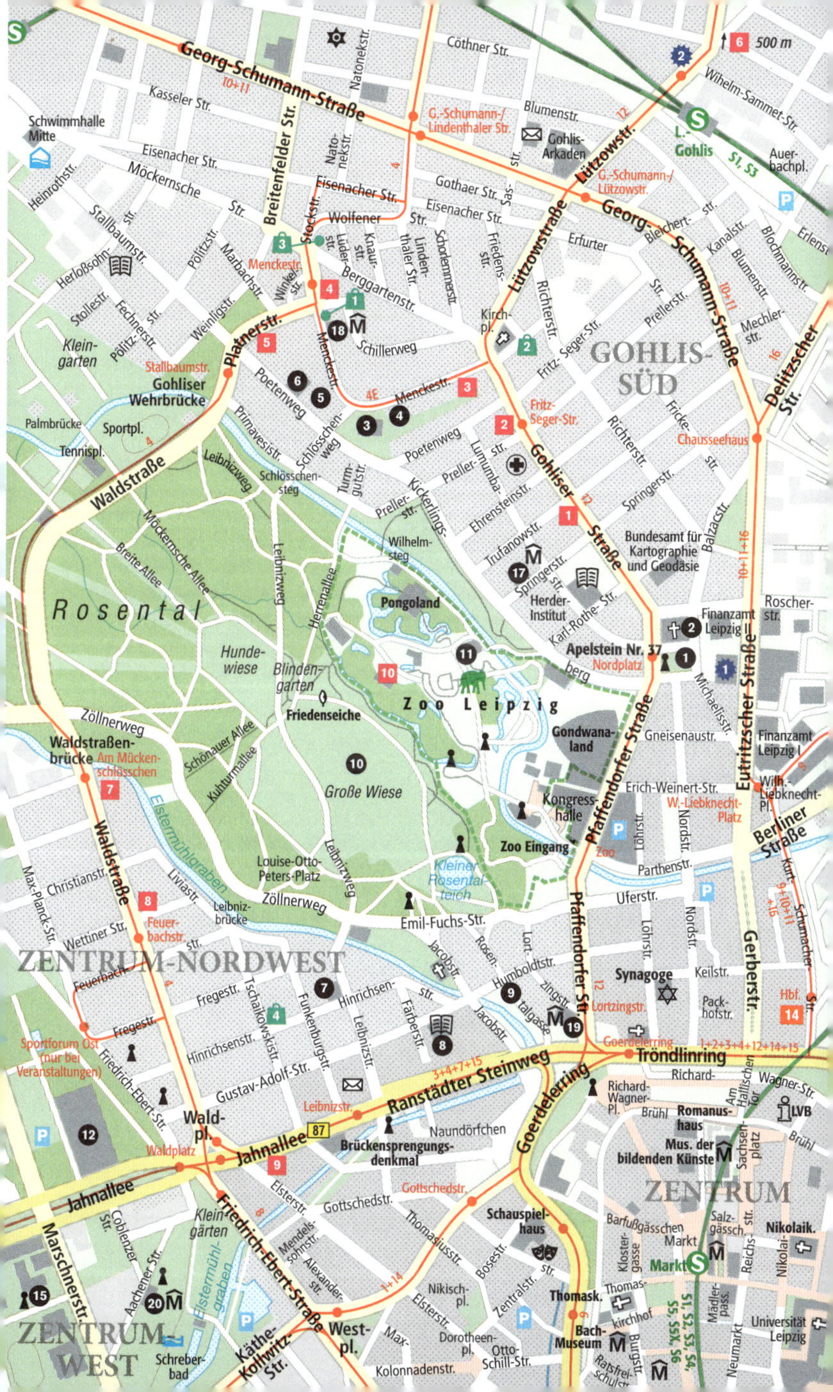

Georg-Schumann-Straße
10+11
Kasseler Str.
Natonekstr.
Cöthner Str.
6
500 m
Wilhelm-Sammet-Str.
Schwimmhalle Mitte
Breitenfelder Str.
Nato-nekstr.
G.-Schumann-/ Lindenthaler Str.
Blumenstr.
Gohlis-Arkaden
Gohlis
S1, S3
Auer-bachpl.
Eisenacher Str.
Möckernsche Str.
Eisenacher Str.
Gothaer Str.
Sas-str.
Lützowstr.
G.-Schumann-/ Lützowstr.
Heinrothstr.
Stallbaumstr.
Wolfener Str.
Eisenacher Str.
Georg-Schumann-Straße
Bleichert-str.
Kanalstr.
Blochmannstr.
Erlenstr.
Herloßsohn-str.
Pölitzstr.
Marbachstr.
Menckestr.
Stockstr.
Lüder-str.
Knaur-str.
Linden-thaler Str.
Schorlemmerstr.
Friedens-str.
Erfurter
Lützowstraße
Blumenstr.
Stollestr.
Fechnerstr.
Winkel-str.
Berggartenstr.
Richterstr.
Prellerstr.
Mechler-str.
Klein-garten
Pölitz-str.
Weinligstr.
Platnerstr.
Schillerweg
Kirch-pl.
Fritz-Seger-Str.
GOHLIS-SÜD
Delitzscher Str.
Stallbaumstr.
Gohliser Wehrbrücke
Poetenweg
Menckestr.
4E
Menckestr.
Fritz-Seger-Str.
Fricke-str.
Chausseehaus
Palmbrücke
Sportpl.
Tennispl.
Primavesistr.
Schlösschen-weg
Poetenweg
Lumumba-str.
Gohliser Straße
Richterstr.
Waldstraße
Leibnizweg
Schlösschen-steg
Turm-gutstr.
Preller-str.
Kickerlings-
Preller-str.
Ehrensteinstr.
Springerstr.
Balzacstr.
Möckernsche Allee
Breite Allee
Wilhelm-steg
Trufanowstr.
Springerstr.
Bundesamt für Kartographie und Geodäsie
10+11+16
Rosental
Leibnizweg
Herrenallee
Pongoland
Herder-Institut
Karl-Rothe-Str.
Finanzamt Leipzig II
Roscher-str.
Hunde-wiese
Blinden-garten
Zoo Leipzig
Apelstein Nr. 37
Nordplatz
berg
Michaelisstr.
Zöllnerweg
Friedenseiche
Gondwana-land
Gneisenaustr.
Finanzamt Leipzig I
Eutritzscher Straße
Waldstraßen-brücke
Am Mücken-schlösschen
Schönauer Allee
Kulturmeile
Elstermühlgraben
Große Wiese
Kongress-halle
Erich-Weinert-Str.
W.-Liebknecht-Platz
Wilh.-Liebknecht-Pl.
Berliner Straße
Pfaffendorfer Straße
Löhrstr.
Nordstr.
Zoo Eingang
Zoo
Parthenstr.
Max-Planck-Str.
Christianstr.
Waldstraße
Liviastr.
Louise-Otto-Peters-Platz
Leibnizweg
Kleiner Rosental-teich
Uferstr.
Kurt-Schumacher-Str.
9+10+11+16
Zöllnerweg
Leibniz-brücke
Feuer-bachstr.
Wettiner Str.
Emil-Fuchs-Str.
Rosen-talgasse
Lort-zingstr.
Pfaffendorfer Str.
Löhrstr.
Nordstr.
Gerberstr.
ZENTRUM-NORDWEST
Feuerbachstr.
Fregestr.
Tschaikowskistr.
Funkenburgstr.
Hinrichsen-str.
Jacobstr.
Humboldtstr.
Synagoge
Keilstr.
Pack-hofstr.
Hbf.
Fregestr.
Hinrichsenstr.
Leibnizstr.
Färberstr.
Jacobstr.
Lortzingstr.
Goerdelerring
Tröndlinring
1+2+3+4+12+14+15
Sportforum Ost (nur bei Veranstaltungen)
Friedrich-Ebert-Str.
Gustav-Adolf-Str.
3+4+7+15
Ranstädter Steinweg
Richard-Wagner-Pl.
Richard-Wagner-Str.
Am Hallischen Tor
LVB
Leibnizstr.
87
Naundörfchen
Goerdelerring
Brühl
Romanus-haus
Brühl
Wald-pl.
Jahnallee
Brückensprengungs-denkmal
Mus. der bildenden Künste
Sachsen-platz
Waldplatz
ZENTRUM
Jahnallee
Elsterstr.
Gottschedstr.
Gottschedstr.
Schauspiel-haus
Barfußgässchen
Salz-gässch.
Nikolaik.
Coblenzer Str.
Klein-gärten
Friedrich-Ebert-Straße
Mendels-sohnstr.
Thomasiusstr.
Markt
Kloster-gasse
Reichsstr.
Nikolaistr.
Marschnerstr.
Aachener Str.
Elstermühl-graben
Alexander-str.
Bosestr.
Markt
1+14
Nikisch-pl.
Zentralstr.
Thomask.
Thomas-kirchhof
S1, S2, S3, S4, S5, S5X, S6
Mädler-pass.
Universität Leipzig
ZENTRUM-WEST
Elsterstr.
Bach-Museum
Burgstr.
Neumarkt
Schreber-bad
Käthe-Kollwitz-Str.
West-pl.
Max-
Dorotheen-pl.
Otto-Schill-Str.
Kolonnadenstr.
Ratsfrei-schulstr.

1904 einem Rosenstock nachempfunden. Besonders eindrucksvoll ist ein Besuch bei einem der zahlreichen **Konzerte** (s. Kasten S. 202).

Nordplatz 14, www.michaelis-friedens.de, Tram 12 Nordplatz

Gohlis-Süd G–J5/6

Großbürgerliche Villen

Wenn Sie Muße haben und ein wenig in der großbürgerlichen Vergangenheit Leipzigs schwelgen mögen, streifen Sie durch die **Lumumbastraße.** Die **Villa Hupfeld** (Hausnr. 5) ist ein architektonisches Unikat, das Emil Franz Hänsel (s. Kasten S. 188) 1911 für den Hersteller der selbst spielenden Phonola-Klaviere Ludwig Hupfeld entwarf.

Vis-à-vis in einem Nachkriegsbau ist das **Herder-Institut der Universität Leipzig** zu Hause, wo in DDR-Zeiten ca. 22 000 internationale Studenten Deutsch lernten. Heute steht die Fachdidaktik zum Unterrichten von Deutsch als Fremdsprache im Vordergrund.

In der Springerstraße stehen imposante Villen. Besichtigen können Sie die Villa, in der der Maler, Grafiker und Vertreter der Leipziger Schule Werner Tübke (1929–2004) lebte und arbeitete. Heute befinden sich hier die **Galerie Schwind,** die **Sammlung Fritz P. Mayer** und die **Tübke Stiftung** ⓱ (s. S. 197).

Der alte Ortskern von Gohlis H6

Schloss ohne Adel

Von Süden aus erreichen Sie die Gartenseite des **Gohliser Schlösschens** ❸ am Poetenweg. Bis heute zählen die Architektur, die Innenausmalung und die umschließenden Orangerieflügel des Gohliser Schlösschens zu den Höhepunkten sächsischer Rokokobaukunst.

Kein Adliger – die hielten sich die Leipziger nach Möglichkeit auf Abstand –, sondern der Leipziger Kaufmann Johann Caspar Richter ließ sich 1756 bei den Gohliser Flussauen auf dem Grundstück eines früheren Gehöfts ein Rokokopalais bauen: mit einem Barockgarten, Orangerien, einem Glockenturm und eigener Kegelbahn. Später war hier der junge Johann Wolfgang Goethe zu Gast, nachdem er nach Leipzig gekommen war, um Jura zu studieren: Nach Richters Tod hatte dessen Witwe den Universitätsprofessor Johann Gottlob Böhme, einen Freund der Familie Goethe, geheiratet. Der neue Besitzer veranlasste u. a. die Bemalung der Festsaaldecke mit dem »Lebensweg der Psyche« durch Adam Friedrich Oeser. Oeser war der erste Direktor der 1764 gegründeten Leipziger Zeichen-, Malerei- und Architekturakademie, aus der die heutige Hochschule für Grafik und Buchkunst (s. S. 115) hervorging. Übrigens war auch Friedrich Schiller hier, zum Kegeln.

Das **Sommertheater des Schauspiels Leipzig** im Schlosshof ist ein alljährliches Highlight. Darüber hinaus finden im wunderbaren Rokokosaal **Lesungen und Konzerte** statt.

Menckestr. 25, www.gohliser-schloss.de, Programminfos und gegebenenfalls Besichtigungstermine s. Website

Der Poet auf dem Dorf

Die Hofseite des Schlösschen liegt direkt am alten Dorfanger, der heutigen Menckestraße. Hier genügt ein Blick: Von dörflicher Struktur blieb nicht viel, vierstöckige Mietshäuser ersetzen die einstigen Bauernhäuschen. Besonders ansehnlich ist der Jugendstilbau des **Menckestraße 19** ❹, der die Eleganz des Schlösschens aufgreift. Ein Gehöft aber hat die Zeitläufte überstanden: Das

Sinn für Ästhetik besaß Johann C. Richter, der das Gohliser Schlösschen im Rokokostil erbauen ließ. Sinn für schöne Künste bewiesen auch seine Witwe und ihr zweiter Mann, doch selbst Kegeln war hier nicht verpönt.

Schillerhaus ⓲ (s. S. 197) verdankt einem längeren Aufenthalt des Literaten nicht nur sein Überleben, sondern auch das straßenseitige Prunkportal.

Bildungsvilla

Ein architektonisches Kontrastprogramm erleben Sie gleich um die Ecke, denn auch das frühe 21. Jh. präsentiert sich im ehemals dörflichen Umfeld mit einem markanten Bau. Im einstigen Garten der historischen **Villa Ida** zum Poetenweg hin steht das moderne Gebäude des **Mediencampus Villa Ida** ❺, ein Kongress- und Tagungszentrum, errichtet von der Medienstiftung der Sparkasse Leipzig.

Menckestr. 27, www.mediencampus-villa-ida.de

Schade, heute keine Schokolade

Die Inschrift »VEB Goldeck« an der Giebelfront der **ehemaligen Schokoladenfabrik Felsche** ❻ (Menckestr. 33) erinnert an die schokoladigen Zeiten des Hauses. 1872 errichtete der Konditor Adolph Schütte-Felsche, der das seinerzeit berühmte Café Felsche am Augustusplatz betrieb, hier seine Fabrik für Kakao- und Schokoladenherstellung. Der große Erfolg führte zu einer ständigen Erweiterung der Gohliser Schokoladenfabrik.

Ungewöhnlich für einen Leipziger Industriebau ist die verputzte Fassade, die in Gestaltung und Farbgebung Bezug auf den in nächster Nähe befindlichen Rokokobau des Gohliser Schlösschens nimmt. Die Fabrik als Schloss der neuen Herren war ein beliebtes Motiv der damaligen Industriearchitektur.

Nach dem Zweiten Weltkrieg lief die Süßwarenherstellung hier noch einige Jahrzehnte als Volkseigener Betrieb (VEB) weiter. Heute ist die ehemalige

TOUR
Jüdisches Leben in Leipzig

Ein Bummel auf jüdischen Spuren ins Waldstraßenviertel

Zu Blüte und Reichtum Leipzigs in der Zeit um 1900 trugen wesentlich die jüdischen Bürger bei. Bereits seit 1849 existierte eine Verordnung zur Gleichstellung der sächsischen Juden. Ab den 1870er-Jahren strömten viele osteuropäische Juden nach Leipzig und bauten ein bedeutendes Pelzhandelszentrum rund um den Brühl (s. S. 37) auf. Noch zu Zeiten der Machtübernahme des NS-Regimes lebten etwa 13 000 in der Stadt. Ein Fünftel von ihnen lebte im Waldstraßenviertel und machte dort 12 % der Bevölkerung aus. Doch die Zeit des Terrors und der Deportation durch die Nationalsozialisten überlebten nur ca. 2400 der Leipziger Juden – die meisten im Exil. 1988 hatte die einstige Großgemeinde nur noch 35 meist ältere Mitglieder. Seit der Wiedervereinigung erfährt sie aber einen regen Zuwachs aus den Gebieten der ehemaligen UdSSR, dem sie ein Anwachsen auf inzwischen ca. 1300 Mitglieder verdankt. Damit ist sie die größte jüdische Gemeinde Sachsens.

An das Schicksal vieler Leipziger Juden erinnern auch Stolpersteine, kleine Messingtafeln in den Fußwegen vor den jeweiligen Wohnhäusern (www.stolpersteine-leipzig.de).

In der Parthenstraße gegenüber vom Zoo mahnt seit 1988 der hüfthohe, quaderförmige **Gedenkstein Partheufer** mit einem Davidstern. Hier wurden 1938, noch vor den Novemberpogromen, im ausgemauerten Flussbett jüdische Bürger von der Gestapo zusammengetrieben und von dort aus in Konzentrationslager verschleppt.

Ganz in der Nähe, in der Keilstraße 4, findet sich heute die einzige der 17 Synagogen Leipzigs, die die Novemberpogrome überdauert hat. In der **ehemaligen Brodyer Synagoge** wurden zwar die Innenausstattung und die bleiverglasten Fenster demoliert, aber da auch ›arische‹ Bewohner im Haus lebten, wurde das Gebäude nicht angezündet. Heute ist es die wieder aktiv genutzte **Synagoge der Israelitischen**

Infos

Spaziergang, ca. 1 Std.

Start: J 7, Gedenkstein Partheufer, Tram 12 Zoo

Ziel: H 7, Ariowitsch-Haus, Tram 3, 4, 7, 14, 15 Leibnizstr.

Gemeinde zu Leipzig (IRG, www.irg-leipzig.de). Der Saal hat eine orientalisch anmutende Ausstattung, die kunstvollen Fenster sind von der Straße aus gut zu sehen.

Gleich um die Ecke in der Löhrstraße 10 gelangen Sie zum **Haus der Israelitischen Religionsgemeinde.** Hier befindet sich das **Gemeindebüro,** wo auch die Kartei der ehemaligen Gemeindemitglieder archiviert ist. Die Mitarbeiterinnen sind sehr hilfreich, wenn es um das Aufstöbern von Dokumenten jüdischer Vorfahren geht und z. B. Grabstätten auf dem Alten (Berliner Str. 123) oder Neuen Israelitischen Friedhof (Delitzscher Str. 224) gesucht werden. Seit 2012 hat die Leipziger Gemeinde einen eigenen Rabbiner, den in Budapest gebürtigen Zsolt Balla. Er ist einer der beiden ersten in der Bundesrepublik ausgebildeten und ordinierten orthodoxen Rabbiner seit 1938 – und seit 2019 auch Landesrabbiner von Sachsen. Im Haus befinden sich u. a. auch die **Ephraim Carlebach Stiftung** (www.carlebach-stiftung-leipzig.de) und eine moderne **Mikwe** (Ritualbad).

Im Waldstraßenviertel stoßen Sie alsbald auf das **Ephraim-Carlebach-Haus** ❽ (Gustav-Adolfstr. 7), die ehemalige Höhere Israelitische Schule. Der orthodoxe Rabbiner Ephraim Carlebach hatte sie 1912 gegründet. Eine Tafel erinnert an die Schule wie auch an ihren Missbrauch als Sammelstelle für die Deportation in die Todeslager durch das NS-Regime. Heute ist hier das **Deutsche Zentrum für barrierefreies Lesen** (s. S. 189) untergebracht.

In der Tschaikowskistraße 13 steht das **Geburtshaus des Medizin-Nobelpreisträgers Sir Bernard Katz** (1911–2003). Er wurde an der hiesigen Universität promoviert, die Approbation als Arzt blieb ihm in Deutschland versagt, weshalb er 1935 nach England emigrierte. Eine Gedenktafel am Haus sucht man vergeblich.

Keine 250 m weiter erreichen Sie das heutige Zentrum des jüdischen Lebens in Leipzig. Das **Ariowitsch-Haus** ❼ (Hinrichsenstr. 14; s. S. 188), ein ehemaliges jüdisches Seniorenheim, steht seit 2009 als Kultur- und Begegnungszentrum mit vielfältigen Veranstaltungen allen offen. Nur immer hereinspaziert!

Die Stadt Leipzig und die IRG veranstalten alle zwei Jahre gemeinsam die Jüdische Woche, ein Festival der jüdischen Kunst und Kultur.

Schokoladenfabrik eine eindrucksvolle Wohnanlage: Ein wunderbar grüner Innenhof, viele Balkone und die großen Fenster sowie die traumhafte Umgebung machen aus diesen Wohnungen mit Loftcharakter etwas Besonderes.

Waldstraßenviertel

G/J7/8

Jedes Haus ein Augenschmaus

Ins Waldstraßenviertel mit dem Auto? Keine gute Idee, da können Sie getrost schon mal den Grönemeyer-Mambo anstimmen. Besonders spannend wird es an Fußballspieltagen im nahen Stadion, wenn auch noch viele Straßen gesperrt sind. Die Bauherren um die vorletzte Jahrhundertwende hatten geräumige, repräsentative Bauten mit prunkvollen Fassaden im Sinn, keine Tiefgaragen und Stellplätze. Wer hier wohnt, weiß die schöne Gründerzeitarchitektur in Blockrandbebauung mit stuckverzierten Decken und Originalparkett zu schätzen und nimmt das in Kauf.

Nachdem das Viertel im Krieg nahezu unversehrt geblieben war, sah es in der DDR-Zeit zusehends wildromantisch aus. Es regnete durch die Dächer und die Fassaden bröckelten. Aber immerhin hat man die Gebäude nicht abgerissen oder verschandelt. Nach dem 40-jährigen Dornröschenschlaf kam die Gnade der späten Errettung für die meisten Gebäude gerade noch rechtzeitig. Heute sind nicht nur über 400 einzelne Gebäude denkmalgeschützt, der Kernbereich genießt als Flächenarchitekturdenkmal besonderen Schutz.

Streifen Sie durch die **Liviastraße,** der direkt am Rand des Rosentals gelegenen ›Allerschönsten‹. Vom **Liviaplatz** führen rechtwinklig Straßen ins Kerngebiet des Viertels und gegenüber auf der unbebauten Flussseite der Fregesteg über den Elstermühlgraben ins Parkgrün. **Feuerbachstraße, Christianstraße, Tschaikowskistraße** oder **Funkenburgstraße** – egal, wohin Sie sich wenden: Geschlossene Straßenzüge begrüßen Sie. Lassen Sie einfach die Häuserzeilen mit den Kastenerkern und der originellen Ornamentik auf sich wirken. An einigen Häusern verweisen Gedenktafeln auf berühmte Bewohner wie den Operettenkomponisten Albert Lortzing und den Literaturwissenschaftler Hans Mayer. Auch andere Persönlichkeiten wie Gustav Mahler, Joachim Ringelnatz, August Bebel und Max Beckmann lebten im Waldstraßenviertel.

A

ZWEI FÜR ALLE ARCHITEKTEN

Von den zahlreichen Architekten, die in Leipzig um 1900 wirkten, seien Ihnen zwei besonders ans Herz gelegt. Die zahlreichen Gebäude des zu Unrecht nur Insidern bekannten **Emil Franz Hänsel** (1870–1943) beeindrucken durch recht unterschiedliche, oft innovative, mit Form und Farbe spielende Gestaltungselemente. Er selbst wohnte in der Christianstraße 1. **Paul Otto Hermann Möbius** (1866–1907) gilt als der renommierteste Architekt des Jugendstils in Leipzig. Eines seiner Meisterwerke ist das Haus in der Tschaikowskistraße 31.

Jüdische Kultur

Das **Ariowitsch-Haus** 7 (Hinrichsenstr. 14, www.ariowitschhaus.de; s. auch Tour S. 186) beherbergte ursprünglich ein jüdisches Altenheim, das von dem russischen Einwanderer und Pelzhändler Julius Ariowitsch finanziert worden war. 1939 machten die Nazis das Gebäude zu einem sogenannten Judenhaus, in dem jüdischen Einwohnern Wohnraum zugewiesen wurde, allerdings in so großer Zahl, dass ein normales Wohnen nicht mehr möglich war. 1942, nach der letzten Deportationswelle, bezog die Gestapo selbst das Gebäude und richtete sich hier bis zum Kriegsende ein. Zu DDR-Zeiten war das Haus für viele Jahre ein allgemeines Altenheim.

Anfang des 21. Jh. wurde das Haus mit Finanzmitteln des Landes zum **Zentrum jüdischer Kultur** umgebaut. Hier finden heute **Ausstellungen** rund um die Kultur des Judentums, den Nationalsozialismus und die Shoa statt. Es gibt Lesungen, Vorträge und Konzerte. Vor allem aber dient es der wieder über 1300 Menschen umfassenden jüdischen Gemeinde von Leipzig als Begegnungszentrum. Auch der Straßenname verweist auf einen jüdischen Bürger der Stadt – den Verleger und Stifter Dr. Heinrich Hinrichsen.

In der Parallelstraße steht mit dem heutigen **Ephraim-Carlebach-Haus** ❽ (Gustav-Adolf-Str. 7) die ehemalige Höhere Israelitische Schule (s. Tour S. 186). Hier ist seit 1954 das **Deutsche Zentrum für barrierefreies Lesen** (DZB) zu Hause. Die 1894 begründete Institution ist die älteste deutsche Blindenbibliothek.

Alte Gasse

Das klassizistische Gebäude des **Naturkundemuseums** ⓳ (s. S. 198) markiert den Bereich, von dem aus sich das Stadtgebiet entwickelt hat. Die **Rosentalgasse** ❾ ist die einzige der alten Leipziger Vorstadtstraßen, die ihren ursprünglichen Charakter bewahren konnte, was man am krummen und schmalen Verlauf gut erkennen kann. Besonders prunkvoll ist das **neogotische Portal Rosentalgasse 7** mit der Figur eines Herolds. So ließ Ratsmaurermeister Gottlob Purfürst (was für ein wunderbarer Name!) sein Haus schmücken.

S

NAPOLEONISCHE SPRENGUNG

Am vielbefahrenen Ranstädter Steinweg, benannt nach einem der nicht mehr existierenden vier Stadttore, wurde der Elstermühlgraben wieder ein Stück ans Tageslicht geholt. Das **Brückensprengungsdenkmal** erinnert an den Rückzug des französischen Heeres am 19. Oktober 1813. Ein Korporal namens Lafontaine sollte hier eine Sprengladung zünden, sobald die napoleonischen Truppen gen Westen abgezogen wären. Da die Verfolger schon nahten, jagte der wohl überforderte Mann die Brücke zu früh in die Luft. Es gab unzählige Tote und Verletzte, vor allem unter den Polen. Auch deren Heerführer, Fürst Poniatowski, gerade zum Marschall ernannt und Anwärter auf den polnischen Königsthron, wurde tot aus dem Fluss gezogen. Sicher gehört es ins Reich der Legenden, dass Poniatowski als jungem Mann geweissagt wurde, er werde durch eine Elster den Tod finden.

Rosental und Zoo

Das Rosental G/H6/7

Am nordwestlichen Rand der Innenstadt und in Gohlis geht der Auwald (s. S. 204) in das Gebiet des **Rosentals** ❿ über, eines Ausläufers des Waldes in Parkform. Das Rosental ist eines der beliebtesten Naherholungsgebiete der Leipziger. Sie kommen her, um zu joggen, Rad zu fahren, Hunde auszuführen, Drachen steigen oder Drohnen fliegen zu lassen. Warum nicht auch als Besucher der Stadt einmal

TOUR
Das Luftschloss des Kurfürsten

Kleine Wanderung durch das Rosental

Wenn Sie vom Zöllnerweg über den Leibnizweg ins **Rosental** ⑩ (s. auch S. 181) hineinlaufen, präsentiert sich so nahe der Leipziger Innenstadt eine unerwartete Weite – sie stehen an der **Großen Wiese.** Am besten schlagen Sie rechts den am nordöstlichen Rand der Wiese gelegenen Weg ein und umlaufen sie gegen den Uhrzeigersinn. Vorbei am **Kleinen Rosentalteich** gelangen Sie zum **Zoo-Schaufenster,** wo Sie einen Blick direkt in die **Kiwara-Savanne** des **Zoos** ⑪ (s. S. 193) mit Zebras, Giraffen und Co. werfen können. Ein Stück weiter steht linker Hand die **Friedenseiche** und dahinter eine Gruppe großer altehrwürdiger Bäume. Die **Baumgruppe** und der **Blindengarten** dort markieren in etwa den geplanten Standort des kurfürstlichen **Lustschlosses.**

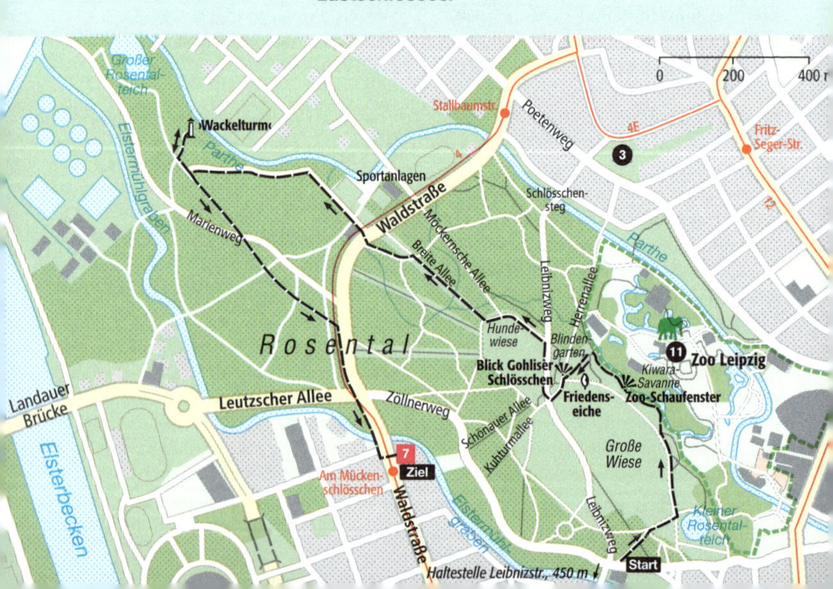

Infos

Spaziergang, ca. 2,5–3 Std.

Start: H 7, Zöllnerweg, Ecke Leibnizweg, Tram 3, 4, 7, 8, 15 Leibnizstr.

Ziel: G 7, Mückenschlösschen, Tram 4 Am Mückenschlösschen

Einkehren: Mückenschlösschen 7: s. S. 200

Der legendäre Kurfürst Friedrich August I. der Starke (1670–1733) wollte sich im frühen 18. Jh. hier ein Schloss errichten lassen – auf Kosten der Stadt Leipzig! So entwarf der Architekt Johann Christoph von Naumann ein elfachsiges, mehrgeschossiges Palais mit einem Barockgarten zur Waldstraßen- und einer großzügigen Freifläche zur Innenstadtseite hin. Statt eines Barockgartens findet sich hier heute eine **Hundewiese** und die **Große Wiese** entspricht der Freifläche. Von der **Friedenseiche** aus können Sie gut erkennen, dass sich in den umgebenden Wald **Schneisen** ziehen. Als strahlenförmige **Alleen** sollten sie den Wald erschließen und zum einen Sichtachsen auf das Schloss bilden, zum anderen vom Schloss aus den Blick auf markante Punkte in der Umgebung lenken. Ende November 1707 begann man mit dem Abholzen für den zentralen Teil des Schlossgartens und dem Schlagen der 13 Alleen. Einige von ihnen sind heute noch erhalten, stehen unter Denkmalschutz und werden in regelmäßigen Abständen entholzt. Die **Herrenallee** etwa führt fast direkt auf das **Gohliser Schlösschen** 3 (s. S. 184) zu: ein sehr romantischer Ausblick, auch wenn dieses Anwesen etwas später realisiert wurde und nichts mit den Plänen des Kurfürsten zu tun hat.

Den Leipzigern, die damals von Kurfürst Augusts Plänen überhaupt nicht begeistert waren, gelang es trickreich, den Schlossbau zu verhindern. Der Rat ließ sofort ein Gutachten anfertigen, das dem Landesvater aufs Heftigste davon abriet, hier zu bauen: Der Grund sei sumpfig, die Wiesen häufig überschwemmt, sodass bisweilen das Gebäude wohl nur mit Kähnen zu erreichen wäre. Die zwielichtigen Besucher des Rosentals könnten gar den Kurfürsten und seine Gäste belästigen, sogar Räuberbanden würden ihr Unwesen treiben und könnten in den undurchdringlichen Weiten des Waldes auch nicht dingfest gemacht werden. Vor allem aber hielte sich »ein häufiges Fliegen- und Mückengeschmeiß dort auf«. Das bestätigte auch Goethe (s. rechts). Außerdem, so wurde in Anspielung auf Augusts Jagdleidenschaft angeführt, würde die Jagd im Walde total leiden, wenn sich ständig Leute im Forst aufhielten. Letztlich soll der Verweis auf die Mückenplage die gewünschte Überzeugungs-

Während seines Studienaufenthalts in Leipzig ging Goethe gern im Rosental spazieren und war »auf poetisches Wildpret« aus, wobei jedoch »zur besten Jahreszeit die Mücken keinen zarten Gedanken aufkommen ließen«.

Der Spitzname ›Wackelturm‹ hat seine Berechtigung: Das Konstrukt schwankt merklich. Nichts für empfindliche Mägen!

arbeit geleistet haben. Widerstrebend verzichtete der Kurfürst auf sein Schloss.

Eine zum Vergnügen der Ausflügler erbaute Stätte können Sie im weiter nordwestlich gelegenen und bewaldeteren Teil des Rosentals besuchen: Den 20 m hohen, inzwischen aus Stahl konstruierten **›Wackelturm‹** auf einer Anhöhe erreichen Sie jenseits der Waldstraße. Folgen Sie am besten den Hinweisschildern durch das Waldgebiet. Der Turm ersetzt einen hölzernen Vorgängerbau, den man noch für den Kurfürsten errichtet hatte. Von der **Aussichtsplattform** bietet sich Ihnen ein fabelhafter Blick über das Blätterdach hinweg. Südöstlich präsentiert sich die Skyline der Innenstadt mitsamt dem Völkerschlachtdenkmal im Hintergrund. In unmittelbarer Nähe sind südlich die Red Bull Arena und westlich die Türme des Leipziger Klärwerks zu entdecken.

Im Anschluss laufen Sie über Parkwege, dabei überqueren Sie die Fahrstraße Marienweg, zurück zur Waldstraße. In diese biegen Sie nach rechts ab. An der Kreuzung gehen Sie geradeaus weiter und erblicken kurz darauf linker Hand ein ansehnliches Gründerzeitpalais: das **Mückenschlösschen** 7. Der Name griff im 19. Jh. die Geschichte, wie die Leipziger dem Kurfürsten den Schlossbau ausredeten, ironisch auf. Heute haben Sie hier die Gelegenheit, sich im Restaurant mit lauschigem Freisitz zu stärken.

die Gelegenheit nutzen und wie ein echter Leipziger im Rosental seine Freizeit gestalten und die Seele baumeln lassen?

Und falls Ihnen dabei kluge Gedanken kommen sollten, haben Sie große Vorläufer. Gottfried Wilhelm Leibniz (1646–1716) berichtet von seinen Spaziergängen im Rosental, die ihm den Kopf zum Denken frei machten. Auch der große ›Spaziergänger‹ Johann Gottfried Seume (1763–1810) pries das Rosental. Und von Friedrich Schiller berichtet ein Zeitgenosse, er sei während seiner Zeit in Gohlis schon gegen 3 oder 4 Uhr morgens aufgestanden: Bei »diesen frühen Spaziergängen war Schiller leicht angezogen, mit dem Schlafrock bekleidet, mit unbedecktem Halse …«.

Bärlauch- statt Rosenduft

Allerdings: Rosen werden Sie hier auch sommers keine zu Gesicht bekommen, eher hängt noch der Bärlauchgeruch in den Auen. Und auch von einem Tal ist weit und breit keine Spur. Der Name Rosental leitet sich vermutlich von einem slawischen Wort ab. Manche Quellen nennen *rozdot,* ›Höhlung, Tiefe und weite Niederung‹, andere *rescha,* was so viel wie ›überflutetes Terrain‹ bedeutet. Letztere Herleitung erscheint plausibel, denn bis weit ins 19. Jh. hinein wurden die Auwaldgebiete mehrmals im Jahr von den periodischen Hochwassern der Flussläufe überschwemmt.

»Der Rosental« – wie man bis Ende des 17. Jh. noch sagte – war wohl im 18. Jh. maßgeblich an der Entwicklung von Gohlis zum beliebten Ausflugsziel der Leipziger beteiligt. Damals war das Rosental noch ein Nutz- und Wirtschaftswald. Allerdings gingen die Leipziger auch ohne planvoll angelegten Weg gern dort spazieren, was sicher mit am mehrfach urkundlich belegten Bierausschank (schwarz gebraut) durch den Revierförster lag. Zu Beginn des 18. Jh. trug sich August der Starke mit dem Gedanken, das Rosental in seinen Besitz zu bringen, um dort ein Lustschloss zu bauen (s. Tour S. 190).

Zoo Leipzig

H/J6/7

Kontinente der Tiere

Auch wenn Sie ohne Kinder angereist und generell skeptisch gegenüber Tierhaltung in Gefangenschaft sind, der **Zoo Leipzig** ⓫ ist einen Besuch wert. Hier hat sich in den letzten Jahren unglaublich viel in Sachen artgerechter, naturnaher Tierhaltung getan.

Der Löwenkopf über dem Eingang beschwört den Gründungsmythos des Zoos. Der Gastwirt Ernst Pinkert hatte seine Gastwirtschaft durch das Zur-Schau-Stellen von Löwen belebt und hier 1878 den Zoo eröffnet. Löwen blieben auch nach der Übernahme durch die Stadt das Erfolgsrezept. Mehr als 2300 Löwenbabys erblickten hier das Licht der Welt! Selbst das brüllende Hollywood-Maskottchen von MGM war angeblich ›born in Leipzig‹. Das ist längst Geschichte.

Inzwischen hat der ambitionierte Masterplan »Zoo der Zukunft« wesentlich Gestalt angenommen. Das Zusammenleben verschiedener Tierarten ähnlich den in der Natur vorkommenden Habitaten ist die Grundidee. Sie begeben sich quasi auf eine Reise durch verschiedene Kontinente – **Asien, Afrika und Südamerika** – mit einzelnen Bereichen wie Savanne oder Pampa.

Der Urkontinent Gondwana wird in einer spektakulären Tropenhalle evoziert. Das **Gondwanaland** bietet in feuchtwarmem Klima tropischer Flora und Fauna einen Lebensraum. Im Dickicht der Vegetation lassen sich Schabrackentapire und Faultiere entdecken. Ein **Baumwipfelpfad** bietet Hilfe beim Blick durchs Ganzjahresgrün. Sogar auf

Bootstour können Sie sich in dieser Riesenhalle begeben.

Die zweite Hauptattraktion ist das **Pongoland.** Die weltgrößte Menschenaffenanlage wird zusammen mit dem Max-Planck-Institut für evolutionäre Anthropologie (s. S. 87) betrieben und genutzt. Hier können sich die Schimpansen, Bonobos, Gorillas und Orang-Utans frei auf insgesamt 30 000 m² Fläche bewegen, meist drinnen in der Halle. Bei wärmeren Temperaturen sieht man die Primaten sich auch auf der riesigen Freianlage von Ast zu Ast schwingen.

Auf dem Zoogelände laden darüber hinaus **Spielplätze** und **Kinderbereiche** zum Entdecken und Verweilen ein. Im Jugendstilambiente der **Hacienda Las Casas,** in der Safari-Atmosphäre der **Kiwara-Lodge** (s. Lieblingsort S. 107) und dem gehobenen **Palmensaal** kommen Sie auch kulinarisch auf Ihre Kosten. Letzterer gehört zur **Kongresshalle am Zoo,** die 1900 ursprünglich als Gesellschafterhaus des Zoos errichtet worden war und heute als Kongress- und Veranstaltungshalle für Großveranstaltungen, Tagungen, aber auch Bälle zur Verfügung steht.

Pfaffendorfer Str. 29, www.zoo-leipzig.de, Tram 12 Zoo, 21.3.–30.4., 1.10.–31.10. 9–18, 1.5.–30.9. 9–19, 1.11.–20.3. 9–17 Uhr, Sommer 22/14 €, Winter 18/11 €, Abendkarte (ab 3 Std. vor Schließung) Sommer 16/12 €, Winter 14/10 €

Rund ums Sportforum

Mehrzweckhalle

Neben all dem Fußball darf nicht vergessen werden: Es gibt auch noch andere Sportarten! Handball, Volleyball, Basketball, Leichtathletik und Co. haben in der Arena Leipzig, seit 2019 offiziell **Quarterback Immobilien Arena** ⓬, ordentlich Platz. Als eine der modernsten Multifunktionshallen Deutschlands ist sie mit ihren drei Hallen für ganz unterschiedliche Bedürfnisse flexibel anpassbar. Einschließlich der Stehplätze hat die Haupthalle eine Kapazität von maximal 12 000 Zuschauern. Bei Wettkämpfen stehen mehr als 7000 Sitzplätze in tribünenartiger Anordnung zur Verfügung. Eine 200-m-Rundlaufbahn ist in den Kurven im Neigungswinkel verstellbar und kann für sportliche Veranstaltungen geöffnet oder für Konzerte verdeckt werden. Alle Hallen verfügen über behindertengerechte Zugänge. Die Arena Leipzig wurde 2002 just in time für das damalige Turnfest eröffnet und war seither Austragungsort zahlreicher sportlicher Wettkämpfe.

Stierkampf? Fußball!

Irgendwie geht es immer noch schwer über die Lippen, das ehemalige Zentralstadion als **Red Bull Arena** ⓭ zu bezeichnen. Doch man muss zugeben, nach anfänglicher Skepsis der Leipziger Traditionalisten herrscht inzwischen eine breite Akzeptanz gegenüber den neuen Hausherren. Der kompakte Bau am Elsterbecken wurde 2000–04 nach dem Prinzip Schüssel-in-der-Schüssel errichtet, d. h. es wurde in den Wall des alten Stadions der Hunderttausend hineingesetzt. Die planenden Architektenbüros Wirth+Wirth, Glöckner sowie Körber, Barton, Fahle haben damit geschickt die alte Struktur als Außenbereich verwendet.

Wenn Sie sich der Red Bull Arena von der Jahnallee über die **Festwiese** kommend nähern, sehen Sie mittig den 43 m hohen **Glockenturm,** der nach dem Ringer und Kommunisten Werner Seelenbinder (1904–44) benannt ist. Der Turm gehörte bereits zum Vorgängerbau und an den Bäumen, die beiderseits des

Lieblingsort

Jenseits von Afrika

Ein paar Giraffen kauen versonnen vor sich hin. Sie lassen sich von der vorbeigaloppierenden Zebraherde nicht stören. Zwei Säbelantilopen kommen sich mit ihren beachtlichen Hörnern ins Gehege, was ein Vogel Strauß ein wenig argwöhnisch beäugt. Um solche Szenen hautnah beobachten zu können, müssen Sie nicht zwingend nach Afrika reisen. Die Tiere der Savanne im Leipziger Zoo können direkt bis an die überdachte Terrasse der **Kiwara-Lodge** 10 herankommen. In diesem afrikanisch gestalteten Restaurant können Sie bei landestypischen Speisen und Getränken die ›afrikanische‹ Weite des angrenzenden Rosentals genießen. Und wenn Sie Glück haben, hören Sie sogar bisweilen die Löwen aus ihrem Bereich Makasi Simba röhren. Keine Sorge, die Wildkatzen leben in ihrer eigenen Savannenwelt (nur im Rahmen eines Zoobesuchs während der Zooöffnungszeiten zugänglich, s. S. 193, Frühstücksbüfett 9–11 Uhr, 14,90 €, Kinder bis 110 cm frei, ab 140 cm 50 %, Hauptgerichte ca. 10–15 €).

Turmes wachsen, ist der alte, 23 m hohe **Stadionwall** gut zu erkennen. Hier sind 1,5 Mio. m³ Trümmerschutt aus dem Zweiten Weltkrieg aufgeschüttet worden, was etwa einem Drittel der Kriegstrümmer in Leipzig entsprach. Etwa 180 000 freiwillige Helfer hatten mit angepackt, um endlich den lange gehegten Wunsch nach einem Großstadion Wirklichkeit werden zu lassen. Im 1956 eröffneten alten Zentralstadion fanden siebenmal die Turn- und Sportfeste der DDR, Leichtathletik- und Radsportwettkämpfe, Länderspiele der Fußballnationalmannschaft der DDR und Spiele des Traditionsvereins 1. FC Lokomotive Leipzig statt. Zu den ganz großen Veranstaltungen waren bis zu 120 000 Zuschauer im Stadion!

Die heutige Red Bull Arena ist ein reines **Fußballstadion** und bietet aktuell 42 146 Leuten Platz. Bis voraussichtlich 2024 soll durch Einführung eines Stehplatzbereichs die Kapazität auf 48 000 angehoben werden. Seine Nagelprobe bestand der Neubau 2005 mit Spielen zum Confederations Cup. Im Jahr darauf war er beim deutschen Sommermärchen ebenfalls Spielstätte.

Führungen buchen können Sie unter www.dierotenbullen.com/de/red-bull-arena/erleben/stadionfuehrung.html

Südlich der Jahnallee

Ambivalente Sportgeschichte

Leibesübungen, Körperkultur – was gibt es doch für poetische Synonyme für das, was heute nahezu alternativlos mit dem englischen Lehnwort Sport bezeichnet wird. Und doch sind die Assoziationen nicht gar so gefühlsselig, wenn es um die **ehemalige Deutsche Hochschule für Körperkultur** (DHfK) geht, die 1950 als Nachfolgeinstitution des Instituts für Leibesübungen begründet wurde. Die imposanten Gebäude flankieren die südliche Seite der Jahnallee gegenüber dem Sportforum mit den beiden Arenen und der Festwiese. 1990 wurde die Institution abgewickelt, galt sie doch als ›Rote Hochschule‹ und Hochburg eines staatlich betriebenen Zwangsdopingssystems. Das Thema bleibt ambivalent, denn zweifelsohne war die DHfK ebenso größte und profilierteste Ausbildungsstätte des DDR-Sports, die beachtliche Bilanz von 93 olympischen Medaillen und 136 WM-Titeln allein auf Doping zurückzuführen, wäre wohl zu einseitig. Heute befindet sich hier der Campus der **Sportwissenschaftlichen Fakultät der Universität** ⓮, dessen Turnhallen in Richtung Elsterbecken ausgerichtet sind.

Auf dem Freigelände wurde 2008 das **Bronzerelief »Aufbruch«** ⓯ im Stil des Sozialistischen Realismus aufgestellt. Da der Kopf von Karl Marx abgebildet ist, wird es umgangssprachlich auch als »Marx-Relief« bezeichnet. Der versöhnliche Gedanke dahinter: Nicht Gleiches mit Gleichem vergelten und die Insignien des untergegangenen Staates zerstören, sondern sie hier kommentiert zu präsentieren, an einem Ort, an dem an weiteres DDR-Unrecht erinnert wird. Zu DDR-Zeiten stand das Relief am Hauptgebäude der Karl-Marx-Universität – anstelle der dort gesprengten Paulinerkirche.

Das westliche straßenseitige Gebäude wird heute von der **HHL Leipzig Graduate School of Management** ⓰ (Handelshochschule Leipzig) genutzt, der ältesten deutschen Handelshochschule, deren Renommee in den letzten Jahren durch Top-Platzierungen in internationalen Rankings nach oben geschnellt ist.

Treiben im Grünen

Beliebt ist der an das Elsterbecken grenzende **Richard-Wagner-Hain** (s. S. 166) westlich der Sporthochschule. Südöstlich der Hochschulen finden sich Kleingärten, das **Deutsche Kleingärtnermuseum** ⓴ (s. S. 198) und mit dem **Schrebers**

(s. Lieblingsort S. 201) ein uriger Biergarten.

Museen

Künstlervilla

⑰ Galerie Schwind / Sammlung Fritz P. Mayer – Leipziger Schule / Tübke Stiftung Leipzig: Die **Galerie Schwind,** die ihren Hauptsitz von Frankfurt a. M. hierher verlegte, hat ihren Schwerpunkt auf den Malern der ›alten‹ Leipziger Schule. Neben den (Verkaufs-) Ausstellungen im Erdgeschoss präsentiert sie im ersten Stock als Dauerausstellung Werke aus der **Privatsammlung Fritz P. Mayer.** Dazu gehören Werner Tübkes (1929–2004) »Happening in Pompeji« (1980) oder Wolfgang Mattheuers »Seltsamer Zwischenfall« (1984/85). Zum Bestand gehören u. a. Arbeiten von Willi Sitte, Michael Triegel und Arno Rink, bei dem an der Leipziger Hochschule für Grafik und Buchkunst auch Neo Rauch studierte. Die **Tübke Stiftung,** von dessen Witwe 2006 gegründet, ist im Dachgeschoss der ehemaligen Wohn- und Ateliervilla untergebracht. Hier werden Arbeiten des Künstlers aus all seinen Schaffensperioden gezeigt, daneben auch persönliche Gegenstände.

Springerstr. 5, Tram 12 Nordplatz; **Galerie/ Sammlung:** www.galerie-schwind.de, Di–Fr 10–18, Sa 10–14 Uhr, Eintritt frei; **Tübke Stiftung:** www.tuebke-stiftung-leipzig.de, Sa 10–14 Uhr, Eintritt frei

Freude, schöner Götterfunken!

⑱ Schillerhaus: Friedrich Schiller war ein hochgewachsener Mann, als er sich 1785 beim Bauern Schneider in Gohlis einquartierte. Das sollten Sie im Hinterkopf haben, wenn Sie sich in die niedrigen Räume im Obergeschoss des 1717 erbauten Bauernhäuschens begeben. Die Enge der Herberge scheint großen Gedanken nicht im Wege gestanden zu haben: Hier entstand die Urfassung der Ode »An die Freude« und ein Teil des »Don Carlos«. Schiller war auf Einladung Christian Gottfried Körners und des Verlegers Georg Joachim Göschen nach Leipzig gekommen, hatte zunächst innerstädtisch in der Hainstraße gewohnt und zog dann hinaus aufs Land. Dort erhoffte er sich mehr Ruhe für seine Arbeit. Die fand er auch bei seinen Spaziergängen im Rosental. Das Schillerhaus gilt als älteste Literaturgedenkstätte Deutschlands und beherbergt neben diversen **Devotionalien aus der Schillerzeit** auch ein kleines **stadtteilhistorisches Museum** mit einem Modell des Gassendorfes Gohlis im 19. Jh. vor der Industrialisierung.

Historische Gartenlauben im Laubengarten des Deutschen Kleingärtnermuseums

Beim Haus selbst handelt es sich um das letzte erhaltene **Beispiel der ländlich-bäuerlichen Architektur** des frühen 18. Jh. in Leipzig. Das Häuschen mit den dicken Lehmwellerwänden (Wänden aus einem Stroh-Lehm-Gemisch) gilt als typisch für die damalige Bauweise in der Region. Welche Enge hier geherrscht hat! Eine Bauernfamilie hatte ja meist eine große Kinderschar und das Obergeschoss wurde in der Sommerzeit auch noch an die gut zahlenden Städter vermietet. Der originalgetreu wiederhergestellte **Bauerngarten** aus derselben Zeit bildet einen wundervollen Rahmen für sommerliche Kulturveranstaltungen im Freien.

Menckestr. 42, www.stadtgeschichtliches-museum-leipzig.de, Tram 4 Menckestr., 12 Fritz-Seger-Str., April–Okt. Di–So 10–17, Nov.–März Mi–So 11–16 Uhr, 3/2 €, unter 18 Jahren und 1. Mi/Monat Eintritt frei

Ein Umzug steht ins Haus

⑲ Naturkundemuseum: Der Masterplan steht, Museumsleiter Maik Ronny Leder hat Großes im Sinn mit der traditionsreichen Sammlung: Das Naturkundemuseum soll mit seinen Ausstellungen in den ehemaligen unterirdischen Bowlingtreff am Wilhelm-Leuschner-Platz umziehen. Noch weilt die etwas in die Jahre gekommene Präsentation wie seit über 100 Jahren in einem ehemaligen klassizistischen Schulgebäude. Das hat seinen ganz eigenen musealen Charme mit einer in Teilen schon historischen Sammlung **geologischer, botanischer, zoologischer und archäologischer Exponate,** deren Schwerpunkt auf Nordwestsachsen liegt. Besonderes Gewicht kommt der Geschichte der **Dermopräparation** zu, die wesentlich durch den einst in Leipzig tätigen Herman Heinrich ter Meer geprägt wurde. Lohnenswert sind die wechselnden **Sonderausstellungen,** die museumspädagogisch für Kinder verschiedener Altersgruppen gut aufbereitet sind. Für die kommende Zeit gilt: **Unbedingt vorab über den aktuellen Stand(ort) informieren.** Die neue Museumskonzeption sieht drei Schwerpunkte vor: das Mammut von Borna, Valdivia – von Leipzig in die Tiefen der Weltmeere (Leipziger Wissenschaftsgeschichte, Erste Deutsche Tiefseeexpedition 1898) und die Geschichte der Tier-/Dermopräparation.

Lortzingstr. 3, www.naturkundemuseum.leipzig.de, Tram 3, 4, 7, 8, 9, 10, 11, 12, 15 Goerdelerring, Di–So 9–18 Uhr, 2/1 €

Alltagsrefugien

⑳ Deutsches Kleingärtnermuseum: Die Geschichte der Kleingartenbewegung in Deutschland und ihrer Gründerfiguren Daniel Gottlob Moritz Schreber und Ernst Innocenz Hausschild können Sie im 1896 errichteten Vereinshaus erleben. Hier ist das einzigartige Deutsche Kleingärtnermuseum untergebracht. Es erinnert an die sozialpädagogischen Anfänge und stellt die verschiedenen Kleingartenursprünge und -strömungen vor. Ein Museumsgarten und ein Laubengarten (Abb. S. 197) machen alles noch anschaulicher. Durch die Verbindung mit dem im selben Haus untergebrachten Restaurant und Biergarten Schrebers wird auch heute noch der kommunikativ-gesellige Ansatz aktiv gepflegt. So lassen sich der Hunger nach Bildung und der nach physischer Nahrung auf das Angenehmste verbinden.

Aachener Str. 7, www.kleingarten-museum.de, Tram 3, 4, 7, 15 Waldplatz, Di–Do 10–16, Juni–Aug. auch Sa/So 10–17 Uhr, 4/3 €, bis 16 Jahre Eintritt frei

Essen

À la française

1 La Mirabelle: Im Herzen von Gohlis-Süd bietet das Restaurant neben gutbürgerlich-deutscher Kost schwerpunktmäßig feine französische Küche in klassisch-gepflegtem Ambiente im Souterrain, im Sommer ergänzt durch einen hübschen Freisitz im Vorgarten.

Gohliser Str. 11, T 0341 590 29 81, www.la-mirabelle.de, Tram 12 Nordplatz, Mo 11.30–14.30, Di–Fr 11.30–14.30, 17.30–23, Sa 17.30–23 Uhr, Hauptgerichte 14,50–24 €

Vietnam und Japan

2 Lá Chè: In Gohlis ist alles etwas gehobener, auch das vietnamesisch-japanische Lokal macht da keine Ausnahme. Stylishes Ambiente in warmen Holztönen. Dazu gibt es Vorspeisen wie vietnamesische Sommerrollen oder japanische Garnelen-Tempura und Hauptgerichte wie Lachs in Teriyaki-Sauce oder vietnamesisch im Tontopf gegart. Auch an Vegetarier ist gedacht. Großzügiger Freisitz.

Gohliser Str. 25, T 0341 593 81 00, www.la-che.de, Tram 12 Nordplatz, So–Do 11.30–22, Fr/Sa 11.30–22.30 Uhr, Hauptgerichte ca. 10–16 €

Gosianna!

3 Gosenschenke »Ohne Bedenken«: Zugegeben, die Inneneinrichtung musste in den 1980er-Jahren nach historischen Abbildungen nachgezimmert werden, kommt aber nicht minder urig daher. Das geschichtsträchtige Lokal (s. Kasten rechts) bietet neben dem ›Kultgesöff‹ Gose bodenständige Hausmannskost und einen der schönsten Biergärten der Stadt. Ich erinnere mich an einen Hinweis des legendären, leider 2012 verstorbenen Wirtes Hartmut Hennebach, Gose müsse immer gemixt werden, denn »Gose pur getrunken schmeckt wie schon mal getrunken!«

Menckestr. 5 / Poetenweg 6, T 0341 566 23 60, www.gosenschenke.de, Tram 12 Fritz-Seger-Str., Mo–Fr ab 16, Sa/So ab 12, Biergarten Ostern–Sept. tgl. ab 12 Uhr, Hauptgerichte 11,90–19,90 €

Am Schillerhäuschen

4 Frieda: feine, junge Küche von Lisa Angermann (gewann 2017 bei »The Taste«, SAT.1) und Andreas Reinke. Die Karte wechselt regelmäßig, ist überschaubar und bietet dennoch eine Reise um die Welt. Von Thunfisch-Sashimi oder Austern über Black-Angus-Rind bis zum geräucherten Zaren-Ei (37 €) gibt es hier Leckereien in stylishem Mid-Century-Ambiente mit entenblauen Wänden. Sie können auch im Garten oder in der Orangerie speisen. Die Bestellung läuft über Menüzettel, auf denen Sie ihre Wunschkompenten ankreuzen.

Menckestr. 48–50, T 0341 56 10 86 48, www.frieda-restaurant.de, Tram 4 Menckestr., Di–Sa ab 18 Uhr, Fleisch/Fisch 13–21 €, Gemüse 6–11 €, Dessert 10 €

GOSLAR, GOSE, GEBRÄU

Um die vorletzte Jahrhundertwende gab es in Gohlis und Eutritzsch etliche **Gosestuben,** die das aus Goslar im Harz stammende obergärige Weißbier ausschenkten. Das Gebräu aus Hopfen, Malz, Koriander und Salz hatte im 18. Jh. seinen Siegeszug vor allem in der Leipziger Studentenschaft angetreten. Nicht alle Varianten der Gose hatten die selbe Qualität und Verträglichkeit, weshalb der Mundartdichter Edwin Bormann warnend schrieb: »Wennste probst der Gose Saft, wappne Dich mit Heldenkraft! Denn de weeßt nicht, wärd dei Magen ›Ja und Amen‹ dazu sagen.« Der Wirt der Gosenschenke in der Menckestraße, Carl Cajeri, erwiderte auf die häufig gestellte Frage, ob die von ihm ausgeschenkte Variante denn bekömmlich und trinkbar sei: »Ohne Bedenken!« Die **Gosenschenke »Ohne Bedenken«** 3 (s. links) war ursprünglich 1899 eröffnet worden. Die DDR-Zeit hatte zunächst das Aus für die Gosebrauerei allgemein gebracht, bis die Tradition Mitte der 1980er-Jahre wiederbelebt wurde. Gosianna!

Keine Bauernkost

5 Münsters: Wenn Sie Ihren Rundgang durch Gohlis in gemütlichem Ambiente bei einem guten Wein und außergewöhnlich guter, regional-saisonal inspirierter Kost beenden möchten, sollten Sie hier telefonisch reservieren. Im Sommer lockt zusätzlich der Freisitz mit Blick direkt ins Rosental. Das Münsters hat sich in der alten Schmiede im Komplex der Alten Mühle Gohlis etabliert. Die Mühle war nachweislich bereits im 14. Jh. in Betrieb. Die Mühle selbst gibt es nicht mehr.

Platnerstr. 13, T 0341 590 63 09, www.münsters.com, Tram 4 Stallbaumstr., Mo–Sa 18–24, tel. Reservierung ab 16 Uhr, Hauptgerichte 14–28 €

Gute sächsische Stube

6 **Schaarschmidts Restaurant:** Gemütlich, plüschig, fast ein wenig biedermeierlich mutet der Gastraum an, mit Gemälden in Petersburger Hängung, Bücherregalen und Kandelabern. Das gibt schon eine Vorahnung auf die vorzügliche, vorrangig regionale Küche, die alte Rezepte wiederbelebt und neu interpretiert. Das familienbetriebene Restaurant hat sich nun schon seit über einem Vierteljahrhundert bewährt!

Coppistr. 32, T 0341 912 05 17, www.schaarschmidts.de, Tram 12 Virchow-/Coppistr., Di–Sa 17.30–23 Uhr, Hauptgerichte 15–45 €

An Wald und Fluss

7 **Mückenschlösschen:** Keine kurfürstliche Residenz, sondern ein gründerzeitliches Palais begrüßt Sie mit guter deutscher und italienisch inspirierter Küche. Reizvoll ist der Biergarten an der belebten Waldstraße, die die Atmosphäre in der Nähe zum Elstermühlgraben und Rosental nur für Geräuschempfindsame trübt.

Waldstr. 86, www.mueckenschloesschen-leipzig.de, T 0341 983 20 51, Tram 4 Am Mückenschlösschen, Jan./Febr. Di–Fr, sonst Mo–Fr 11–24, Sa/So 10–24 Uhr, warme Gerichte 7,90–26,90 €

Sehen und gesehen werden

8 **Trattoria N° 1:** Beim schnieken Italiener in der Nähe des Stadions geht die (Sport-)Prominenz ein und aus. Neben den obligatorischen Pizzen und Pastagerichten wird auch tagesaktuell frischer Fisch und feines Fleisch serviert.

Waldstr. 64, www.trattoria-nr1.de, T 0341 211 70 98, Tram 4, 10 Feuerbachstr., Mo–Fr 11.30–14.00, 18–23, Sa/So, Fei 18–23 Uhr, Pizza 9,50–15,50, Pasta 10,50–17,50 €, Hauptgerichte 24–35 €

Alte Fleischerei

9 **Dankbar Kaffee Leipzig:** Statt Mettbrötchen gibt es French Toast und Bananenbrot mit Granola, feine Kaffeespezialitäten und vor allem ein famoses Interieur, das die ehemalige Fleischerei mit denkmalgeschützten Schmuckfliesen und Jugendstildecke zur angesagten Frühstückslocation der Millennial-Generation macht. Draußensitzen ist hier eher was für Großstadtlärmresistente, aber der Blick ins Waldstraßenviertel entschädigt.

Jahnallee 23, T 0341 25 69 35 47, Tram 3, 4, 7, 8, 15 Waldplatz, Mo–Sa 9–20, So 9–19 Uhr, Hauptgerichte 7,50–13,50 €, jeden 2. Fr/Monat Vier-Gänge-Menü 49 €

Jenseits von Afrika

10 **Kiwara-Lodge:** s. Lieblingsort S. 107.

Einkaufen

Ton in Ton

In Gohlis gibt es gleich zwei Keramikwerkstätten, die Liebhaber besonderer, handwerklich und ästhetisch anspruchsvoller Alltags- und Kunstkeramiken nicht verpassen sollten. Direkt neben dem Schillerhäuschen bei **Steinbach Keramik** 1 begrüßen Sie fabelhafte Tierköpfe, Büsten und Geschirr in Fayencedekoren mit floralen und geometrischen Mustern. Nur wenige Gehminuten entfernt an der Friedenskirche hat **Gabriela Roth-Budig** 2 ihre Werkstatt, die auf Voranmeldung zu besuchen ist. Die edle Gebrauchskera-

Lieblingsort

Das urigste Gartenlokal der Stadt

Nur etwa 1 km von der Innenstadt entfernt wird man vor allem während der warmen Jahreszeit im **Schrebers** spontan in Urlaubslaune versetzt. Dazu trägt natürlich die echte Biergartenstimmung gehörig bei, aber auch das ganze Ambiente der Kleingartenidylle mit dem türmchenbewehrten Fachwerkgebäude. Darin verbirgt sich neben dem Lokal auch das **Deutsche Kleingärtnermuseum** ⓴ (s. S. 198). Ein riesiger Kinderspielplatz, teils mit historischem Spielgerät, sorgt für entspannte Eltern. Die Speisekarte bietet Kräftig-Deftiges wie Rostbrät'l, Sülze, Schweineschnitzel und Rinderroulade. Für mich an heißen Tagen ein besonderer Genuss: die berühmte kalte Gurkensuppe. Wenn in der warmen Jahreszeit der Grill im Biergarten heiß ist, gibt es auch Steaks & Co. Und bei Durst ist für Abhilfe natürlich auch gesorgt (Aachener Str. 7, T 0341 961 13 24, www.schrebers.com, Tram 3, 4, 7, 15 Waldplatz, Mai–Sept Mi–Fr ab 16, Sa/So ab 11, Okt.–April Mi–Sa ab 17, So ab 11 Uhr, Gerichte ca. 11–17 €).

mik mit mattweißer Fayenceglasur – der Klassiker mit dezentem Krönchenmuster – ist nicht nur ein Hingucker auf Esstisch und Anrichte, sondern überlebt auch die Spülmaschine.

Steinbach Keramik: Menckestr. 44, www.keramik-steinbach.de, Tram 4 Stallbaumstr., Mo–Fr 10–18 Uhr; **Keramikwerkstatt Gabriela Roth-Budig:** Kirchplatz 9, www.roth-budig.de, T 0341 56 40 407, Tram 12 Fritz-Seger-Str., n. V.

Gohlis mediterran

3 **Salumeria Italiana:** Ein Feinkostladen mitten in Gohlis zum Wohlfühlen mit allem, was das Italien-Feinschmeckerherz begehrt, von Antipasti, Schinken und Käsespezialitäten bis zu Olivenölen und erlesenen Weinen. Und das Beste: Im Bistro (Mo–Fr) gibt es mittags feinste warme Kost zu fairem Preis.

Stockstr. 2, T 0341 564 48 33, www.salumi.de, Tram 4 Menckestr., Mo/Di 9–19, Mi/Do 10–20, Fr 10–22, Sa 10–15 Uhr

Blütenpracht

4 **Werkstatt für florale Objekte:** Es sind nicht einfach nur Blumensträuße, sondern kleine Kunstwerke, die Ilona Krakow in ihrem Eckladen im Waldstraßenviertel bindet. Schon beim Anblick der tollen Gestecke und dekorativen Kreationen kommt die gute Laune ganz von selbst.

Tschaikowskistr. 18, Tram 3, 4, 7, 8, 15 Leibnizstr., Mo–Fr 8.30–18, Sa 8.30–15 Uhr

Ausgehen

Tausendundein Event

1 **Stadtbad Leipzig:** Wie im Westbad (s. S. 164) ist auch hier der Stöpsel längst gezogen, der Drops jedoch längst nicht gelutscht! Viele Leipziger verbinden schönste Kindheits-Planscherinnerungen mit dem 1916 im Jugendstil errichteten Stadtbad, und die Idee, hier dereinst wieder Wasser in die Becken fließen zu lassen, ist noch nicht ausgeträumt. Bis genügend Spendengelder zusammengekommen sind, werden die ehemalige Herrenschwimmhalle und der ebenso repräsentative Eingangsbereich für Großveranstaltungen wie Dinnershows, Tanzveranstaltungen oder Rock- und Popkonzerte genutzt. Die Schmuckperle des Hauses ist die orientalische Damensauna im islamisch-maurischen Stil. Über die Förderstiftung werden auch Führungen durch das Haus angeboten.

Eutritzscher Str. 21, www.herz-leipzig.de, Tram 11, 16 Chausseehaus

Villa für alle

2 **Budde-Haus:** Das ist mal ein bombastischer Bau! In einer der prächtigsten Fabrikantenvillen der Stadt, dem einstigen Wohnhaus von Adolf Bleichert, dem Wegbereiter des Drahtseilbahnbaus, können heute Jung und Alt verschiedensten kulturellen und künstlerischen Aktivitäten nachgehen. Abends wird das Traumhaus mit Terrasse und Skulpturengarten häufig für Veranstaltungen wie **Konzerte, Impro- und Sommertheater** genutzt. In der warmen Jahreszeit lädt der **Biergarten unterm Gingkobaum** ein.

Lützowstr. 19, www.budde-haus.de, Tram 12, S 1, S 3 S-Bf. Gohlis, Biergarten bei schönem Wetter tgl. ab 13 Uhr

SAKRALMUSIK

Die **Konzerte** in der **Michaeliskirche** 2 (s. S. 181) sind ein doppelter Genuss. Neben den beiden ›Bachkirchen‹ der Innenstadt bietet die Kirche mit das anspruchsvollste Repertoire an Sakralmusik in der Stadt, die Friedenskantorei ist einer der größten Chöre Sachsens. Und das im wunderschönen Jugendstilinnenraum des Gotteshauses. Achten Sie auch auf Gastauftritte.

Zugabe
Schiller oder Shakespeare?

Jacke wie Hose? Ein Kleidungsstück ebnet einem jungen Literaten den Weg.

Theodor Fontane, 1883 porträtiert von Carl Breitbach

Euphorisch feierte der Leipziger Schiller-Verein 1841 den Erwerb einer Weste des hochverehrten Literaten, der 1785 einen glücklichen Sommer im Dörfchen Gohlis vor den Toren der Messestadt verbracht hatte. Das Bauernhäuschen, in dem Schiller damals geweilt hatte, war nun zur Gedenkstätte, ja zum Wallfahrtsort für die glühenden Schillerverehrer rund um den Vereinsgründer Robert Blum (1807–48) geworden. Viel Energie war geflossen in das Ausfindigmachen des authentischen Aufenthaltsorts des Klassikers, der in seinem Denken die Ideen der jungen Demokraten des Vormärz schon vorweggenommen hatte.

Just in dieser Zeit weilte ein junger Apothekergehilfe in Leipzig, der sich auch journalistisch und schriftstellerisch einen Namen machen wollte. Dem sachlich-nüchternen Brandenburger war so viel Personenkult suspekt und er veröffentlichte ein Spottgedicht im Leipziger Tageblatt, wohlweislich ohne direkten Bezug zu Schiller, sondern zu Shakespeare. Jedem Leipziger war klar, dass es hier nicht um den Mann aus Stratford-upon-Avon ging. Und der junge Theodor Fontane (1819–98) hatte es geschafft, zum Stadtgespräch zu werden:

… und er veröffentlichte ein Spottgedicht …

»Shakespeares Strumpf
Laut gesungen, hoch gesprungen,
Ob verschimmelt auch und dumpf,
Seht, wir haben ihn errungen,
William Shakespeares wollnen Strumpf.

Seht, wir haben jetzt die Strümpfe,
Haben jetzt das heil'ge Ding,
Drinnen er durch Moor und Sümpfe
Sicher vor Erkältung ging.

Und wir huldigen jetzt dem Strumpfe,
Der der Strümpfe Shakespeare ist,
Denn er reicht uns bis zum Rumpfe,
Weil er fast zwei Ellen mißt.

Seht, wir haben jetzt die Strümpfe,
Dran er putzte, wischte, rieb
Ungezählte Federstümpfe,
Als er seinen Hamlet schrieb.

Drum herbei, was Arm und Beine,
Eurer harret schon Triumph,
Und dem ›Shakespeare-Strumpfvereine‹
Helft vielleicht ihr auf den Strumpf.« ■

Der Leipziger Auwald ✪

Der Urwald in der Stadt — Westlich der Innenstadt zieht sich auf einer Nord-Süd-Achse der Grünstreifen des alten Waldgebiets samt Wasseradern entlang. Landschafts- und Naturschutzgebiete, Parks und Seen gehören dazu.

Seite 209

Schlosspark Lützschena

Maximilian Speck von Sternburg ließ den wunderschön in die Natur eingebetteten Landschaftspark im Nordwesten Leipzigs anlegen. Dazu bietet die Auwaldstation Einsichten und Ausblicke in das Auwald-Biotop.

Seite 211

Parkeisenbahn Auensee

Nicht nur für eingefleischte Eisenbahnfans ein Erlebnis: Eine Fahrt mit der historischen Parkeisenbahn um den Auensee weckt die schönsten Kindheitserinnerungen.

Zartgelb im Auwald: das Leipziger Windröschen

Seite 212

Fockeberg

Vom Plateau des ›Monte Scherbellino‹ haben Sie den perfekten Ausblick über die Stadt und den südlichen Auwald. Und ein bisschen Szenefeeling gibt es gratis dazu, vor allem an lauen Sommerabenden.

Seite 213

Floßgraben

Besonders urwüchsig ist die Landschaft entlang des Floßgrabens, den Sie sich erpaddeln können – bis hinaus zum Cospudener See. Der Graben und sein Uferbereich sind allerdings nicht immer zugänglich, denn hier brütet der seltene Eisvogel.

Seite 212, 214

Im südlichen Auwald

Pirschen Sie zwischen Pleiße und Floßgraben, Botanischem Lehrgarten und Forsthaus Raschwitz durch den südlichen Auwald und erleben Sie die einzigartige Natur und den Wildpark im Connewitzer Holz.

Wildpark

Hier lassen sich verschiedene Tierarten der Wälder Mitteleuropas aus der Nähe beobachten.

Seite 213

Agra-Park

Die Leipziger Seite des Parks hat verschiedene Gesichter: Landschaftspark, Waldgebiet, Relikte des Dölitzer Schlosses, Erinnerungen an die Völkerschlacht, eine alte Wassermühle und den Messepark. Für Antikfans an bestimmten Tagen ein Genuss.

Seite 218

Speck von Sternburg – Wolle, Bier und Bilder

Einem Gastwirtssohn gelingt der große Sprung zum Kaufmann mit Schloss samt Adelstitel und zum frühen Europäer mit pragmatischem Weitblick.

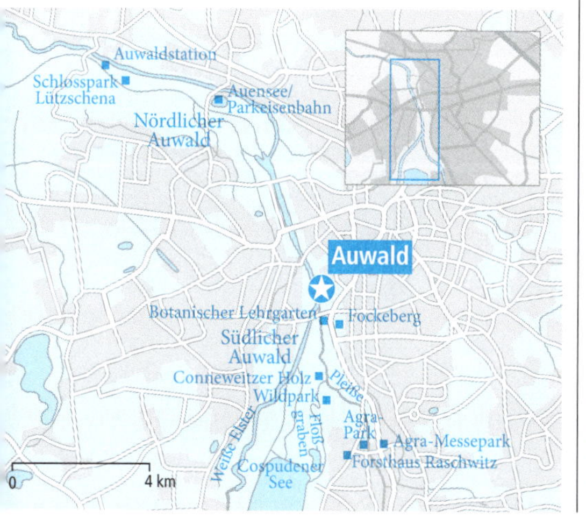

»In den Wäldern sind Dinge, über die nachzudenken man jahrelang im Moos liegen könnte.«
Franz Kafka

Wie duftet der Frühling? Im Westen Leipzigs eindeutig nach Bärlauch, der im Auwaldgebiet üppig gedeiht und seinen markanten knoblauchartigen Geruch verströmt.

Die grüne Lunge der Stadt

Der Leipziger Auwald gehört zu den größten erhaltenen Auwaldbeständen in Mitteleuropa. Er erstreckt sich über mehr als 30 km auf städtischem Gebiet und ist zwischen einigen Hundert Metern und 5 km breit. Die Gesamtfläche des Landschaftsschutzgebiets umfasst 5900 ha. Etwa ein Sechstel davon sind Naturschutzgebiete. Durch Aufforstung konnten der Waldbestand und sein typischer Charakter stabilisiert werden.

Während im nördlichen Auwald noch die für eine Weichholzaue typischen Weiden, Linden, Pappeln und Erlen dominieren, hat sich der Südteil in eine Hartholzaue verwandelt. Dort prägen Eiche, Esche und Ahorn das Bild. Teile des Auwalds liegen im Zentrum Leipzigs und wurden zu Parks umgestaltet. Dazu zählen Die Nonne und der Clara-Zetkin-Park (s. S. 110, Tour S. 112), der Palmengarten (s. S. 120) und der Richard-Wagner-Hain (s. S. 166). Auch das Rosental (s. S. 181, Tour S. 190) und der Volkspark Kleinzschocher gehören zum Leipziger Auwald.

Im nördlichen Auwald erleben Sie mit dem Schlosspark Lützschena einen zum Landschaftsgarten umgestalteten und in das Naturschutzgebiet Burgaue eingebetteten Bereich. Der südliche Auwald bietet ›Dschungel‹-Erlebnisse und einen Wildpark, den zweigeteilten Agra-Park und den Agra-Messepark. Sie haben die Wahl zwischen recht urwüchsiger, von seltenen Tier- und Pflanzenarten belebter und stärker von Menschenhand gestalteter Natur.

ORIENTIERUNG

O

www.leipziger-auwald.de: sehr informative Website von ENEDAS, einem Verein zur Förderung der Umweltbildung und Umweltforschung.
Nördlicher Auwald: Guter Ausgangspunkt ist **Schloss Lützschena** (Tram 11 Lützschena, S 3 S-Bf. Lützschena).
Südlicher Auwald: Um den südlichen Bereich komplett zu erkunden, ist das **Leipziger Eck** bzw. der **Botanische Lehrgarten** (Bus 60, 74 Rennbahn) ein guter Startpunkt. Oder Sie fahren mit Bus 70 weiter nach Süden bis zum Wildpark.
Fahrrad: Sie können den Auwald auch komplett von Nord nach Süd erkunden, inklusive der Parkareale im Zentrum Leipzigs. Dann empfiehlt sich ein Rad. In der Tram (Straßenbahn) wie in der S-Bahn dürfen Sie es mitnehmen, wobei in der Tram ein Fahrradticket zu lösen ist.

Der Auwald

Geschützte Natur

Die Leipziger Auenlandschaften mit Weichholz- und Hartholzauen, Feuchtwiesen, Röhrichtbeständen und Magerrasen sind bis heute der Lebensraum einer artenreichen Fauna. Vom Aussterben bedrohte Tiere wie etwa **Rotbauchunke, Kammmolch, Rotmilan, Eisvogel** und verschiedene **Spechtarten,** lassen sich mit einigem Glück vor allem an den Wasserläufen beobachten. Um diese tierische Vielfalt zu erhalten, sind aber auch Schutz und Hege des pflanzlichen Artenreichtums entscheidend. Im Bereich der Pflanzen beeindruckt der Wald vor allem, wenn sich im Frühjahr ein farbenprächtiger Teppich aus früh blühender Bodenflora mit **Märzenbecher, Bärlauch** und **Aronstab** ausbreitet.

Wasser als Lebenselixier

Auenlandschaften sind geprägt von natürlichen, immer wiederkehrenden Überflutungen, die Einfluss auf die Flora und Fauna der Uferlandschaften nehmen. Menschliche Eingriffe, meist zur Landgewinnung, ob als Acker-, Industrie- oder Wohngrund, bzw. zum Schutz vor ebendiesen Überflutungen verändern den Charakter von Uferauen enorm. Im südlichen Teil des Leipziger Auwalds kamen zu DDR-Zeiten noch der Braunkohleabbau und die damit verbundene Absenkung des Grundwasserspiegels hinzu. Von daher kann sich die Region um Leipzig glücklich schätzen, dass nicht alles zerstört und inzwischen im Sinne des Umwelt- und Landschaftschutzes

Wenn Sie Lust haben, können Sie den Auwald in seiner ganzen Ausdehnung per Fahrrad durchqueren.

Lützschena
LÜTZSCHENA-STAHMELN
4 km
NSG Burgaue
Leipzig-Wahren
Georg-Schumann-Str.
Wahren
WAHREN
Parkeisenbahn
Auensee
Neue Luppe
Nördlicher Auwald
Auwaldkran
Weiße Elster
Gustav-Esche-Str.
Louise-Otto-Peters-Allee
Landsberger Straße
GOHLIS-NORD
Max-Liebermann-Straße
Slevogtstraße
GOHLIS-MITTE
Olbrichtstraße
MÖCKERN
Coppiplatz
Georg-Schumann-Straße
Leipzig-Gohlis
Leipzig-Möckern
Leipziger Str.
BÖHLITZ
Am Ritterschlösschen
GOHLIS-SÜD
S-Bf. Leutzsch
Leipzig-Leutzsch
Waldstraße
Gohliser Str.
Eutritzscher Str.
EHRENBERG
LEUTZSCH
Nordplatz
Hans-Driesch-Straße
ZENTRUM-NORDWEST
Am Mückenschlösschen
Elsterbecken
Red Bull Arena
Pfaffendorfer Str.
Goerdelerring
Leipzig Hbf
Elster-Saale-Kanal
ALTLINDENAU
Georg-Schwarz-Str.
Quarterback Immobilien Arena
Hbf.
ZENTRUM
Merseburger Str.
Leipziger Kleinmesse
Jahnallee
ZENTRUM-WEST
Deutsches Kleingärtnermuseum
Georgiring
Angerbrücke
Richard-Wagner-Hain
NEU-
Lützner Str.
Palmengarten
Käthe-Kollwitz-Str.
Friedrich-Ebert-Str.
Roßplatz
Plautstr.
Museumsfeldbahn Leipzig-Lindenau
Leipzig-Lindenau
Henriettenstr.
Palmengartenwehr
Felsenkeller
LINDENAU
Klingerweg
Clara-Zetkin-Park
ZENTRUM-SÜD
Lyoner Str.
SCHÖNAU
Karl-Heine-Straße
Elsterflutbett
LEIPZIG
S-Bf. Plagwitz
Leipzig-Plagwitz
Zschochersche Str.
Galopprennbahn im Scheibenholz
Leipzig Bayerischer Bf.
Lützner Str.
GRÜNAU-NORD
GRÜNAU-OST
Die Nonne
Wundtstr.
Brünner Str.
PLAGWITZ
SÜDVORSTADT
Leipzig-Allee-Center
Antonienstr.
Adler
SCHLEUSSIG
Botanischer Lehrgarten
Leipzig-Grünauer Allee
Schleußiger Weg
Karl-Liebknecht-Str.
Bernhard-Göring-Str.
Arthur-Hoffmann-Str.
GRÜNAU-MITTE
Leipzig-Karlsruher Str.
Taborkirche
KLEINZSCHOCHER
Das Küchenholz
Pleiße
NSG Elster-Pleiße-Auwald
Ratzelstr.
Connewitzer Kreuz
CONNEWITZ
Arno-Nitzsche-Str.
Schönauer Str.
GRÜNAU-SIEDLUNG
Dieskaustr.
Das Hahnholz
Connewitzer Holz
Wundtstraße
Bornaische Str.
Weidenweg
Südlicher Auwald
Conne Island
GROSSZSCHOCHER
Gerhard-Ellrodt-Str.
SÜDWEST
Huttenstr.
Floßgraben
L.-Connewitz
Erholungspark Lößnig-Dölitz, 2,5 km
Wildpark
NSG Lehmlache Lauer
Dieskaustr.
Zieglerweg
Seebenischer Str.
Lehmlache Lauer
Weiße Elster
Erlebnisachse Cospudener See
Waldsee Lauer
Markkleeberg Nord
Torhaus Dölitz
Zschocherscher Winkel
Landschaftspark Cospuden
Agra-Park
Agra-Dölitz Strbf.
Messepark
Nordstrand
Schleuse Cospuden
M.-WEST
Dieskaustr.
Markkleeberg
Cospudener See
Knautkleeberg
REHBACH
KNAUTHAIN-HARTMANNSDORF
Koburger Str.
Markkleeberg
0
0,5
1 km

Leipziger Auwald

Ansehen
1. Auwaldstation
2. Schlosspark Lützschena
3. Schloss Lützschena
4. Auensee
5. Leipziger Eck
6. Fockeberg
7. Floßgraben
8. Wildpark
9. Agra-Park (Leipziger Seite)

Essen
1. Domholzschänke
2. FachWerk
3. Forsthaus Raschwitz

Einkaufen
1. Antik- und Trödelmarkt Agra-Messepark

Bewegen
1. Bootsverleih Leipziger Eck
2. Bootsverleih am Wildpark

Ausgehen
1. Haus Auensee

---

umgedacht und renaturiert wurde. So werden heute Teile sowohl des nördlichen als auch des südlichen Auwalds wieder regelmäßig geflutet. Die alten, natürlichen Strukturen sollen wiederbelebt und damit der typische Charakter der Aue betont werden. Dazu soll auch die Verbindung der verschiedenen Gewässer verstärkt wieder hergestellt werden.

Um das Wissen über diese Landschaftsform und ein Natur- und Umweltbewusstsein zu fördern, wurden **Infostationen** wie die **Auwaldstation** (s. unten) oder ›**Informationswälder**‹ (s. Kasten S. 212) eingerichtet bzw. angelegt.

Nördlicher Auwald A–F6

Naturschutz

Der **Schlosspark Lützschena** (s. u.) liegt nicht nur im **Landschaftsschutzgebiet Auwald,** sondern auch im **Naturschutzgebiet Burgaue.** Nur konsequent, dass es kurz vor dem Parkeingang die **Auwaldstation** 1 gibt. Hier können sich Interessierte über den Auwald, seine Artenvielfalt und die Schönheit des außergewöhnlichen Biosystems der Auenlandschaft informieren. Das funktioniert besonders gut über die 2019 entstandene **Baumplattform,** eine Art Riesenbaumhaus mit Gängen, von denen der direkte Blick in die Baumkronen der alten Parkbäume möglich ist. Es werden **geführte Wanderungen, Vorträge** und **thematische Exkursionen** sowie eine Vielzahl von unterschiedlichsten **Kursen** und **Projekten** angeboten. Auch eine App mit Erlebnispfaden (s. S. 217) ließ die Station entwickeln. Ausstellungen, Publikationen und Lehrtafeln informieren im und ums Haus zu Themen des Natur- und Umweltschutzes und natürlich zum Leipziger Auwald. Zusätzlich werden in losen Abständen alte Handwerksberufe anschaulich vorgestellt.

Die Station ist in einem kleinen ehemaligen Wirtschaftsgebäude des Schlosses untergebracht. Der hübsche Backsteinbau mit aufgesetztem Ziegelfachwerk diente zuletzt als Stellmacherei.

Schlossweg 11, www.auwaldstation.de, Tram 11 Lützschena, Di–Fr 9–16, Sa/So April–Okt. 12–18, Okt.–April 10–16 Uhr oder nach Anmeldung unter T 0341 462 18 95 (Di–Fr 9–16 Uhr)

Englische Parkanlage

Im **Schlosspark Lützschena** 2 (frei zugänglich) können Sie heute wieder fast wie im frühen 19. Jh. lustwandeln:

ÜBER ALLEN WIPFELN

Ein ungewöhnlicher Anblick bietet sich im nördlichen Auwald: ein Kran inmitten des Naturschutzgebiets Burgaue. Baumaßnahmen sind hier nicht im Gange, es handelt sich um ein um 360° schwenkbares Großforschungsgerät, das die Universität Leipzig 2001 installierte. Heute betreut das **Deutsche Zentrum für integrative Biodiversitätsforschung Halle-Jena-Leipzig** (www.iDiv.de) den 40 m hohen **Auwaldkran,** der sich über eine Strecke von 120 m auf Schienen bewegen kann. Forschungszwecke/-ziele sind die Erkennung von Lebenssystemen im Ökosystem Wald, Biozönosen (Gemeinschaften von Organismen verschiedener Arten) in hohen Baumwipfeln, Biodiversitätsforschung etc.

Maximilian von Sternburg (s. S. 210, 218) hatte den Schlosspark damals als englischen Landschaftsgarten neu anlegen lassen. Wie es für einen solchen Park typisch ist, tun sich hinter jeder Biegung neue, faszinierende Ausblicke auf. Bauliche Elemente und Skulpturen, kleine Teiche und Wasserläufe setzen zusätzliche Akzente. Die verschlungen angelegten Wege und die den Park umgebende Landschaft, in der das Element Wasser dominiert, bilden eine stimmige Einheit.

Zu den gestalterischen Höhepunkten zählen die aufwendig wiederhergestellte **Weiße Brücke,** der historische Zugang zum Park, der **Dianatempel** am Dianasee, die **Grabstätten der Sternburgs** oder das **Entenhaus** auf dem Ententeich. Am besten ist es, Sie durchstreifen die Anlage und gehen selbst auf Entdeckungstour.

Dass der Schlosspark trotz erheblicher Zerstörungen wiedererstanden ist, ist dem Engagement des Ururenkels Maximilian von Sternburgs sowie zahlreichen Sponsoren und ehrenamtlichen Helfern zu verdanken.

Einstiges Rittergut

Sie alle waren einmal: das 1278 erstmals erwähnte Rittergut, das barocke Herrenhaus des 18. Jh. und die Zinnen des 1864 errichteten **Schlosses Lützschena ❸.** Weitreichende Folgen für das Gut hatte vor allem der 1822 erfolgte Erwerb des Gutes durch Maximilian Speck von Sternburg bei einer Versteigerung. Zu diesem Zeitpunkt war Maximilian Speck von Sternburg bereits ein international geachteter Unternehmer (s. S. 218). 1864 ließ sein Sohn Alexander das barocke, schlossähnliche Herrenhaus komplett abtragen und durch einen Neubau im Neo-Tudorstil ersetzen. Nach dem Zweiten Weltkrieg wurde das Schloss enteignet und für viele Jahre zog eine landwirtschaftliche Fachschule mit eigenem Internat ein. Ein viertes Geschoss wurde aufgesetzt, wodurch die Zinnen verschwanden und ein schmuckloses Flachdach den Abschluss bildete. Später stand das Schloss leer und verfiel zusehends. 2002 kauften private Investoren aus der weiteren Verwandtschaft der früheren Besitzer das Schloss vom Freistaat Sachsen und retteten es vor dem Verfall.

Der Öffentlichkeit ist es – anders als der Schlosspark – nicht zugänglich, außer anlässlich von Kunstausstellungen, Konzerten oder Vorträgen. Einige der repräsentativen Räume können für festliche Anlässe gemietet werden.

Schlossweg 9, Quasnitz, Leipzig-Lützschena, www.schloss-luetzschena.de

Alte Kiesgrube

Zwischen den beiden Flüssen Weiße Elster und Neue Luppe liegt im Leipziger Ortsteil Wahren der ca. 12 ha große **Auensee ❹.** Er entstand als Kiesgrube beim Kiesabbau für den Bau des Leip-

TOUR
Jetzt fahr'n wir um den See

Mit der Parkeisenbahn um den Auensee

Infos

Parkeisenbahn Auensee e. V., E5: Gustav-Esche-Str. 8, Wahren, www.parkeisenbahn-auensee-leipzig.de, Tram 10, 11 Wahren, ca. 15 Min. zu Fuß, Bus 80 Auensee (ab Bushof Lindenau), 5 Min. zu Fuß, Mitte Mai–1. Nov. Di–Fr 14–17.45, Sa/So 10–12.45, 14–17.45, sächsische Ferien tgl. 10–13, 14–17.45 Uhr (wetterabhängig), Damplok 3,50 €, bis 13 Jahre 2 €, Akkulok 3/1,50 €

Die **Parkeisenbahn Auensee** ist eine von drei Liliputbahnen in Deutschland. So werden Eisenbahnen mit einer Spurweite von 381 mm (15 britischen Zoll) bezeichnet. Die Bahn wurde als Pioniereisenbahn am 5. August 1951 in Betrieb genommen. Kinder nutzten sie zu DDR-Zeiten rege, Kinder und Jungpersonal waren für ihren Betrieb zuständig. Solche Bähnchen waren typisch für den gesamten Ostblock, auch in den Nachfolgestaaten der ehemaligen Sowjetunion finden sie sich zahlreich. Dort heißen sie Kindereisenbahnen. Am Leipziger Auensee kümmert sich heute ein Verein um das historische Juwel.

Auf der nur 1,9 km langen Strecke um den **Auensee** 4 ziehen eine historische Dampflok aus dem Jahr 1925 oder eine jüngere Akkulok (1958, Umbau 1995) die offenen Personenwagen. Dampfgetrieben geht es mit 30 km/h, elektrisch mit lediglich 13,5 km/h gemächlich über die Gleise.

Los geht es am kleinen **Bahnhof Auensee,** nach 600 m erreichen Sie den **Haltepunkt Elsteraue.** Nach weiteren 300 m stoppt der Zug am **Haltepunkt Haus am See** (Kaffee und Kuchen, Imbiss, Bootsverleih). Ab hier verläuft die Bahnstrecke ein Stück parallel zum **Luppedamm.** Nach 1,5 km erreichen Sie den **Haltepunkt Gustav-Esche-Straße,** der dem Pkw-Parkplatz nächstgelegene. Für Sie heißt es einfach nur: entspannen und den Ausblick genießen – bis zum baldigen Wiedererreichen des **Bahnhofs Auensee.**

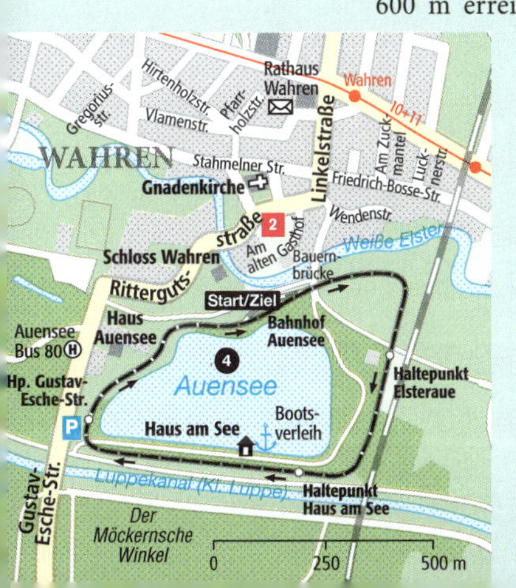

Stichwort ›genießen‹: Eine gute Einkehrmöglichkeit ist das hübsche Restaurant **FachWerk** 2 (s. S. 216) im nahe gelegenen alten Ortskern von Wahren!

ziger Hauptbahnhofs zu Beginn des 20. Jh. Nach der schnellen Flutung war hier bereits in den 1910er-Jahren ein beliebtes und ansehnliches Naherholungsziel mit vielfältigen Freizeit- und Unterhaltungsangeboten entstanden. Das als Lunapark bezeichnete Ensemble ist längst Geschichte, aber mit der **Parkeisenbahn** (s. Tour S. 211), der beliebten Veranstaltungslocation **Haus Auensee**  (s. S. 217) und dem **Campingplatz** gibt es rund um den See verschiedene Attraktionen. Nur eines ist er nicht mehr: Badesee. Dafür wird er rege von Petrijüngern genutzt, denen ein **Angelbootverleih** zur Verfügung steht.

Südlicher Auwald — Karte 2

Alte Waldgebiete

Auf Höhe der **Galopprennbahn im Scheibenholz** (s. Tour S. 112) beginnt in etwa das Gebiet des **südlichen Auwalds.** Es wird durchzogen von Pleiße und Weißer Elster, die hier am **Leipziger Eck** 5 zusammenfließen. Zu ihm zählen Waldgebiete mit so beschaulichen Namen wie Das Küchenholz, Die Lauer oder Zschocherscher Winkel. Auch die beiden ausgewiesenen **Naturschutzgebiete Elster-Pleiße-Auwald** und **Lehmlache Lauer** gehören zum südlichen Auwald. Hier dominiert ein abwechslungsreicher Hartholzbewuchs aus Eiche, Esche und Ahorn. Besonders schön ist die Zeit der Märzenbecherblüte. Wenn kurz darauf im Jahreslauf der Bärlauch seine Knospen öffnet, dann atmet die Stadt vor allem in der Nähe des Waldes und am Abend seinen schweren Knoblauchduft.

> **I**
>
> **›INFORMATIONSWÄLDER‹**
>
> Welche Bäume stehen in Wäldern in Nordamerika oder Nordasien? Wie sahen die Wälder im Tertiär aus, die im Lauf von 20 Mio. Jahren Braunkohle entstehen ließen? Im (nicht spektakulären) **Arboretum des Erholungsparks Lößnig-Dölitz (Karte 5, E4)** erhalten Sie Antworten auf die erste Frage, im **Arboretum des Landschaftsparks Cospuden (Karte 2, G14;** s. auch S. 224) auf die zweite. Beide Parks entstanden auf ehemaligen Braunkohleabbauflächen, denen Teile des südlichen Auwalds zum Opfer gefallen waren. Der Landschaftspark Cospuden liegt übrigens teils auf Leipziger, teils auf Markkleeberger Territorium.

Auf Scherben spazieren

Scherbelberg, Monte Scherbellino oder heute meist **Fockeberg** 6 nennen die Leipziger eine künstliche Erhebung aus Schutt und Müll im südlichen Auwald. Die offizielle Bezeichnung **Trümmerkippe Bauernwiesen** hat sich jedenfalls nicht durchgesetzt, klingt sie doch viel zu prosaisch für einen der beliebtesten Aussichtspunkte der Stadt. Von hier bietet sich Ihnen ein fantastischer Blick auf die Seen im Süden, die Türme der Taborkirche im Westen, das Völkerschlachtdenkmal im Osten und das Stadtzentrum im Norden. Der Aufstieg lohnt vor allem an lauschigen Sommerabenden, wenn viele Leipziger zu spontanen Lagerfeuern und Musikeinlagen zusammenkommen.

Einmal im Jahr, meist im Juni, wird auf dem Fockeberg in verschiedenen Kategorien um den Prix de Tacot gekämpft. Ein buntes Völkchen reist an, um beim Seifenkistenrennen zuzusehen und bei der halsbrecherischen Abfahrt in beinahe fliegenden Kisten gesehen zu werden.

Bus 60, 74, 89 Fockestr., dann 15 Min. zu Fuß

Am Leipziger Eck fließen die Wasser von Weißer Elster und Pleiße, genauer die ihrer Flutbetten, im Elsterflutbett zusammen.

›Dschungelfluss‹

Der **Floßgraben** ❼, der in früheren Zeiten dem Anflößen des Nutzholzes für Leipzig diente, wurde saniert, um die Leipziger Fließgewässer mit den großen Seen im Süden der Stadt zu verbinden. Mit Totarmen von Flussläufen, den regulierten periodischen Flutungen und einer sehr behutsamen Forstwirtschaft präsentiert sich das Auwaldgebiet hier im südlichen Abschnitt besonders urwüchsig und feucht. Der südliche Auwald ist Bestandteil des Leipziger Auensystems und des EU-Vogelschutzgebiets Leipziger Auwald.

Auf dem Floßgraben können Sie über den **Waldsee Lauer** bis hinaus zum **Cospudener See** (s. S. 224) paddeln, die wohl reizvollste Art, den südlichen Auwald von seiner ›dschungelhaften‹ Seite zu erkunden, Motorboote sind tabu. Allerdings ist dies u. a. wegen der Brutplätze des unter Schutz stehenden Eisvogels von März bis September nur zu bestimmten Zeiten (tgl. 11–13, 15–18, 20–22 Uhr) erlaubt. Die Uferbereiche des Floßgrabens dürfen auf einer Breite von 20 m nicht betreten werden. Gute Startpunkte für eine solche Tour sind der **Bootsverleih Leipziger Eck** 1 oder der **Bootsverleih am Wildpark** 2 (beide: s. S. 217).

Tiere des Waldes

Wildpark ❽: s. Tour S. 214.

Agra-Park

Karte 2, J/K 14/15

Grünes und Altes

Südöstlich des Wildparks beginnt jenseits des Goethesteigs der **Agra-Park** ❾, ein Ausläufer des südlichen Auwalds.

TOUR

›Dschungel‹-Tour

Kleine Wanderung im südlichen Auwald

Auf den ersten Blick ist alles ganz normal. Ein Wald ist eben ein Wald. Und doch wird bald klar, dass es sich hier um einen besonders feuchten und dickichtreichen Wald mit einer außergewöhnlich starken Bodenvegetation handelt – einen Auwald. Der Leipziger Auwald besteht als Ganzes mosaikartig aus einer Vielzahl verschiedener Einzelstrukturen. Saftige Wiesen, dichte Wälder und sumpfige Auen, bewegte Flussläufe und stehende Altwasserarme machen ihn zu einem außergewöhnlichen Biotop. Ab und an werden Bereiche des Waldes geflutet, um der typischen Pflanzen- und Tierwelt optimale Entwicklungsbedingungen zu bieten.

Wenn Sie mit dem Bus kommen, steigen Sie am Schleußiger Weg aus und überqueren die Straße nach Süden. Wer mag, geht kurz in den **Botanischen Lehrgarten** (Mai–Sept. Mo–Do 8–17, Fr 8–12, Okt.–April Mo–Do 8–16, Fr 8–12 Uhr, Eintritt frei, Spende erwünscht) des Schulbiologiezentrums Leipzig hinein und stimmt sich zwischen Themenbeeten, zwei Teichen und Bäumen auf den ›Dschungel‹ ein.

Auf dem Schleußiger Weg überqueren Sie das **Pleißeflutbett** und biegen dann links auf den Damm entlang des Flutbetts ein. Auf der gegenüberliegenden Seite schließen sich an den Lehrgarten Kleingärten an, dahinter erhebt sich der **Fockeberg** ❻ (s. S. 212). Der Damm führt zu einem kleinen Teilungswehr mit Schleuse. Das **Pleißewehr** trennt einen Teil der Pleiße ab und führt ihn als **Pleißemühlgraben** im Bogen – teilweise unterirdisch – bis zur Innenstadt. Etwa auf gleicher Höhe führt rechter Hand ein Damm direkt in den Wald

Auf der Pleiße

hinein. Der Deich schützt den nördlichen Abschnitt zu bestimmten Zeiten vor Hochwasser.

An der Brücke **Probsteisteg** treffen Autofahrer (Parkplatz an der Richard-Lehmann-Str.) und Busfahrer nun aufeinander. Hier folgen Sie ein kurzes Stück den gelben Schildern »Linie«. Statt aber bis zur in ihrem nördlichen Teil schnurgerade verlaufenden Linie vorzulaufen, biegen Sie alsbald links ab und folgen den Wegweisern in Richtung Weiße Brücke (1,2 km), Wildpark (1,5 km) und Forsthaus Raschwitz (3,5 km). Der Weg verläuft nun parallel zur **Pleiße** (linker Hand) und schließlich ein Stückchen parallel zum **Floßgraben** (rechter Hand; s. S. 213). An der **Weißen Brücke,** auf der Sie den Graben überqueren, haben Sie die – hier nicht mehr schnurgerade – **Linie** erreicht und kurz darauf den Wildpark.

Der **Wildpark** 8 erstreckt sich im **Connewitzer Holz** auf einer Fläche von 42 ha und ist insbesondere bei Familien ein beliebtes Ausflugsziel. Hier leben Muffel-, Reh-, Rot- und Damwild, Fischotter, Luchs und Rotfuchs sowie Greifvögel und Eulen. Wussten Sie, dass das Disney-Bambi gar kein Reh, sondern ein Weißwedelhirschkalb ist? Auch diese in Nordamerika weit verbreitete Hirschart können Sie im Wildpark genauer in Augenschein nehmen. Besonders beliebt bei den Gästen ist das große Gehege für Elche, Wisente und Schwarzwild. Wenn es kalt ist, können Sie sich bei einer heißen Schokolade (mit Wodka?) im **Teehaus Russisches Blockhaus** (www.teehaus-wildpark.de, tgl. ab 11 Uhr) aufwärmen. Das hat Kultstatus und erinnert mich an die sowjetischen Märchenfilme meiner Kindheit.

Nach einem guten weiteren Kilometer durch den südlichen Auwald erreichen Sie das **Forsthaus Raschwitz** 3. Dort können Sie zum Abschluss einkehren, bevor Sie von der nahen Bushaltestelle aus die Rückfahrt in die Stadt antreten.

Infos

5 km, ca. 1,5–2 Std.

Start: H 10, Haltestelle Rennbahn, Bus 60, 74 oder für Autofahrer Parkplatz an der Richard-Lehmann-Str.
Ziel: Karte 2, E 14, Forsthaus Raschwitz, Bus 70
Wildpark 8**:** Koburger Str. 12 a, www.wildparkverein-leipzig.de, Bus 70 Wildpark, tgl. Mitte März–Okt. 9–18/19, Nov.–Mitte März 9–17 Uhr, Eintritt frei, Spende erwünscht
Forsthaus Raschwitz 3**:** Koburger Str. 33, T 0341 358 84 15, www.forsthaus-raschwitz.de, Mo–Sa 12–22, So 10–22 (Winter So bis 17), Biergarten Mo, Mi–Fr ab 15, Sa/So ab 12 Uhr, Hauptgerichte ca. 10–20 €

Zum Park gehören das **Dölitzer Holz,** der **Goethe-** und der **Herfurth-Park.** Im Osten schließt sich direkt der **Agra-Messepark** (alle auf Leipziger Seite) daran an und im Westen, jenseits der B 2 der zentrale Bereich des historischen Herfurthschen Parks, heute der **Agra-Park** auf Markkleeberger Seite (s. S. 204).

Das **Dölitzer Holz,** ein Ausläufer des südlichen Auwalds, ist geprägt von typischen Auwaldgehölzen. Von kleinen Wegen bietet es Möglichkeiten für nette Spaziergänge. Wenn Sie das Areal von der Helenenstraße aus betreten, überqueren Sie die Mühlpleiße und passieren das **Torhaus Dölitz,** eine letzte Reminiszenz an das zerstörte Dölitzer Schloss. Das Torhaus wird vom Verband Jahrfeier Völkerschlacht b. Leipzig 1813 e. V. betrieben und beherbergt heute das **Zinnfigurenmuseum.** U. a. stellt ein Großdiorama (25 m²) Szenen der Völkerschlacht nach: Schloss und Dorf Dölitz waren 1813 Kriegsschauplatz. Wenn jedes Jahr im Oktober zahlreiche Laiendarsteller aus den unterschiedlichen, damals an der Schlacht beteiligten Nationen zu den sogenannten **Re-enactments** (www.leipzig1813.com) nach Leipzig kommen, finden auch rund um das Torhaus solche Schlachtnachstellungen statt und es werden Biwaks aufgebaut. Aber auch für historische Märkte und Konzerte bildet das Torhaus gelegentlich eine beliebte Kulisse.

Nördlich des Torhauses steht an der Mühlpleiße die letzte erhaltene **Wassermühle** Leipzigs. 1540 wurde sie erstmals urkundlich erwähnt. Auch sie fiel der Völkerschlacht zum Opfer und musste 1814 neu errichtet werden. 1974 ging sie außer Betrieb und steht heute unter Denkmalschutz. Weitere historische Häuser wurden ins Umfeld der Wassermühle versetzt. Um die gesamte (privat genutzte) Anlage, den **Mühlenhof,** kümmert sich das Grün-Alternative-Zentrum Leipzig e. V.

Agra-Park gesamt: www.agra-park.de, **Torhaus Dölitz – Zinnfigurenmuseum:** www.torhaus-doelitz.eu, Tram 11 Leinestr., Jan.–März Mi, Sa/So, Fei, in den sächsischen Schulferien auch Do/Fr 10–17, April–Okt. Mi–So 10–17.30, Nov./Dez. Mi, Sa/So, Fei 10–17 Uhr (24.12.–1.1. geschlossen), 5/3 €, unter 7 Jahren Eintritt frei; **Mühlenhof/Wassermühle:** Vollhardtstr. 16, www.doelitzer-wassermuehle.de, Tram 11 Leinestr.

Vom Gartenbau zum Trödelmarkt

Große Teile des Agra-Parks und natürlich der **Agra-Messepark** wurden zu DDR-Zeiten für die Landwirtschafts- und Gartenbauausstellungen genutzt. Heute finden hier weiterhin Messen und Veranstaltungen statt – z. B. einige Events des **Wave-Gotik-Treffens** (www.wave-gotik-treffen.de, s. S. 262). Bekannt und beliebt ist der monatliche **Antik- und Trödelmarkt** 1 (s. S. 217).

Essen

Waldimbiss

1 **Domholzschänke:** Etwas außerhalb im nordwestlichen Auwald liegt das nach Brandstiftung 2006 wieder neu errichtete Traditionsausflugslokal (gut per Fahrrad entlang der Neuen Luppe zu erreichen). Hier wird ein bunter Speisenmix serviert: Es gibt deutsche Küche mit Gerichten wie Mutzbraten (s. S. 14) mit Sauerkraut und Kartoffelklößen, Wildgulasch und Sülze, aber auch griechische – mit Lamm-, Gyros- und Fischspezialitäten.

Domholz 1, Schkeuditz, T 034205 410 61, www.domholzschaenke.com, April–Sept. tgl. 11–23, Okt. Di–So 11.30–21, Nov.–März Mi–So 11.30–21 Uhr, Hauptgerichte 10,90–20,90 €

Bauernhäuschen

2 **FachWerk:** Rustikalität und stilvolle Eleganz müssen kein Widerspruch sein. Das können Sie in diesem liebevoll sanierten Bauernhäuschen im alten Ortskern von Wahren erleben. Die Küche ist mediterran angehaucht, bietet aber auch

saisonale Gerichte. Bei der Nähe zum Wald gehören im Frühjahr natürlich Bärlauchgerichte auf die Karte. Am schönsten ist es, wenn im Garten alles blüht und der Freisitz genutzt werden kann. Ohren auf: Vielleicht hören Sie die Parkeisenbahn?

Rittergutsstr. 11, T 0341 46 37 63 17, www.fachwerk-wahren.de, Tram 10, 11 Wahren, Mi/Do 17.30–22, Fr/Sa 14.30–22, So 11.30–18 Uhr, Küchenschluss 1 Std. vor Schließung, Gerichte 8,50–13,90 €

Am Waldessaum

3 **Forsthaus Raschwitz:** s. Tour S. 214.

Einkaufen

Edel, rar, nostalgisch, kultig

1 **Antik- und Trödelmarkt Agra-Messepark:** An einem Wochenende im Monat wird der Messepark zur Pilgerstätte für Schatzsucher und Wühlmäuse. In zwei Messehallen mit je 5000 m^2 Fläche und auf dem riesigen Außenbereich werden an den Veranstaltungstagen zwischen 7 und 15 Uhr Antiquitäten und Gebrauchtwaren en masse angeboten. Diese Märkte haben Kultstatus weit über die sächsischen Landesgrenzen hinaus. Immer wieder finden auch Nachtflohmärkte (15–22 Uhr, 2,50 €, bis 14 Jahre Eintritt frei) statt.

Bornaische Str. 210, Tram 11 Dölitz, Straßenbahnhof, www.abuha.de, www.nachtflohmaerkte.de/leipzig, Termine s. Websites

Bewegen

Leinen los 1

1 **Bootsverleih Leipziger Eck:** Wo die Pleiße ins Elsterflutbett mündet, bekommen Sie neben den üblichen Kajaks und kleineren Canadiern auch ein Drachenboot, 10er-Canadier und SUPs. Die Preisliste und Konditionen finden Sie auf der Website.

Schleußiger Weg 2 a, Bus 60, 74 Rennbahn, www.bootsverleih-leipzig.de, Großboote nur mit Vorbestellung unter www.kanu-lvb.de, April, Sept./Okt. Fr 14–18, Sa/So, Fei, Brückentage 10–18, Mai–Aug. Fr 14–19, Sa/So, Fei, Brückentage 10–19 Uhr, außer in den sächsischen Sommerferien (tgl. 10–19 Uhr) Mo–Do nur nach Reservierung

Leinen los 2

2 **Bootsverleih am Wildpark:** Neben dem Verleih von Paddel- und Ruderbooten (Preisliste, Bootstypen s. Website) bietet diese Firma auch geführte Touren mit Elektromotorbooten. Die große dreistündige Kombination aus Auwald- und Stadttour führt durch die Gewässer im Auwald (mit Schleusung) und in die Stadt selbst.

Koburger Str. 17, www.bootsverleih-am-wildpark.com, Bus 70 Wildpark, April–Okt. Di–Fr 10–19, Sa/So 10–19 Uhr

Wanderwege – auch für Kinder

Auwald-Erlebnispfade: Die ansprechend gestaltete App **Auwald-Erlebnispfade** der Auwaldstation präsentiert drei Routen, die im nördlichen Auwald rund um die Auwaldstation und den Schlosspark Lützschena führen. Besonders nett ist der Pfad »Im Reich der Bäume«, der verschiedene Baumarten sehr kindgerecht über sich selbst erzählen lässt.

Ausgehen

Das muss so laut

1 **Haus Auensee:** Das alte Restaurant des legendären Luna-Parks am Auensee ist heute eine beliebte Location für Großveranstaltungen wie Rock- und Popkonzerte. Akustik und Ambiente sind ausgezeichnet und haben im Lauf der Jahre Weltstars wie Oasis, Marianne Faithfull, Lou Reed, Status Quo, Joan Baez und die Pet Shop Boys an den Auensee gelockt.

Gustav-Esche-Str. 4, T 0341 484 00 20, www.haus-auensee-leipzig.de, Tram 10, 11 Wahren, Bus 80 Auensee

Zugabe

Speck von Sternburg – Wolle, Bier und Bilder

Einem Gastwirtssohn gelingt der große Sprung zum Kaufmann mit Schloss samt Adelstitel und zum frühen Europäer mit pragmatischem Weitblick.

Der deftig klingende Name Speck und der weitaus poetischere Sternburg tauchen in Leipzig an verschiedenen Orten auf. Der ehemalige Messepalast Specks Hof (s. S. 43) in der Innenstadt und die Sternburg-Brauerei (s. S. 102) kommen da sicher den meisten Leipzigern in den Sinn. Dass es da einen Zusammenhang gibt, der zu derselben Person führt, ist allerdings weniger bekannt. Und dabei ist Maximilian Speck von Sternburg (1776–1856) geradezu ein Musterbeispiel für einen Jungen aus einfachen Verhältnissen, der im 19. Jh. den Karrieresprung zu hohem Ansehen, Adelstitel und eigenem Schloss samt idyllischem Schlosspark schaffte.

Maximilian Speck stammte aus einem kleinen Dorf an der Elbe in der Nähe von Riesa, wo seine Eltern eine Gastwirtschaft betrieben. Bis zum 14. Lebensjahr konnte er weder lesen noch schreiben. In diesem Alter schickte ihn die Mutter nach Leipzig, wo er neben der deutschen Sprache auch Fremdsprachen erlernte. Welcher Fleiß und Ehrgeiz müssen den jungen Mann angetrieben haben! 1796 erhielt er die Stelle eines Korrespondenten in der englischen und französischen Sprache in der Beyerischen Wollhandlung zu Leipzig. Der Handel mit Wolle ließ den jungen Handelsherrn verschiedene Länder Europas bereisen und brachte ihm den ersten Wohlstand. 1811 folgte die Heirat mit Charlotte Hänel von Cronenthal, der Tochter eines Leipziger Senators und Bürgermeisters, 1815 kaufte er den bekannten Handelshof in der Reichsstraße.

Es gehörte schon weitsichtiger und optimistischer Unternehmergeist dazu, als Speck 1822 das heruntergewirtschaftete Rittergut Lützschena samt Brauhaus in einer Zwangsversteigerung für 101 750 Reichsmark erwarb. Zum Gut gehörten eine Brauerei und eine Ziegelei, die Speck weiterführte und ausbaute. Ganz im modernen Sinne der Selbstversorgung baute er den Hopfen selbst an. Um auch in der Energiegewinnung unabhängig zu werden, wurde zunächst Steinkohle von der britischen Insel importiert, die durch selbst geförderte Braunkohle ersetzt werden sollte, die allerdings in Lützschena nicht gefunden wurde. Dem Allroundgenie gelang es, das Rittergut zu einem landwirtschaftli-

So wurde er zum gefragten Fachmann und gern gesehenen Gast an europäischen Höfen.

chen Vorzeigebetrieb aufzubauen, indem er vor allem im Bereich der Schafzucht wertvolle Zuchttiere aus dem Ausland beschaffte und die Stallfütterung einführte. Durch diese Reformen und auch durch die Züchtung eines Rinderstamms aus dem Kanton Bern erzielte er bis dato nicht erreichte Ergebnisse in der Viehwirtschaft. So wurde er zum gefragten Fachmann und gern gesehenen Gast an europäischen Höfen. Für die Weitergabe seines Wissens erhielt er 1825 vom russischen Zaren Alexander I. den Titel eines Ritters von Speck und 1829 vom bayrischen König Ludwig I. den eines Freiherrn von Sternburg.

Ein Herz für seine Bediensteten zeigte Speck durch die Einrichtung einer Kinderbewahranstalt und die Befreiung seiner Bauern aus den Frondiensten, indem er das Gut durch Zahlung von 1000 Talern aus der Lehnshoheit des sächsischen Königs auslöste. Eigene Erkenntnisse und Erfahrungen weiterzureichen war dem Mann mit Weitblick ein Anliegen. So gründete er 1826 einen Lehrverein zur Ausbildung von Gutsbesitzern und des Gesindes, 1851 in Lützschena eine höhere Landwirtschaftsschule und publizierte eine ganze Reihe von Lehrschriften.

Als früher Europäer setzte von Sternburg seine Reisen über den Kontinent zeitlebens fort. Er führte Tagebuch und trug eine stattliche Gemäldesammlung – u. a. mit Werken von Caspar David Friedrich, Anton Graff, Peter Paul Rubens und Friedrich Wilhelm von Schadow – zusammen, die er in seinem Schloss für Besucher öffnete. Die Sammlung ist heute noch vollständig erhalten und als Dauerleihgabe der Maximilian Speck von Sternburg Stiftung ein wesentlicher Bestandteil des Museums der bildenden Künste in Leipzig (s. S. 60). ■

Mit dem als englischer Landschaftsgarten konzipierten Schlosspark Lützschena, hier der Dianatempel, schuf Speck von Sternburg ein gärtnerisches Kleinod.

Das Leipziger Umland

Neue Seen und historische Städtchen — wie Phönix aus der Asche ist der Südraum zu einem beliebten Naherholungsgebiet geworden. Im landschaftlich reizvollen Muldental hingegen liegen hübsche Städtchen, Burgen und Schlösser.

Seite 223

Neuseenland

In Seen baden, auf Seen Boot fahren oder raften, um Seen radeln und spazieren oder nur entspannen – das können Sie im Neuseenland dank der Renaturierung der alten Tagebaugebiete südlich von Leipzig. Manches über Bergbau erfahren Sie auch, etwa im Bergbau-Technik-Park.

Seite 227

Cospudener und Markkleeberger See

Direkt vor den Toren Leipzigs sind diese beiden Seen ein beliebtes Naherholungsgebiet nicht nur der Leipziger selbst geworden.

Vineta gibt es wirklich!

Seite 228

Rund um den Störmthaler See

Eine Fahrradtour rund um den Störmthaler See führt Sie zu schmucken alten Dörfern. Dabei lässt sich außerdem ein Besuch des Bergbau-Technik-Parks oder des Kanuparks Markkleeberg ebenso integrieren wie ein Bad im See oder ein Übersetzen zur filigranen schwimmenden Vineta.

Seite 234

Grimma

Die Stadt gilt als ›Perle des Muldentals‹ und ist nach zwei Hochwassern wieder zu alter Renaissanceschönheit zurückgekehrt.

Seite 236

Wurzen

Das mittelalterliche Städtchen ist die Geburtsstadt von Ringelnatz. Seit einigen Jahren widmet es sich endlich der Erinnerung an seinen bekanntesten Sohn.

Seite 237

Landschaftspark Machern

Der kleine, feine Park im Stil eines englischen Landschaftsgartens darf gewiss zur ersten Riege der sächsischen Parks gezählt werden.

Seite 237

Dübener Heide

Zwischen Elbe und Mulde erstreckt sich der 770 km² große Naturpark Dübener Heide. Die Burg Düben in Bad Düben beherbergt heute das Landschaftsmuseum der Dübener Heide, das in Geschichte und Ausformung des Naturparks einführt.

Seite 239

In Leipzigs Norden

Zwischen Flughafen und Neuer Messe finden sich mit dem Porsche- und dem BMW-Werk dank markanter Bauten neue Glanzlichter der Industriearchitektur.

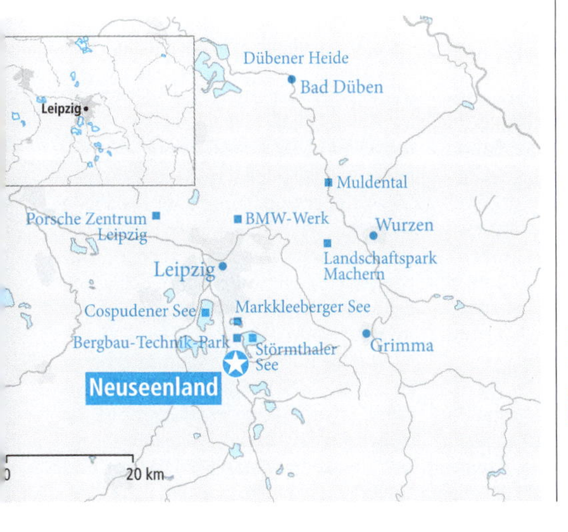

Manches ändert sich nie: Immer geht's nur um Kohle!

»Die Berge sind so schön, so erhaben! Aber es gibt hier keine.«
Joachim Ringelnatz, 1883–1934, in seinem Gedicht »Leipzig«

Braunkohle, Seen und historische Städtchen

L

Leipzig, die größte Stadt Mitteldeutschlands, liegt inmitten einer interessanten Kulturlandschaft. Es gibt immer mal wieder Spekulationen und Witze darüber, wann denn das sächsische ›Metropölchen‹ mit der anhaltinischen Nachbarstadt Halle a. d. Saale auf ganz natürlichem Weg zusammengewachsen sein wird. Den Flughafen teilt man sich bereits. In diesem Umfeld konnte im Norden Leipzigs seit den 1990er-Jahren ein neues Industrie- und Gewerbegebiet etabliert werden, in dem sich u. a. Automobilwerke und Logistikunternehmen angesiedelt haben. Auch das Gelände der Neuen Messe befindet sich hier in der Gemeinde Seehausen in logistisch günstiger Nähe zur Autobahn A 38 und zum Flughafen in Schkeuditz.

Die Gegend rund um Leipzig ist geografisch geprägt durch die Lage in einer Tieflandbucht, also Flachland (fast) so weit das Auge reicht. Der Südraum hat zudem in den letzten 100 Jahren durch den Braunkohletagebau und die anschließende Renaturierung einen Wandel erlebt, der seinesgleichen sucht – das Neuseenland ist das jüngst entstandene Naherholungsgebiet unmittelbar vor den Toren der Stadt. Das Kleeblatt der vier durch Flutung entstandenen Gewässer Cospudener, Markkleeberger, Störmthaler und Zwenkauer See bietet nicht nur exzellente Gelegenheiten zum Baden, Bootfahren und Tauchen, sondern auch viele weitere Möglichkeiten der aktiven Freizeitgestaltung zu Wasser und an Land.

Lieblich und ein wenig hügelig ist die Landschaft im Tal der Mulde östlich von Leipzig. Besonders reizvoll ist die Gegend rund um das Städtchen Grimma. Die Ringelnatzstadt Wurzen und Schloss Colditz sind weitere Schmuckstücke an der Mulde.

Im Norden von Sachsen stellt der hübsche Kurtort Bad Düben einen beliebten Ausgangspunkt für Wanderungen und Radtouren in die Dübener Heide dar.

ORIENTIERUNG

O

Neuseenland: www.leipzig.travel/de/leipzigerneuseenland, www.markkleeberg.de
Muldental: www.zweimuldenland.de
Region Leipzig: www.leipzig.travel/de/region
Verkehr: S 4, 5, 5X, 6 Südraum/Markkleeberg; Regionalbahn ins Muldental

Neuseenland 

Karte 5, C3/4, D/E4/5

Wolkenfabrik

Kann aus etwas sehr Hässlichem Schönes entstehen? Zugegeben, Schönheit liegt im Auge des Betrachters und für manchen Puristen bleibt ein Restloch eben ein Restloch. Für uns Zeitzeugen war es jedoch eine beeindruckende Langzeitinszenierung, der allmählichen Flutung der Tagebau-Mondlandschaft zuzusehen. Inzwischen wachsen auch die Bäume und Sträucher rund um die neu entstandene Seenlandschaft gen Himmel – mittlerweile wirkt das Artifizielle beinahe natürlich. Beinahe, denn die beiden Kühltürme des erst im Jahr 2000 neu gebauten, mit Braunkohle befeuerten Kraftwerks Lippendorf (s. S. 239) sind weithin sichtbare Landmarken im Leipziger Südraum und Zeichen dafür, dass es nach wie vor aktiven Tagebau im Revier gibt. Durch die Braunkohleförderung verschwanden ab den 1920er-Jahren mehr als 70 Dörfer unter den Baggerschaufeln, 24 000 Menschen wurden umgesiedelt, 3,3 Mrd. t Kohle gefördert und 10 Mrd. m^3 Abraum bewegt. Zweimal in der deutschen Geschichte litten Menschen und Land massiv unter der Energiegewinnung: zuerst in der auf Autarkie bedachten Kriegswirtschaft der NS-Zeit, als die Braunkohle vor allem für die Herstellung von Kraftstoff benötigt wurde, und dann zu Zeiten der DDR, als Braunkohle einer der wenigen heimischen Energieträger war. Allein 1989 fielen im Bezirk Leipzig 225 309 t Staub, 935 903 t Schwefeldioxid und 80 t Schwermetall vom Himmel.

Aus der tristen Tagebaulandschaft ist ein herrliches Erholungsgebiet entstanden, hier der Markkleeberger See.

B

BRAUNKOHLETOUR

Die Phönix-Tour **»Vom Bergbau zur Seenplatte«** bringt Sie per Reisebus zu Stätten der Braunkohlegeschichte und den noch aktiven Tagebauen im Südraum, mit Bergbau-Picknick. Eine Voranmeldung via Website oder telefonisch ist erforderlich: **Rundum Leipzig – Mai-Regio-Tour,** www.lust-auf-leipzig.de, Start: Bushaltestelle Goethestr., Leipzig, Mitte Mai–Anf./Mitte Okt. nur an bestimmten Sa 9–13.30 Uhr, Termine s. Website, 32 €, 6–14 Jahre 29,50 €, keine Absatzschuhe oder Flip-Flops!

Große Braunkohleraffinerien in Böhlen und Espenhain waren wesentliche Verursacher der Luftverseuchung. Eine klügere Umweltpolitik war ein wesentliches Ansinnen der Friedlichen Revolution und wohl einer der Gründe, warum gerade Leipzig zum zentralen Schauplatz der Bewegung werden sollte. Das Ende der DDR bedeutete für einige Menschen die Rettung ihrer Heimatdörfer. Heute verbindet die **Straße der Braunkohle** (www.braunkohlenstrasse.de) als touristische und lokalhistorische Attraktion den Südraum mit den Tagebaulandschaften nordwestlich und nördlich von Leipzig.

Cospudener See

Karte 2, D4 / Karte 5, D4

Auwald, Tagebau, Renaturierung

Der ›Cossi‹, wie der **Cospudener See** zugleich maulfaul und liebevoll genannt wird, ist vom Südrand Leipzigs nicht mehr wegzudenken. Der Auwald rund um das Dorf Cospuden war, wie der Ort selbst, dem Braunkohletagebau zum Opfer gefallen. Im Rahmen der Expo 2000 wurde der ehemalige Tagebau in Teilen geflutet, sodass der **Cospudener See** entstand. Das übrige Areal wurde begrünt bzw. mit einer ausgeklügelten Infrastruktur versehen. Diese sollte sowohl dem Naturschutz genügen als auch dem Naherholungsbedürfnis der Leipziger gerecht werden. So finden sich vor allem im Norden und Westen des Sees Biotop- und Naturschutzzonen wie die **Lehmlache Lauer** (Norden).

Östlich dieses Naturschutzgebiets entstand der **Landschaftspark Cospuden,** u. a. mit einem **Tertiärwald** (s. Kasten S. 212), der über eine sogenannte 1,5 km lange **Erlebnisachse** mit dem Nordufer des Sees verbunden ist. Direkt am Eingang des Landschaftsparks, am nördlichen Parkplatz, können Sie in einem ehemaligen **Expo-Pavillon** eine **Ausstellung zu Bergbaugeschichte und Landschaftswandel im Leipziger Südraum** besuchen.

Pack die Badesachen ein

1 km lang und bis zu 70 m breit bietet der feinsandige **Nordstrand** auf Leipziger Gebiet alles für ein buntes Strandleben: Pavillons, Beachvolleyballfelder, Toiletten, Umkleidekabinen, gastronomische Angebote, einen FKK-Bereich, einen Hundestrand und einen barrierefreien Badesteg. Kein Wunder, dass hier bei schönem Wetter viel los ist.

Wassersport und mehr

Das südliche Ostufer des ›Cossi‹, der **Zöbigker Winkel,** gehört zu Markkleeberg. Hier stehen rund um den **Pier I** eine Tauchschule, eine Marina für Segelboote, ein Surf- und Kite-Surf-Club, eine Sauna mit Seezugang sowie ein Neun-Loch-Golfplatz zur Verfügung. Für das leibliche Wohlergehen sorgen eine Konditorei, ein Restaurant und ein Imbiss.

Schöne Aussichten

Am Südufer liegt die **Bistumshöhe,** ein künstlich aufgeschütteter Hügel mit einem 35 m hohen Aussichtsturm, von dem aus sich ein herrlicher Blick über den Cospudener See und das Umland bietet. Wundern Sie sich nicht, wenn Sie vom Turm aus eine Pyramide erspähen können: Sie gehört zum Familienfreizeitpark **Belantis** (s. u.). Unterhalb der Höhe wurde ein **Sikahirsch- und Bisongehege** angelegt.

Spaß, Spiel, Spannung

Wenn Sie oder Ihr Nachwuchs auf der Suche nach einem Adrenalinkick sind, führt wohl kein Weg an den ca. 60 Attraktionen des größten Freizeitparks in Mitteldeutschland vorbei. Zwischen dem Cospudener und dem Zwenkauer See liegt direkt an der A 38 **Belantis – das Abenteuerreich.** Zu Fuß, mit Booten und in der Achterbahn Huracan (mit u. a. 32 m ›freiem Fall‹) kann die ganze Familie in wenigen Stunden neben dem Schloss Belantis das Tal der Pharaonen, die Insel der Ritter, die Prärie der Indianer, die Küste der Entdecker, das Land der Grafen oder den Strand der Götter bereisen. Überall warten kleine Abenteuer auf die Gäste. Im Tal der Pharaonen etwa verwandelt sich die Bootsfahrt durch eine Pyramide unversehens in ein Wildwasserabenteuer. Mit kleinen Rennwagen können Sie eine Wüstentour machen, für Kinder gibt es dieses Vergnügen unter dem Titel »Wüstenrallye«.

Zur Weißen Mark 1, Leipzig, www.belantis.de/de, Ostern–Okt. tgl. 10–18 Uhr (Achtung, bei Sonderveranstaltungen für die Öffentlichkeit geschlossen, bitte vorab im Web informieren!), S 5, 5X, 6 S-Bf. Markkleeberg, dann Bus 105, Ticketpreise je nach Saison, ab 25,90 € bei Onlinekauf, vor Ort ab 33,50/38,50 €, unter 4 Jahren Eintritt frei

Bewegen

Einmal rund um den See

Ein vollständig asphaltierter, etwa 10,4 km langer **Rundweg** um den See wird nicht nur von Radfahrern, sondern vor allem von Skatern intensiv genutzt.

Raus auf den See 1

Surfcenter Leipzig: Hier können Sie Windsurfboards (15 €/Std., 45 €/halber Tag), SUP-Boards (10/30 €), Kajaks (ab 10 €/Std.) und mehr ausleihen.

Hafenstr. 21, Markkleeberg, www.surfcenter leipzig.de, Mai, Sept. Mo–Fr 14–19, Sa 10–19, So 10–17, Juni–Aug. Mo–Sa 10–19, So 10–17 Uhr

Raus auf den See 2

Bootsverleih: Am Pier 1 (Hafenstr.) finden sich Verleiher von Ruderbooten, Segeljollen und Elektrobooten. Die Öffnungszeiten sind saison- und wetterabhängig. Eine Übersicht finden Sie auf www.leipzigseen.de/sport-freizeit/bootsvermietung.

Infos

- **Tourist-Information Leipziger Neuseenland und Stadt Markkleeberg:** s. S. 242.
- **Seerundfahrt:** www.freizeit-abenteuer.com/mscospuden/#linienfahrten, Mitte April–Okt., Fr–So, Fei, Rundfahrt 10 €, 13–18 Jahre 5 €, ein Kind bis 13 Jahre frei, alle weiteren 3 €. Mit der MS Cospuden können Sie über den See schippern, als Rundfahrt oder auf einer Teilstrecke. Das Schiff startet jeweils um 13, 14.30, 16 Uhr ab Pier 1 (Zöbigker Winkel, Markkleeberg) und steuert den Nordstrand (13.30, 15, 16.30 Uhr) und die Bistumshöhe (13.50, 15.20, 16.50 Uhr) an, um anschließend zum Pier 1 (14.10, 15.40, 17.10 Uhr) zurückzukehren. Die Zeiten sind lediglich Circa-Angaben, da die Fahrtzeiten wind- und wetterabhängig sind.
- **Verkehr:** S 4, 5, 5X, 6 Markkleeberg, dann Bus 65 (Haltestellen Erlebnisachse, Nordstrand, Expo-Pavillon). Saisonal verkehrt Bus 79 ab Koburger Brücke (Bus 70) bis zur Haltestelle Expo-Pavillon.

Am Eingang zum Kees'schen Park in Markkleeberg ist in einem der Torhäuser das Café Brot & Kees zu Hause.

Markkleeberg

Karte 2, G–J 14–16

Zwischen den Seen

Wacker (die Leipziger würden sagen: widerspenstig) weigerte sich die junge Stadt **Markkleeberg** – selbst erst 1934 aus den Örtchen Oetzsch und Gautzsch gegründet – Ende der 1990er-Jahre, von der großen Nachbarin eingemeindet zu werden. Nichtsdestotrotz haben viele Messestädter inzwischen ihren Wohnsitz in die beliebte Stadt verlegt. Im Norden zwischen Markkleeberg und Leipzig erstrecken sich der zweigeteilte Agra-Park (s. S. 120) und der Agra-Messepark (s. S. 217).

Entscheidend zur Beliebtheit Markkleebergs trägt seine schöne Lage zwischen zwei der neuen Seen bei: im Westen der **Cospudener** (s. S. 224), im Osten der **Markkleeberger See** (s. S. 227).

Landschaftspark

Der **Agra-Park** auf Markkleeberger Seite ist ein wunderschön angelegter Landschaftspark, der Ende des 19. Jh. als Sommersitz für die Familie des Leipziger Zeitungsverlegers Paul Herfurth angelegt wurde. Das einstige Herrenhaus heißt heute **Weißes Haus** – eine Ähnlichkeit zu Washington ist durch den klassizistischen Säulenportikus durchaus gegeben. Hier wird allerdings geheiratet und nicht regiert. Das Gebäude steht an einem kleinen Teich, dem Großen Parkteich, mit Musentempel. Die Idylle wird allein durch den Lärm der B 2 ein wenig gestört.

Museen

Kameratechnik

Deutsches Fotomuseum: Klassische Kameras und Raritäten, reizvolle Exponate wie Stereogucker, frühe Blitzgeräte und Belichtungsmesser, frühe Fotografien, Ferro- und Daguerreotypien – aus einer Privatsammlung ist längst eine umfangreiche Schau auf dem Gelände des Agra-Parks in Markkleeberg geworden.
Raschwitzer Str. 11–13, www.fotomuseum.eu, S 3, 5, 5X, 6 Markkleeberg Nord, Di–So 13–18 Uhr, 6/4 €

Essen

Im Kees'schen Park

Brot & Kees, Karte 2, G5: Der idyllische Park lässt nur noch erahnen, welche Pracht auf dem alten Gut der Familie Kees geherrscht haben muss, das neobarocke Adlertor und das Palmenhaus deuten darauf hin. Heute können Sie am Eingang neben der Markkleeberger Martin-Luther-Kirche aufs Feinste frühstücken, drinnen im Café oder draußen unter der alten Linde. Die hauseigene Rösterei liefert den Kaffee, wochenends fällt das Frühstücksbüfett noch etwas umfangreicher aus. Wer später kommt, genießt hausgemachte Suppen, Panini und Eis. Das Motto des Hauses: natürlich lecker, also alles in Bioqualität.
Kees'scher Park 1, Zufahrt via Lauersche Str., ab Leipzig: Bus 70 Markkleeberg-West, T 0341 26 45 11 81, www.brotundkees.de, Febr.–Nov. Di–So 9–18, Frühstücksbüfett 9–12 Uhr, Di–Fr 9 €, Sa/So 15 €, Kinder bis 11 Jahre je Lebensjahr 0,75/1,25 €

Infos

- **Tourist-Information Leipziger Neuseenland und Stadt Markkleeberg:** s. S. 242.
- **Verkehr:** S 4, 5, 5X, 6 Markkleeberg, Markkleeberg Nord, Bus 70 Markkleeberg West.

Markkleeberger See

Karte 5, E4

Freizeitvergnügen

Der Markkleeberger ist mit 58 m der tiefste der neuen Seen und mit mehreren **Badestränden** zwischen der Seepromenade am Nordufer und dem Ortsteil Auenhain beliebt für den Sprung ins kühle Nass. Das **Wegenetz** um den See ist gut ausgebaut und verläuft im Wesentlichen auf zwei Ebenen, der **unteren Uferpromenade** sowie dem **oberen Uferrundweg** (9,2 km).

Bummeln und Baden zentral

Ein wenig flanieren, die Segelboote am Bootssteg beobachten oder vom kleinen **Sandstrand** aus in den See eintauchen können Sie an der **Seepromenade** in Markkleeberg-Ost. Wer selber paddeln möchte, kann **Kanus ausleihen** – oder Sie begeben sich auf eine **Seerundfahrt** – auf dem Markkleeberger oder inklusive Schleusung zusätzlich auf dem **Störmthaler See:** Die **Kanupark-Schleuse** hat bei Normalwasserstand einen Hub von 4 m und wird nicht nur von Paddel- und Segelbooten, sondern auch von Schiffen wie der MS Wacha und der MS Störmthal passiert. Irgendwann soll eine Verbindung über die Pleiße bis zum Leipziger Stadthafen entstehen.
Seepromenade, ab Leipzig: Tram 11 Markkleeberg-Ost, dann 700 m zu Fuß; ab S-Bf. Markkleeberg Regionalbus 106

Ferienatmosphäre

An der **Auenhainer Bucht** am Südostufer liegt der größte **Badestrand** des Sees. Hier gibt es ein **Feriendorf,** einen **Campingplatz,** einen **Kletterpark,** eine **Wassersportstation** sowie den **Kanu-**

TOUR
Die geretteten Dörfer

Eine Fahrradtour um den Störmthaler See

Infos

ca. 25 km, Halbtagestour

Start/Ziel: Karte 5, E4, S-Bf. Markkleeberg-Graschwitz, ab Hbf. Leipzig S 5, 6 (Ticket für die Zonen 110 und 151, 3,50 €, Fahrrad frei)

Café im Pfarrhaus: Dorfstr. 48, Großpösna, T 0179 445 92 89, www.cafe-stoermthal.de, März–Okt. Do/Fr 13–18, Sa/So 12–18, sonst Sa/So 12–18 Uhr

Vineta: Alte F 95 1, Großpösna, www.vineta-stoermthal.de, **Bistro,** April–Okt. tgl. 11–20 Uhr, **Vineta-Tour,** Juni–Aug. tgl., April/Mai, Okt. Sa/So, Fei 11–16 Uhr stündlich (bei Veranstaltungen u. U. abweichend), 12 €, 6–13 Jahre 8 €, darunter frei

Passend zur stark von Menschenhand gestalteten Landschaft im Leipziger Südraum sind die vier wichtigsten Seen fast symmetrisch angeordnet. Die beiden nördlichen, Markkleeberger und Cospudener See, in rundlich-lang gestreckter Form. Die südlichen, Zwenkauer und Störmthaler See, sind geschwungener, fast schmetterlingsförmig. Den Sinn für ein gewisses topografisches Ebenmaß befriedigt auch die Anordnung der Verkehrswege: Die südlich aus Leipzig ausfallende B 2 und die hier als Ost-West-Tangente verlaufende A 38 kreuzen sich zwischen den Seen und unterteilen das Neuseenland schön übersichtlich in vier Quadranten. Etwa in der Mitte liegt der Markkleeberger Ortsteil **Gaschwitz.** Wenn Sie hier aus der S-Bahn steigen, biegen Sie links in die Straße ab und schon nach wenigen Metern startet rechts die Fahrradroute ins Neuseenland.

Schon nach kurzer Fahrtzeit queren Sie die B 2 über die 2017 fertiggestellte **Neuseenbrücke** und bewegen sich nun zwischen **Markkleeberger** und **Störmthaler See.** Ein Besuch des **Bergbau-Technik-Parks** (s. S. 231) kann gleich den Auftakt der Tour bilden – oder den Abschluss einer kompletten Seeumrundung.

Danach radeln Sie am **Störmthaler Kanal** entlang, wo Sie die **Kanuparkschleuse** in Augenschein nehmen können, und überqueren ein Stückchen weiter den Kanal über eine Brücke. Nun haben Sie die Möglichkeit, links einen Abstecher zum **Kanupark Markkleeberg** (s. S. 231) zu machen.

Ansonsten halten Sie hinter der Kanalbrücke rechts auf das **Nordufer des Störmthaler Sees** zu. Hier bietet sich eine schöne Gelegenheit, ein erfrischendes Bad abseits der an warmen Tagen bevölkerten offiziellen Badestrände zu nehmen. Das Seeufer ist baumbewachsen und es finden sich kleine Buchten.

Bleiben Sie auf der asphaltierten Straße, bis Sie nach einem kurzen, heftigen Anstieg wieder auf dem oberen Uferweg sind. Nun lohnt ein Abstecher nach **Güldengossa** (Wegweiser). Das Dorf wird seinem poetischen Namen durchaus gerecht, Schmuckstück ist das spätbarocke **Schloss** mit Park und Orangerie. Das Anwesen ist in Privatbesitz, der **Schlosspark** steht Besuchern täglich von 7 bis 19 Uhr offen. Über die Schulstraße gelangen Sie auf die Störmthaler Straße, die Sie direkt in den gleichnamigen Ort führt.

Störmthal ist ein Muss für Bachfans. Die Zacharias-Hildebrandt-Orgel der **Kreuzkirche,** eines entzückenden barocken Dorfkirchleins, wurde von Bach geprüft und in höchsten Tönen gelobt. Gleich nebenan im **Pfarrhaus** erwartet Sie ein **Café,** das allein den Ausflug vor die Tore Leipzigs wert ist. Betreiberin Johanna Butenuth hat im ehemaligen Gemeindesaal ein wahres Refugium geschaffen: Das anmutige Interieur und die Auswahl an frisch gebackenen Torten, Eis und Säften aus der Region lassen keine Wünsche offen. Am lauschigsten sitzen Sie bei schönem Wetter im Pfarrgarten. Wie absurd, dass für dieses Dorf die Devastierung fest eingeplant war!

Die traditionsreichste Fabrik im Gewerbegebiet von Störmthal ist die des **Klavierbauers Blüthner.** Hier werden die Instrumente in Manufakturarbeit aus edlen Hölzern gefertigt und einige im großen Schauraum präsentiert (Blüthner Pianofortefabrik, Dechwitzer Str. 12, Großpösna, www.bluethner leipzig.com, Mo–Fr 9–19 Uhr, Führungen n. V.).

Gestärkt radeln Sie weiter, zuerst ein Stück die Dorfstraße hinunter und rechts in die Rödgener Straße Richtung See. Dann biegen Sie sofort links auf einen asphaltierten Radweg ab – und sind schon an der **Störmthaler See Aussicht.** Vielleicht legen Sie hier noch einen kurzen Stopp ein und blicken über den See und seine Ufer. Nun radeln Sie weiter um den See, bis Sie nach einem Linksschwenk die Kreisstraße S 242 erreichen und überqueren. Über den Grunaer Weg geht es nach Dreiskau-Muckern.

Auch **Dreiskau-Muckern,** ein Schmuckstück von einem Dorf mit adrett instand gesetzten Dreiseithöfen und Fachwerkhäusern, wäre beinahe auf der Landkarte ausradiert worden. Der Abriss war bereits beschlossene

Johanna Butenuth in ihrem Element: Im Pfarrhaus-Café in Störmthal können Sie herrlich rasten.

Sache. Als der Espenhainer Tagebau 1993 gestoppt wurde, bewohnten nur noch ca. 50 Menschen ihre bereits enteigneten Häuser. Heute gilt das kinderreiche Dorf als eines der jüngsten in Sachsen. An der Dorfkirche biegen Sie rechts ab und folgen der Straße Am Anger bis Sie wieder die Kreisstraße erreichen. Nach deren Überquerung halten Sie sich kurz links und nehmen dann die nächste Straße rechts. Sie gelangen auf die schnurgerade Alte F 95, die Sie an die Spitze der kleinen **Magdeborner Halbinsel** bringt.

Das Dorf **Magdeborn** selbst hatte nicht das Glück der Errettung und schlummert nun vinetagleich auf dem Grund des Störmthaler Sees. Daran erinnert eine auf dem See schwimmende filigrane Konstruktion, die **Vineta.** Ihre Form greift die der hier im Wasser versunkenen Magdeborner Kirche bzw. ihrer Turmhaube auf. In der Vineta können Sie Kulturveranstaltungen wie Konzerte und Lesungen erleben – oder heiraten! Vom alten **Dispatcherturm** an der Spitze der Halbinsel legen Fähren zur schwimmenden Kirche ab. Am **Vineta-Bistro** können Sie sich für den Rest des insgesamt 23 km langen Radwegs um den See stärken. Auf der Halbinsel liegt auch das **Ferienresort Lagovida** (s. S. 31).

Dann heißt es: über die Alte F 95 zunächst zurück nach Süden. An der südlichen, schmalen Seespitze fahren Sie nach rechts und folgen dem **Uferweg** rund um den See, bis Sie wieder den **Bergbau-Technik-Park** erreichen. Von dort radeln Sie auf demselben Weg, den Sie von der Hinfahrt kennen, zurück zur S-Bahn in **Gaschwitz.**

park Markkleeberg (s. S. 231). Bei aller Urlaubsstimmung, die der Strand und der Badebetrieb hier verbreiten, erinnert der Anblick zweier gigantischer Tagebaugroßgeräte an die Entstehung des Sees aus dem **Tagebau Espenhain.** Der Schaufelradbagger (1300 t) und der Bandabsetzer (2400 t) sind Exponate im **Bergbau-Technik-Park** (s. S. 231).
Auenhainer Bucht, ab S-Bf. Markkleeberg, Regionalbus 106

Museen

Kohlegeschichte

Bergbau-Technik-Park: Wie funktioniert eigentlich so ein Tagebau? Die beiden gigantischen Großgerätschaften haben Sie sicherlich schon aus der Ferne gesehen. Hier können Sie sich nun ganz den technischen und logistischen Details der Braunkohleförderung widmen. Auf einer Fläche von 5,4 ha wird hier der komplette Förderzyklus eines Tagebaugebietes dargestellt.
Am Westufer 2, Großpösna, www.bergbau-technik-park.de, ab S-Bf. Markkleeberg Regionalbus 106 Auenhain/Kanupark, Mitte März–Mitte Nov. Mi–So (während Ferien auch Di), Fei 10–17, letzter Einlass 16 Uhr, 7/4 €, bis 5 Jahre Eintritt frei

Essen

Delikat

Weinbeißerei: Der Name des Lokals an der Strandpromenade des Markkleeberger Sees deutet es an: Der Genuss erlesener Weine steht hier im Vordergrund. Dazu gibt es Fisch und Fleisch in originellen Kreationen. Mit Trüffel, Entenleber und Weinbergschnecken ist die Karte unverkennbar französisch inspiriert. Für Weinkenner eine der Topadressen im Raum Leipzig.
Seeblick 4, Markkleeberg-Ost, T 0341 336 66 08, www.weinbeisserei.de, Di–Sa 18–22 Uhr, Hauptgerichte 17–33 €

Bewegen

Aktiv auf dem See

Bootsverleih am Markkleeberger See: Im Angebot sind Kajaks (ab 10 €/Std.), Ruder- und Tretboote (15 €/Std.) sowie Elektroboote (25 €/Std.). Die Boote können auch tageweise gemietet werden.
Nordufer, westlich des Strandcafés an den Stegen, www.kanuverleih-leipzig.de, April–Okt. tgl. ab 10 Uhr (wetterabhängig)

Wildwasser

Kanupark Markkleeberg: Die Wildwasseranlage bietet mit zwei Strecken an der Auenhainer Bucht des Markkleeberger Sees heute Profis und Freizeitwassersportlern olympischen Standard. Da die Wucht des über Pumpen vom See eingeleiteten Wassers nicht zu unterschätzen ist, gilt ein Mindestalter von 12 oder 16 Jahren – Schwimmfähigkeit vorausgesetzt. Hier geht es richtig zur Sache und das macht nach entsprechender Einweisung einen Heidenspaß. Kajak, Rafting, Surfen – alles ist möglich. Übrigens finden hier auch internationale Wettkämpfe statt.
Wildwasserkehre 1, Markkleeberg/OT Auenhain, www.kanupark-markkleeberg.com, ab S-Bf. Markkleeberg Regionalbus 106 Auenhain/Kanupark (www.regionalbusleipzig.de/neuseenland-in-fahrt), nur mit Vorabbuchung, Buchung und Preise der verschiedenen Angebote s. Website

Infos

- **Tourist-Information Neuseenland und Stadt Markkleeberg:** s. S. 242.
- **Personenschifffahrt Markkleeberger und Störmthaler See:** Vom Bootsanleger an der Seepromenade starten Schiffe zu Rundfahrten über den Markkleeberger See mit/ohne Störmthaler See (www.personenschifffahrt-leipzig.de, 3 Std. mit Schleusung 19,50/9,50 €). Sie können

auch Teilstrecken zurücklegen, etwa zur Auenhainer Bucht. Nähere Infos im Download-Flyer auf der Website.

- **Verkehr:** S 4, 5, 5X, 6 S-Bf. Markkleeberg.

Mölbis und die Halde Trages

Karte 5, F5

Spazieren auf Abraum

Nicht nur die Restlöcher des Tagebaus lassen sich positiv für die Umwelt und die Menschen umgestalten. 231 m hoch ist die **Halde Trages.** Sie entstand aus dem Aufschluss des Tagebaus Espenhain, d. h. aus Erdreich und Gestein, die zur Erschließung der Braunkohle abgetragen wurden. Schon in den 1950er-Jahren wurde hier mit der Aufforstung begonnen. Allmählich siedelten sich Baumarten wie Roteiche, Espe und Erle an oder Sträucher wie Sanddorn, Roter Hartriegel und Berberitze. Seltene Pflanzen wurden hier ebenso heimisch wie Rehwild, Füchse und Wildschweine. Über 70 Vogelarten nisten auf der Halde, davon stehen etwa ein Viertel auf der sächsischen Roten Liste.

Heute erschließt ein 10 km langer **Rundweg** von **Mölbis** (s. u.) aus die Hochhalde. Er führt zu **Industriedenkmälern** und eröffnet fantastische **Ausblicke** über den Südraum und bei gutem Wetter bis ins Erzgebirge. Ein 33 m hoher Aussichtsturm aus verzinktem Stahl, heißt daher im Volksmund auch »Erzgebirgsblick«. **Informationstafeln** vermitteln Wissenswertes zu **Flora, Fauna** und **Geschichte** des Ortes.

»Schmutzigster Ort der DDR«

Dieser kaum erstrebenswerte Superlativ galt einst für das Dorf **Mölbis.** Durch seine Lage im Schatten der riesigen Halde Trages stauten sich hier die Schwefeldioxidemissionen vom nahen Braunkohleverarbeitungswerk des Tagebaus Espenhain. Dessen an der B 2/95 gelegene Werksanlagen wurden teils abgerissen, teils als denkmalgeschützte Industriebauten neuen Nutzungen zugeführt. Der **Campus Espenhain** will die ökologische und chemotechnische angewandte Forschung der Region bündeln.

Mölbis ist mit Tram/S-Bahn und Bus (mehrfaches Umsteigen) von Leipzig aus in 60–75 Min. zu erreichen, www.l.de/verkehrsbetriebe

Zwenkauer See

Karte 5, D4/5

Bergbaugeschichte

Im Südwesten liegt als größter im Revier der **Zwenkauer See,** geflutet nach über 70 Jahren Braunkohleabbau. Der Flutungsprozess dauert noch an und wird erst mit Fertigstellung des Harth-Kanals zum Cospudener See abgeschlossen sein.

Die namensgebende Stadt **Zwenkau** ist von Wasser umschlungen: der See im Norden und Osten, die Weiße Elster im Süden und Westen. Im Norden ragt mit **Kap Zwenkau** ein neuer Stadtteil mit Marina in den See hinein.

Bewegen

Über **Wandermöglichkeiten, Radtouren, Bootsverleih** und **Tauchen** (www.tauchbasis-zwenkauer-see.de) informiert Sie die Website www.zwenkauer-see.de, von der aus Links geschaltet sind. **Baden** dürfen Sie zzt. nur am kleinen, 150 m langen Badestrand am Kap Zwenkau.

Infos

- **Tourist-Kontor:** An der Mole 1, 0442 Zwenkau, T 034203 43 57 18, www.

W

ELSTER-WASSER

Wasser der um Zwenkau als ›Beton-Elster‹ umgeleiteten Weißen Elster kann im Fall steigender Pegelstände über das **Einleitbauwerk Zitzschen** in den See geleitet werden und damit den Leipziger Westen schützen. Während des Elsterhochwassers im Juni 2013 stieg der Pegel des Zwenkauer Sees dadurch in drei Tagen um 2,55 m!

zwenkauer-see.com, Mai–Okt. Di–So 10–18 Uhr.

- **Seerundfahrten:** www.ms-santa-barbara.de. Die MS Santa Barbara bricht in der Saison (April/Mai–Okt.) zu Kleinen (7,50 € / 4–14 Jahre 5,50 €) und Großen Seerundfahrten (11,20/7,50 €) auf.

Kulkwitzer See Karte 5, C3/4

Vor-Wellen-Reiter

Der unangefochtene Klassiker unter den Restlöchern bleibt der **Kulkwitzer See** im Westen Leipzigs. Dieser einstige Tagebau wurde bereits 1963 in ein **Badeparadies** mit Restaurant in einem ›trockengelegten‹ früheren Ausflugsschiff und einem direkt am Wasser gelegenen Campingplatz verwandelt. Besonders beliebt ist der ›Kulki‹ bei den **Tauchern** der Region. Aufgrund seiner Flora und Fauna und der guten Sichtweiten gilt er als eines der schönsten **Tauchgewässer** in Mitteldeutschland. Allerdings ist der Einstieg nur nach Anmeldung erlaubt.

Um den See führt ein 8 km langer **Rundweg,** der sich zum Spaziergehen, Joggen und Radfahren anbietet – und Sie zu den **Badestränden** am See führt.

Bewegen

Abtauchen

Ausrüstungen und Kurse bieten am See zwei Tauchstationen. Ganzjährig geöffnet ist die **Tauchschule Delphin** (Lausen, T 0341 480 38 2, www.tauchsport-leipzig.de, Sa/So ca. 10–18 Uhr, in der Saison je nach Nachfrage auch an Werktagen, unbedingt telefonisch erfragen) am Ostufer.

Wasserski

Am Nordufer befindet sich ein **Wakeboard- und Wasserskilift** (www.wasserski-leipzig.de).

Infos

- **LeipzigSeen GmbH:** Seestr. 1, Nordufer des Kulkwitzer Sees, T 0341 71 07 70, www.leipzigseen.de/die-seen/kulkwitzer-see, Mai–Okt. tgl. 8.30–12, 13–19 Uhr.
- **Verkehr:** ab Leipzig Tram 1 Lausen (Endstation), dann zu Fuß 500 m zum See (Ostufer), ab Markkleeberg-Ring Bus 65 Straße am See, ca. 1 km vom Nordostufer entfernt.

An der Mulde

Sermuth und Colditz

Karte 4, C3

Lieblich ist die Landschaft bei **Sermuth.** Hier vereinigen sich die Freiberger und die Zwickauer Mulde und fließen mit gebündelter Kraft als Europas angeblich schnellster Fluss durch die Region östlich von Leipzig, durchs **Muldental.** Sermuth gehört zum Städtchen Colditz.

Flucht aus Colditz

Für britische Gäste steht **Colditz** ganz oben auf der To-do-Liste, denn das auf einem hohen Felsen über der Mulde thronende **Schloss** aus dem 11. Jh. war im Zweiten Weltkrieg Hochsicherheits-Gefangenenlager für alliierte Offiziere. Durch literarische Verarbeitung und vor allem das Brettspiel »Escape from Colditz« sowie viele persönliche Familiengeschichten ist Colditz auf der Insel eine Legende.

Schlossgasse 1, www.schloss-colditz.com, per Regionalbahn bis Grimma oder Bad Lausick, dann weiter per Bus bis Colditz (Fahrtzeit ca. 75–90 Min.), April–Okt. tgl. 10–17, Nov.–März 10–16 Uhr, 4 €, Führung 9/7,50 €

Grimma

Karte 4, C3

Nah am Wasser gebaut

Alles sieht wieder feinstens herausgeputzt aus im hübschen, über 800-jährigen Städtchen **Grimma.** Die Mulde hat hier breit und behäbig ein Steilufer ausgewaschen. Zweimal allerdings, 2002 und 2013, richtete sie in der Kreisstadt durch Hochwasser schlimme Schäden an.

Altstadtbummel

In der Innenseite des vom Fluss geschaffenen Bogens liegt die **Altstadt** mit ihrem schönen **Marktplatz.** Mitten auf dem Markt steht das renaissancezeitliche **Alte Rathaus** (Markt 27). In seiner Gestalt erinnert es an die mittelalterlichen Lagerhäuser der alten Salz- und Tuchhandelsstadt.

Nebenan im **Seume-Haus** (Markt 11, nicht zugänglich) befand sich die Druckerei des Verlegers Georg Joachim Göschen. Der Name erinnert daran, dass der Dichter und Schriftsteller Johann Gottfried Seume hier als Korrektor tätig war.

Nördlich vom Markt steht direkt an der Mulde **Schloss Grimma** (Klosterstr. 9). Nach seiner Sanierung 2013 zog u. a. das Amtsgericht Grimma ein. Hinter dem Schloss überspannt die rekonstruierte Mulden- oder **Pöppelmannbrücke** den Fluss. Ins Auge fällt ihr herrlich bunter, barocker Widmungsstein.

Keine 200 m südlich erstreckt sich linker Hand die ehemalige **Fürstenschule Augustinum**, das heutige Gymnasium St. Augustin. Der sächsische Kurfürst Moritz I. hatte das Augustinum 1550 nach Meißen und Schulpforta als dritte Fürstenschule gegründet. Sein Ziel war es, auch aus nichtadligen Kreisen Beamtennachwuchs heranzuziehen. Der heutige Bau im Neorenaissancestil stammt von 1892.

Im südlichen Teil der Altstadt nicht zu übersehen ist die romanisch-gotische **Frauenkirche** (Frauenkirchhof) mit ihren beiden 46 m hohen Kirchtürmen.

Jenseits der Mulde

Am Ostufer der Mulde liegt ca. 4 km flussaufwärts die **Schiffsmühle Höfgen** (s. S. 235) im Wasser. Das denkmalgeschützte Dörfchen **Höfgen** liegt 1 km landeinwärts unterhalb der weiß verputzten **Wehrkirche.** Sie geht vermutlich auf die Zeit um 1250 zurück. Zum heutigen Grimmaschen Ortsteil Höfgen gehören auch die Dörfer Kaditsch, Schkortitz und Naundorf. In Kaditsch ist das **Hotel Denkmalschmiede Höfgen** (Teichstr. 11, www.hoefgen.de) als Kunst- und Veranstaltungsort ein absoluter Höhepunkt der Region geworden.

Museen

Sommersitz

Museum Göschenhaus: 2 km nördlich des Marktes vermitteln das Haus und der klassizistische Göschengarten, der ehemalige Sommersitz des Verlegers Göschen, einen Eindruck jener bürgerlichen Gartengeselligkeit, in der sich Friedrich Schiller und Theodor Körner wohlfühlten.

Schillerstr. 25, Ortsteil Hohnstädt, www.goeschenhaus.de, Mi–So 11–16 Uhr, nur mit

Von Ostern bis Ende Oktober verkehrt zwischen Nimbschen und Höfgen eine Seilfähre. Mitfahrt gewünscht? Glocke läuten.

Führung (11, 12, 13, 14, 15 Uhr), 3/1,50 €, Garten zu den Öffnungszeiten frei zugänglich

Zu Wasser mahlen?

Schiffsmühle Höfgen: Wie ein Hausboot wirkt die Schiffsmühle. Gemahlen wird hier nicht mehr, die Mühlentechnik wurde ausgebaut. Das Schaufelrad treibt heute eine Pumpenanlage an, die die historischen Wasseranlagen im nördlich gelegenen Jutta-Park mit Wasser versorgt.

Zur Schiffsmühle, Ortsteil Höfgen, Kontakt: Erlebnishotel Schiffsmühle, Hausnr. 2, www.schiffsmuehle.de, April–Okt. Sa/So, Fei 12–17 Uhr, 2/1 €

Essen

Traditionslokal

Zur Schiffsmühle: Im Ortsteil Höfgen, 5 km zu Fuß vom Markt in Grimma entlang der Mulde, liegt das Erlebnishotel Schiffsmühle mit dem gleichnamigen Restaurant. Idyllischer geht es kaum. In gastfreundlichem Ambiente erhalten Sie hier einen Mix aus bester sächsischer und internationaler Küche. U. a. verarbeitet die Küche Fleisch vom Leicoma-Schwein (s. Kasten S. 236). Bei entsprechendem Wetter wird auch der Biergarten des Hauses geöffnet. Verbinden können Sie den kulinarischen Genuss mit einer Stippvisite der namensgebenden Schiffsmühle Höfgen (s. links).

Grimma-Höfgen, Zur Schiffsmühle 2, T 03437 760 20, www.schiffsmuehle.de, tgl. 11–24, Küche bis 21 Uhr, Hauptgerichte 14–33 €

Infos

- **Tourist-Information:** Markt 23, 04668 Grimma, T 03437 977 90 11, www.

S

DDR-SCHWEIN

Es gibt sie – noch –, die **Leicoma-Schweine.** Diese Schweinerasse ist eine DDR-Hybridzüchtung aus Deutscher und Niederländischer Landrasse (44 %), Duroc- (46 %), Estnischem Speck- (6 %) und Deutschem Sattelschwein (5 %). Wie das Duroc-Schwein hat auch das Leicoma einen hohen Anteil an intramuskulösem Fett, was den Geschmack des Fleisches intensiviert und den Wasserverlust bei der Zubereitung verringert. Ach so, wo der Name herrührt? *Le*ipzig, *Co*ttbus, *Ma*gdeburg: Hier lagen die Hauptzuchtbetriebe.

grimma.de, Mo/Di, Do/Fr 10–17, Sa 10–14 Uhr.

• **Verkehr:** Ab Hbf. Leipzig bringt Sie eine Regionalbahn in gut 35 Min. ins ca. 35 km entfernte Grimma.

Wurzen

Karte 4, C2

Ringelnatz-Stadt

Kennen Sie »Wurzen an der Wurze«? Dann haben Sie sich als Ringelnatz-Fan geoutet, der seinen Geburtsort so beschreibt. Einen Fluss dieses Namens werden Sie vergeblich suchen, auch dieses Städtchen liegt an der Mulde.

Heute besticht Wurzen durch seine **mittelalterlichen Straßen** rund um die beiden Hauptkirchen. Der gotische **Dom St. Marien** beeindruckt durch seine schlichte, klare Gestalt und die überraschende, spätexpressionistische Ausgestaltung durch den Dresdner Bildhauer Georg Wrba aus den 1930er-Jahren. Wrba verwendete insgesamt 10 t reine Bronze für den Guss seiner beeindruckenden Figuren: darunter die Kreuzigungsgruppe im Altarraum, das als nackter Athlet gestaltete Lesepult und die quaderförmige Kanzel mit Apostelköpfen. Diese tragen allerdings die Gesichtszüge des damaligen Domherren, Wrbas selbst sowie des Wurzener Bürgers, der die Neugestaltung maßgeblich finanzierte.

Die zweite Hauptkirche ist die **Stadtkirche St. Wenceslai** auf dem Sperlingsberg, die zur Zeit ihrer Entstehung vor den Toren der Stadt lag. Zweimal wurde sie vollständig zerstört, zuletzt im Dreißigjährigen Krieg. So präsentiert sie sich heute als nachgotische Hallenkirche. Wenn Sie die entsprechende Ausdauer haben: Erklimmen Sie doch den Turm. 156 Stufen sind zu bewältigen.

Endlich wird nun das **Ringelnatz-Geburtshaus** (Crostigall 14, www.ringelnatz-verein.de) saniert, ein Verein kämpfte jahrelang darum. Joachim Ringelnatz (1883–1934) kam hier als Hans Gustav Bötticher zur Welt. Nur drei Jahre später zog die Familie dann nach Leipzig um.

St. Marien: Domplatz, www.dom-zu-wurzen.de, Ostern–31.10. Mo–Sa 10–18, So nach Gottesdienstende–18 Uhr, Nov.–Ostern bis Einbruch der Dunkelheit, kostenpflichtige Führungen n. V.; **St. Wenceslai:** Am Wenceslaikirchhof, www.wenceslaikirche.de, Turmbesteigung: Ostern–31. Okt. 13–17 Uhr

Museen

Ringelnatz

Kulturgeschichtliches Museum: Neben einem Überblick über die 6000-jährige Besiedlungsgeschichte des Wurzener Landes gibt eine Ausstellung im Kulturgeschichtlichen Museum Auskunft über das Wirken des satirischen Melancholikers, Kabarettisten und Malers Joachim Ringelnatz.

Domgasse 2, www.kultur-wurzen.de, Mi–So 10–16 Uhr, 4 €, bis 16 Jahre Eintritt frei

Infos

- **Tourist-Information:** Markt 5, T 03425 856 04 00, www.tourismus-wurzen.de, Mo–Fr 10–13, 14–18, Sa 10–13 Uhr. Weitere Infos finden Sie auch unter www.wurzen.de, www.wurzen-kultur.de.
- **Verkehr:** S 3 oder Regionalbahn ab Hbf. Leipzig, Fahrtzeit 20–60 Min., ins 30 km östlich gelegene Wurzen.

Landschaftspark Machern

Karte 4, B 2

Gartenkultur

Der **Landschaftspark Machern** (ganzjährig frei zugänglich) gehört in die erste Riege der sächsischen Gartenanlagen. Beeinflusst von Reisen nach England und durch das Vorbild des Wörlitzer Gartenreichs, ließ Karl Heinrich August von Lindenau, letzter Abkömmling einer alten Adelsfamilie, 1792 den Park im Stil eines englischen Landschaftsgartens anlegen. Der Architekt Ephraim Wolfgang Glasewald fertigte die Entwürfe. Romantische Mittelalterverehrung und Freimaurerei bestimmten das Arrangement und die Auswahl der zur Akzentuierung integrierten Bauwerke. So finden sich z. B. eine **Pyramide** und auf einer Anhöhe die künstliche **Ruine einer Ritterburg.** Ihr unterirdischer Geheimzugang diente wohl nach dem Freimaurermotto »Aus dem Dunkel zum Licht« für Initiationsriten.

Schloss Machern (Schlossplatz 1, www.schlossmachern.com) aus dem 16. Jh. wurde mehrfach umgebaut und brannte 1981 teilweise ab. Ende der 1980er-Jahre wurden Park und Schloss restauriert. Das Schloss wird für kulturelle Veranstaltungen und als Hochzeitslocation genutzt. Im **Kavaliershaus** befindet sich ein Hotel mit italienischem Restaurant (www.schlossmachern.de).

Infos

- **www.gemeindemachern.de:** Website der Gemeinde, auch mit touristischen Informationen.
- **Verkehr:** S 3 ab Hauptbahnhof, Fahrtzeit 30–35 Min.

Dübener Heide

Karte 4, B 1

Heideland

Nordwestlich von Leipzig liegt **Bad Düben,** Kurort und Ausgangspunkt für Ausflüge in die **Dübener Heide** (www.naturpark-duebener-heide.de), den größten Mischwald Mitteldeutschlands. Der Naturpark zwischen Elbe und Mulde ist ein beliebtes Ausflugsziel zum Wandern, Pilzesammeln und um Flora und Fauna zu bestaunen.

Die Burg Düben beherbergt das Landschaftsmuseum der Dübener Heide.

M

MICHAEL KOHLHAAS

Auf Burg Düben fand 1533 der Prozess gegen den Pferdehändler Hans Kohlhase statt, dessen Fall die Vorlage für Heinrich von Kleists Novelle »Michael Kohlhaas« lieferte.

Bedeutendste Sehenswürdigkeit Bad Dübens selbst ist die **Burg Düben.** Ältestes Gebäude der Anlage ist der **Bergfried** von 1206 mit dem sogenannten Hexenkeller. Die Burg beherbergt heute das **Landschaftsmuseum der Dübener Heide** (s. u.). Im **Burggarten** steht die letzte funktionstüchtige **Schiffsmühle,** die bis in die 1950er-Jahre auf der Mulde in Betrieb war. Die Burg war immer wieder Schauplatz historischer Ereignisse. etwa während des Dreißigjährigen und des Siebenjährigen Krieges sowie während der Befreiungskriege gegen Napoleon.

Museen

Landschaftsmuseum der Dübener Heide: Alles dreht sich um die nordsächsische Landschaft, die Entstehung und Entwicklung der Dübener Heide und ihren Waldreichtum. Vermittelt wird auch ein Einblick in die Handwerks- und Landbautraditionen der Heidebewohner – mit Fokus darauf, wie durch menschliche Eingriffe die Natur- zur Kulturlandschaft wurde.
Neuhofstr. 3, www.bad-dueben.de/tourismus-freizeit/landschaftsmuseum, Wiedereröffnung Ende 2021 geplant, Öffnungszeiten/Eintritt bei Drucklegung noch nicht bekannt

Infos

- **Touristinformation:** Neuhofstr. 3 a, 04849 Bad Düben, T 034243 288 02, 034243 528 86, www-bad-dueben.de, April–Okt. Mo/Di, Do/Fr 10–17, Sa 10–15, Okt.–März Mo/Di, Do/Fr 10–15, Sa 10–12 Uhr.
- **Verkehr:** Ab Hbf. Leipzig mit der S 4 oder einer Regionalbahn bis Eilenburg, dann per Bus; ab Hbf. Leipzig mit Tram 16 bis Messegelände, dann Bus. Die Fahrtzeit beträgt ca. 1 Std.

In Leipzigs Norden

Karte 4, A/B 2

In Nullkommanix auf 100

Zwischen dem Flughafen Leipzig/Halle und der Neuen Messe (s. S. 271) haben mit Porsche und BMW zwei große deutsche Autobauer Werke errichtet.

Im Leipziger **Porsche-Werk** rollen der Panamera und der SUV Macan vom Band. Sie können das Werk besichtigen und u. a. auf der werkseigenen Geländestrecke unter Anleitung eines Profifahrers selbst zumOffroadpiloten werden. Dabei sind Challenges wie die 100 m lange Wasserstrecke und die Rampe mit 80 % Steigung zu meistern. Oder Sie drehen als Beifahrer drei Runden auf der Teststrecke.

Im **BMW-Werk** lohnt die Werksführung schon wegen der futuristischen Architektur des Hauptgebäudes, entworfen von der Architekturikone Zaha Hadid. Aktuell wird im Werk u .a. der BMW i3 gefertigt, ab 2023 soll hier auch der neue Mini Cooper vom Band laufen.

Porsche: Porschestr. 1, https://shop.porsche-leipzig.com, Führung (Mindestalter 14 Jahre), 1,5 Std., 10 €, Selbstfahren (15 Min. plus 2 Std. Führung, Gesamtdauer 3 Std., Fahrermindestalter 21 Jahre), ab 160 €/Person, Copilot (3 Runden plus 2 Std. Führung) ab 98 €; **BMW:** BMW-Allee 1, www.bmw-besuchen.com/visitbmw/leipzig, Werksführungen 1,5–2 Std. (Mindestalter 6/14 Jahre), Preis auf Anfrage, Architekturführung (Zaha-Hadid-Bau) 9,30/6,90 €

Zugabe

Die verrückte Dorfkirche

Wie ein Stück Identität eines devastierten Ortes gerettet werden konnte.

Die Heuersdorfer Kirche auf dem Weg nach Borna

Auf den fettesten Brocken zu sitzen, kann Begehrlichkeiten wecken. Das musste Heuersdorf erfahren. Als – vorerst? – letztes wurde das 700 Jahre alte, schmucke Straßendorf der Braunkohleförderung geopfert. Wer den Ort, eine Insel altbäuerlicher Wohlhabenheit im umliegenden Meer der Vernichtung, besuchte, begann zu zweifeln, ob die Zerstörung wirklich notwendig sei. Millionenschwere Entschädigungs- und Umsiedlungsangebote wiegen wenig gegen den Verlust der Heimat. So weigerten sich die Bewohner des Dorfes hartnäckig, aber am Ende half das alles nichts.

Dem geballten juristischen, ökonomischen und gesellschaftlichen Druck von Landesregierung, Regionalplanung und Energiewirtschaft wichen bis zum Jahr 2009 alle der 1990 noch 347 Bewohner. Heuersdorf stand nun einmal direkt auf einem Flöz mit besonders hochwertiger Kohle. Die wird benötigt, um das im Juni 2000 in Betrieb genommene Kraftwerk Lippendorf, seinerzeit das modernste, größte und effizienteste Braunkohlekraftwerk der Welt, möglichst rentabel laufen zu lassen. Das setzt eine gute Qualität der eingespeisten Rohstoffe voraus. Daher wurden ältere Tagebaue mit minderwertigerer Kohle stillgelegt und in Heuersdorf eine neue Wunde in die Landschaft gerissen. Diese Geschichte hat kein Happy End.

> ... aber am Ende half alles nichts.

Doch sie hat einen Nebenschauplatz, der den Heuersdorfern ein Stück ihrer Identität bewahrt hat. Am Reformationstag 2007 rollte das alte Dorfkirchlein auf einem 32 m langen, 800 PS starken Tieflader mit 40 Achsen und 160 Rädern auf dem Martin-Luther-Platz der nahe gelegenen Stadt Borna ein. Die aus dem 13. Jh. stammende Wehrkirche hatte eine Reise von acht Tagen hinter sich, denn auf den 12 km Wegstrecke waren zwei Flüsse, eine Brücke und zwei Bahnübergänge zu queren. Dafür mussten die Flussläufe zugeschüttet, Bahnschotterbetten ausgeglichen und Oberleitungen entfernt werden. So steht heute mit der inzwischen restaurierten Emmauskirche ein Stück von Heuersdorf mitten im Herzen von Borna. ■

Das Kleingedruckte

Neu aufgelegt und als Souvenir im Angebot: Das Messe-Männchen war in der DDR das Maskottchen der Leipziger Messe.

Anreise

… mit dem Flugzeug

Der **Flughafen Leipzig/Halle** in Schkeuditz ist einer der ältesten Verkehrsflughäfen Deutschlands. Er liegt ca. 20 km nordwestlich des Stadtzentrums und wurde umfassend modernisiert. Direktverbindungen – teils zu günstigen Konditionen – werden von vielen Städten Deutschlands aus angeboten.

Vom Flughafen in die Stadt: Zwischen dem Hauptbahnhof Leipzig und dem Flughafen verkehren alle 30 Min. die **S 5** und **S 5X** mit Zwischenhalt an der Neuen Messe. Die Fahrt dauert etwa 14 Min. und kostet 5 € (Achtung: Ticket vor Fahrtantritt entwerten!). Die Fahrt mit dem **Taxi** ins Zentrum (ca. 20 Min.) kostet um die 50 €. Für **Pkw** stehen ausreichend Parkplätze zur Verfügung. Am Bahnhof Flughafen Leipzig/Halle halten auch **Fernzüge**. Er liegt an den IC-Strecken 55 (Köln – Bielefeld – Hannover – Magdeburg – Leipzig – Dresden) und 56 (Emden – Bremen – Hannover – Magdeburg – Halle – Leipzig).

Terminalring, Schkeuditz, T 0341 224 11 55, www.mdf-ag.com/reisende-und-besucher/flughafen-leipzig-halle

… mit der Bahn

Der **Leipziger Hauptbahnhof** liegt am Willy-Brandt-Platz direkt am Rand der fußläufig erreichbaren Innenstadt. Auf Gleis 1 und 2 können Sie ins **S-Bahn-Netz** umsteigen. Der Bahnhof ist gut ans **Straßenbahn-** und **Busnetz** der Stadt angeschlossen.

Zugauskunft: T 0180 699 66 33 (Festnetz 20 ct/Min., mobil max. 60 ct/Min.), www.bahn.de

… mit dem Bus

Der zentrale **Fernbus-Terminal** (FBT) liegt an der Ostseite des Hauptbahnhofs (Sachsenseite 3) und verfügt über einen Wartesaal.

S

STECKBRIEF

Lage: 51°20' N, 12°22 O' = Stadtmitte
Geografie: Leipzig liegt in einer Tieflandbucht im nordwestlichen Gebiet des Freistaats Sachsen an den (Haupt-)Flüssen Weiße Elster, Pleiße und Parthe. Die durchschnittliche Höhenlage beträgt 124 m über NN. Ein großes Auwaldgebiet durchzieht die Stadt in nord-südlicher Richtung (über 35 km Länge). Mehrere große Seen umgeben die Stadt.
Größe: 297,8 km^2
Einwohner: 601 668 (2019)
Politik und Verwaltung: Die Stadt gliedert sich in 10 Bezirke mit 95 Ortsteilen. An der Spitze der Stadtverwaltung steht der in Direktwahl für jeweils sieben Jahre gewählte Oberbürgermeister (seit 2006 Burkhard Jung, SPD). Die 70 Sitze im Stadtrat verteilen sich auf Die Linke (17), Bündnis 90/Die Grünen (16), CDU (13), AfD (11), SPD (9), Freibeuter (4), Stand: Kommunalwahlen 2019.
Städtepartnerschaften: Addis Abeba, Birmingham, Bologna, Brno, Frankfurt a. M., Hannover, Herzliya, Houston, Kiew, Krakow, Lyon, Nanjing, Thessaloniki, Travnik
Vorwahl: 0341

… mit dem Auto

Durch die Lage innerhalb eines Ringes aus drei Autobahnen ist Leipzig gut mit dem Pkw erreichbar: Aus Richtung Berlin und Magdeburg über die A 14, Ausfahrt Leipzig-Mitte, aus Richtung Dresden über die A 14, Ausfahrt Leipzig-Ost, aus Richtung München und Erfurt über die A 38, Ausfahrt Leipzig-Südwest.

Innerhalb der Umweltzone der Stadt Leipzig benötigen Fahrzeuge die grüne Plakette (Schadstoffgruppe 4).

Bewegen und Entschleunigen

Für ausgedehnte **Spaziergänge** oder morgendliches **Jogging** bieten die zahlreichen Parks wie Johanna- und Clara-Zetkin-Park sowie das Rosental gute Gelegenheit. Auch die Wege entlang des Elsterbeckens erfreuen sich großer Beliebtheit bei Läufern.

Die städtischen **Schwimmhallen** (www.l.de/sportbaeder/hallenbaeder) werden stark vom Schul- und Vereinssport in Anspruch genommen und sind nur zeitlich begrenzt (vor allem in den frühen Morgenstunden) für die Öffentlichkeit nutzbar. Beliebt ist das **Sportbad an der Elster** (Antonienstr. 8) mit 50-m-Becken und Sauna sowie die **Grünauer Welle** (Stuttgarter Allee 7) mit großem Freizeit- und Saunabereich. Das größte private Freizeit- und Erlebnisbad Leipzigs ist die **Sachsentherme** (Schongauerstr. 19, www.sachsen-therme.de). Sie verfügt auch über eine ausgedehnte Wellnessanlage.

Wer in den Wintermonaten **Eislaufen** möchte, kann das im historischen Ambiente des **Kohlrabizirkusses** (s. S. 107) tun. Im Januar und Februar bietet der **Leipziger Eistraum** auf dem Augustusplatz alljährlich eine Eislauffläche unter freiem Himmel mit Schlittschuhverleih. Geduldet wird das Eislaufen auf dem flachen, schnell zufrierenden **Wasserbecken vor dem Völkerschlachtdenkmal.**

Bootfahren können Sie in der warmen Jahreszeit auf den Wasserläufen im Leipziger Westen und im Auwald.

Feiertage

1. Jan.: Neujahr
März/April: Karfreitag, Ostermontag
1. Mai: Tag der Arbeit
Mai/Juni: Christi Himmelfahrt
Mai/Juni: Pfingstmontag
3. Okt.: Tag der Deutschen Einheit
31. Okt.: Reformationstag
Mittwoch vor Totensonntag (zwischen 16. und 22. Nov.): Buß- und Bettag
25./26. Dez.: Weihnachten

Informationsquellen

Die Adressen der Tourist-Informationen in der weiteren Umgebung von Leipzig finden Sie im Reiseteil.

Tourist-Informationen

Tourist-Information Leipzig: Katharinenstr. 8, T 0341 710 42 60, www.leipzig.travel/de, Mo–Fr 9.30–17, Sa/So, Fei 9.30–15 Uhr, Weihnachten und Neujahr geschlossen
Tourist-Information Leipziger Neuseenland und Stadt Markkleeberg: Rathausstr. 22, 04416 Markkleeberg, T 0341 33 79 67 18, www.leipzigerneuseenland.de, April–Sept. Mo–Fr 9–18, Sa/So, Fei 9–12, Okt.–März Mo–Fr 9–17, Sa 9–12 Uhr, So, Fei geschlossen

… im Internet

www.leipzig.de: offizielle Homepage der Stadtverwaltung zu allen Belangen
www.leipzig-leben.de: privatwirtschaftliche Website mit Infos zu Kunst, Kultur, Nachtleben etc.
www.l-iz.de: Die Leipziger Internet Zeitung ist ein tagesaktuelles, gebührenpflichtiges Online-Nachrichtenmagazin. Über ›Frei-

kaufen‹ können auch Nicht-Abonnenten auf vollständige Artikel zugreifen.
www.kreuzer-leipzig.de: Onlineausgabe des Stadtmagazins Kreuzer. Die Druckversion erscheint monatlich.
www.lvz.de: Onlineausgabe der Leipziger Volkszeitung (LVZ), der verbreitesten Tageszeitung der Region. Mit den wichtigsten Veranstaltungshinweisen.

Apps

LeipzigMOVE: Die kostenlose App bietet Infos und Buchungsmöglichkeiten für Tram, Bus (inklusive Onlinetickets), Taxis, nextbike, Carsharing.

Internetzugang

Das City-WLAN-Netz **Leipziger** ist an den Straßenbahnhaltestellen entlang des Innenstadtrings verfügbar. Die Ausweitung auf den gesamten Innenstadtbereich ist im Gespräch, bis dato aber noch nicht umgesetzt. In den meisten Linien der **S-Bahn** des Mitteldeutschen Verkehrsverbunds (MDV) steht den Fahrgästen kostenfreies WLAN zur Verfügung. Zahlreiche **Hotels, Cafés, Restaurants** und **größere Geschäfte** bieten kostenfreien Internetzugang.

Kinder

Die unangefochtene Hauptattraktion für Familien ist der **Zoo** (s. S. 193), der außer den hier zu bestaunenden Tieren auch mehrere abwechslungsreiche Spielplätze aufweist. Das **Theater der Jungen Welt** (s. S. 176) und das **Puppentheater Sterntaler** (Talstr. 30, www.puppentheater-sterntaler.de) zeigen liebevolle Inszenierungen für Kinder und Jugendliche. Vor allem in den sächsischen Schulferien und an Wochenenden bieten viele der **Museen** tolle museumspädagogische Angebote. Das **UNIKATUM Kinder- und Jugendmuseum** (s. S. 168) ist nicht nur für die Kleinen ein spannender Ort. Der Freizeitpark **Belantis – das Abenteuerreich** (s. S. 225) ist ein beliebter Ganztags-Ausflugsort direkt vor den Toren der Stadt.

Eine Übersicht über die städtischen **Spielplätze** finden Sie auf der offiziellen Website der Stadt: www.leipzig.de/freizeit-kultur-und-tourismus/spielplaetze.

Klima und Reisezeit

Leipzig liegt im Übergangsbereich von der ozeanischen zur kontinentalen Klimazone und ist durch gemäßigtes Klima geprägt. Die Jahreszeiten zeichnen sich durch starke Temperatur- und Wetterunterschiede aus.

Der meiste **Niederschlag** fällt von Juni bis August, während der Februar der trockenste Monat des gesamten Jahres ist. Insgesamt ist die Niederschlagsmenge in Leipzig vergleichsweise gering. Der meiste Regen fällt im Südraum der Stadt, der schon im Regenstaugebiet des Erzgebirges liegt, während der Norden des Stadtgebiets noch im Regenschatten des Harzes liegt und daher deutlich trockener ist.

Sobald im März der **Frühling** nach Leipzig kommt, startet die Freisitzsaison. Besonders reizvoll ist in dieser Zeit der Leipziger Auwald, der mit Märzenbechern- und Buschwindröschenblüte das Auge erfreut.

Im **Sommer** werden viele Kulturveranstaltungen ins Freie verlegt. Temperaturen über 30 °C sind keine Seltenheit, deshalb spielt sich das Leben gern an und auf den Gewässern der Stadt ab. Picknicks am Elsterbecken, Paddeltouren auf der Weißen Elster und dem Karl-Heine-Kanal gehören genauso dazu wie das Baden im nahe gelegenen Neuseenland. Während der sächsischen Sommerferien ist die Stadt spürbar leerer.

Der **Herbst** changiert in goldenen und grauen Nuancen. Der Saisonbeginn am Gewandhaus, an der Oper und im Schauspielhaus bietet etliche Gelegenheiten, nasskaltem Wetter zu trotzen. Der

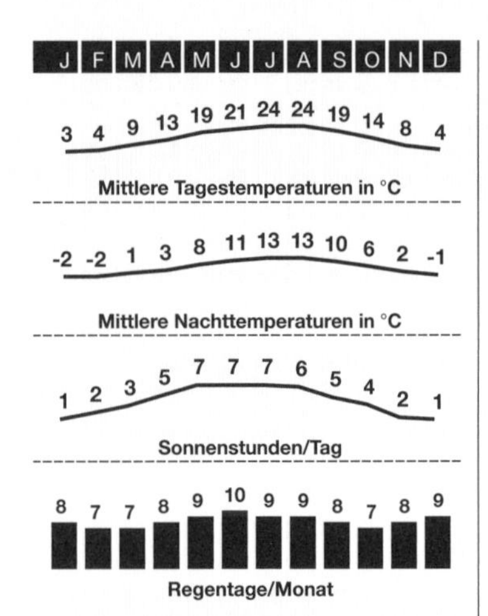

So ist das Wetter in Leipzig.

November ist mein Geheimtipp für eine Leipzigreise: Die Temperaturen liegen meist noch im Plusbereich und mit etwas Glück können Sie einige Ecken der Stadt deutlich weniger bevölkert im herrlichen Licht des Spätherbsts genießen.

Schnee bleibt in Leipzig selten länger als ein paar Stunden liegen. Über das im **Winter** häufige Schmuddelwetter tröstet der Lichterglanz des Weihnachtsmarkts hinweg, der im Dezember fast die gesamte Innenstadt erleuchtet. Und das »Jauchzet, frohlocket« aus Bachs Weihnachtsoratorium schallt nicht nur aus der Thomaskirche.

Lesetipps

Belletristik

Als wir träumten, Clemens Meyer: Der Debütroman des bekannten Schriftstellers erzählt die raubeinige Geschichte einer Clique Jugendlicher im Leipziger Osten während der direkten Nachwendezeit. 2015 wurde das Buch von Andreas Dresen an verschiedenen Leipziger Drehorten verfilmt.

Bewohnbare Stadt: Leipzig-Gedichte, Andreas Reimann: ein lyrischer Spaziergang durch die Stadt und die Zeiten. Ganz pathosfrei gibt der wohl bekannteste Leipziger Dichter unserer Tage Einblicke in seine Stadt.

Leipziger Geschichten: Erzählungen, Ralph Grüneberger: 17 Kurzgeschichten lassen Sie in recht extreme Situationen von Menschen in der Stadt eintauchen. Jüngste Publikation des Leipziger Autors.

Mauer, Jeans und Prager Frühling, Bernd-Lutz Lange: Das Leben im Leipzig der 1960er-Jahre wird vom stadtbekannten Kabarettisten aus eigener Erinnerung lebhaft geschildert.

Völkerschlachtdenkmal, Erich Loest: Die fiktive Familiengeschichte begibt sich auf unterschiedliche Zeitebenen und verwebt Leipziger Geschichte rund um Völkerschlacht, Denkmalseinweihung und DDR-Zeit mit fiktiven Handlungssträngen.

Die unheimliche Leichtigkeit der Revolution: Wie eine Gruppe junger Leipziger die Rebellion in der DDR wagte, Peter Wensierski: Wensierski erzählt die wahre Geschichte junger Menschen Ende der 1980er-Jahre, die zu Oppositionellen werden, nicht dokumentarisch, sondern belletristisch.

Sachbuch

Leipzig. Architektur von der Romanik bis zur Gegenwart, Wolfgang Hocquél: das Standardwerk zur Baugeschichte der Stadt. Der Autor war jahrelang als Leiter der Leipziger Denkmalschutzbehörde und Geschäftsführer der Kulturstiftung Leipzig tätig.

Die Leipziger Passagen und Höfe. Architektur von europäischem Rang, Wolfgang Hocquél: Zahlreiche Abbildungen und detailreiche Erklärungen legen den Fokus auf die Architekurspezialität der Innenstadt. Dabei werden die heute existierenden Passagen und Höfe ebenso wie nicht mehr existierende Bauten beschrieben.

Leipzig – Stadt des Wandels, Niels Gormsen, Armin Kühne: Der Fotograf Armin Kühne hielt ab den frühen 1980er-Jahren den Verfall Leipzigs in zahlreichen Aufnahmen fest und dokumentierte seit dem Fall der Mauer die Sanierung der Stadt mit der Kamera. Der mit Texten des ehemaligen Baubürgermeisters Gormsen kenntnisreich kommentierte Bildband stellt eindrucksvoll Vorher-Nachher-Bildpaare nebeneinander.

Musikstadt Leipzig in Bildern, Michael Maul, Doris Mundus, Tatjana Böhme-Mehner: Prachtvoll bebilderte dreibändige Ausgabe, die Musikliebhabern einen vertieften Einblick in Leipzigs reiche Musikgeschichte gewährt.

Literarisches Leipzig. 80 Dichter, Gelehrte und Verleger. Wohnorte, Wirken und Werke, Ansgar Bach unter Mitarbeit von Susanne Zwiener: In alphabetischer Abfolge von A wie Bruno Apitz bis Z wie Juli Zeh stellt das Bändchen lokale Literaturgrößen vom 16. Jh. bis in die Gegenwart und ihre Wirkungsstätten vor.

Leipziger Blätter: Zweimal im Jahr erscheint diese von der Kulturstiftung Leipzig herausgegebene Kulturzeitschrift zu Themen aus den Bereichen Stadtgeschichte, Musik, Kunst, Architektur und Denkmalpflege, Umweltschutz, Buch- und Verlagswesen, Stadt- und Regionalentwicklung. Die anspruchsvoll gestalteten Publikationen sind in den örtlichen Buchhandlungen erhältlich (www.kulturstiftung leipzig.de/leipziger-blaetter).

Reisen mit Handicap

Informationen zu Gebäuden, Parks etc. für Menschen mit Handicap hat der Leipziger Behindertenverband zusammengetragen: www.behindertenverband-leipzig.de/projekte/stadtfuehrer.

Hinweise zum barrierefreien Zugang zahlreicher touristischer Einrichtungen in Sachsen finden Sie unter www.sachsen-tourismus.de/reisethemen/sachsen-barrierefrei.

Reiseplanung

Stippvisite – Leipzig zum Kennenlernen

Wenn Sie das erste Mal in Leipzig sind und nur ein paar Stunden für die Stadterkundung haben, konzentrieren Sie sich auf die **Innenstadt**. Hier wird ein vielseitiger Mix aus Kultur, Kunst, Kommerz und Architektur geboten. Alle Wege innerhalb des Promenadenrings sind gut zu Fuß zu bewältigen. Bei Regen oder Wind bieten die Passagen und Cafés reizvolle Zufluchtsorte.

Länger in Leipzig oder nicht das erste Mal?

Wenn Sie Zeit haben, sich länger und intensiver auf Leipzig einzulassen, dann ist es sinnvoll, sich bei der Terminplanung ein wenig vom Leipziger Veranstaltungskalender leiten zu lassen. Das Kulturangebot der Stadt ist sehr umfangreich und vor allem Musikliebhaber kommen voll auf ihre Kosten. Bei einem längeren Aufenthalt sollten Sie überlegen, ob Sie Ihre Unterkunft mitten im bunten Treiben der Innenstadt oder doch in einem der beliebten Wohngebiete wählen. Dort haben Sie mehr Gelegenheit, mit Einheimischen in Kontakt zu kommen. So ist für **Kunstaffine** sicher ein Eintauchen in den Leipziger Westen mit seinen Galerien und Ateliers reizvoll. Die linksalternative Szene tummelt sich vor allem in Connewitz rund ums Connewitzer Kreuz.

Wer die Natur sucht, findet im Leipziger Auwald Möglichkeiten für ausgedehnte **Spaziergänge, Rad-** oder **Kanutouren.** Auch **Ausflüge ins Umland** lohnen sich: ins Neuseenland mit seinem Mix aus Badespaß und Bergbaugeschichte oder in historische Städtchen im reizvollen Muldental.

Sicherheit und Notfälle

Im Grunde können Sie sich in Leipzig überall ungefährdet bewegen. Generell

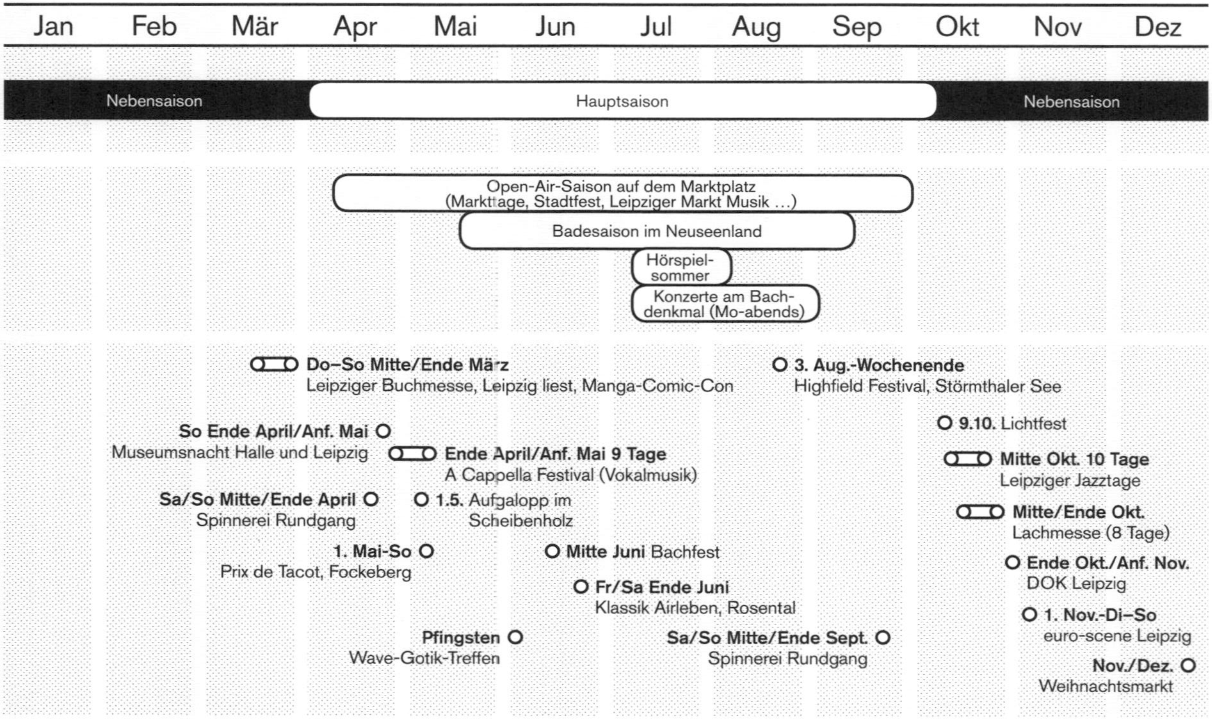

Jan | Feb | Mär | Apr | Mai | Jun | Jul | Aug | Sep | Okt | Nov | Dez

Nebensaison (Jan–Mär) · Hauptsaison (Apr–Sep) · Nebensaison (Okt–Dez)

Open-Air-Saison auf dem Marktplatz (Markttage, Stadtfest, Leipziger Markt Musik …)

Badesaison im Neuseenland

Hörspielsommer

Konzerte am Bachdenkmal (Mo-abends)

Do–So Mitte/Ende März
Leipziger Buchmesse, Leipzig liest, Manga-Comic-Con

So Ende April/Anf. Mai
Museumsnacht Halle und Leipzig

Ende April/Anf. Mai 9 Tage
A Cappella Festival (Vokalmusik)

Sa/So Mitte/Ende April
Spinnerei Rundgang

1.5. Aufgalopp im Scheibenholz

1. Mai-So
Prix de Tacot, Fockeberg

Mitte Juni Bachfest

Fr/Sa Ende Juni
Klassik Airleben, Rosental

Pfingsten
Wave-Gotik-Treffen

Sa/So Mitte/Ende Sept.
Spinnerei Rundgang

3. Aug.-Wochenende
Highfield Festival, Störmthaler See

9.10. Lichtfest

Mitte Okt. 10 Tage
Leipziger Jazztage

Mitte/Ende Okt.
Lachmesse (8 Tage)

Ende Okt./Anf. Nov.
DOK Leipzig

1. Nov.-Di–So
euro-scene Leipzig

Nov./Dez.
Weihnachtsmarkt

gilt wie in allen Großstädten: Vorsicht, Taschendiebe! Im Dunkeln sollten Sie weniger frequentierte Bereiche in der Nähe des Hauptbahnhofs sowie hinter der Oper (Schwanenteich) meiden (Drogenszene). Rund um die Eisenbahnstraße besteht seit 2018 eine Waffenverbotszone, mit der auch erhöhte Polizeipräsenz einhergeht. Gewaltdelikte treten hier in der Regel innerhalb des Milieus auf. Darüber hinaus ist es sinnvoll, sich über angemeldete Demos zu informieren, in deren Umfeld es regelmäßig zu Ausschreitungen kommt.

Notruf

Feuerwehr, Rettungsdienst: 112
Polizei: 110
Ärztlicher Bereitschaftsdienst: 116 117 (bei dringenden medizinischen Problemen in der Nacht, am Wochenende oder an Feiertagen)
Zahnärztlicher Notfalldienst: 0341 192 92
Zentrale Notaufnahme der Universitätsklinik: Liebigstr. 20, Haus 4, T 0341 971 78 00
Apotheken-Notdienst: T 0800 002 28 33, www.aponet.de
Bank-/Kreditkarten-/Handy-Sperrung: 116 116
Pannenhilfe: ADAC, T 01802 22 22 22

Der Umwelt zuliebe – nachhaltig reisen

Die Umwelt schützen, die lokale Wirtschaft fördern, jeder kann dazu beitragen, einen nachhaltigen Tourismus zu unterstützen. Die Anreise mit dem Zug ist nicht nur stilvoll und bequem, sondern auch die ressourcenschonendste Variante. Vor Ort können Sie vieles gut zu Fuß und mit den öffentlichen Verkehrsmitteln erkunden. Der Fuhrpark der **Leipziger Verkehrsbetriebe** wird zu 100 % mit Ökostrom betrieben.

In der Zeit von April bis Oktober stehen Ihnen **Trinkbrunnen** zur Verfügung, an denen Mehrwegflaschen mit Trinkwasser aufgefüllt werden können. Standorte: www.l.de/wasserwerke/kundenservice/trinkwasserbrunnen.

Neben den überregional agierenden Umweltverbänden gibt es in Leipzig den Umweltbund **Ökolöwe.** Er betreibt auch die 1988 gegründete Umweltbibliothek. Informationen rund um die Projekte finden Sie unter www.oekoloewe.de.

Verkehrsmittel

Straßenbahn (Tram) und Bus

Die **Leipziger Verkehrsbetriebe** (LVB, www.l.de/verkehrsbetriebe) betreiben die Straßenbahnen und Busse im Stadtgebiet. Zentrale Umsteigepunkte sind Hauptbahnhof, Wilhelm-Leuschner-Platz, Augustusplatz und Goerdelerring. Die **Straßenbahnen,** die alle zumindest Abschnitte des Innenstadtrings befahren, steuern Stadtteile in allen Himmelsrichtungen an – und die Stadt Markkleeberg. Die **Buslinie 89** (Hauptbahnhof–Connewitzer Kreuz) durchquert den verkehrsberuhigten Teil der Innenstadt. Die übrigen **Buslinien** verkehren außerhalb des Innenstadtrings und erschließen vor allem die Peripherie.
Fahrscheine: Tickets und Auskünfte erhalten Sie im **LVB-Service-Center** (Markgrafenstr. 2, Mo–Fr 8–20, Sa 8–16 Uhr) sowie im **Mobilitätszentrum am Hauptbahnhof** (Willy-Brandt-Platz, Mo–Fr 8–20, Sa 8–16 Uhr). **Fahrscheinautomaten** finden Sie an zentralen Haltestellen sowie in den meisten Bahnen (Münzgeld!).
Fahrplaninfos finden Sie auf der Website der LVB und über die App LeipzigMove (s. S. 243; dort können Sie auch Tickets online buchen).
Zentrale Servicehotline: T 0341 194 49
Straßenbahn- und Bustarife: Es gibt Kurzstreckenkarten (4 Haltestellen nach Einstiegspunkt, kein Umsteigen, 1,90 €), Einzelfahrscheine (1 Zone / 1 Std., 2,70 €, Kinder 1,20 €, 2 Zonen / 1,5 Std., 3,50 €,

Kinder 2,10 €), Vier-Fahrten-Karten und 24-Std.-Karten.

S-Bahn

Leipzigs S-Bahn-Netz ist durch die unterirdischen Haltepunkte im Bereich der Innenstadt (City-Tunnel, s. S. 127) aufgewertet worden. Die S-Bahnen gehören zum **Mitteldeutschen Verkehrsverbund** (MDV), der das Gebiet rund um Leipzig umfasst. Im Norden reicht er bis Halle, Delitzsch und Torgau, im Osten bis Oschatz und Döbeln, im Süden bis Altenburg und Zeitz, im Osten bis Bad Kösen und Querfurt. Der MDV und die LVB (s. S. 247) arbeiten zusammen. Bequem lässt sich so ein Ausflug in die Umgebung unternehmen und das dafür erforderliche Ticket einfach an den Verkaufsstellen der LVB oder deren Ticketautomaten erwerben. In allen Nahverkehrszügen des MDV ist die Fahrradmitnahme kostenlos.
Infos: www.mdv.de, **App:** s. S. 243

Taxi

Taxistände finden Sie u. a. am Hauptbahnhof, an der Goethestraße neben der Oper und am Thomaskirchhof.
Taxitarif Leipzig: Grundgebühr 3,50 €, km 1 und 2 je 2,50 €, km 3–10 1,80 €, ab km 11 1,70 €, am Wochenende und zwischen 20 und 5 Uhr erhöht sich der Preis je Kilometer um 0,10–0,20 €.
Zu den größeren Unternehmen gehören:
Ihr Leipzig Taxi 4884, T 0341 48 84, www.taxi4884.de
Citytaxi, T 0341 22 22 44 44, www.city-taxi-leipzig22224444.de
Leipziger Funktaxi, T 0341 60 05 00, www.funktaxi-leipzig.de
Löwentaxi Leipzig, T 0341 98 22 22, www.loewentaxi.de
In Leipzig hat sich mit **Clever Shuttle** (Mo/Di 6–3, Mi/Do 6–4, Fr 6–Mo 3 Uhr, www.clever-shuttle.de/clevercitys/leipzig, buchbar über die CleverShuttle App) ein Sammelfahrdienst etabliert. Sie sind zumeist mit weiteren Fahrgästen in einem Fahrzeug unterwegs, die Kosten hängen von der Länge der Wegstrecke ab.

Fahrräder

Radfahren erfreut sich in Leipzig großer Beliebtheit. Im verkehrsberuhigten Innenstadtbereich – wo die Fußgänger das Tempo vorgeben – fehlt nach wie vor ein erkennbares Konzept, das den Radverkehr tagsüber leitet. Die beiden Haupteinkaufsstraßen Grimmaische und Petersstraße sind von 20 bis 11 Uhr für den Radverkehr geöffnet. Auf dem Innenstadtring ist Radfahren zwischen

LEIPZIG CARD

Mit der Leipzig Card genießen Sie freie Fahrt auf allen Straßenbahn-, Bus-, S-Bahn-Linien und in allen Nahverkehrszügen (RE, RB, MRB) der Tarifzone 110 des MDV, bis zu 50 % Ermäßigung oder gänzlich freien Eintritt in ausgewählten Museen und Ausstellungen, Rabatte von 10–20 % oder mehr bei Rundgängen, Rundfahrten und Führungen, bei Bootsverleihern, bei einigen Freizeiteinrichtungen (z. B. 15 % beim Zoo) etc. Auch Tickets für Festivals, Konzerte, Theateraufführungen erhalten Sie zu ermäßigten Preisen.
Leipzig Card kaufen: online auf www.leipzig.travel/de oder vor Ort bei der Tourist-Information, im LVB-Service-Center, dem Mobiliätszentrum am Hauptbahnhof und in zahlreichen Hotels.
Kosten: Tageskarte/1 Person 12,40 €, Drei-Tages-Karte/1 Person 24,90 €, Drei-Tages-Gruppenkarte/2 Erw. und 3 Kinder unter 15 Jahren 46,40 €.

den Automassen kreuzgefährlich und keinesfalls ratsam. Erfreulicherweise ist die Anzahl an Abstellmöglichkeiten für Fahrräder an den sogenannten Leipziger Bügeln in den letzten Jahren deutlich erhöht worden. Bei schönem Wetter sind dennoch die meisten Bügel bisweilen belegt. Den größten Fahrradparkplatz bietet die Schillerstraße in der südlichen Innenstadt. Die Anzahl von Fahrradstraßen ist ebenfalls gewachsen und lenkt in den Wohngebieten – wo immer möglich – den Radverkehr parallel zum Autoverkehr durch das Stadtgebiet.

Räder mieten können Sie z. B. bei **Grupetto Leipzig** (Waldstr. 13, T 0341 91 00 47 50, www.grupetto.de, Mo–Fr 10–19, Sa 10–16 Uhr) oder bei **Little John Bikes** (Martin-Luther-Ring 3–5, Leipzig-Zentrum, T 0341 462 59 19, www.littlejohnbikes.de, Mo–Fr 10–19, Sa 10–16 Uhr). **Nextbike** (T 030 692 05 04 68, www.nextbike.de) ist mit zahlreichen Stationen im gesamten Stadtgebiet vertreten. Um ein Fahrrad auszuleihen, müssen Sie sich über die App registrieren und das Rad dann freischalten.

Autofahren

Die größten **Parkhäuser der Innenstadt** befinden sich unter dem **Augustusplatz** (Zufahrt: Augustusplatz 15), **Burgplatz/ Petersbogen** (Zufahrt: Martin-Luther-Ring/Markgrafenstr.) sowie der **Marktgalerie** (Zufahrt: Thomasgasse 2). Ein Parkleitsystem entlang des Ringes informiert über verfügbare Stellplätze. Die Preise pro angefangener Stunde liegen bei ca. 1,80–2,70 €, Tagesticket 15–17 €.

Stadtführungen/-rundfahrten

Einen guten ersten Überblick über das restliche Stadtgebiet verschaffen die Teilnahme an einer **Stadtführung** und einer **Stadtrundfahrt.** Das ist in Leipzig kein Entweder-oder, sondern ein unbedingtes Sowohl-als-auch. Während Sie im Bus gut die ab dem 19. Jh. dazugekommenen Stadtteile erkunden können, kommen Sie durch die Innenstadt selbst nur zu Fuß. Angeboten wird eine bunte Vielfalt, von **klassischen Touren** bis zu **thematischen Führungen** – öffentlich oder individuell. Für **Kinder und Jugendliche** gibt es spezielle Angebote (z. B. Stadtrallys). Verschiedene Veranstalter bieten **Hop-on-/ Hop-off-Touren** an. Meine persönliche Empfehlung: Lieber eine klassische Stadtrundfahrt wählen. Hier muss der Guide keine Zeit darauf verwenden, die nächste Haltestelle anzusagen, neu zugestiegene Gäste zu begrüßen etc.

Leipzig Erleben: Tourist-Information, Katharinenstr. 8, T 0341 710 42 80, www.leipzig-erleben.com, Zeiten wie Tourist-Information Leipzig, s. S. 242.

Leipziger Stadtrundfahrten: www.leipzigerstadtrundfahrten.de. Hop-on-Hop-off-Touren, auch in Kombination mit Kanalfahrten.

Spezielle Themen- und **Stadtteilführungen** bieten auch kleinere Anbieter wie **Leipzig Details** (www.leipzigdetails.de) und **Treffpunkt Leipzig** (www.treffpunktleipzig.de) an. **Geführte Fahrradtouren** können Sie bei **lipzi tours** (www.lipzitours.de) buchen. Bei Bedarf können auch Fahrräder ausgeliehen werden.

STADTFÜHRUNG MIT DER AUTORIN

Mittendrin in Leipzig. Auf einem **Stadtspaziergang** zeige ich Ihnen gern die schönsten und angesagtesten Ecken meiner Heimatstadt, deren Wandel und Wiederbelebung ich in den letzten Jahrzehnten hautnah erleben durfte. Allein, zu zweit, mit Familie, Freunden, auf Konferenzbesuch oder Betriebsausflug, in deutscher oder englischer Sprache. Ich bin ausgebildete und zertifizierte Gästeführerin. **Kontakt:** Anna-Sylvia.Goldammer@t-online.de.

Das

Zum gemeinsamen Gärtnern gehört ab und an auch gemeinsam zu speisen – wie hier im Gemeinschaftsgarten Annalinde in Leipzig-Plagwitz.

Magazin

Was bleibt vom Hype?

L. E., Neues Berlin, Hypezig — In regelmäßigen Abständen schwappt ein neues Buzzword durch die mediale Welt und beschwört das Image der Stadt als hippe Szenemetropole herauf. Objektiv feststellen lässt sich vor allem eins: Leipzig wächst.

Schon ab Mitte der 1990er-Jahre wurde Leipzig zur Boomtown des Ostens. Dabei ging es, als viele Betriebe schlossen, der Westen golden und das Fernweh groß war, mit den Einwohnerzahlen erst einmal abwärts. Doch bald bewegten sich Menschen auch in umgekehrte Richtung. Menschen, die das Potenzial der Gründerzeitviertel und alten Fabrikhallen erkannt hatten.

Hang zum Größenwahn?

Der legendärste unter ihnen war der fulminant gescheiterte Bauunternehmer Jürgen Schneider, der zahlreiche Immobilien in der Leipziger Innenstadt kaufte und denkmalgerecht sanierte – allerdings ohne über die nötigen ›*peanuts*‹ dafür zu verfügen. Ein inoffizieller, ja krimineller, doch nicht unwillkommener Beitrag zum Aufbau Ost. In seinem Buch »Bekenntnisse eines Baulöwen« attestiert er der Stadt Leipzig: »Sie hat wie ich einen Hang zum Größenwahn.«

Ist es vielleicht genau diese Neigung der Leipziger, immer eine Nummer größer zu denken, die der Stadt wieder Auftrieb verliehen hat? Oder die Aufbruchstimmung? Das eigene Selbstvertrauen, das durch das Stürzen des SED-Regimes gewachsen war? »Leipzig kommt«, posaunte das Stadtmarketing selbstgewiss in die wiedervereinte Republik hinaus. Wer kam, waren zunächst vor allem junge Leute, Studenten, Künstler, Kreative, denen die günstigen Mieten, das Unperfekte, die Abwesenheit jeglichen Schickimickitums behagten.

Realer Aufschwung

Inzwischen bleiben viele Studenten auch nach dem Studium in der Stadt, Exilsachsen kehren zurück. Der Arbeitsmarkt hat sich günstig entwickelt. Im Zuge der Ansiedlungen von Großunternehmen wie Porsche, BMW, Amazon und DHL kamen auch kleinere Unternehmen nach Leipzig und die Arbeitslosenquote sank in den letzten Jahren kontinuierlich. Der City-Tunnel hat die Verkehrsinfrastruktur aufgewertet. Im Süden der Stadt hat sich rund um den Deutschen Platz ein Cluster von biotechnischen bzw. biotechnologischen Unternehmen und

L

LIKEZIG ODER HYPEZIG

Der Begriff »Hypezig« geht auf den Blog von Autor und Comedian André Herrmann (geb. 1986) zurück, der sich über den allzu großen Wirbel um das ach so coole Leipzig lustig machte. Als das Stadtmarketing dann 2014 im Vorfeld der 1000-Jahr-Feier der Ersterwähnung Poster mit dem etwas ungelenken Schlagwort »Likezig« plakatierte, stellte Herrmann seinen Blog (www.hypezig.tumblr.com) ein, wohl weil er seine eigene Parodie verdreht sah.

Wohnen sie schon in Leipzig oder überlegen sie zu bleiben? Zumindest scheint ihnen die Stadtrundfahrt zu gefallen.

Forschungseinrichtungen (s. S. 87) etabliert, das der Stadt als international anerkanntem Wirtschaftsstandort Aufschwung verliehen hat.

Am besten lässt sich die Dynamik an den steigenden Einwohnerzahlen ablesen. Mit rund 13 % verzeichnete Leipzig zwischen 2010 und 2018 den größten Bevölkerungszuwachs unter den deutschen Großstädten. Innerhalb von rund 20 Jahren ist die Stadt seit den 1990er-Jahren damit um über 100 000 Menschen auf die Zahl 600 000 im Jahr 2019 hochgeschnellt.

Wachstumsschmerzen

Lange her erscheinen heute die Zeiten, als es am Wohnungsmarkt ironisch »leer, leerer, Leipzig« hieß. Der Boom lockt auch Immobilienspekulanten, weshalb Wohnraum zumindest im bezahlbaren Bereich knapp wird. Von den Mietpreisen in München, Frankfurt oder Hamburg ist Leipzig allerdings nach wie vor ein gutes Stück entfernt, aber auch die Einkommen liegen noch unter westdeutschem Niveau. Neue Kindergärten und Schulen schießen derzeit wie Pilze aus dem Boden. Da hatte die Stadtplanung den Trend lange verschlafen und ist nach abruptem Aufwachen nun dabei, emsig Hausaufgaben nachzuholen.

Cool-kid town?

Jüngster Beiname der Stadt: Für 2020 empfahl die New York Times ihrer Leserschaft, die *»cool-kid town«* Leipzig zu besuchen. Dabei ist die Stadt in Übersee längst kein Geheimtipp mehr, schon zehn Jahre zuvor hatte die New York Times die Leipziger Kreativszene als einen der *»places to see«* gelobt. Auf die Online-Umfrage der Leipziger Volkszeitung, was denn die Einheimischen zur Coolness ihrer Stadt meinen, klickte die Mehrheit auf: »Man kann hier gut leben. Aber cool …?« ■

Ein Hoch auf die Kultur

Kultur und Politik — Die gebürtige Leipzigerin Skadi Jennicke (geb. 1977) kennt die örtliche Kunst- und Kulturszene aus dem Effeff. Ein Gespräch mit der Kulturbürgermeisterin, die zuvor Dramaturgin am Schauspielhaus war.

Wenn Sie über Leipzig sprechen, welcher Begriff fällt Ihnen eher ein: Musikstadt oder Kulturstadt?

Leipzig ist eine Kulturstadt, in der die Musik eine außerordentlich bedeutsame Rolle spielt. Historisch begründen lässt sich das mit der Tradition des Thomanerchors, der seit seiner Gründung 1212 ohne Unterbrechung das Musikleben unserer Stadt bereichert. Johann Sebastian Bach war der wohl berühmteste Thomaskantor und die Hauptphase seines Schaffens verbrachte er in Leipzig, wo er auch starb. In Leipzig ist das älteste bürgerliche Orchester der Welt zuhause: das Gewandhausorchester. Und im 19. Jh. war Leipzig neben Wien und Paris *die* Musikmetropole Europas. Das Besondere ist, dass hier in einzigartiger Weise Handel, Verlagswesen, Messe und Musikschaffen mit einer lebendigen bürgerschaftlichen Kultur zusammenkamen und Leipzigs Stadtentwicklung entscheidend prägten. Doch auch heute können Sie hier täglich Musik auf Weltniveau erleben – von der Klassik über Jazz bis hin zu zeitgenössischer Musik.

Musik spielt offenkundig die erste Geige im Leipziger Kulturbetrieb. Sie sind von Hause aus Dramaturgin. Wie steht es um das Leipziger Theater?

Auch hier zeigt sich, wie sehr Handels- und Kulturgeschichte aufeinander wirken. Während an der berühmten Alma Mater Lipsiensis Johann Christoph Gottsched den Theaterzuschauern des 18. Jh. das Lachen akademisch verbieten wollte und das Theater als Mittel zum Zweck der Zivilisierung propagierte, machte eine Frau aus dem Vogtland ihm vor, was es heißt, Abend für Abend das Publikum anzulocken und sich stets aufs Neue um das königliche Privileg zu bemühen, während der Herbst- und der Frühjahrsmesse die Bretter aufzuschlagen: die Neuberin. In Leipzig wurde auch Theatergeschichte geschrieben. Unser Schauspielhaus ist ein stolzer Bau, in dem spielend über Gesellschaft verhandelt wird. Viele junge Menschen suchen diesen Diskurs und wollen ihn mitgestalten. Und so lange das so ist, steht es gut um das Theater, auch hier in Leipzig. Probieren Sie es aus!

Leipzig war nie Residenzstadt, wohl aber Revolutionsstadt. Wie tickt der Leipziger Kulturbürger, Frau Kulturbürgermeisterin?

Wir waren und sind eine Bürger- und Handelsstadt, von daher ticken die Uhren hier anders als beispielsweise in der Residenzstadt Dresden. Die Kultur gehört zur Identität unserer Stadt und die Leipziger wissen das und leben es.

Die Erfahrung, aus eigener Kraft und friedlich ein System an sein Ende gebracht zu haben, ist für jeden, der dabei war, eine zentrale biografische Erfahrung. Für das kollektive Gedächtnis unserer Stadt ist die Friedliche Revolution ein markanter Baustein, den wir jährlich am 9. Oktober mit einem städtischen Feiertag und einem Lichtfest begehen. Stetig aufs Neue die Errungenschaften der Friedlichen Revolution auf ihre Bestandskraft und Wirksamkeit zu befragen, gehört zum Selbstverständnis unserer Stadtgesellschaft.

Wie steht es um das Zusammenspiel von Hochkultur und freier Szene?

Der Begriff Hochkultur ist problematisch. Es gibt nur zeitgenössische Realisation von Kunst und Kultur. Alles Tradierte muss sich in der Auseinandersetzung mit Zeitgenossenschaft bewähren. Insofern bin ich stolz darauf, dass es in Leipzig immer mehr gelingt, beides – künstlerische Innovation und Tradition – in der Gegenwart in lebendige Wechselwirkung zu bringen. Das macht die einzigartige Atmosphäre unserer Stadt aus. Hier atmet Gründergeist auf dem Fundament von Historie.

Leipzig galt schon zu DDR-Zeiten als Kabaretthochburg. Nach der Wende wurde die Lachmesse ins Leben gerufen, um die politische Satire weiter zu pflegen. Welchen Stellenwert besitzt das Leipziger Kabarett im 21. Jh.?

Nach wie vor sind wir eine Kabaretthochburg. Das Besondere ist, dass die Traditionskabaretts wie academixer, Pfeffermühle und Funzel nach wie vor im Kern auf Comedy verzichten. Leipziger Kabarett ist Ensemblekabarett mit dezidiert für die Inszenierung geschriebenen Autorentexten. Zu DDR-Zeiten

Seit 2016 ist Dr. Skadi Jennicke, Mitglied der Partei DIE LINKE, Leipziger Bürgermeisterin für Kultur.

»Es gibt nur zeitgenössische Realisation von Kunst und Kultur.«

entlud sich hier nicht selten die ins Private abgedrängte Meckerseele, verschaffte ihrem Frust in befreiendem Gelächter Luft. Das ist heute schwieriger geworden. Aber politisch aufgeheizte Zeiten wie die heutigen erfordern den mutigen Autor und die aufrechte Kabarettistin mit Haltung. Und davon haben wir einige in Leipzig. Und es sage noch einmal jemand, die sächsische Mundart sei behäbig! Da kennen Sie unsere Kabaretts aber schlecht!

Welche Persönlichkeit empfinden Sie als für das Kulturleben der Stadt besonders prägend?

Für Leipzig ist ohne Zweifel Felix Mendelssohn Bartholdy eine überaus bedeutende Persönlichkeit, in deren Wirken sich die Entwicklungslinien unserer Stadt wie in einem Brennglas fokussieren. Als Gewandhauskapellmeister führte er Werke seiner Zeitgenossen auf, die zugleich in den zahlreichen Musikverlagen unserer Stadt verlegt wurden und von hier aus ihren Weg in die Welt fanden. Handels- und Kulturgeschichte spielen hier Hand in Hand. Diese Wechselwirkung hat die europäische Musikgeschichte, aber auch unsere Stadt entscheidend geprägt. Die Wiederaufführung der Werke Johann Sebastian Bachs durch Mendelssohn haben der Musikgeschichte entscheidende Impulse verliehen. Welcher Musiker kann heute komponieren oder musizieren, ohne sich mit Bach auseinanderzusetzen, sich von ihm inspirieren und sich auch an ihm messen zu lassen. Mendelssohns Konversion vom Judentum zur evangelischen Kirche hat ihn nicht vor den Angriffen und brutalen Anfeindungen der Nationalsozialisten geschützt und bis heute sind wir verpflichtet, mahnend daran zu erinnern.

Und in der jüngeren Vergangenheit?

Da fällt mir ein anderer Weltbürger unserer Stadt ein: Kurt Masur. Der Gewandhauskapellmeister, in dessen Amtszeit das Gewandhaus am Augustusplatz als architektonischer Solitär einen Meilenstein in der DDR-Baugeschichte markiert, hat sich insbesondere nach der Friedlichen Revolution 1989/90 für die Sanierung des Mendelssohn-Hauses eingesetzt, das heute mit dem einzigartigen Effektorium jährlich zahlreiche Besucher anlockt.

In Dresden singt der Kreuzchor im Dynamostadion Weihnachtslieder. Warum funktioniert das nicht mit dem Thomanerchor in Leipzig?

Gemeinsames Musizieren, nicht nur zur Weihnachtszeit, ist elementarer Bestandteil menschlicher Gemeinschaft. Sie können den Thomanerchor jeden Freitag und Samstag in der Thomaskirche erleben. Am authentischen Ort von Johann Sebastian Bach seine Musik zum Klingen zu bringen, ist etwas ganz Besonderes.

Wie man zum Thomanerchor, zum Gewandhaus, in die Oper oder Operette kommt, ist klar. Was ist Ihr Discotipp?

Leipzig ist eine europäische Clubmetropole. Aus ganz Europa reisen junge Menschen zu uns, um einen der bedeutendsten Clubs, die Distillery, zu besuchen. Nicht wenige suchen in unserer Stadt ihren Lebensmittelpunkt, eben weil es eine so lebendige Clubkultur gibt. Sie können hier jeden Abend weggehen und tanzen – mit erstklassigen Künstler*innen am Pult oder auf der Bühne. Wo gibt es das noch einmal in einer Stadt unserer Größe? ■

Nachts geht die Post ab

Tagsüber ist der Betrieb überschaubar — Rushhour herrscht nachts, denn für den Frachtverkehr gibt es für den Flughafen Leipzig/Halle kein Nachtflugverbot. Am DHL-Drehkreuz bieten Führungen Einblicke in die Logistikabläufe

Ein Spätsommerabend. Die Sonne ist schon untergegangen. Es regnet leicht und es riecht schon ein wenig nach Herbst. Normalerweise würde ich es mir jetzt zum Feierabend auf der Couch gemütlich machen. Doch gegen 21 Uhr geht es los – gemeinsam mit Kolleginnen raus aus der Stadt in Richtung Schkeuditz. Es ist leer auf den Straßen um diese Uhrzeit. Am Terminal 2 von DHL treffen wir den Rest unserer Gruppe Leipziger Gästeführer. Nur 15 Leute dürfen mit auf Tour über das Gelände des hochmodernen Luftfrachtdrehkreuzes. Es liegt in unmittelbarer Nachbarschaft zum Flughafen Leipzig/Halle und dem Autobahnkreuz der A 9 und der A 14. Am Empfang werden unsere bereits vorher gemeldeten Angaben zur Person abgeglichen. Ohne gültiges Ausweisdokument kommt hier kein Gast hinein. Jeder streift sich eine Warnweste über und hängt sich ein Besucherschildchen um den Hals. Bis alle eingetroffen sind und dieses Prozedere hinter sich gebracht haben, dauert es. Ich schaue in schläfrige Gesichter. Und dann kommt unser Guide, eine attraktive und aufgeschlossene junge Frau, die den ›Kollegentest‹ mit Bravour meistern wird. Es geht durch den Securitycheck, bei dem wie bei einem regulären Flug Handgepäck und Co. durch einen Röntgenscanner geschickt werden und eine sehr akkurate Körperkontrolle durchgeführt wird. Spätestens jetzt sind alle hellwach. Schwer vorstellbar, dass das für die Mitarbeiter zur Routine gehört. Für die ID-Kontrolle heißt das Zauberwort der Biometrik Handvenenscanner, mein erstes Vokabelsouvenir an diesem Abend. Ich hatte mir im Vorfeld nicht klargemacht, dass ein Logistikunternehmen ein derartiger Hochsicherheitsbereich ist. Das kennt man sonst eher aus Atomkraftwerken oder dem Strafvollzug.

Basiswissen

Zum Start der eigentlichen Tour nehmen wir in gemütlichen Sesseln Platz und schauen einen Imagefilm über DHL und sein Leipziger Drehkreuz. Während vor den Fenstern der Flugbetrieb beginnt, bekommen wir schon mal eine grobe Idee

MASSENABFERTIGUNG

Im Durchschnitt 350 000 Sendungen durchlaufen das Frachtzentrum pro Nacht. In der Weihnachtszeit können es bis zu 500 000 werden. Corona beflügelte DHL: Im April 2020 kam der Frachtflughafen auf ein europäisches Rekordhoch mit bis zu 185 Starts und Landungen pro Nacht: Der Onlinehandel erlebte einen Aufschwung, dazu kamen Transportflugzeuge mit Masken- und anderen medizinischen Gütern.

In der großen Sortierhalle bei DHL scannen Operations Agents den Barcode jeder Sendung. So werden die Pakete dem jeweils vorgesehenen Container in der richtigen Frachtmaschine zugeordnet.

von den verschiedenen Bereichen und Abläufen des seit 2008 hier ansässigen Unternehmens. Und dazu gehören eine Menge Zahlen: 6000 Mitarbeiter arbeiten hier. Das Areal mit drei Terminals, Hochregallager, Hangar und Vorfeld hat eine Größe von 1,2 Mio. m² und liegt direkt neben dem Luftfrachtumschlagbahnhof, der die Anbindung an die Schiene gewährleistet. Täglich landen und starten um die 65 Flugzeuge von und zu über 50 Destinationen weltweit. Der Frachtumschlag beträgt im Schnitt 2000 t pro Tag. Genauer gesagt: pro Nacht. Es ist die Nachtzeit, in der die langen Transportwege durch die Luft ablaufen, die Tageszeit ist für die Vor-Ort-Zustellung an die Adressaten bestimmt, die über Zug und Lkw läuft. Leipzig ist neben den Flughäfen in Cincinnati und Hongkong das größte von drei global operierenden DHL-Drehkreuzen.

Eine Frage, die sich aufdrängt, beantwortet der Film nicht: Wofür steht die Abkürzung DHL? Die Vermutung liegt nahe, das D habe vielleicht mit dem der Deutschen Post zu tun, zu deren Konzern der Paket- und Briefexpressdienst seit 2002 gehört. Keineswegs. Unsere Führerin kennt die Antwort: Es sind die Anfangsbuchstaben der Namen der Firmengründer Dalsey, Hillblom und Lynn, die das Unternehmen 1969 in San Francisco gründeten.

Steuerung und Motivation

Als Nächstes werfen wir einen ehrfürchtigen Blick ins Network Control Center, die Steuerzentrale des Drehkreuzes. Zahlreiche Bildschirme erinnern an die Frankfurter Börse, auf einem besonders großen Monitor läuft das Programm von CNN. Neben dem ausgeklügelten

Kapazitätsmanagement der Fracht und der Überwachung sämtlicher Flugbewegungen müssen die aktuellen Entwicklungen im weltweiten Wettergeschehen, aber auch in der Weltpolitik im Blick behalten werden. Viele Faktoren können den Flugbetrieb beeinträchtigen. Der Abend ist ruhig und für die Mitarbeiter gegen 22.30 Uhr noch jung. Vermutlich haben die meisten ihren Biorhythmus so adaptiert, dass es sich wie ein normaler Vormittag anfühlt. Für Besucher kurios: Die Belegschaft begrüßt sich ganznächtig mit »Guten Morgen«.

Weiter geht es durch verschiedene Bereiche des Terminals, in einer Halle findet gerade eine Schulung statt. Dynamische Coaches mit Headset sind offenbar gerade mit der Belegschaft im Motivationstraining.

Sortieren

In der gigantischen Sortierhalle angekommen, wird mir klar, warum vom Tragen von Röcken und Kleidern während der Führung abgeraten wurde: Die Sortierbänder mit einer Gesamtlänge von 46 600 m laufen auf zwei Arbeitsebenen, deren Zwischenboden aus Gitterrosten besteht, Einblicke in beide Richtungen inklusive. Das ameisenhaufenartige Gewimmel hier ist überwältigend und für den Laien kaum zu überblicken. Pakete und Päckchen unterschiedlicher Form und Größe laufen auf den Bändern neben und über uns, werden von Sechs-Seiten-Scannern geprüft, um in die richtige Bahn befördert zu werden, die sie dann zum passenden Container transportiert. Zwischendrin kontrollieren Mitarbeiter die Abläufe, stapeln um, schubsen aus der Bahn Geratenes zurück in die richtige Spur. Gabelstapler fahren kreuz und quer durch die Halle in diesem für Laien nicht nachvollziehbaren geordneten Wirrwarr. Nun wird auch den letzten von uns klar, dass ein Übertreten der auf dem Boden markierten Grenzstreifen keine gute Idee ist.

Etwas ruhiger geht es im Bereich des Zolls zu. Hier muss sich manche Sendung in einem der Regale gedulden, bis Papiere und Inhalt kontrolliert sind. Verschiedenfarbige Lämpchen signalisieren den jeweiligen Status. Nicht immer bleibt so viel Zeit: DHL transportiert auch lebende Tiere. Legendär: das Spitzmaulnashorn, das von Leipzig auf Reise ging.

Flugbetrieb

Dann dürfen wir es uns im Bus bequem machen, der in einem weniger gemütlichen Tempo über das Vorfeld brettert, als wir es von unseren Stadtrundfahrten gewöhnt sind. Transporter wuseln über das Gelände, Container und sonstige Frachtstücke werden auf sogenannten Dollies zum Flugzeug gefahren, wo Highloader zur Verladung bereitstehen. Zwei fabrikneue BMW warten auf den Transport nach Übersee. Mittlerweile ist der Flugbetrieb voll angelaufen. Wir sehen mehrere gelbe Maschinen, die sich – wie auf einer Perlenkette gereiht –, im Landeanflug befinden. Andere rollen bereits zu einem der 65 Stellplätze oder werden von den Ramp Agents ent- oder beladen. Eindrucksvoll der 30 m hohe Hangar, der Platz zur Wartung von zwei Maschinen bietet. Die Tankstation verfügt über drei Tanks mit einem Fassungsvermögen von jeweils 3800 m³. Eine werkseigene Feuerwehr sorgt für die nötige Sicherheit rund um das Gelände. Ein typischer Einsatzfall sind auslaufende Flüssigkeiten aus den Postsendungen.

Es nieselt immer noch, als wir müde wieder ins Auto steigen und uns auf den Heimweg machen. Für die Mitarbeiter von DHL geht es jetzt erst richtig los. Guten Morgen! ■

Oh, Cäcilia

Leipzig live — Zur Notenspur-Nacht der Hausmusik öffnen am Vorabend des Totensonntags Leipziger ihre Wohnungen, Büros, Praxen oder Ateliers für Musiker und Gäste. Mehr als 60 Minikonzerte finden gleichzeitig statt. Tendenz steigend.

Vielversprechend schon die Wohnungstür im Jugendstil. Sie öffnet sich und unsere Gastgeberin heißt uns willkommen. Im großen Flur stehen schon einige Schuhpaare, die darauf hindeuten, dass wir nicht die ersten sind. Im Wohnzimmer sind die Flügeltüren zum Nachbarraum geöffnet und ein origineller Mix zusammengewürfelter Sitzgelegenheiten steht für die etwa 30 zu erwartenden Gäste des Hauskonzerts bereit. Besonders beliebt sind, wenig überraschend, die Plätze auf der gemütlichen Sofalandschaft, wo schon ein paar Leute Platz genommen haben. Vor dem Klavier machen sich mit Flüstern und Rascheln die beiden Künstler bereit, ein Pianist aus Berlin und ein Klarinettist aus Dresden.

D

DABEI SEIN IST ALLES

Sollten Sie Ihre Leipzigreise für Ende November planen, warum nicht selbst an der Hausmusiknacht teilnehmen? Die Besucher-Registrierung läuft etwa ab Anfang November unter **www.notenspur-leipzig.de/hausmusik.** Die Veranstaltungen sind nach einzelnen Stadtteilen sortiert, der genaue Veranstaltungsort wird Ihnen nach verbindlicher Anmeldung mitgeteilt.

Neugierige Blicke

Genaues weiß ich nicht darüber, was uns heute Abend musikalisch erwartet. Meine Auswahl war eher von Bequemlichkeit geleitet. Wir haben uns bewusst einen Konzertort in unserem Stadtteil gesucht. Zugegeben, ein wenig Neugier spielt auch eine Rolle. Einmal in eine Wohnung in der Nachbarschaft hineinschnuppern zu dürfen, trägt zum besonderen Reiz dieses Abends bei. Das knarzende Parkett und die opulenten Stuckverzierungen an der Zimmerdecke scheinen original zu sein und haben den leicht morbiden Charme, der zu einer solchen Soirée passt. Der Blick aus dem straßenseitigen Fenster geht ins Dunkel durch die novemberkahlen Bäume zum abendlich angestrahlten Völkerschlachtdenkmal.

Musikalische Einblicke

Kurz nach 19 Uhr geht es los. Der Raum ist inzwischen gut gefüllt. Der Herr am Piano ist gleichzeitig Komponist der Stücke und stimmt sein Publikum zunächst mit erklärenden Worten auf die Musik ein. Es sind zeitgenössische Stücke für Klarinette und Klavier, die nun erklingen, für mein Laienohr wenig gefällig. Sie scheinen weniger darauf ausgelegt, der Klarinette wohlklingende Töne zu entlocken, vielmehr lotet der Klarinettist das komplette Repertoire an akustischen und mechanischen Spielarten aus, inklusive quietschender, klappernder, hauchender und zischelnder Geräusche. Das hat etwas Überraschendes und Kurioses.

Der informelle Rahmen der Veranstaltung erlaubt es, nach dem Konzert mit den beiden Musikern ins Gespräch zu kommen. Dabei erfahren wir, dass selbst die für meine Ohren ungewohnten Geräusche ihre eigene Notation in der Partitur haben. Das beeindruckt sogar die weniger in Avantgardemusik Eingeweihten wie mich.

Jung übt sich, wer einmal als Musizierender an der Notenspur-Nacht der Hausmusik teilnehmen möchte.

Ausklang

Die Gastgeberin hat inzwischen die Tür zu ihrer Küche geöffnet, wo Wein und Gebäck für die Gäste bereitstehen. Der Komponist muss dann schon los, seinen Zug zurück nach Berlin erwischen. Wir Einheimischen haben es zum Glück näher und plaudern noch ein wenig. Nun, da der Maestro uns verlassen hat, fasst ein junger Mann aus dem Publikum Mut, setzt sich ans Klavier und bringt ein Chopinstück zu Gehör. Das lockt mich, Weinglas in der Hand, zurück aus der Küche – damit ist auch meiner Sehnsucht nach ein wenig mehr Melodie und Harmonie an diesem Abend Genüge getan.

Notenspur

Ausgerichtet wird die Hausmusik-Nacht vom Verein der Leipziger Notenspur (s. Tour S. 44), bei dessen Team alle Fäden zusammenlaufen. Viel Engagement und Herzblut steckt in der Organisation dieser 2015 ins Leben gerufenen Veranstaltung, für die alljährlich zunächst Musiker und Gastgeber gefunden werden müssen. Die Künstler*innen treten ohne Gage auf, es sind Laien und Profis verschiedener Musikrichtungen und Generationen. Von der Jazz-Jam-Session über A-cappella-Gesang, Weltmusik, Singer-Songwriter, Klezmer, Filmmusik, Brassbands, Rock und Pop bis hin zu einem breiten Spektrum klassischer Musik ist für jeden und jede etwas dabei. Die Gastgebenden verteilen sich über die ganze Stadt und seit 2020 können auch Bürgerinnen und Bürger aus den Landkreisen Leipzig und Nordsachsen ihre Räumlichkeiten zur Verfügung stellen – unter dem Motto »Hausmusik geht ins Revier«.

Der Termin am Samstag vor dem Totensonntag ist übrigens keineswegs ein Zufall. Bewusst wurde die zeitliche Nähe zum 22. November gewählt – dem Namenstag der hl. Cäcilia, Schutzpatronin der Kirchenmusik, der Musiker und Instrumentenbauer. Könnte da nicht Simon & Garfunkels »Oh, Cecilia« glatt zum Ohrwurm werden – auch wenn das Stück mit Kirchenmusik so gar nichts gemein hat? ■

Wave-Gotik-Treffen

Leipzig sieht Schwarz — Jedes Jahr zu Pfingsten versammelt sich in der Stadt die ›Schwarze Szene‹ zu einem ihrer größten Festivals mit rund 20 000 Gästen aus der ganzen Welt.

Das WGT ist in der ganzen Stadt präsent: Zusätzlich zum Geschehen auf dem eigentlichen Festivalgelände im Agra-Park werden zahlreiche Bühnen, Clubs und selbst Gewandhaus, Oper und Kirchen der Stadt zu Veranstaltungsorten. Über 150 Events finden statt, überwiegend Konzerte. Daneben gibt es u. a. Lesungen, Mittelaltermärkte, das Heidnische Dorf und das Viktorianische Picknick.

Die Szene ist mannigfaltig: schrill, düster, mystisch, romantisch, esoterisch, erotisch. Gothics, Steampunks, Cybergoths, Düstermetaller, viktorianische Schwarzromantiker, Fetisch-, Visual Kei- und Mittelalterfans.

Typisch: morbide Accessoires wie hier ein Totenkopf an einem Leichenwagen. Wenig überraschend sind der Süd- und der Alte Johannisfriedhof beliebte Tummelplätze während des WGT.

Anything goes: Es muss nicht immer schwarz sein. Is red the new black?

Eine feste Größe zum Auftakt am Pfingstfreitag: Beim Viktorianischen Picknick im Clara-Zetkin-Park geht es dekadent-stilvoll zu. Die einen halten sich farblich zurück, farbenfroh gewandet sind die Vertreter der New-Romantic-Bewegung.

Reiches Erbe – die Architektur des Historismus

Viel zu tun für den Denkmalschutz — Von rund 15 000 Kulturdenkmälern der Stadt Leipzig stammen mehr als 10 000 aus der Gründerzeit. Vor allem der Wohnungsbau aus der Zeit des Historismus prägt noch heute ganze Stadtteile.

Dank eines unvergleichlichen Baubooms von den Jahren der Gründerzeit bis zum Ausbruch des Ersten Weltkriegs und durch die relativ geringen Zerstörungen im Zweiten Weltkrieg ist Leipzig heute eine echte Perle historistischer Architektur.

In der zweiten Hälfte des 19. Jh. war Leipzig eine der modernsten und wohlhabendsten Städte Deutschlands. Die für das Deutsche Reich wirtschaftlich so entscheidenden Boomjahre der Gründerzeit veränderten die Stadt grundlegend und prägten sie nachhaltig. Leipzig wuchs und dehnte sich aus. Der Siegeszug der Industrialisierung spülte Geld in viele private wie in die städtischen Kassen. Dieser plötzliche Reichtum spiegelte sich alsbald im Stadtbild: Das Aussehen der sächsischen Metropole änderte sich ebenso wie sich das gesellschaftliche Leben änderte.

Das Industriezeitalter verändert die Stadt

In einem Baurausch ohnegleichen wurde die Stadt um ganze Viertel erweitert: In den damaligen Vororten Plagwitz und Lindenau entstanden durch die systematische Erschließung außergewöhnliche und in Deutschland einzigartige Industrie- und Wohnmischsiedlungen auf der damals quasi noch grünen Wiese: Es wurden neue, moderne Fabriken errichtet, mit Gleisanschlüssen bis in die Hallen hinein, sowie Quartiere für die Arbeiter und mittleren Angestellten, die hohen Ansprüchen genügten und äußerlich beinahe ebenso repräsentativ gestaltet waren wie die Häuser der Bürger. Die Fabriken kamen daher wie die Burgen oder Schlösser der neuen Zeit, sie waren anderen repräsentativen Bauten der Stadt nachempfunden oder sie präsentierten sich vorbildlos als Novität im Stadtbild. In jedem Fall sind sie auch heute noch eine architektonische Besonderheit und ausgesprochen sehenswert.

Bürgerhäuser und Villen der Gründerzeit

Im Waldstraßenviertel und der südlichen Vorstadt wurden Mietshäuser für das mittlere Bürgertum, für kleinere Kaufleute, Bankangestellte und Beamte, gebaut. Die besten Wohngegenden zeichnen sich durch allein stehende Villen aus.

Im Übrigen ist die Blockrandbebauung charakteristisch, deren Häuser wunderbare Gärten umschließen, Innenhöfe, die von den Bewohnern individuell genutzt werden konnten. Die Wohnungen hatten teilweise gigantische Abmessungen von 150 bis 350 m² Grundfläche, damit auch die Bediensteten Unterbringung fanden. Zur Straße hin lagen die Salons und Zimmer der Familie, zum Hof hinaus die Mädchenkammern, Vorratsräume, Küchen und Sanitäreinrichtungen.

Im Musikviertel (s. S. 110) und in Gohlis (s. S. 184) schufen sich die ganz Reichen repräsentative Villen in bester Lage – nach Möglichkeit mit Blick auf einen Park. Es muss betont werden, dass Villen damals in allen Stadtteilen entstanden – meist an besonders begünstigten und idyllisch gelegenen Straßenzügen, diejenigen der Fabrikanten mitunter auch direkt auf den Fabrikarealen. In Gohlis und im Musikviertel schwang sich die Villenarchitektur jedoch zu höchsten Höhen auf, sie war den absolut Privilegierten vorbehalten.

Diese Viertel blieben glücklicherweise von den Bombardierungen im Zweiten Weltkrieg weitgehend verschont, und so ist heute etwa das Waldstraßenviertel (s. S. 188) das größte geschlossene Gründerzeitquartier in Deutschland.

Stilbildend – die neuen Repräsentationsbauten

Neben den Wohngebäuden der Gründerzeit, architektonischen Perlen des 19. Jh., entstanden zeitgleich zahlreiche Repräsentationsbauten staatlicher, städtischer und privater Art. So wurde 1895 das damalige Reichsgericht (s. S. 114), der oberste Gerichtshof des deutschen Kaiserreichs, fertiggestellt, 1897 das Alte Grassimuseum (die heutige Stadtbibliothek), 1901 – neben vielen anderen Messepalästen, die in der Innenstadt entstanden – das Städtische Kaufhaus (s. S. 50) für die Abhaltung der Mustermesse. 1905 wurde das Neue Rathaus (s. S. 59) für die städtische Verwaltung eingeweiht und 1912 um das benachbarte Stadthaus erweitert. 1913 kamen das Völkerschlachtdenkmal (s. S. 87) und die Russische Gedächtniskirche St. Alexej (s. S. 85) als Memorialbauten der Völkerschlacht hinzu und 1915, schon im Krieg, eröffnete der Hauptbahnhof (s. S. 37) für den gewaltig angewachsenen Güter-, Messe- und Personenverkehr.

Bürgerliches Geltungsbewusstsein

In Plagwitz stellte die Firma Tittel & Krüger kurz nach der Einweihung des Reichsgerichts einen Neubau auf dem Firmenareal vor, der die (Gerichts-)Kuppel anspielungsreich zitiert. Die Abmessungen sind zwar etwas bescheidener und statt der Wahrheit thront über allem eine einfache Kugel, aber die Symbolik war eindeutig: Man sah sich als oberste Reichsinstanz für die Kammgarnspinnerei und demonstrierte selbstbewusst die Intentionen des Unternehmens im Welthandel. Die junge gesellschaftliche Klasse der Industriellen und Unternehmer drückte mit der Architektur ihrer Fabriken und Häuser ihr Selbstbewusstsein gegenüber den bisher tonangebenden Gesellschaftsschichten aus. Man ließ die Architekten die Baustile der Vergangenheit zitieren, um sich als legitime Erben heroischer Epochen zu präsentieren. Die Zeit des Historismus begann. Sie hat Leipzigs Stadtbild so umfassend geprägt wie keine andere Epoche. Und im Gegensatz zu vielen anderen deutschen Städten überstand fast der komplette Bestand historistischer Bauten den Zweiten Weltkrieg nahezu unversehrt.

In der DDR-Zeit schenkte man diesen Bauten keine Beachtung. Darum überdauerten sie diese Zeit unbeschadet und konnten nach der Wende prunkvoll restauriert werden. ■

Flanieren bei jedem Wetter

Parallelwelt? — Ladenpassagen gibt es nicht nur in Leipzig, doch die Besonderheit hier ist das geschlossene System aus Passagen und Durchgangshöfen verschiedener Epochen, das die Innenstadt parallel zum Straßennetz durchzieht.

Vom Warenhof zur Passage

Am Anfang stand der Durchhof, der quasi die Hofeinfahrten bäuerlicher Anwesen im Dorf kopiert. Die Vorteile: Waren konnten schnell auf- und abgeladen werden, ohne die Wagen wenden zu müssen, zudem wurden die Wege zwischen zwei Gebäudereihen abgekürzt. Beides war besonders in Messezeiten notwendig. Fester Bestandteil dieses Systems waren die Gewölbe, die an die angereisten Kaufleuten vermietet wurden. Allein Auerbachs Hof besaß im 16. Jh. über 90 solcher Lagerräume. Einen Eindruck von solchen Durchhöfen vermittelt noch der Durchgang zwischen Kretschmanns Hof (Katharinenstr.; s. S. 54) und Blauem und Goldenem Stern in der Hainstraße.

Verband der Durchhof noch ein Ensemble verschiedenartiger Gebäude, so optimierte das barocke Durchhaus des 18. Jh. mit einheitlichem Stil und geschlossener Gestalt die ökonomischen und logistischen Vorteile des Vorgängers: im Erdgeschoss die vermieteten Läden und Gewölbe, im ersten Stock Wohnräume, darüber die Warenlager. Zahlreiche solcher Häuser wurden an der Westseite des Marktes und in der Petersstraße errichtet, erhalten ist allerdings nur noch Barthels Hof (s. S. 54) an der Hainstraße.

P

PASSAGENFEST

Am ersten Freitag im September findet alljährlich das Leipziger **Passagenfest** (www.passagenfest-leipzig.com) statt. Die Läden in den teilnehmenden Passagen öffnen bis 24 Uhr und bieten ein buntes Programm mit Straßenkunst, Konzerten, Ausstellungen, gastronomischen Erlebnissen, Installationen etc.

Das Messehaus

Schon der Durchhof verband Grundstücke und Räume, die ursprünglich nichts miteinander zu tun hatten. Mehr noch taten dies die Ende des 19. Jh. entstehenden Messehäuser. Die Mädler-Passage (s. S. 51) oder Specks Hof (s. S. 43) etwa wurden über den Gewölbekellern älterer Gebäude errichtet und umschlossen oft, wie das Städtische Kaufhaus (s. S. 50), einen ganzen Straßenblock.

Diese neue Architektur war eine Antwort auf die Anforderungen der neuen Mustermesse (s. S. 272). Mussten bisher alle Waren zum direkten Verkauf herangeschafft, gestapelt und schließlich weitertransportiert werden, änderte sich dies Anfang des 19. Jh.: Nur noch Warenmuster wurden vorgeführt – die Lieferung erfolgte von anderen Orten zu anderer Zeit. Nun galt es, die Warenproben möglichst effektvoll zu präsentieren und eine Atmosphäre zu schaffen, in der die Händler gern bestellten. In den – nur zu Messezeiten genutzten – Messehäusern boten Restaurants, Säle und Passagen eine prachtvoll-gediegene Atmosphäre. In den öffentlichen Bereichen war die Architektur anspruchsvoll, dramatisch und monumental, im Innern hingegen funktional: Ein offenes Gerüst aus Stahlträgern bot den Ausstellern Variationsmöglichkeiten. Aufzüge, elektrisches Licht und Telefon waren auf dem neuesten Stand der Technik. Der Rundgang durch die Ausstellung war so angelegt, dass der Kunde alle Stände passieren musste, jeder Händler also gleiche Chancen zum Verkauf hatte. Allein im Innenstadtbereich entstanden zwischen 1893 und 1938 30 Messehäuser. 1927, auf dem Höhepunkt von Leipzigs Messeruhm, waren sogar 50 in Betrieb.

Anknüpfungspunkte

Heute finden sich in der Innenstadt ca. 30 solcher Objekte. Neben instand gesetzten alten Gebäuden knüpfen auch Neubauten in ihrer Struktur oft an die Tradition der Höfe und Passagen an. Der um die Wende zum 21. Jh. errichtete Petersbogen (s. S. 59) und die 2005 eröffnete Marktgalerie (s. S. 57) mit ihrem Durchgang zur Klostergasse sind Beispiele für neue Facetten im Passagenbau. Die Höfe am Brühl (s. S. 44) von 2012 greifen im Namen, in ihrer Struktur und durch die Fassadengestaltung mit Hauszeichen und Abbildungen die historischen Vorgängerbauten auf. Selbst die Promenaden (s. S. 37) des Hauptbahnhofs können als zeitgenössische Spielart der Leipziger Passagenarchitektur gelten. ■

Oben: Ein prächtiges Portal bildet den Zugang zu Steibs Hof, den früher Pelzhändler nutzten.
Unten: Bereits seit 1915 zieht es Filmliebhaber in den Jägerhof. Heute befinden sich hier die Passage Kinos.

Die Stadt ist eine Messe

25 000 m² in eine Stahlkonstruktion gefasstes Glas überspannen 19 000 m² Grundfläche: Die Glashalle ist das Wahrzeichen der Neuen Messe.

Von Universal- zu Fachmessen — Jahrhundertelang galt: Leipzig hat keine Messe, Leipzig ist die Messe. Dieses Alleinstellungsmerkmal ist mittlerweile Geschichte, doch die Messe lebt.

Das alte Herz von Leipzig schlägt heute ganz am Rand der Stadt. 1996 wurde die Institution Leipziger Messe (www.leipziger-messe.de) in den Ortsteil Seehausen im Norden der Stadt transplantiert. Platz gibt es hier genügend, ein Gelände von fast 100 ha steht der Leipziger Messe zur Verfügung. Ganz im neuen Gewand ist sie entstanden, mit einer lichtdurchfluteten Glashalle von stattlichem Ausmaß: 238 m lang, 80 m breit und 30 m hoch. An diese docken, über Röhrengänge verbunden, fünf Ausstellungshallen von jeweils 20 500 m² nutzbarer Fläche sowie das Congress Center Leipzig (CCL) mit 8337 m² an. Gestaltet von Ian Ritchie und Gerkan, Marg und Partner erinnert der Gebäudekomplex mit seiner Bogenkonstruktion aus Stahl und Glas ein wenig an die Bahnsteighalle des Hauptbahnhofs.

Das funktionale und hochmoderne Megaprojekt mit Investitionskosten von 1,335 Mrd. DM war einerseits der notwendige Schritt in Richtung Zukunft und eine Zusage an die altehrwürdige Institution. Gleichzeitig war es aber ein Schnitt, der tief ins Mark ging und Schmerzen verursachte. Das identitätsstiftende Element der Stadt wurde von seinen tradierten Schauplätzen entfernt. Aus logistischer Sicht war es richtig, der Nähe zu Flughafen und Autobahn sowie einem sich entwickelnden Industrie- und Gewerbegebiet den Vorzug zu geben. Doch zugleich besiegelte der Umzug ein Stück Bedeutungsverlust, den die Leipziger Messe erfahren hatte. Vorbei war die Zeit der Universalmessen, die das Treiben der ganzen Stadt bestimmten. Fachmessen rund ums Jahr sind heute auch in Leipzig das Gebot der Stunde. Früher war gern die Rede von der Leipziger Messe als »der einzigen Messe der Welt, die sich eine Stadt leistet« …

Via Regia und Via Imperii

Die Urbs Lipzi, das heutige Leipzig, lag am Kreuzungspunkt zweier alter Handelsstraßen. Die Via Regia (Königsstraße) war die Verbindungsstraße zwischen Frankfurt am Main und Leipzig. Ihre Verlängerung Richtung Osten erstreckte sich bis in die heutige Ukraine nach Kiew bzw. bis Nischni Nowgorod an der Wolga. Ihre Fortsetzung nach Westen lässt sich bequem mit dem Jakobspilgerweg bis Santiago de Compostela in Spanien identifizieren. Die Via Regia gilt als eine der ältesten und längsten Landverbindungen zwischen Ost- und Westeuropa. Sie existiert seit mehr als 2000 Jahren. Auf 4500 km Länge verband sie acht europäische Länder.

Ähnliches gilt für die Via Imperii – die Reichsstraße. Sie durchmaß Europa in Nord-Süd-Richtung, verband Venedig mit Bernau und führte von dort aus weiter nach Norden in die skandinavischen Länder. Noch heute gibt es im innerstädtischen Zentrum Leipzigs eine Reichsstraße, deren Verlauf sich ungefähr mit dem der mittelalterlichen Vorgängerin deckt. Die Königsstraße kann man sich in etwa identisch mit dem Verlauf des heutigen Brühl in der Innenstadt vorstellen.

Vom Marktrecht zum Reichsmesseprivileg

Der Kreuzungspunkt zweier so bedeutender mittelalterlicher Handels- und Heeresstraßen war attraktiv für die Händler, die sie bereisten. So kam es, dass Leipzig 1165 im Stadtrechtsbrief von Otto dem Reichen, Markgraf von Meißen, sich auch zugleich das Marktrecht beurkunden ließ.

Zunächst fanden zwei Märkte im Jahr statt, die Ostermärkte im Frühjahr und die Michaelismärkte im Herbst. Mit dem Neujahrsmarkt kam im Jahr 1459 durch Kurfürst Friedrich II. ein dritter Markt hinzu. Als Maximilian I. Leipzig 1497 das Reichsmesseprivileg verlieh, wurden diese Jahrmärkte in den Stand von Reichsmessen erhoben. Das bedeutete vor allem, dass nun nicht nur die Händler unter Schutz anreisen konnten, sondern dass die Stadt selbst und ihre Messen einen besonderen Schutz erhielten: im Umkreis von 15 deutschen Meilen – also von etwa 112 km – durften in keinem anderen Ort Messen abgehalten werden. Dadurch konnte sich Leipzig gegenüber damals ebenso wichtigen und einflussreichen Städten wie Naumburg, Merseburg, Dresden, Erfurt und Magdeburg nicht nur behaupten, sondern als Handelsplatz eindeutig durchsetzen. Dank des 1507 erweiterten Reichsmesseprivilegs schwang sich Leipzig über die Jahrhunderte zu einem der bedeutendsten Handelszentren der Region und sogar ganz Europas auf.

Die Erfindung der Mustermessen

Gegen Ende des 19. Jh. geriet diese unangefochten privilegierte Stellung nach und nach ins Wanken. Leipzig war zwar durch die Silberfunde im Erzgebirge in den vorherigen Jahrhunderten und durch die rasche Industrialisierung nicht mehr so sehr auf den Handel und die damit verbundenen Einnahmequellen angewiesen, dennoch war das Messegeschäft war unverzichtbar. Um sich gegenüber aufstrebenden Messestädten wie Berlin oder Frankfurt zu behaupten, brauchte es neue Strukturen und Gebäude: 1895 hielt Leipzig die allererste Mustermesse ab. Von nun ging es nicht mehr darum, die Waren an Ort und Stelle zu

Auch Modeshootings (hier: 1976) fanden in der DDR-Zeit auf dem Gelände der Alten Messe statt. Das Doppel-M-Logo steht übrigens für Mustermesse.

verkaufen, sondern um die Präsentation von Mustern. Der nachfolgende Warenverkauf erfolgte auf der Basis der auf der Messe abgeschlossenen Handelsverträge. Auf deren Grundlage wurden die Produkte dann in der vereinbarten Menge und Qualität und zu vereinbarten Konditionen vom Hersteller zum Kunden transportiert. Die Einführung dieses neuen Konzepts machte die Leipziger Messe fit für das Zeitalter der Industrialisierung und führte zu einem Boom.

Hinter dem Eisernen Vorhang

Nach dem Krieg war die Wiederaufnahme des Messebetriebs ein wichtiges Anliegen. Die Messen fanden nach wie vor im Frühjahr und Herbst als zweiwöchige Universalmessen statt. In den Zeiten des Kalten Krieges und der Abriegelung der DDR nach dem Mauerbau fiel den Messen die Funktion einer Drehscheibe des Ost-West-Handels zu. Die SED-Regierung nutzte sie zugleich als ideologische Schaubühne, um ein gewünschtes Bild nach außen zu senden. Zu den Messen wurde der Eiserne Vorhang etwas durchlässiger, es gab einen eigenen Messeflugplan und Sonderzüge. In den 1960er-Jahren verzeichneten die Leipziger Messen im Schnitt jeweils 600 000 Besucher. Regelmäßig wurden die Hotelbetten knapp und viele sogenannte ›Messemuttis‹ vermieteten privat, am liebsten an Gäste aus dem Westen.

Was ist geblieben?

Heute erinnern sich ältere Leipziger mit ein wenig Wehmut an die aufregenden Zeiten, als die gesamte Innenstadt und das Gelände der damaligen Technischen Messe von Gästen wimmelte und Aufregendes zu sehen, hören und riechen war. Das ist teils Vergangenheit, seit 1996 die Neue Messe am Nordrand Leipzigs eröffnet wurde – abgesehen davon, dass die Stadt zu Messezeiten weiterhin gut besucht ist. Messetreiben auch in die Stadt hineinzutragen versucht etwa die Buchmesse im März mit ihren rund 200 000 Besuchern: Das begleitende Lesefestival »Leipzig liest« (s. S. 278) bringt mit zahlreichen Lesungen und Literaturveranstaltungen in Cafés, Buchhandlungen, Clubs und noch der kleinsten Spelunke viel Leben in die Innenstadt. Da kommt dann doch wieder so richtig Messefeeling auf!

Beliebte Besuchermessen sind die TC Touristik & Caravaning, die Haus-Garten-Freizeit oder das DreamHack Leipzig – Gaming Festival mit E-Sports-Events und LAN-Party. Außerdem veranstaltet der Chaos Computer Club in der Leipziger Messe das jährliche Treffen der Hackerszene, den Chaos Communication Congress. Dieser viertägige Kongress ist gewöhnlich binnen weniger Minuten online ausverkauft. ■

Das zählt

Zahlen sind schnell überlesen — aber sie können die Augen öffnen. Nehmen Sie sich Zeit für ein paar überraschende Einblicke. Und lesen Sie, was in Leipzig zählt.

0

Mädchen gehören dem traditionsreichen Thomanerchor an, da Mädchenstimmen nicht zum typischen Klangbild eines Knabenchors passen. In der Thomasschule drücken die Chorknaben gemeinsam mit Mädchen – und weiteren Jungs – die Schulbank.

57,6

Quadratmeter Erholungsfläche pro Einwohner bietet die Stadt im Durchschnitt und führt damit das deutschlandweite Ranking an. Als Erholungsflächen gelten neben öffentlichen Grünanlagen u. a. Sport- und Spielplätze.

479

Brücken und Stege gibt es in ›Klein-Paris‹. Es scheint ein wenig übertrieben, die Stadt deshalb in ›Klein-Venedig‹ umzutaufen, denn nicht alle führen über Wasserwege.

11

Prozent etwa beträgt die Eigenheimquote in Leipzig. Damit ist die Stadt Schlusslicht unter den deutschen Großstädten. Die durchschnittlichen Immobilienpreise sind in den vergangenen Jahren u. a. durch das rasante Bevölkerungswachstum stark angestiegen, weshalb Häuslebauer zunehmend ins Umland ausweichen.

38.000

Parzellen etwa gibt es in Leipziger Kleingartenanlagen. Kein Wunder, Dr. Schreber war Leipziger!

500

Stufen führen von der Wasserfläche bis zur oberen Aussichtsplattform des Völkerschlachtdenkmals. Nach 136 Stufen gelangen die Besucher in die Krypta des Bauwerks, von dort sind es dann noch 364 bis nach ganz oben.

18.379

Euro betrug das Netto-Jahreseinkommen der Leipziger 2018 und liegt damit deutlich unter Bundesdurchschnitt. Immerhin stieg es seit 2008 um rund ein Viertel.

185

Musikerinnen und Musiker spielen im Gewandhausorchester, dem größten städtischen Orchester Deutschlands. Der Frauenanteil beträgt ein Drittel.

2

Folgen der beliebten Kriminalfilmreihe »Tatort« tragen den Titel »Taxi nach Leipzig«. Es handelt sich um den ersten Tatort überhaupt, der im November 1970 über die Bildschirme der Bundesrepublik flimmerte, und den 1000., der als Reminiszenz an Nummer 1 im November 2016 erstmals ausgestrahlt wurde.

32

Prozent aller Leipziger Wohnungen verfügen über Balkons, das ist die höchste Balkondichte Deutschlands.

40.000

Quadratmeter etwa misst der Augustusplatz und ist damit der größte Stadtplatz Deutschlands.

2.300

Löwenbabys erblickten über die Jahre das Licht der Welt im Leipziger Zoo. Der große Babyboom lag allerdings im vergangenen Jahrhundert, als vom Zoo als der »Löwenfabrik« die Rede war.

63

Grad beträgt der Neigungswinkel des Daches der Thomaskirche. Das hatte einen ungeahnten Vorteil im Krieg: Die Stabbrandbomben rutschten vom steilsten Kirchendach Europas ab.

56.395

Stadtbäume gibt es in Leipzig. Ein gutes Drittel davon sind getreu dem Stadtnamen Lindenbäume. Ein weiteres Drittel machen Ahornbäume, Eschen und Platanen aus.

36.098.183

Publikationen befinden sich im Bestand der Deutschen Nationalbibliothek (Stand: 2018), täglich kommen neue hinzu. In der Präsenzbibliothek sind alle deutschsprachigen Veröffentlichungen in Bild, Schrift und Ton seit 1913 der Wissenschaftswelt zugänglich.

114,70

Meter misst der Turm des Neuen Rathauses – Deutschlands höchster Rathausturm.

600.000

Einwohner – diese Marke wurde laut stadteigener Statistik im September 2019 geknackt. Leipzig war in den Jahren 2015–19 die am schnellsten wachsende deutsche Großstadt.

1.700

Fahrraddiebstähle pro 100.000 Einwohner im Jahr machen Leipzig zum traurigen Spitzenreiter unter den deutschen Städten.

Gedanken zur Sprache

»Mir Sachsen, mir sin helle … — … des weeß de ganze Weld! Und wemmor ma nisch helle sin, da hammor uns vorschdelld.«

Gewandhaussächsisch

Sächsisch hat keinen guten Ruf. Viele Sachsen bemühen sich daher, ihre Muttersprache so gut sie können zu unterdrücken, zumindest in Gegenwart von Nichtsachsen. Nicht allen glückt dieses Unterfangen und das bemüht hochdeutsch tuende Gewandhaussächsisch wird am Ende von beiden Seiten – der hochdeutschen wie der ursächsischen – verachtet. Gewandhaussächsisch erklingt, wenn ein gebürtiger Leipziger mit bildungsbürgerlichem Hintergrund versucht, seine wahre Identität zu leugnen und hochdeutsch zu parlieren. Allerdings ist authentisches Gewandhaussächsisch mittlerweile nur noch von älteren Einwohnern zu hören, die Generation Youtube spricht weitgehend hochdeutsch.

B

BOMFORZIONÖS

Der aus Leipzig stammende Schauspieler Tom Pauls (geb. 1959) verkörpert seit einigen Jahren die Kunstfigur der Ilse Bähnert, »Sachsens gewitztester Witwe«. In Pirna betreibt er das Tom-Pauls-Theater, und seine Ilse-Bähnert-Stiftung kürt seit 2008 »Das Sächsische Wort des Jahres« (www.tom-pauls-theater-pirna.de/ilse-baehnert-stiftung/saechsisches-wort-des-jahres).

Sächsische Aussprache

Bei Dialekten gilt allgemein: Es gibt keine festen Regeln für Grammatik und Orthografie. Auch der (ober)sächsische Dialekt manifestiert sich vor allem im gesprochenen Wort. Niederschriften sind immer nur eine Annäherung und es hilft, sie sich laut vorzulesen, dann ergibt sich meist der Sinn. So wie die Sachsen selbst sind, so ist auch ihre Aussprache – butterweich und von Bequemlichkeit und Melodie geprägt. Deshalb fällt es schwer, beim Sächsischen harte von weichen Konsonanten zu unterscheiden: *»Mir Saggsen gönn ehm eimfach nisch zwischen Birnboum-B und Babbelboum-B undorscheidn«* (zu deutsch: »Wir Sachsen können eben einfach nicht zwischen Birnbaum-B und Pappelbaum-P unterscheiden«). Das Gleiche gilt übrigens auch für die Laute g und k sowie d und t. Die meisten Vokale sind stark eingefärbt, so klingt ein langes a eher wie o, z. B. wird der Abend zum *Ohmd.* Auch Diphthonge werden anders ausgesprochen, der Baum wird zum *Boum,* die Häuser zu *Heisor.* Einige Wörter klingen im Sächsischen bei unterschiedlicher Schreibweise gleich: So kann *Lähm* sowohl für Leben, Lehm als auch die Löwen stehen. Letztere wohnen im Leipziger Zoo unweit der *Dieschor* (Tiger), deren Aussprache der von Tücher gleicht. Mit diesem Wissen sind Sie gewappnet für die Frage, wie denn die ganz kleinen Tiger heißen? *Nu, das sin de Daschndieschor* (Taschentücher/-tiger)!

Eigenes Vokabular

Ein Dialekt lebt bekanntlich nicht allein von seiner Aussprache, sondern auch von ganz eigenen Vokabeln. Sicherlich kennen Sie sächsische Klassiker wie *Bemme* für eine bestrichene Brotscheibe und *Nischel* oder *Dädz* für den Kopf. Aber wenn Sie jemand beim *Vorrichten* (Tapezieren, Anstreichen) bittet, doch mal die *Schmieche* zu reichen – wüssten Sie, dass der Zollstock gefragt ist? Hauptsache, das Ding ist nicht *lawehde* (instabil) oder an den Gelenken *ausgenuddelt* (ausgeleiert). Und wenn Sie mit Ihrem *Mäffdl* (Auto) auf Leipzigs Straßen *rumgudschen*, vergessen Sie *de Flebbn* (den Führerschein) nicht! Sonst ziehen Sie am Ende noch *ne Flebbe* (ein langes Gesicht).

An Lene Voigt erinnert am Rand des Grafischen Viertels ein Park.

Übung mit der Meisterin

Wenn Sie also *heeme* (zu Hause) schon einmal üben wollen, dann seien Ihnen die »Säk'schen Balladen« oder die »Säk'schen Glassiger« der Leipzigerin Lene Voigt empfohlen, originelle Übertragungen deutscher Dichtkunst wie etwa von »De Glogge« und »Dr Faust« in ihre Mundart. Nehmen Sie sich einen sächsischen Text zur Hand, stellen Sie sicher, dass Sie allein sind (sonst gibt es meist kein Halten mehr), lockern Sie Ihren Unterkiefer, schieben ihn leicht vor oder lassen ihn hängen und sprechen Sie, als hätten Sie eine heiße Kartoffel im Mund, wobei der Redefluss weich und breit zugleich ausströmen sollte! *»Alsou nu frisch ans Wersch: 'n Undorgiefer vorschieehm un immor scheen naus loofn lassn!«*

Seien Sie nicht enttäuscht, wenn Sie von Einheimischen sofort ›enttarnt‹ werden. Die Sachsen sind einerseits stolz auf ihre Sprache und andererseits auch misstrauisch gegenüber Nachahmungsversuchen. Das mag an den zahlreichen Witzen liegen, die nicht nur zu DDR-Zeiten über die Sachsen und ihre Sprache im Umlauf waren. Sie sind sicher nur dem Neid auf die Gewieftheit der Sachsen *(»Mir Sachsen, mir sin helle ...«)* und einem grotesken Unverständnis ihrer wahren Natur entsprungen. ■

LEIPZIG AUF SÄCHSISCH ERLEBEN

Die wunderbaren **Bücher** von Lene Voigt, die ab 1936 verboten waren (Sächsisch als ›unheldisch‹ und Lene Voigt als Linke), wurden in den 1980er-Jahren vom Kabarett auf Leipziger Bühnen gebracht und durch Neuauflagen (Infos in guten sächsischen Buchhandlungen oder unter www.lene-voigt-gesellschaft.de) wieder bekannt. Wer es leibhaftiger mag, macht eine der **Lene-Voigt-** oder anderen **mundartlichen Stadtführungen** mit: www.leipzig-erleben.com.

Totgeglaubte lesen länger. Die Buchstadt lebt!

Leipzig als traditionelle Buchstadt — Allzu oft geraten die Verluste in den Blick. Doch es lohnt für Bibliophile, genauer hinzuschauen: Einiges hat sich behaupten können und auch neue Projekte und Verlage sind im Wachsen und Werden.

Was macht eine Buchstadt aus? Beharrlich nimmt Leipzig diese Bezeichnung für sich in Anspruch, um sich dann meist in einem etwas gefühlsduseligen »Damals war's« zu ergehen. Dazu gehört obligatorisch ein Namedropping einst hier ansässiger Verlagsgrößen wie Brockhaus, Bibliographisches Institut, Meyer, Reclam, Insel Verlag, Baedeker, B. G. Teubner oder Breitkopf & Härtel. Heute ist die Leipziger Verlagslandschaft deutlich ausgedünnt. Nach der politischen Wende war kaum ein Verlag, der nach dem Krieg aus Furcht vor Enteignung und Schikanen in den Westen gegangen war, zur Rückkehr zu bewegen. Die Mutterhäuser im Westen sahen keine Marktvorteile im Standort Leipzig. Ihre rückübereigneten Dependancen wurden nur dann aufrechterhalten, wenn sich neue Absatzchancen boten. Wie in anderen Branchen auch zog die Wiedereinführung des Kapitalismus in Leipzig ein Verlags- und Druckereisterben nach sich. In Zeiten der Digitalisierung und Globalisierung sind allerdings nicht nur Verlage im Osten Deutschlands in ihrer Existenz gefährdet. Fasst man aber den Begriff Buchstadt weiter als nur in der Bedeutung Verlagsstadt, kann Leipzig seinen Anspruch auf den Beinamen Buchstadt immer noch solide untermauern.

Leipziger Buchmesse
»Leipzig liest« heißt es jedes Jahr im Frühjahr. Das zeitgleich mit der Buchmesse stattfindende größte europäische Lesefestival mit etwa 3500 Literaturveranstaltungen an ca. 500 Veranstaltungsorten half der Leipziger Buchmesse neben der großen Schwester in Frankfurt am Main nicht nur zu überleben, sondern ein ganz eigenes Gesicht als Autorenmesse zu entwickeln. Steht in der hessischen Metropole das Big Business des Buchhandels im Vordergrund, geht es in Sachsen eher um die direkte Begegnung einer begeisterten Leserschaft mit ihren Lieblingsschriftstellern und -schriftstellerinnen. Eine schöne Beobachtung: Im Getümmel der Messehallen sind zu Buchmessezeiten etliche Schulklassen an den Verlagsständen zu entdecken, die sich vom Duft frisch gedruckter Bücher inspirieren lassen. Ein geschickter Schachzug der Veranstalter, um junge Leute anzulocken: Die Manga-Comic-Con (www.manga-comic-con.de) hat sich mittlerweile als fester und kunterbunter Bestandteil der Buchmesse etabliert. Der bisherige Besucherrekord lag 2018 bei 205 000 Messebesuchern.

Bibliotheken
Ein Blick auf die Leipziger Bibliothekslandschaft erfüllt allemal den Anspruch an eine Buchstadt. Die Deutsche Natio-

Leipzig hört zu: Wenn während der Buchmesse das Lesefestival »Leipzig liest« stattfindet, sind die Veranstaltungsorte fast immer voll. Viele möchten ihre Lieblingsautorinnen und -autoren live erleben.

nalbibliothek (s. S. 86) hält nicht weniger als sämtliche deutschsprachige Publikationen, Übersetzungen aus dem Deutschen und ausländische Publikationen über Deutschland zur Einsicht in den Lesesälen der geschichtsträchtigen Präsenzbibliothek am Deutschen Platz bereit. Die Universitätsbibliothek Albertina (s. S. 110) verfügt nicht nur über etliche bibliophile Preziosen, sondern gehört zweifelsohne auf die Liste der schönsten Bibliotheksgebäude der Welt. Die Leipziger Stadtbibliothek kümmert sich außer in ihrem Hauptsitz in einem stattlichen Gründerzeitbau im Stadtzentrum in 13 Stadtteilbibliotheken sowie der Fahrbibliothek darum, dass kleinen und großen Bücherwürmern das Futter nicht ausgeht.

Schriftstellerschule

Es ist eine Binsenweisheit: Gute Bücher brauchen gute Autoren. Die grundsätzliche Begabung mag den meisten Literaten in die Wiege gelegt sein, das Handwerkszeug dazu kann eine kleine Schar von etwa 20 durch Prüfung Auserwählter pro Studienjahr am Deutschen Literaturinstitut Leipzig (s. S. 115) erlernen. In den sechs Semestern am DLL werden Qualifikationen erworben, die allgemein in der Welt der Medien zählen. Neben Fächern wie Lyrik oder Drama stehen auch Philosophie, Medienästhetik oder Literaturkritik auf dem Studienplan.

Die Idee, ein Institut zur Schriftstellerausbildung zu gründen, stammt nicht von der Leipziger Universität oder den sächsischen Bildungsadministratoren, vielmehr knüpft das DLL an die Tradition des Johannes-R.-Becher-Instituts an. Dieses Institut bildete von 1955 bis zu seiner Schließung 1993 wohl die Mehrzahl der DDR-Schriftsteller und -Schriftstellerinnen aus oder begrüßte sie zumindest als Gäste in seinen Mauern. Als das Literaturinstitut 1992/93 ersatzlos abgewickelt werden sollte, erhob sich breiter Protest: Studenten streikten, Literaten aus aller Welt versandten Protesttelegramme. Mit der Gründung des DLL, das als eigenständiges Institut der Philosophischen Fakultät der Universität angegliedert ist, wurden die guten Seiten der Tradition aufgegriffen und weiterentwickelt. Zu den Absolventinnen und Absolventen gehören Juli Zeh, Clemens Meyer, Saša Stanišić und Franziska Gerstenberg. Im literarischen Leben der Stadt bildet das DLL einen Herd produktiver Unruhe.

Allerlei Buchkunst

Die Gestaltung ästhetisch anspruchsvoller Bücher hat sich die Hochschule für Grafik und Buchkunst (HGB, s. S. 115) schon in ihren Namen geschrieben.

In der Hochschule für Grafik und Buchkunst werden immer wieder Arbeiten der Studierenden präsentiert.

Neben Malerei/Grafik, Fotografie und Medienkunst wird der Studiengang Buchkunst/Grafik-Design angeboten.

Dass die verschiedenen Fächer einander befruchten, zeigt der Lubok Verlag (www.lubok.de) für Kunst und Künstlerbücher, gegründet von Christoph Ruckhäberle, einem der Neuen Leipziger Schule zugerechneten Künstler. In der Lubok Reihe erscheinen seit 2007 originalgrafische Linoldruckbücher. Hierfür lädt Ruckhäberle jeweils etwa zehn zeitgenössische Künstlerinnen und Künstler ein, sich mittels Linolschnitten zu präsentieren. Gedruckt werden die Bücher dann von dem Grafiker und Buchdrucker Thomas Siemon auf einer historischen Zylinderpresse aus dem Jahr 1958. Seine Werkstatt edition carpe plumbum befindet sich auf dem Gelände der Baumwollspinnerei.

Schon die Jüngsten an das fantasievolle Schreiben und Gestalten von Büchern heranzuführen hat sich der Verein Buchkinder Leipzig (www.buchkinder.de) zur Aufgabe gemacht. Kunterbunt sind die Bücher, Bilder und Kalender, die in der Werkstatt entstehen.

Und sie verlegen doch …

Peter Hinke von der Connewitzer Verlagsbuchhandlung (www.cvb-leipzig.de), Mark Lehmstedt mit dem Lehmstedt Verlag (www.lehmstedt-verlag.de) und Michael Faber von Faber & Faber (www.verlagfaberundfaber.de) heißen die prominentesten Beispiele von Leipziger Verlagsneugründungen in den letzten 30 Jahren. Ein schönes Beispiel dafür, dass der Weg auch von digital zu analog verlaufen kann, liefert Andreas Heidtmann mit seinem poetenladen – der Verlag (www.poetenladen-der-verlag.de). Zuerst gab es die Online-Literaturplattform, aus der sich der Independent-Verlag gleichen Namens entwickelte. Das stärkt die Zuversicht: Gute Bücher haben Zukunft! ■

Nikolaikirche – offen für alle

Die Montagsdemonstration am 9. Oktober 1989 — gilt als entscheidend für die Friedliche Revolution, als Kulminationspunkt einer Bewegung, die in den frühen 1980er-Jahren begonnen hatte. Leipzigs Stadtkirche spielte eine zentrale Rolle.

Matthias Müller (geb. 1965) besuchte als junger Mann die Junge Gemeinde in St. Nikolai und erlebte die Entstehung der Friedensgebete und die Montagsdemonstrationen hautnah mit. Seit Ende 1990 arbeitet er als Küster an der Nikolaikirche.

Herr Müller, die Nikolaikirche ist »Offen für alle«. Das steht draußen am Fahrradständer und das ist wörtlich gemeint …

Das »Offen für alle« stand nicht immer am Fahrradständer, sondern es stammt aus einer Zeit, als es nicht selbstverständlich war, in die Kirche zu gehen. Als das In-die-Kirche-zu-Gehen Konsequenzen hatte. Kein Abitur und kein Studium absolvieren zu können, beispielsweise. Der Grund, die Schilder 1986 am Bauzaun anzubringen, war zunächst ein praktischer. Da waren rote Pfeile drauf, weil gebaut wurde und das Schild zum provisorischen Eingang führte. Andererseits hatte das Schild vor dem Hintergrund eines atheistischen Staates auch eine besondere Bedeutung. Seit 1933 hatten die atheistischen Diktaturen gewechselt, erst die Nazis, dann der SED-Sozialismus. Das hatte zur Folge, dass wir als Christen in der Minderheit sind, bis heute. Deshalb sollten die Leute eingeladen, die Schwelle niedrig gehalten werden, das war die Absicht des damaligen Nikolaikirchen-Pfarrers Christian Führer. Er begründete z. B. einen Gesprächskreis für Ausreisewillige. Damals war es noch nicht vorstellbar, dass der Spruch »offen für alle« auf einen Fahrradständer gebracht werden kann. Offen für alle heißt: keinen Eintritt zu bezahlen. Nicht den Konfirmationsschein vorzeigen zu müssen, heißt aber nicht »Offen für alles«. Denn es meint nicht unbedingt den Tourismusbetrieb und Kommerz. Es geht um den Menschen, der mit seinen Sorgen und Nöten herkommt. Der findet hier Orte, wo er auspacken kann, was ihn bewegt, er kann hier z. B. eine Kerze an unserem Osterlichtbaum entzünden. Zu Gottesdiensten und auch zum Friedensgebet kann man noch heute kommen. Frieden, Gerechtigkeit und Bewahrung der Schöpfung sind immer noch wichtige Themen.

Was treibt denn die meisten Menschen in die Kirche?

Eigentlich die Sehnsucht danach zu erfahren: Was ist denn das für eine Kirche? Wie ist es hier möglich geworden, dass es eine friedliche Revolution gab und wir jetzt die deutsche Einheit haben? Was ist denn da passiert? Und wenn die

Leute in unsere Kirche kommen, selbst Touristen, da passiert oft etwas, das uns auch vor 1989 in der Diktatur gestärkt hat: der Blick nach oben. Es ist eine helle und freundliche Kirche. Ein berühmter Gast, der damalige Bundeskanzler Gerhard Schröder, hat mal bei uns ins Gästebuch geschrieben: »Hier wird Mut gemacht. Auch mir.«

Die Ereignisse der Friedlichen Revolution sind nun über 30 Jahre her und längst in die Geschichtsbücher gerückt. Für viele Jugendliche heute klingt das so weit weg, als erzählten unsere Lehrer vom Krieg. Haben Sie eine Idee, wie man jungen Leuten die Geschehnisse vermitteln kann?

Junge Leute sind sehr zugänglich für das Thema, denn die Umweltthematik war ein wichtiger Bestandteil der Friedlichen Revolution. Für sie ist die Bewahrung der Schöpfung ganz aktuell. Da hat man eine wunderbare Brücke: ›Keine Gewalt‹ – die Gewaltfreiheit hat für uns damals vieles möglich gemacht. Junge Leute heute erleben teilweise sehr aggressive Demonstrationen. Es gibt Steinwürfe. Da kommt oft die Frage auf: »Wie habt denn ihr das gemacht?« Wenn ich eine Schulklasse hier habe, dann lasse ich auch mal fünf Jungs sich aufstellen. Da spielen wir den 2. Oktober 1989 nach. Ich sage: »Stellt euch vor, ihr seid die Bereitschaftspolizisten vor 20 000 Demonstranten. Und die rufen: ›Keine Gewalt. Kein neues China. Keine Gewalt‹, gehen ein Stück zurück und hocken sich hin.« Solche Situationen nachzuspielen, kann ganz wichtig werden. Das ist kein Geschichtsunterricht, das ist ganz aktuell. Ich ermuntere die jungen Leute immer: »Wenn ihr nach Hause kommt, guckt mal nach, wo es da Friedensgebete gibt.« Es war ein ganz wichtiges Anliegen von Christian Führer, die Friedensgebete zu vernetzen. Die Friedensgebete haben nicht nur ihre großartige Geschichte, sondern gehen weiter. Heute sind es ganz unterschiedliche Anliegen: Selbsthilfegruppen Alleinerziehender oder Arbeitende aus einem Betrieb, denen Entlassung droht, suchen bei uns einen Ort. 2018 saßen 300 Leute von einer Gießerei hier in der Kirche zum Gebet. Nach 47 Streiktagen haben sie es geschafft, ihre Arbeitsplätze zu erhalten. Darüber kann man mit jungen Leuten gut sprechen, die die Probleme von ihren Eltern kennen.

Sie sind ja selbst Zeitzeuge. Wie würden Sie Ihren Alltag im Leipzig der 1980er-Jahre skizzieren?

1981 bin ich zurück nach Leipzig gekommen, habe eine Lehre angefangen, war hier in der Jungen Gemeinde und war ab September dann auch regelmäßig Teilnehmer der Friedensgebete. Ich hatte meinen Wehrdienst aus Glaubens- und Gewissensgründen verweigert und bin als Bausoldat gemustert worden. Was mich damals sehr beschäftigte, war die Umweltsituation, die völlig verschärft war. Es gab hier eine Band, die hieß Wutanfall. Die hatten einen Hit, »Leipzig in Trümmern«, der den desolaten Zustand der Stadt laut anprangerte. Christian Führer gab ihnen die Möglichkeit, hier in der Nikolaikirche aufzutreten. Die Band war hochgradig verboten und durfte sonst nirgendwo auftreten. Sie kam ein paarmal zu uns in die Junge Gemeinde. So habe ich Anfang der 80er-Jahre Kirche als Freiraum erlebt. Als Ort, an dem man anders reden konnte. Nicht nur das Thema Umwelt kam hier zur Sprache, auch das Nicht-Aufarbeiten der Zeit des Nationalsozialismus war ein wichtiges Thema, das öffentlich totgeschwiegen wurde. Die SED hatte über alles einen roten Schleier gelegt, per se waren wir alle Antifaschisten. Für mich einer der wichtigsten Tage war der 9. November 1983.

Was passierte am 9. November 1983?

Wir hatten 1983 eine Gruppe Punks bei uns in der Kirche, mit denen wir

Oben: Hier ging es los. Im Herbst 1989 versammelten sich die Leipziger nach dem Friedensgebet auf dem Nikolaikirchhof zu den Montagsdemonstrationen.
Unten: Unweigerlich schweift der Blick hinauf zur opulenten Decke und zu den Palmenkapitellen. Die farbenfrohe Ausgestaltung der Nikolaikirche strahlt bürgerliches Selbstbewusstsein aus.

Nicht nur Demonstranten der DDR-Bürgerbewegung mussten immer mit einer Verhaftung rechnen.

ins Gespräch kamen. Der eine erzählte, welche Kommentare sie für ihr Aussehen auf der Straße bekamen: »Ab in den Tagebau« und »Bei Adolf hätten wir sowas wie euch vergast.« Da sind wir ins Nachdenken gekommen. Im Rahmen der Friedensdekade sind wir am Tag der Reichspogromnacht mit etwa 20 jungen Leuten zum Gedenkstein für die zerstörte Synagoge gelaufen. Dann kam die VoPo und verlangte unsere Ausweise. Einige von uns wollten die nicht zeigen und es kam zu verbalen Auseinandersetzungen mit der Polizei. 15 Jahre später habe ich das in meiner Stasiakte wiedergefunden. Da stand drin: »9.11.83 nach Kirchgang Vorkommnis Kerzen.« Ja, Kerzen spielten immer wieder an verschiedenen Stellen eine Rolle. Eine Gruppe von Leuten, die am Kino Capitol Kerzen entzündet hatte, musste das mit einer Haftstrafe bezahlen.

Die Kerzen wurden dann auch im Herbst 1989 wichtig. Wie kam es zu den Montagsdemos nach den Friedensgebeten?

Die Friedensgebete sind so nach und nach gewachsen. Zunächst fand das ab 1982 in recht kleinem Rahmen statt. Die großen Teilnehmerzahlen gab es ab Anfang 1988, nun kamen zunehmend auch Nichtchristen. Ab dem 8. Mai 1989 wurde die Nikolaikirche während des Gebets von der Polizei umstellt und der Stasi überwacht. Das war der Tag nach den Kommunalwahlen, nach denen es schon zu Demos wegen Wahlbetrugs gekommen war. Ich selbst bin von der Polizei zugeführt worden, habe also die Nacht im Gefängnis verbracht. Aber am nächsten Tag ging es wieder zum Friedensgebet. Ab diesem Tag wurde nun straff durch die Polizei kontrolliert und es wurden horrende Ordnungsstrafen von Teilnehmern verlangt. So wurde am 3. Juli 1989 ein Teilnehmer wegen »Abbrennens von Kerzen« verhaftet.

Das erste Friedensgebet nach der Sommerpause wollte der SED-Staat mit Macht verhindern. Der gesamte Kirchenvorstand von St. Nikolai wurde vorgeladen und zwei Stunden bearbeitet. Das Gebet hat dennoch stattgefunden. Dieser 4. September 1989 war ein Messemontag. Basisgruppenleute, darunter Gesine Oltmanns, Katrin Hattenhauer und Uwe Schwabe, haben nach dem Gebet draußen Transparente gezeigt: »Für ein offenes Land mit freien Menschen«. Da Herbstmesse war, geschah das in Gegenwart der westdeutschen Presse. Erst in der Woche darauf, am 11. September 1989 kam es zur Verhaftung von 19 Leuten. Für die Verhafteten haben Menschen Blumen und Kerzen an die Kirche gebracht, die Tag und Nacht brannten. Reihum gab es Fürbitt-Andachten in verschiedenen Leipziger Kirchen. Unser Pfarrer erhielt einen Anruf, die Kerzen würden die Ordnung und Sicherheit gefährden. Der Fußweg müsse gesäubert werden. Pfarrer Führer meinte dann, es sei uns ja schon alles verboten worden, die Trauer um die Verhafteten kann nicht auch noch verboten werden.

Der 9. Oktober 1989 wird allgemein als der entscheidende Tag betrachtet. Warum ist der Fokus so stark auf diesen Tag gerichtet?

Weil klar war, dass alles auf Messers Schneide stand und die Eskalation drohte. Dem 9. ging der 7. Oktober zwei Tage voraus, das war der 40. Jahrestag der DDR. Während man in Ost-Berlin die Jubelfeiern abhielt, kamen Tausende Menschen hier auf den Kirchhof. Über 200 Leute sind hier in der Leipziger Innenstadt zusammengeknüppelt worden, in Pferdeboxen auf dem Agra-Gelände in Markkleeberg gebracht und bis zum Morgen festgehalten worden. Wir hatten am nächsten Tag in der Kirche Gottesdienst. Es waren Ärzte anwesend, die berichteten, dass sie in Bereitschaft versetzt worden seien und man sich auf Schusswunden vorbereiten, Betten bereithalten müsse. Am 9. Oktober wusste niemand, wie viele Menschen ihre Angst überwinden und zum Gebet kommen würden. Ab 14 Uhr füllte sich die Kirche zusehends mit seltsamen Gestalten. Das waren keine Stasileute, sondern die sogenannten ›gesellschaftlichen Kräfte‹, also Leute von der Partei, die hierher befohlen worden waren. Unser Pfarrer Führer stellte sich vorne hin und sagte: »Unsere Kirche ist offen für alle. Aber wir lassen die Emporen noch zu, denn es sollen noch ein paar Werktätige in die Kirche. Die arbeitenden Massen können erst nach 16 Uhr.«

Neu am 9. Oktober war auch, dass andere Leipziger Kirchen parallel Friedensgebete abhielten. Es ging darum, die Botschaft der Gewaltfreiheit unter die Leute zu bringen. Aus den Kirchen strömten dann 70 000 Menschen über den Leipziger Innenstadtring, ohne dass ein Schuss fiel. Ohne dass wir die Stasizentrale stürmten. Ohne dass wir Steine warfen. Viele hatten Kerzen in der Hand. Das half, die Wut in den Griff zu bekommen. »Keine Gewalt«, »Wir sind das Volk« und immer wieder »Gorbi, Gorbi« haben wir gerufen.

»Wir sind das Volk« war einer der typischen Rufe im Herbst ’89. Heute ist der Slogan aus verschiedenen Ecken zu hören.

›Wir sind das Volk‹ und ›Keine Gewalt‹ gehören untrennbar zusammen. Das haben die Schreihälse und Fahnenschwenker offenbar nicht kapiert. Das ist Missbrauch.

Wie sehr wird St. Nikolai von Besuchern auch als eine der Bachkirchen wahrgenommen?

Die meisten deutschen Gäste besuchen uns wegen der Friedlichen Revolution. Als 1990 die ersten amerikanischen und japanischen Touristen kamen und fragten »Where is St. Nicholas, the church of Bach?«, waren selbst einige Leipziger Gästeführer überrascht. Man hatte Bach doch immer nur mit St. Thomas in Verbindung gebracht. Aber Bach hatte hier sein Amt angetreten. Zu Karfreitag 1724 hatte er hier die Johannes-Passion uraufgeführt. In seiner h-Moll-Messe klingt das »Dona nobis pacem« (Herr, gib uns Frieden) an – übrigens auch im neuen Glockenprojekt der Kirche. Die Sehnsucht nach Frieden ist einer der großen Bögen, die sich von der Zeit Bachs über die Friedliche Revolution bis heute spannt. ■

O

ORTE DER FRIEDLICHEN REVOLUTION

Eine **Stelenausstellung** markiert als ständige Ausstellung an 20 Originalschauplätzen im Leipziger Stadtraum wichtige Orte des demokratischen Aufbruchs 1989/90. Die genauen Standorte finden Sie auf der Website des Museums in der »Runden Ecke«: www.runde-ecke-leipzig.de.

Das Ende von Napoleons Macht ist nah: »Napoleon I. zu Fontainebleau am 31. März 1814 nach Empfang der Nachricht vom Einzug der Verbündeten in Paris« (Paul Delaroche, 1845, Öl auf Leinwand, Museum der bildenden Künste, Leipzig).

Reise durch Zeit & Raum

Handel im Wandel — Die wichtigsten Ereignisse Leipzigs waren jahrhundertelang die Messen, die zu Ostern, zu Michaeli und zu Neujahr Gäste aus ganz Europa an den Kreuzungspunkt der Handelsstraßen Via Regia und Via Imperii lockten.

Slawische Siedlung im Sumpf

7. Jh.–Anfang 15. Jh.

Trotz regelmäßiger Überflutungen bildeten sich in der Leipziger Tieflandbucht früh Handelswege heraus, an deren Kreuzungspunkten sich um 600 sorbische Slawen ansiedelten. Sie gaben der Stadt ihren Namen: Lipsk (Lindenort). Im 10. Jh. gelangte das Gebiet zwischen Saale und Elbe unter den Einfluss deutscher Feudalherrschaft. Urkundlich erwähnt wird die Urbs Libzi 1015 in der Chronik des Bischofs Thietmar von Merseburg als eine der Burgen, die als Bollwerk die fränkisch-christlichen Gebiete gegen die nach Osten abgedrängten Slawen schützen sollten. Der Wettiner Markgraf Otto der Reiche von Meißen, zu dessen Territorium Leipzig gehörte, verlieh dem 500-Seelen-Ort um 1165 das Stadt- und Marktrecht. Mit Gründung des Augustiner-Chorherrenstifts St. Thomas erhielt die Stadt 1212 ihre älteste Kultureinrichtung, den Thomanerchor. 1409 gründeten deutsche Professoren und Studenten der Prager Karlsuniversität die Universität Leipzig. Sie ist damit nach Heidelberg die zweitälteste in Deutschland.

Zum Anschauen:
Stadtgeschichtliches Museum im Alten Rathaus, S. 61; Thomaskirche, S. 57

Reichsmesseprivileg, Reformation und Dreißigjähriger Krieg

1497–1648

Leipzig erkaufte sich 1497 beim späteren Kaiser Maximilian I. ein Reichsmesseprivileg, das 1507 erweitert wurde: Im Umkreis von 15 Meilen (ca. 112 km) durfte nur Leipzig jährlich drei Messen abhalten und erhielt zudem innerhalb dieser Bannmeile das exklusive Stapelrecht.

Ein Paukenschlag der Kirchengeschichte war 1519 die Disputation zwischen Johann Eck und Martin Luther auf der Pleißenburg. Hatte der Reformator bislang nur den Zustand der Kirche kritisiert, kam es hier zum ersten Bruch mit Rom. Landesherr Herzog Georg der Bärtige blieb katholisch, erst nach seinem Tod 1539 wurde auch im albertinischen Sachsen die Reformation eingeführt.

Im Schmalkaldischen Krieg (1546/47) wurde die Stadt wochenlang belagert. Während des Dreißigjährigen Krieges (1618–48) erlebte die Stadt mehrfache Belagerungen und Beschädigungen. Ein Fünftel der 20 000 Einwohner starb in dieser Zeit durch Pest und Krieg.

Zum Anschauen:
Stadtgeschichtliches Museum im Alten Rathaus, S. 61; Städtisches Kaufhaus, S. 50; Neues Rathaus, S. 59

›Klein-Paris‹ blüht auf

17./18. Jh.

Leipzig entwickelte sich zur Messemetropole und überholte in der Buchproduktion die Frankfurter Konkurrenz. 1650 erschien hier mit den Einkommenden Zeitungen die erste Tageszeitung der Welt, 1687 wurde eine der ersten europäischen Handelsbörsen eröffnet, 1693 eines der ersten Opernhäuser Europas. Ab 1701 sorgte eine Stadtbeleuchtung mit Öllampen für mehr Sicherheit.

Zum Anschauen: Alte Handelsbörse, S. 52; Katharinenstraße, S. 45

Immer auf der falschen Seite

1756–1813

Im Siebenjährigen Krieg (1756–63) wird Leipzig beschossen und von den Preußen besetzt. Im Zuge der Napoleonischen Kriege verlor Sachsen 1806 an der Seite Preußens die Schlacht bei Jena und Auerstedt. Leipzig wurde französisch besetzt, Sachsen wurde ein Königreich und musste dem Rheinbund beitreten, stand damit unter napoleonischem Protektorat. Mit der Völkerschlacht im Oktober 1813 wurde Leipzig zum Schauplatz der bis dato größten Massenschlacht der Neuzeit. Die verbündeten Truppen Österreichs, Russlands, Preußens und Schwedens siegten über das Heer Napoleons und seiner Rheinbund-Armee. Leipzig überstand die Schlacht mit relativ geringen baulichen Schäden, doch es mussten rund 85 000 Gefallene beerdigt und 100 000 Verwundete versorgt werden. Unter den 33 000 Einwohnern breitete sich der Typhus aus.

Zum Anschauen: Völkerschlachtdenkmal, S. 87; Forum 1813, S. 98; Torhaus Dölitz, S. 216

Aufbruchstimmung

Mitte 19. Jh

Die erste Ferneisenbahn Deutschlands dampfte ab 1839 von Leipzig nach Dresden, weitere Bahnstrecken folgten und Leipzig wurde zu einem bedeutenden Verkehrsknotenpunkt. Gute Voraussetzungen für die industrielle und wirtschaftliche Entwicklung: Fabriken und Arbeitersiedlungen wurden errichtet. Spinnereien, Maschinenfabriken, Banken und Gaswerke waren die Symbole der neuen Zeit. Während der März-Revolution 1848 vertrat Robert Blum Leipzig in der Frankfurter Nationalversammlung. Seine standrechtliche Erschießung in Wien führte zu Protesten. 1863 wurde der Allgemeine Deutsche Arbeiterverein als ein Vorläufer der SPD, zwei Jahre später der Allgemeine Deutsche Frauenverein gegründet. Leipzig wurde politisches Zentrum der deutschen Arbeiterbewegung.

Zum Anschauen: Karl-Liebknecht-Straße mit Volkshaus, S. 130

Aufstieg zur Großstadt

1870–1914

Von 107 000 Bewohnern 1871 wuchs die Bevölkerung auf 400 000 im Jahr 1895 und bis 1914 auf 600 000. Das Messegeschäft wurde ab 1895 von der Waren- auf die Mustermesse umgestellt. Um die Jahrhundertwende etablierten sich Institutionen mit repräsentativen Bauten wie dem Reichsgericht, dem Neuen Rathaus oder der Deutschen Bücherei, die das Selbstbewusstsein der Stadt abbildeten. Mit dem Bau des Leipziger Hauptbahnhofs (1902–15) entstand der seinerzeit größte Kopfbahnhof Europas.

Zum Anschauen: Reichsgericht, S. 114; Neues Rathaus, S. 59; Hauptbahnhof, S. 37; Deutsche Nationalbibliothek, S. 86

Wirtschaftskrise, Nationalsozialismus und Widerstand

1929–1945

Während der Weltwirtschaftskrise 1929 sank die Zahl der Messebesucher um 30 %; jeder siebte Bewohner der Stadt war arbeitslos. 1933 fand im Reichsgericht der Reichstagsbrandprozess statt, den der Angeklagte Georgi Dimitroff zur Demaskierung der Nazis und zu seinem Freispruch nutzen konnte. 1936 trat der Leipziger Oberbürgermeister Carl Goerdeler aus Protest demonstrativ zurück: Sein nationalsozialistischer Stellvertreter hatte während Goerdelers Abwesenheit den Abriss des Mendelssohn-Denkmals veranlasst. 1942 wurden Tausende Leipziger Juden deportiert. Mit den Bombenangriffen vom 3. auf den 4. Dezember 1943 gelangte der Zweite Weltkrieg nach Leipzig. Etwa 40 % der Innenstadt und 17 % des Wohnungsbestands wurden zerstört. Nur 24 jüdische Einwohner (von 13 000 im Jahr 1933) erlebten den Einmarsch der amerikanischen Truppen am 16. April 1945. Die Bevölkerung der Stadt war um 130 000 auf 585 000 Personen gesunken, etwa 11 600 Leipziger waren im Krieg gefallen. Am 2. Juli 1945 wechselte die Besatzungsmacht – Leipzig gehörte nun zur Sowjetischen Besatzungszone (SBZ).

Zum Anschauen:
Goerdeler-Denkmal, S. 60; Stadtgeschichtliches Museum im Alten Rathaus, S. 61; Synagogendenkmal, S. 107

Von der Selbstzerstörung zur Selbstbefreiung
1945–1989

Nachdem die USA bereits Patente und Wissenschaftler abgezogen hatten, transferierte die sowjetische Militärverwaltung ab Juli 1945 Maschinerie, Knowhow und Menschen in Richtung Osten. Die Universität nahm 1946 ihren Betrieb wieder auf, für die erste Nachkriegsmesse wurden die notdürftig wiederhergestellten Messehäuser geöffnet.

Leipzig wurde 1952 im Zuge der strukturellen Gebietsreform der DDR und Auflösung der alten Länder zur Bezirksstadt. Am 17. Juni 1953 beendete der Einsatz von Polizei und sowjetischen Panzern auch in Leipzig die Arbeiterproteste. Entscheidungen zur Stadtentwicklung wurden zunehmend in Berlin getroffen. Der Parteisekretär des Bezirks Leipzig, Paul Fröhlich, erwies sich als rabiater Modernisierer. Die Sprengung der fast unversehrten Pauliner-(Universitäts)kirche 1968 zwecks Errichtung der Karl-Marx-Universität hatte er wesentlich zu verantworten. Die Wohnungsnot wuchs, da die gründerzeitliche Altbausubstanz zusehends verfiel. Im Leipziger Westen wurde ab Mitte der 1970er-Jahre die Neubausiedlung Grünau für 90 000 Menschen errichtet. 1981 wurde das neue Gewandhaus am Augustusplatz eröffnet.

Bei den ab 1982 stattfindenden Friedensgebeten in der Nikolaikirche brach sich zunehmend Unmut über die Zustände im Land Bahn. Ab Herbst 1989 begannen die Montagsdemonstrationen, mit denen die Leipziger maßgeblich zum Sturz des SED-Regimes beitrugen.

Zum Anschauen:
Nikolaikirche, S. 41; Zeitgeschichtliches Forum, S. 61; Museum in der »Runden Ecke«, S. 149

Boomtown im Osten
seit 1990

Nach der politischen Wende schrumpfte die Stadt zunächst, mit dem Verlust von Arbeitsplätzen wanderten viele Menschen ab. Die 1990er-Jahre brachten die erste Sanierungswelle, die Leipzig neuen Glanz verlieh. Durch die Gemeindegebietsreform 1999 verdoppelte sich die Fläche des Stadtgebiets auf 298 km². 1996 entstand am nördlichen Stadtrand die Neue Messe. Seither prägt ein allgemeiner Bauboom die Entwicklung der Stadt. Ein weiteres Großprojekt wurde 2013 mit der Freigabe des City-Tunnels für den Zugverkehr vollendet. Seit 1990 stellt die SPD die Oberbürgermeister, wobei mittlerweile Linke und Grüne im Stadtrat die meisten Sitze haben. Seit 2006 ist Burkhard Jung im Amt. Stolz verkündete er 2019: Wir sind wieder 600 000!

Zum Anschauen: City-Tunnel, S. 127; Neue Messe, S. 271

Sporttradition? Gibt's auch in Leipzig!

Fußball ist unser Leben — Sport als Fanevent ist in Europa primär das Spiel ums runde Leder. Ist das nicht zu einseitig, nicht zu kommerziell? Auch Leipzig mischt wieder mit. Endlich. Betrachtungen zu einem polarisierenden Thema:

Wenn man den Sportteil der Leipziger Volkszeitung aufschlägt, denkt man, es gäbe nur Fußball, Fußball, Fußball. Wie überall. Warum sollte da Leipzig eine Ausnahme bilden? Liest man genauer und lässt sich nicht nur von den bunten Fotos trendfrisierter Männer leiten, gibt es doch einiges zu entdecken. Im Handball spielt der SC DHfK (Sportclub Deutsche Hochschule für Körperkultur) inzwischen wieder erstklassig. Und auch die Frauen vom HC Leipzig mischen ordentlich mit. Basketball spielen u. a. die Uni-Riesen, und mit den Ice Fighters hat sich auch eine Eishockeymannschaft mit Spielstätte in der Nordhalle des Kohlrabizirkus etabliert. Hockey darf nicht vergessen werden, 1940 war Leipzig Austragungsort des ersten Hallenhockey-Turniers. Radsport, Marathon, Kegeln, Tennis, Schwimmen, neben dem Spitzensport ist auch der Breitensport gut aufgestellt.

Zerplatzte Träume

Leipzig hatte sogar olympische Träume. Unvergessen, wie Leipzigs Oberbürgermeister Wolfgang Tiefensee bei der Bewerbung der Stadt Leipzig für die Spiele 2012 sein Cello auspackte und »Dona nobis pacem« intonierte. Geholfen hat auch das nicht. Dabei hatte die Nominierung Leipzigs durch das Nationale Olympische Komitee eine Woge der Begeisterung in der Stadt ausgelöst, die Aufbruchstimmung erinnerte fast ein wenig an den Herbst 1989. IOC-Präsident Jacques Rogge hatte sich die (geplanten) Spielstätten wohlwollend angesehen und gemeint, man wolle weg vom Gigantismus und Spiele der kurzen Wege. Die Wahl Londons verblüffte nach dieser Aussage.

Geblieben von den geplatzten Olympia-Plänen sind immerhin die weltcuptaugliche Wildwasseranlage am Markkleeberger See (s. S. 231) und die Judohalle am Sportforum. Gerade die Kanuten haben sich bei internationalen Wettkämpfen bewähren können.

Auch das legendäre Stadion der Hunderttausend ist längst Geschichte. In der heutigen Red Bull Arena (s. S. 194) wird ausschließlich Fußball gespielt, vom

EIN SPORTMUSEUM? S

Das gab es mal. Die sporthistorische Sammlung mit einem Fundus von über 90 000 Exponaten ist eine der größten in Deutschland und kann auf Anfrage (www.stadtgeschichtliches-museum-leipzig.de/besuch/unsere-haeuser/sportmuseum) eingesehen werden. Eine Wiedereröffnung ist seit Längerem im Gespräch.

jungen Verein Rasenballsport Leipzig. Spötter meinen, der Name klinge eher nach Polo oder Golf, und lästern über fehlende Tradition. Hier mag man einwenden: Jede Geschichte beginnt irgendwann einmal, diese eben im Jahr 2009.

Fußballtraditionen
Mangel an Tradition muss sich die Sportstadt Leipzig nun beileibe nicht vorwerfen lassen, gerade wenn es um den Lieblingssport der meisten geht. Auf die Gründung des Deutschen Fußballbunds (DFB) in der Leipziger Ostvorstadt folgte 1903 der erste deutsche Meistertitel durch den VfB Leipzig. Der einstige Verein für Bewegungsspiele heißt heute (wieder) 1. FC Lokomotive Leipzig und spielt im Bruno-Plache-Stadion im Ortsteil Probstheida. Der andere große Traditionsverein, die BSG Chemie Leipzig, ist im Stadtteil Leutzsch im Alfred-Kunze-Sportpark zu Hause. Die üblichen Rivalitäten tragen die beiden Klubs derzeit in der Regionalliga Nordost aus.

Der ›rote Stier‹
Wozu also eine Neugründung mit österreichischem Sponsor? Es war eine skurrile Situation, als Leipzig 2004 ein nigelnagelneues WM-taugliches Fußballstadion mit knapp 45 000 Plätzen zur Verfügung stand, in dem mit dem FC Sachsen Leipzig ein insolvenzgebeutelter Viertligist spielte. Der sich standhaft dagegen wehrte, aufgekauft zu werden, genau wie der 1. FC Lokomotive Leipzig. Red Bull stieg daher bei einem Vorortklub, dem SSV Markranstädt ein und übernahm für die Saison 2009/10 dessen Ligastartrechte. Die erste Mannschaft spielte damals in der 5. Liga. Die Startrechte für die erste Mannschaft blieben auch danach beim neu gegründeten RB Leipzig. Dort ging man professionell und mit Geld an die Sache heran, gliederte 2014 die Lizenzspielerabteilung und die Nachwuchsmannschaften bis hinunter zur U15 in die Rasenballsport

Die Handballerinnen des HC Leipzig spielen in der 2. Bundesliga.

Leipzig GmbH aus – deren Gesellschafter ist zu 99 % Red Bull.

Bei aller Kritik: Es ist doch beeindruckend, dass dem RB Leipzig in nur sieben Jahren der Sprung in die 1. Bundesliga gelang und er bereits im Jahr darauf erstmals europäisch spielte. Teilnahme an der Champions League bedeutet nicht nur Imagegewinn für eine Stadt, sondern spült auch Geld in Leipziger Kassen.

Wie viel Kommerz verträgt der Sport?
Diese Frage stellt sich nicht nur in Leipzig. Ob es für den Profisport einen Ausweg aus der Abhängigkeit von zahlungskräftigen Mäzenen gibt, müssen die Vereine und Fans europaweit gemeinsam klären. Geld hin oder her, der Wunsch ist groß in der Stadt, wieder so legendäre Spiele zu erleben wie das Halbfinalspiel im Europapokal der Pokalsieger im April 1987, als der 1. FC Lokomotive Leipzig gegen den FC Girondins Bordeaux im Elfmeterschießen 6:5 gewann. Unvergessen: Den entscheidenden Elfmeter verwandelte Torwart René Müller, der damit zum Lokalhelden avancierte. ■

Dr. Schrebers Erben

Schrebergarten oder Urban Gardening — Für alle, die nicht im Eigenheim mit Garten wohnen und dennoch gärtnern möchten, gibt es seit über 150 Jahren Schrebergärten und heutzutage auch das Urban Gardening.

Ein guter Freund ist Orthopäde. Die meisten rückenschmerzgeplagten Patienten säßen im späten Herbst im Wartezimmer, wenn die Gartensaison vorüber sei, berichtet er. Das ist kurios, war doch der Namensgeber der Kleingärten, der Leipziger Arzt und Orthopäde Daniel Gottlob Moritz Schreber (1808–61), sein Kollege. Doch daraus verschwörungstheoretische Schlüsse zu ziehen, wäre vorschnell. Schreber setzte sich für körperliche Ertüchtigung zur Vorbeugung von Krankheiten ein, sein Augenmerk war auf Kinder und Jugendliche gerichtet; sein Wirken ist aus heutiger Sicht eher als pädagogisch denn als medizinisch einzuordnen.

Am Anfang war der Schreberplatz
Erst nach Schrebers Tod legte der Reformpädagoge Ernst Innozenz Hauschild (1808–66) einen ersten Schreberplatz an und griff damit Schrebers Wunsch nach kindgerechten Spiel- und Turnplätzen auf. Hier entstanden Beete, die bald von der

ganzen Familie beackert wurden – der Schrebergarten war geboren. Lange der Inbegriff von kleinkarierter Spießigkeit, erleben die Gartenanlagen inzwischen deutschlandweit eine ungeahnte Renaissance und sind gerade bei jungen Familien sehr beliebt. Leipzig mischt mit 207 Kleingärtnervereinen (ca. 38 000 Gärten) ganz vorn mit. Dennoch beträgt die Wartezeit auf einen Schrebergarten ca. drei Jahre.

Alternatives Urban Gardening

Neben dieser klassischen Variante, bei der die Pächter ihre eigene Parzelle beackern, haben sich mittlerweile etliche alternative Projekte des Urban Gardening etabliert. Im Lene-Voigt-Park im Stadtteil Reudnitz gibt es gleich zwei Gemeinschaftsgartenprojekte: Lenes Garten und VAGaBUND Lene, Letzterer betrieben von der Ortsgruppe des BUND. Beide haben mehrere Parzellen von der Stadt gepachtet, die sie gemeinschaftlich bewirtschaften. Brachland zum Blühen zu bringen, inmitten der sonst recht dichten Bebauung des einstigen Arbeitervorstadtviertels, macht den Reiz für die Hobbygärtner aus. Die Gärten sind als offene Projekte für alle gedacht und vor allem eins: Treffpunkt für Leute aus der Nachbarschaft. Hierher kommt man zum Quatschen, Entspannen und gemeinsamen Gärtnern. Gelegentlich finden Workshops rund um das Thema naturnahes Leben in der Stadt statt. In den Gärten steht der Gemüseanbau – Tomate, Kürbisse, Zucchini und Co. – sichtbar im Vordergrund. Auch die liebevoll gepflegten Kräuterspiralen folgen der Idee der ›Essbaren Stadt‹. Nebenbei erfüllt ein solcher Gemeinschaftsgarten – ganz in Schrebers Sinn – eine pädagogische Aufgabe. Oft schauen Kinder mit staunenden Augen auf die ersten Möhren und Radieschen, die sie im Erdreich wachsen sehen, erzählt Oliver Wieth von VAGaBUND Lene. Weil der Boden auf dem ehemaligen Bahngelände kontaminiert sein könnte, wurden für den Nutzanbau übrigens ausschließlich Hochbeete angelegt. So ein Hochbeet hat ohnehin Vorteile: Es lässt sich gut mit frischem Kompost auffüllen, hält die Schnecken fern und es ist rückenfreundlich! Ob das den vorwiegend jungen Leuten hier bewusst ist?

Die Früchte ihrer Arbeit ernten allerdings selten diejenigen, die gesät und emsig nach digitalem Gießplan gewässert haben. Die Gartenanlagen liegen zwar ein wenig verborgen am Rand des Parks, sind aber nur durch etwas über hüfthohe Wälle abgegrenzt. Dadurch ist das Stibitzen der Ernte durch Parkbesucher vorprogrammiert. Sicher sorgt das für gelegentliche Ernüchterung, doch auch hier erwartet Optimist Oliver Wieth einen botanischen Lerneffekt bei den Großstädtern, die so in den Genuss von unschlagbar frischem Gemüse in Bioqualität kommen. ■

L

LEIPZIGER MISCHUNG

Als blühendes Souvenir aus Leipzig hat Gartenkünstler Reinhard Krehl eine Mischung von ca. 40 Wildblumen und alten Kultursorten zusammengestellt. Der Erlös aus dem Verkauf der Samentütchen fließt zum Teil in ein Gartenprojekt. Infos unter: www.leipziggruen.de/de/leipziger_mischung.asp.

NETZWERK

Die verschiedenen Gartenprojekte haben sich zum **Netzwerk Leipziger Gemeinschaftsgärten** (www.nelge.de) zusammengeschlossen.

Urban Gardening: gut für die Gemeinschaft, die Gesundheit und die Umwelt

FSC www.fsc.org
MIX
Papier aus verantwortungsvollen Quellen
FSC® C018236

Anna-Sylvia Goldammer zog es nach einer glücklichen Kindheit in Dresden zum Studium der Anglistik, Linguistik und Evangelischen Theologie zurück in ihre Geburtsstadt Leipzig. Den Wandel und das Wiederaufblühen ihrer Heimat hautnah miterlebt haben zu dürfen, empfindet sie als großes Geschenk. Und das Beste: Mittlerweile kommt Besuch von allen Enden der Welt nach Leipzig, dem sie ihre Stadt am liebsten selbst präsentiert.

Noch mehr aktuelle Reisetipps von Anna-Sylvia Goldammer und News zum Reiseziel finden Sie auf www.dumontreise.de/leipzig.

Abbildungsnachweis
Anna-Sylvia Goldammer, Leipzig: S. 74 li., 75 M., 94, 97, 103, 121, 220 re., 230; 299 (Konrad A. Goldammer) **Café Corso,** Leipzig: S. 15 (Tobias Ebert) **Connewitzer Verlagsbuchhandlung,** Leipzig: S. 277 **DuMont Bildarchiv,** Ostfildern: S. 221 M., 237 (Marc-Oliver Schulz); 7 re., 8, 16 u., 34 li., 34 re., 43, 47, 51, 53, 58, 62, 71, 90, 99, 124 re., 143, 146 li., 175, 178 li., 185, 195, 201, 269 o., 270/271, 280, 283 u. (Peter Hirth); 35 M. (Toni Anzenberger) **Galerie für Zeitgenössische Kunst,** Leipzig: S. 30, 105 re., 123 (Sebastian Schröder) **Getty Images,** München: S. 203 (De Agostini Picture Library); 258 (Marco Prosch); 262/263 (Sean Gallup) **Graue Maus,** Leipzig: S. 21 re. **Huber-Images,** Garmisch-Partenkirchen: S. 25 (Sandra Raccanello) **imago images,** Berlin: S. 255 (PicturePoint) **Kunstkraftwerk,** Leipzig: S. 147 M., 163 (Luca Migliore) **laif,** Köln: 14, 20, 104 li., 119, 138, 205 M. (Jörg Gläscher); 264 o. li., 265 u. (Peter Hirth); Titelbild (Thomas Rötting) **Mauritius Images,** Mittenwald: S. 265 o. (Alamy/Juliane Thiere); 178 re. (imagebroker/Gabriele Hanke); 264 re. (imagebroker/Michael Nitzschke); 104 re. (imagebroker/Thomas Robbin); 157 (Travel Collection/Peter Hirth) **Meisterzimmer,** Leipzig: S. 29 (Nick Putzmann) **Nick Putzmann,** Leipzig: S. 171 **Panometer,** Leipzig: S. 125 M., 135 (Tom Schulze) **picture-alliance,** Frankfurt a. M.: S. 286 (akg-images); 273 (akg-images/Günter Rubitzsch); 264 u. li. (AP Images/Jens Meyer); 75 re. (dpa-Zentralbild/Hendrik Schmidt); 145, 165, 177, 179 re., 239 (dpa-Zentralbild/Jan Woitas); 279 (dpa-Zentralbild/Jens Kalaene); 26 (dpa-Zentralbild/Nico Schimmelpfennig); 107 (dpa-Zentralbild/Wolfgang Kluge); 291 (Eibner-Pressefoto/Kohring); 124 li., 127 (Hendrik Schmidt); 105 M. (POP-EYE/Andreas Weihs); 284 (transit/Jens P. Riedel) **Porsche Leipzig GmbH,** Leipzig: S. 221 re. **Shutterstock.com,** Amsterdam (NL): S. 2/3 (Alexandr Medvedkov); 181 (Boris Stroujko); 261 (Daisy Daisy); 74 re. (inavanhateren); 205 re. (Kira Volkov); 16 o., 179 M. (Kirin Art); 21 M., 69 (Schad); 204 re. (undso.co); 7 u. li. (vinap) **Stefanie Gruner,** Leipzig: S. 55 **The Westin,** Leipzig: S. 19 li., 64 (Ralf Müller) **Thomas Rötting/Sylvia Pollex,** Leipzig: 6, 7 o. li., 18, 19 re., 22, 23, 24, 27, 32/33, 35 re., 73, 77, 83, 84, 100, 113, 125 re., 131, 137, 146 re., 147 re., 149, 161, 169, 192, 197, 204 li., 207, 213, 215, 219, 220 li., 223, 226, 235, 240, 250/251, 253, 269 u., 283 o., 292 **Vienna House,** Leipzig: S. 28

Umschlagfoto
Titelbild: Blick vom Johannapark auf die beiden Wahrzeichen von Leipzig, Rathausturm und City-Hochhaus

Kartografie
DuMont Reisekartografie, Fürstenfeldbruck

Autorinnen: Anna-Sylvia Goldammer, Susann Buhl **Redaktion/Lektorat:** Britta Rath **Bildredaktion:** Sylvia Pollex, Titelbild: Carmen Brunner **Grafisches Konzept und Umschlaggestaltung:** zmyk, Oliver Griep und Jan Spading, Hamburg

Hinweis: Autorinnen und Verlag haben alle Informationen mit größtmöglicher Sorgfalt geprüft. Gleichwohl erfolgen alle Angaben ohne Gewähr. Infolge der Corona-Pandemie kann es darüber hinaus zu kurzfristigen Geschäftsschließungen und anderen Änderungen vor Ort gekommen sein. Bitte schreiben Sie uns! Über Ihre Rückmeldung und Ihre Verbesserungsvorschläge freuen wir uns: DuMont Reiseverlag, Postfach 3151, 73751 Ostfildern, info@dumontreise.de, www.dumontreise.de

1. Auflage 2021

Printed in Poland

Offene Fragen*

Wo ist der Fluss?

Seite 6

Jongliert man im Kohlrabizirkus mit Gemüse?

Seite 101

Warum herrscht zu Pfingsten die Farbe Schwarz vor?

Seite 262

Ist die Kleinmesse eine Muster- oder eine Warenmesse?

Seite 167

Können Vegetarier Lerchen essen?

Seite 17

Wem gehört der Ruf »Wir sind das Volk«?

Heißt der Augustusplatz nach August dem Starken, Sachsens bekanntestem Kurfürsten?

Seite 46

Schwimmen die Leipziger in der Kohle?

Seite 223

Jeans oder Abendkleid – in welchen Klamotten gehen die Leipziger ins Gewandhaus?

Warum sollten Sie im Barfußgässchen lieber Schuhe tragen?

Seite 56

Warum spricht in der Sachsenklinik niemand Sächsisch?

Gehört in ein Leipziger Allerlei nur Gemüse?

Seite 17

** Fragen über Fragen – aber Ihre ist nicht dabei? Dann schreiben Sie an info@dumontreise.de. Über Anregungen für die nächste Ausgabe freuen wir uns.*